시론

THEORY OF POETRY

제3판

시론

박현수 지음

울력

ⓒ 박현수 2022, 2015

시론

지은이 | 박현수
펴낸이 | 강동호
펴낸곳 | 도서출판 울력
2판 1쇄 | 2015년 3월 10일
3판 1쇄 | 2022년 7월 25일
등록번호 | 제25100-2002-000004호(2002. 12. 03)
주소 | 서울시 구로구 개봉로23가길 111, 108-402 (개봉동)
전화 | 02-2614-4054
팩스 | 0502-500-4055
E—mail | ulyuck@hanmail.net
가격 | 22,000원

ISBN | 979-11-85136-69-1 93800

이 책의 초판은 예옥출판사에서 2011년 7월 1일에 발간되었습니다.

· 잘못된 책은 바꾸어 드립니다.
· 지은이와 협의하여 인지는 생략합니다.
· 저작권법에 의해 보호를 받는 저작물이므로 무단 전재나 복제를 금합니다.

차례

'개정을 통해 완전에 이르는 책'을 위해 _ 9

제1부 일반론

제1장. 시의 원형 _ 15
1. 시의 어원론적 원형 _ 15
2. 예술의 원형으로서 '놀'과 노래 _ 22
3. 시의 원형으로서 '노래'의 특질 _ 27
4. '노래'로부터 멀어진 근대시 _ 31

제2장. 시의 정의 _ 41
1. 시적 정의의 초점 _ 41
2. 형식에 초점을 맞춘 정의의 변천 _ 45
3. 내용에 초점을 맞춘 정의의 변천 _ 52
4. 시적 정의의 반성적 고찰 _ 64

제3장. 시의 범주 _ 75
1. 통시성에 따른 시의 범주 _ 75
2. 매체와 통시적 유형 _ 78
3. 공시성에 따른 시의 범주 _ 86
4. 이기론과 공시적 유형 _ 89

제4장. 시의 본질 _ 101
1. '시 = 서정시'의 갈래적 본질 _ 101
2. 시 갈래의 일반적 특징 _ 105

제2부 구성 요소

제5장. 언어 _ 129
1. 특별한 시적 언어 _ 129
2. 시적 언어의 민주화 _ 133
3. 외적 형식과 내적 구조 _ 137
4. 관례로서의 시적 언어 _ 144
5. 시적 언어, 의미잉여의 언어 _ 147

제6장. 심상 _ 161
1. 심상의 개념 _ 161
2. 심상의 유형 _ 166
3. 심상의 본질 _ 171
4. 심상의 기능 _ 186
5. 이미지즘적 심상의 한계 _ 192

제7장. 가락과 형식 _ 201
1. 가락과 운율의 차이 _ 201
2. 압운의 유형 _ 204
3. 율격의 유형 _ 212
4. 현대시의 가락 _ 224
5. 시형, 가락의 시각화 _ 235

제8장. 화자와 어조 _ 245
  1. '화자'의 여러 명칭 _ 245
  2. 시적 화자의 일반적 특성 _ 250
  3. 화자의 유형과 모호성 _ 255
  4. 어조의 유형과 변화 _ 264

제3부 이념과 표현

제9장. 서정성 _ 277
  1. 서정성의 의미 _ 277
  2. 독백주의적 서정성 _ 282
  3. 상호주체적 서정성 _ 286
  4. 실천적 서정성 _ 292

제10장. 사회성 혹은 정치성 _ 301
  1. 시에 있어서 사회성 혹은 정치성의 가능성 _ 301
  2. 정치주의: 정치 행위로서의 시적 행위 _ 305
  3. 문학주의: 미적 자율성의 정치적 기능 _ 308
  4. 시적 정치성의 세 가지 조건 _ 311
  5. 시적 정치성의 예, 정지용의 「도굴」 _ 318

제11장. 수사학의 지형도 _ 329
  1. 수사학의 다양한 분류 _ 329
  2. 교육 현장에서 사용되는 3분법 _ 332
  3. 은유와 환유 ― 차원의 감각 _ 335
  4. 상징과 우의 ― 기의의 성격 _ 345
  5. 반어와 역설 ― 모순성의 층위 _ 352

제12장. 숭고, 초월의 수사학 _ 369
   1. 숭고, 초월 감각의 호명 _ 369
   2. 숭고의 사적 전개, 초월성에서 질료성으로 _ 372
   3. 숭고한 문학: 숭고한 정신과 숭고한 표현 _ 377
   4. 숭고의 특질: 이중성과 주관성 _ 382
   5. 현대시와 숭고: 백석과 이육사의 경우 _ 387

    * 찾아보기 _ 399

'개정을 통해 완전에 이르는 책'을 위해

제3판을 내며

『시론』이란 이름으로 책을 낸 지 10년 이상이 지났다. 2011년에 처음 책을 낼 때, '처음부터 완전한 책'보다는 '개정을 통해 완전에 이르는 책'을 생각하며 용기를 낸 바 있다. 2015년에 개정판(제2판)을 내었으니 나름대로 처음의 마음가짐을 실천하고 있다고 생각한다. 다시 7년이 지난 후 발행하는 이번 개정판은 이전보다 훨씬 더 넓은 범위에서 여러 미비점을 보완한 판본이 될 듯하다.

10년 전에 책을 쓰기 위해 시론 관련 주요 지식을 폭넓게 섭취하면서 나의 지식이 얼마나 피상적이었는지 반성한 바 있었다. 이런 반성은 학문적 호기심을 더욱 자극하여, 이후 시학의 기본 개념에 대해 더 깊이 천착할 수 있는 계기를 마련해 주었다. 그래서 서정성, 이미지, 화자, 범맥락화, 서정시제(시의 현재시제), 율격, 가상적 연행성 등에 대한 논문을 하나씩 쓰면서 단계적으로 시론 이해의 바탕을 더 단단히 다져 왔다. 최근 비유의 본질에 대한 논문을 준비하고 있는데, 이것이 완료되면 시학의 기본 개념에 대한 내 나름의 천착이 일단락될 것이다. 만일 더 쓰게 된다면 시의 주관성에 대한 재검토가 여기에 추가될 수도 있을 것이다.

이런 천착을 통해 기존 이론을 개관하고 그 장점과 한계를 식별하는 안목을 키울 수 있었다. 또한 기존에 그다지 중요하게 생각하지 못하였던 기본 개념들(예를 들어 '화자와 어조,' '시의 현재시제,' '율격' 등)의 가치를 새롭게 발견하는 기쁨도 누렸다. 그 가치를 진작 알아보지 못한 것은 시론에 대한 필자의 얕은 식견 때문임은 두말할 필요가 없다. 그래서 이것들의 가치를 일찍이 발견한 국내외 선학들에 대한 존경심도 새롭게 가지게 되었다.

이번 개정판은 이런 천착을 어느 정도 매듭지으면서 그 결실을 반영한 결과이다. 제1장(시의 원형)에서는 시의 주요 특성을 해명해 주는 중요 개념이라 생각하는 '가상적 연행성'에 대한 내용을 새로 넣었으며, 제4장(시의 본질)에서는 주관성 관련 부분을 빼고(나는 시를 예술적 허구의 일종으로 보는 관점에 동의한다), 시의 중요한 특징인 '범맥락화' 관련 내용을 넣었다. 제6장(심상)에서는 심상의 본질 부분을 더 명쾌하게 정리하였으며, 제7장(가락과 형식)에서는 기존 율격 논의의 오류를 율격사적 관점에서 바로 잡는 내용을 새로 넣었고, 제8장(화자와 어조)에서는 화자의 명칭과 특성을 정리한 부분을 새로 넣고 전체 내용을 재구성하였다. 그 외에도 사소한 내용 보완이 다수 있었다. 또한 전체 분량이 과도하게 늘어나지 않게 하려고, 아쉬움을 무릅쓰고 예시로 든 시 작품을 빼거나 전체 인용을 부분 인용으로 바꾸기도 하였다.

이번 개정으로 큰 틀에서의 보완은 일단 완료되었다고 생각한다. 새로 첨가한 내용들이 '보완'일지 '개악'일지는 여러 시학 전문가의 판단에 맡길 일이지만, 필자로서는 내심 새롭고도 주목할 만한 보완이라 자부하고 싶다. 그중에서 새로운 율격론(가창률, 낭송률, 자유율의 구분)과 '가상적 연행성'에 대한 논의는 스스로 착안 자체가 소중하다고 생각하고 있기에 꼭 평가를 받고 싶은 부분이기도 하다. 수사학적 어구가 아니라 진정으로 '강호 여러 대현의 많은 질정'을 기다리는 바다.

끝으로 어렵고도 바쁜 형편에도 개정판을 내는 데 신경을 써 준 울력에 감사드린다. 이 어려운 시기에 기대하는 것 자체가 욕심이 될 수 있지만, 부디 이 책이 많은 사람의 사랑을 받아 출판사에 조금이라도 도움을 주기를 진심으로 바랄 뿐이다.

2022년 봄
드디어 코로나가 끝나 가는 시점에
벽오동 아래 연구실에서

박현수

제1부

일반론

1장 시의 원형
2장 시의 정의
3장 시의 범주
4장 시의 본질

제1장 • 시의 원형

1. 시의 어원론적 원형

'새벽'의 어원은 '새붉'이라 한다. '새'는 '샛바람(동풍)'에서 알 수 있듯이 동쪽을 의미하고, '벽'은 '붉'의 이형태이다.[1] '동명(東明)'이라는 말은 이 '새벽'의 한자 번역이라 할 수 있다. 새벽이라는 말, 동쪽이 새롭게 밝아 온다는 말. 밤을 새워 본 사람이라면 알 것이다. 서서히 동쪽이 밝아 오는 그 시간을, 정확한 경계 없이 조금씩 빛이 새어드는 그 시간을. 그 미묘한 시간을 이보다 더 잘 표현한 말이 어디 있겠는가. 언어를 풀이하기 위해 또 다른 언어가 필요하지 않았던 시대, 이처럼 언어가 자명한 시대는 얼마나 행복하였을 것인가.

현재 우리가 쓰는 '시(詩),' '포이트리(poetry),' '리릭(lyric)' 등의 명칭은 외부에서 온 말로, 우리말의 풀이를 기다리는 어휘이다. 자명한 시대의 어휘가 아니다. 우리가 기본적으로 사용하는 문학, 예술 관련 용어는 거의 대부분이 한자어나 영어와 같은 외래어에서 그 원형이나 기원을 찾아야

---

[1] '새벽'의 '새'는 동쪽(東)과 새로움(新) 두 가지 의미로 나누어 설명하기도 하지만, 양주동에 의하면 이것은 동일한 것으로 해석된다. "동방을 '식'라 함은 저 '曙'의 훈(訓) '새붉, 새배'에서 유래한, 곧 '날이 새는' 방향을 '새'라 이른 것이오, '新'의 훈 '새'도 이와 전연 동일어이다." 양주동, 『고가연구』, 일조각, 1965, 388쪽.

『설문해자』에 나오는 시(詩)의 옛글자. 그 의미를 '뜻(志)'으로 풀이하고 있다.

한다. 그래서 각종 시론서에서 시의 개념이 한자어 '詩'나, 영어 'poetry'의 어원적 분석에서 시작할 수밖에 없는 것이다. 여기에서도 이 방식에 따라 이들 개념의 원형을 설명한 뒤 우리말의 기원을 고찰할 것이다.

먼저, 한자어 '詩'의 어원 풀이는 아주 다양하여 확정지을 수 없을 정도다. 이 글자는 금석문이나 갑골문에서는 발견되지 않는다. 즉, 후대에 만들어진 문자이다. '詩'는 '言+寺'의 조합으로 이루어진 형성문자이다. 앞엣것(言)은 이 어휘가 말과 관련된 것임을, 뒤엣것은 발음(혹은 구체적 의미)을 나타낸다. 문제는 뒤엣것의 의미인데, 이를 해석하는 방식이 다양하다. 가장 손쉽게 접근할 수 있는 것이 '寺'를 '절'과 연계시키는 풀이일 것이다.

> 시(詩)라는 한자를 보면 말씀 언(言)자에 절 사(寺)자가 붙어 있습니다. 왜 하필이면 말씀 옆에 절을 붙여 시(詩)라고 했을까요? 절은 구도자의 수행장이므로, 시 쓰는 일도 용맹정진하는 구도자의 정신으로 치열하게 하라는 뜻이 아닐까 싶습니다.[2]

이런 해석은 물론 비유적으로 의미가 있으나, 실증적인 관점에서 볼 때 한계를 지닌다. '寺'가 오늘날처럼 '절간'의 뜻을 갖게 된 것은 중국에 불교가 전래된 이후의 일이기 때문이다.[3]

허신(許愼)은 『설문해자』에서 '詩' 혹은 '寺'를 '志'로 해석한다.[4] 그래서 시는 '마음에 지닌 뜻을 언어로 표현한 것'이라는 의미를 지니는데, 이때

---

2. 천양희, 『직소포에 들다』, 문학동네, 2004, 56쪽.
3. 오세영, 『문학과 그 이해』, 국학자료원, 2003, 347쪽.
4. 『설문해자』에서는 '詩'의 원형을 옛글자 '訨'에서 찾고, "고문에서는 시라는 글자를 간략하게 썼다(古文詩略)"고 하였다. '志'는 '詩'라는 글자 전체의 의미이면서 음성 부분 '寺'에서 유추된 의미이기도 하다.

의 '뜻'은 단순한 '생각'보다 윤리적 함의를 지닌 말로 풀이된다. 유협(劉勰)도 이런 관점에서 벗어나지 않는다. 그는 『문심조룡』, 「명시(明詩)」편에서 '寺'를 '持'의 의미와 통하는 것으로 본다. 이때 '持'는 '잡다,' '만들다' 등의 의미를 지니는 단어이지만, 그는 이를 윤리적으로 해석하여 '인간의 올바른 성품을 지키는 것'으로 읽는다. 이런 견해는 시의 원형을 윤리적인 동기에서 찾는 것이다.

그러나 '寺'의 어원을 '持'에서 찾는다고 하더라도 이런 윤리적 동기와 전혀 다른 방향에서 해석할 수도 있다.

> 언어의 양면성이란 언어의 변증법이라고도 할 수 있다. (…) 사회성(도덕, 정치, 경제의 상호침투로서의)에서 출발하여 그것을 부정(도덕적, 경제적, 정치적 의사전달이라고 하는 수단성을)하면서 자기를 지양(止揚)시킨다. 시의 언어가 바로 그것이다. 시는 그런 뜻으로서의 창조다. 시(詩)는 '言 + 寺'가 아니라 '言 + 持'다. 절 사가 아니라 손 수(手)가 생략된 꼴이다. 이때의 '持'는 '가진다'가 아니고 '만든다'에 통한다. 그러니까 시는 언어로 무엇인가를 만든다는 것이 된다.[5]

김춘수는 시의 어원을 '지(持)'에서 찾고 있지만, 시가 사회성(혹은 정치성)에 종속된 것이 아니라 그것을 넘어선 새로운 차원의 창조라는 사실을 강조한다. 즉, 미적 자율성의 영역을 존중하는 입장이다. '가진다'가 사회적, 윤리적 함의를 지님에 반하여, '만든다'는 순수 미학적 의미를 지니기 때문이다.

다른 의견으로 '寺'를 관청으로 보는 관점이 있다. 옛날의 '寺'는 관청을 뜻하고 '시'로 발음하였기 때문이다. 관청은 일정한 규율과 원칙에 따라 무엇인가를 수행한다는 의미로 이해할 수 있다. 이렇게 보면, 시는 "규율과 범절을 갖춘 언어 즉 운율과 형식성을 갖춘 언어"[6]의 구성물이 된다.

---

5. 김춘수, 「시에의 접근」, 『김춘수전집 1』, 문장, 1986, 357쪽.
6. 오세영, 앞의 책, 348쪽. 오세영은 이 해석의 근거로 권지용의 『지림자전(智林字典)』의 설

시(詩)의 어원을 다루는 데 있어서 시를 일종의 언어적 구성물로 보는 관점은 운율의 규칙성, 시어의 기교성에 주목하여 시의 기원을 언어적 세련화 과정에서 찾는 입장이다. 조향은 이것을 다음과 같이 표현하고 있다.

> (원시적 노동요의 — 인용자) 자연발생적 리듬에 길들지 아니한 딱딱한 일상어가 매끄러운 율어(律語) 가운데 섞여서 어울려 나가자면, 긴 것은 줄어져야 하고, 짧은 것은 늘어져야 하고, 모난 것은 매끄러워져야만 한다. 일상어가 이렇게 시어로 바뀌지는 것은, '언어의 연금술'의 시초이며, 따라서 인간의 미의식의 초보적인 발현인 것이다. 이리하여 인간 본연의 율어의 음렬(音列)에 비로소 의식적인 심미적 가공작용이 베풀어짐으로써 '예술성'(창조성)이라는 것이 생기게 되는 것이다.[7]

여기서 '언어의 연금술,' '심미적 가공작용'은 언어의 정교화, 세련화를 가리키는데, 조향은 이런 인위적 조율을 시의 원형으로 본다. 시의 원형을 이런 특징에서 찾는 것은 우리 역사에서도 확인할 수 있다. 고려 광종 때 실시된 과거제의 한 분야로서 '제술업(製述業)'이란 용어가 그것이다. 이는 시(詩)·부(賦)·송(頌)·책(策) 등의 문학 갈래를 창작하는 능력에 따라 인재를 뽑는 시험 분야를 가리킨다. 시를 비롯한 문학 전반을 '제술,' 즉 '만들고 지음'이라는 말로 포괄하고 있다. 다른 문학 갈래와 함께 시를 언어제작술의 영역으로 보는 증거라 할 수 있다.

이 '만들거나 다듬어진 말'은 '포엠(poem)' 혹은 '포이트리(poetry)'의 어원과도 상통한다는 점에서 흥미롭다. 그 어원은 '만들다'란 뜻의 그리스어 '포이에시스(poiesis)'에서 비롯된 것으로, 구체적인 시 작품을 말할 때는 '포엠'을 쓰고, 장르 개념이나 시정신을 말할 때는 '포이트리'를 사용한다.[8] '포이에시스'로서의 시는 '창의적인 제작' 전체를 가리키는 개념이다.

명을 들고 있다. 권지용은 시(詩)에 "시(寺)는 관청의 기율을 뜻한 데서, 여기서는 시의 규칙인 운율을 가리킴"이라는 설명을 달고 있다.
7. 조향, 「시의 발생학」, 『조향전집 2』, 열음사, 1994, 193쪽.

플라톤은 '포이에시스'를 '비존재에서 존재로의 이행,' 즉 "없던 것이 있는 것에로 옮아감"[9]이라 말한다. 이때 시인은 '제작자(maker),' '독창적으로 작품을 창조해 내는 사람'이라는 의미를 지닌다. 아리스토텔레스에 따르면, 이때의 '제작'은 '모방'과 동의어로, 그는 『시학』에서 '시인(제작자)'이라는 말을 종종 '모방자(mimeta)'라는 말과 동등하게 사용하고 있다.[10]

동일한 어원에서 온 말로, 유럽에서 널리 사용되는 '포에지(poésie)'가 있다. 이 말은 주로 구체적인 시 작품을 존재하게 하는 시정신을 가리킨다. 영어에서는 이것을 '포이트리(poetry)'로 옮긴다. 이는 김억의 '제1의 시가,' 즉 '심금(心琴)의 시가'와 등가에 놓인다.[11] 1930년대 우리의 시 논의에서 '포에지'라는 말이 한동안 유행한 적이 있었다. 이때는 주로 시 작품보다는 시를 존재하게 하는 근원적인 정신 활동을 가리키는 말로 사용되었다. 그것은 포에지가 초현실주의에서 강조하는 중요한 말 중의 하나였기 때문이다. 초현실주의는 시의 특성을 외형적인 측면이 아니라 그것을 가능하게 한 '정신의 활동,' 즉 포에지라는 것에서 찾았다.

> 우리가 시를 사물의 표현 수단으로서 분류하고자 한 것은 오류였다는 것을 시급히 선언하자. 외형에 의해서 비로소 소설과 구별되는 시는 아무의 흥미도 끌지 않는다. 나는 그러한 시에 대하여 '정신의 활동'으로서의

---

8. 포엠과 포이트리를 구분하여, 후자를 '정신과정으로서의 시'로 본 것은 코울리지의 관점이다. 그는 "일정한 길이의 시 작품(poem)이 반드시 시(poetry)일 수도 없고, 시가 되어서도 안 된다"고 한 바 있다. 장경렬, 『코울리지: 상상력과 언어』, 태학사, 2006, 168쪽 참조.
9. 플라톤, 최명관 옮김, 「향연」, 『플라톤의 대화』, 종로서적, 1981, 279쪽.
10. Aristoteles, 천병희 옮김, 『시학』, 문예출판사, 2002, 37쪽.
11. 김억은 '제1의 시가,' 즉 '심금(心琴)의 시가,' '제2의 시가,' 즉 '표현의 시가,' '제3의 시가'인 '현실의 시가'로 나눈다. "제1의 시가는 시혼(詩魂)의 황홀이 시인 자신의 맘에 있어, 시인 자신만이 느낄 수 있고 표현은 할 수 없는 심금의 시가라고 할 만한 것입니다. 그리고 제2의 시가는 심금의 시가가 문자와 언어의 약속 같은 형식을 밟아 표현된 문자의 시가라고 할 만한 것입니다. 또 제3의 시가는 문자의 시가를 일반 독자가 완상하며, 각자의 의미를 붙이는 현실의 시가라고 할 만합니다." 김억, 「시단의 일년」, 『개벽』 42, 1923. 12; 박경수 편, 『안서김억전집 5 문예비평론집』, 한국문화사, 1987, 205-206쪽.

시라는 것을 대립시킨다. (…) 지금은 비록 한 행의 시구를 쓰지 않더라도 시인이 될 수 있으며 거리에서나 시장의 구경거리에 있어서도, 즉 어디서나 시적인 특질이라는 것이 존재한다는 것을 인정할 수 있다.[12]

그래서 구체적인 시 작품 없이 포에지만으로도 시인의 조건이 충족될 수 있었다. 초현실주의는 근대적인 의미의 시가 탄생하는 발원지라 할 수 있다.

그렇다면 지금 시의 막강한 권좌에 오른 서정시의 원형은 어떤 것일까. 서정시, 즉 'lyric'의 원형은 그리스의 고대 악기 '리라(lyra)' 혹은 '라이어(lyre)'와 관련이 있다. 리라는 하프의 일종으로서, 거북 등딱지를 공명상자로 삼아 양쪽에 쇠뿔로 지주를 만들고 그 사이에 가로목을 걸쳐 위아래로 줄을 걸어 만든 현악기이다. 그리스 신화에서 리라는 헤르메스가 만든 것으로 되어 있다. 아폴론의 소를 훔친 헤르메스는 리라를 연주하여 화가 난 아폴론을 달래고, 도둑질한 소와 이 악기를 맞바꾸었다고 한다. 그 후로 이 악기는 아폴론이 즐긴 악기로 신성시되었다. 서정시라는 의미의 'lyric'은 바로 이 '리라를 타면서 부르는 노래(lyricos)'라는 어원을 지니고 있다. 랭보의 아래 시는 시와 리라의 밀접한 관련성을 보여 준다.

고대 그리스의 도자기에 그려진 리라. 서정시라는 의미의 '리릭(lyric)'은 '리라를 타면서 부른 노래'라는 어원에서 왔다.

내 갔지, 터진 주머니에 손 집어넣고
양복저고리는 관념적이 되었어.

---

12. Tristan Tzara, 「시의 존재 양식에 대한 시론」; Maurice Nadeau, 민희식 옮김, 『초현실주의의 역사』, 고려원, 1985, 51쪽.

시신(詩神)아, 나는 하늘밑을 가는 너의 충신.
오, 랄랄라. 내 얼마나 멋진 사랑을 꿈꾸었으리.

단벌바지엔 구멍이 났지
꼬마 몽상가라 길에서 운율을
훑었지. 내 주막은 큰곰자리에 있었어.
하늘의 내 별이 부드럽게 살랑거렸지.

길가에 앉아 나는 들었지,
구월의 멋진 저녁소리를.
이마엔
이슬방울 떨어졌어, 힘나는 술같이.

환상적인 그림자 손에서 운을 맞추며
가슴 가까이 발을 대고 나도 리라 타듯
내 터진 구두의 구두끈을 잡아다녔지!

— A. 랭보, 「나의 방랑생활(幻想)」, 전문[13]

여기에 보이는 시인은 남루한 옷을 걸친 존재이긴 하나, 모든 구속과 제약으로부터 벗어나 길 위에 자유롭게 떠도는 낭만적인 존재이다. 시신(詩神), 즉 뮤즈(Muse)의 충신으로서, 이 시인은 비록 몸은 지상에 두고 있어도 더 이상 지상적인 존재라 할 수 없다. 그래서 시인이 머무는 주막도 하찮은 이 지상이 아니라, 저 먼 하늘의 큰곰자리일 수밖에 없다.

이 낭만적인 시인은 시와 혼연일체가 된 존재이기에, 그의 모든 행위는 곧 시적 행위가 된다. 길 위를 떠도는 행위는 운율을 줍는 일이 되고, 구두끈을 매는 행위는 리라를 타는 일이 된다. 구두끈 매는 것을 리라 타는 것

---

[13] A. Rimbaud, 김현 옮김, 『지옥에서 보낸 한철』, 민음사, 1974, 20쪽.

에 비유한 것은 그 자세가 리라를 연주하는 모습과 비슷하기 때문이다. 그러나 여기에는 단순히 자세의 유사성뿐만 아니라, 시인이 본질적으로 리라 연주자와 연계되어 있다는 암시가 담겨 있다. 리라를 타면서 노래하는 음유시인이라는 서구적인 전통이 이 비유 안에 흐릿하게 반영되어 있는 셈이다.

2. 예술의 원형으로서 '놀'과 노래

그렇다면 '시'의 우리말 어원은 무엇일까. 여러 자료를 검토해 보면, 시의 한국적 어원은 '놀애,' 즉 '노래'이다.[14] 노래의 어원은 '놀(戱, 遊) + 애'로서, '놀다'라는 말의 어간에 명사형 접미사 '애'가 붙어 만들어진 어휘이다.[15] 한동안 '노래'보다는 '놀애'를 정식 표기로 사용한 적이 있었다. 어원을 고려한 조처였을 것이다.[16]

노래는 근원적으로 '놂,' '놀림,' '놀음,' '놀이,' '노릇' 등과 동일한 어원('놀')을 지닌다. 이 계통의 어휘들은 '여럿이 모여서 즐겁게 노는 것'이라는 '놀이'의 의미처럼 혼자가 아니라 여러 명이 어울리는 축제의 정신을 공유하고 있다. 놀이를 하면서 흥이 생기고 그 흥겨움이 저절로 가락을 타

---

14. 최남선은 「조선문학 개설」이라는 글에서 '제사문학으로서의 〈놀애〉의 기원'이라는 절을 따로 할애하여 이 문제를 다루고 있다. 최남선, 『육당최남선전집 9』, 현암사, 1974, 449-455쪽 참조.
15. '노래'의 어원적 의미를 '놀이를 하는 데 쓰이는 도구'로 보는 관점도 참고할 만하다. "'노래'란 낱말의 본디 뜻은 '놀이를 하는 데 쓰이는 것'으로서 스스로 놀이에서 떨어져 나온 것임을 드러내고 있다." 김수업, 『배달말꽃 ― 갈래와 속살』, 지식산업사, 2002, 58쪽.
16. 김억은 이런 표기법을 매우 못마땅해 하였다. "이즘 신문이나 잡지에 흔히 '노래'를 '놀애'로 '하늘'을 '한울'로 고치는 일이 많습니다. (…) 그러나 아모리 이러한 예가 있어 그 법에 맞추지 아니 할 수가 없다 하더라도 나는 '노래'를 '놀애'로 쓰고 싶지 아니하외다." 김억, 「어의(語意), 어향(語響), 어미(語美)」, 『조선일보』, 1929. 12. 18-19; 박경수 편, 『안서김억전집 5 문예비평론집』, 한국문화사, 1987, 410쪽.

고 흘러나와 거기에 말이 함께 한 것이 바로 '놀애'이다.

초기 예술의 원형적 특성을 강조하기 위해 '놀'이라는 어원을 하나의 독립된 용어로 사용할 수 있을 것이다. 최남선도 이 '놀'을 하나의 용어로 독립시켜 종교적 신성관과 관련시키고 있다.[17] 이때 '놀'은 '축제적 유희 정신'을 가리키는 말로서, 예술을 있게 하는 포에지이자 태고의 원형적인 예술로서의 포엠의 의미를 동시에 지닌다.

'놀'이라는 축제적 유희 정신은 우리 민족의 고유한 미학 원리이자 생활 철학으로서, 신과 인간을 즐겁게 하는 종교적 의식과 연계되어 있다. 중국의 사서(史書)가 우리 민족의 축제를 특기하고 있음은 이 축제 풍경이 그들에게는 무척이나 낯선 것이었기 때문이다. 그 기록 중 일부를 보이면 다음과 같다.

> 은력(殷曆) 정월이면 하늘에 제사를 지내는데, 나라 안에 크게 모여 연일 마시고 먹으며 노래 부르고 춤을 추니 이름하여 '영고(迎鼓)'라 한다. (『삼국지』 위지 동이전 부여조)

> 백성들은 노래 부르고 춤추는 것을 좋아하여 나라 안의 읍락에는 밤이면 남녀가 무리지어 모여 서로 간에 노래 부르며 즐긴다. (…) 10월이면 하늘에 제사를 지내며 큰 모임을 가지는데 이름하여 '동맹(東盟)'이라 한다. (『삼국지』 위지 동이전 고구려조)

> 항상 10월이면 하늘에 제사를 지내는데, 밤낮으로 음주가무를 즐기니 이름하여 '무천(舞天)'이라 하며, 또한 호랑이에게 제를 올리고 신으로 여긴다. (『삼국지』 위지 동이전 예조)[18]

이들 기록은 하나같이 우리 조상들이 가무(歌舞), 즉 노래와 춤을 즐겼

---

[17] 최남선, 「조선문학 개설」, 『육당최남선전집 9』, 현암사, 1974, 449-452쪽.
[18] 김성구 편역, 『중국정사조선열국전』, 동문선, 1996, 89, 94, 103쪽.

다는 사실을 특기하고 있다. '영고,' '동맹,' '무천'의 어원이나 의미에 대해서는 설이 분분하지만, 이것이 모두 '놀' 정신의 구현이라는 점은 분명하다. 이 중 '영고'는 그 명칭이 '마지굿'이나 '오구굿'과 닮은 것으로 해석된다.[19] 또한 '무천(舞天)'은 한자 그대로 해석한다면(물론 우리말의 음역일 수도 있지만) '하늘에 바치는 춤,' 혹은 '하늘과 더불어 추는 춤'이라는 의미로 보인다. 이와 같은 명칭에서 이런 행사들이 공동체 구성원의 참여를 통하여 하늘에 제사를 지내는 축제라는 점을 짐작할 수 있다. 이로부터 '놀'이 기본적으로 공동체의 정신을 담고 있으며, 그 공동체는 인간만의 모임이 아니라 초월적 존재들도 함께 참여하는 모임이라는 사실도 유추할 수 있다.

무엇보다 중요한 것은 이 '놀'이 모든 예술의 모형(母型, matrix)이라는 사실이다. '놀'은 놀이, 놀림, 놀음, 노릇, 노래 등 어간 '놀'로부터 파생된, 그리고 이후에 파생될 모든 것들을 포괄하는 원형이다. 여기에는 이후 공식적인 예술로 성장할 씨앗이 네 개 포함되어 있다. 먼저 '놀림'이라는 갈래인데, 이는 손놀림, 몸놀림과 같은 말에서 유추할 수 있듯이 몸동작을 나타내는 말로서 무용적 영역을 가리킨다. 다음으로 '노래'가 있는데, 이것은 '노랫가락'과 '노랫말'로 나누어진다. 이 중 노랫가락은 음악적 영역을 가리키고 노랫말은 문학적 영역을 가리킨다. 마지막으로 '노릇'은 놀음과 더불어 그 자체가 연희(演戲)를 나타내는 말로서 연극적 영역을 가리킨다.[20] 이처럼 '놀'이라는 말은 무용, 음악, 연극, 문학이 동시에 잉태되어 있는 원시종합예술을 가리키는 가장 적절한 용어라 할 수 있다.[21] 이로부터

---

19. '영고'를 '마지굿'과 연계시킨 이는 이병도이며, '오구굿'과 연계시킨 이는 김택규다. 이병도 대담, 「고대부터 지키든 제전 — 서울대학 이병도 교수 담(談)」, 『동아일보』, 1946. 10. 27; 김택규, 「영고와 '오구'에 대하여」, 『국어국문학』 20, 국어국문학회, 1959 참조.
20. 놀음과 노릇은 그 자체로 전통적인 극문학 용어이다. 사전에서 '놀음놀이'는 '굿, 풍물, 인형극 따위의 한국의 전통적인 연희를 통틀어 이르는 말.≒놀음.,' '노릇바치'는 '희극 배우를 예스럽게 이르는 말.≒노릇꾼.'을 뜻한다. 특히 '노릇'이라는 말은 연극을 뜻하면서 동시에 '역할,' '직업'을 가리킨다는 점에서, 서구의 연극 관련 용어 퍼소나(persona; 가면을 뜻함)에서 사람(person)이라는 어휘가 파생된 사실과 비교할 만하다.
21. 현대에도 이런 종합예술을 판소리나 선소리 등에서 확인할 수 있다. "(판소리에서) 그 창

현재의 분화된 예술과 문학 갈래들이 파생되어 나왔다. 이를 간단하게 도표로 정리하면 다음과 같다.

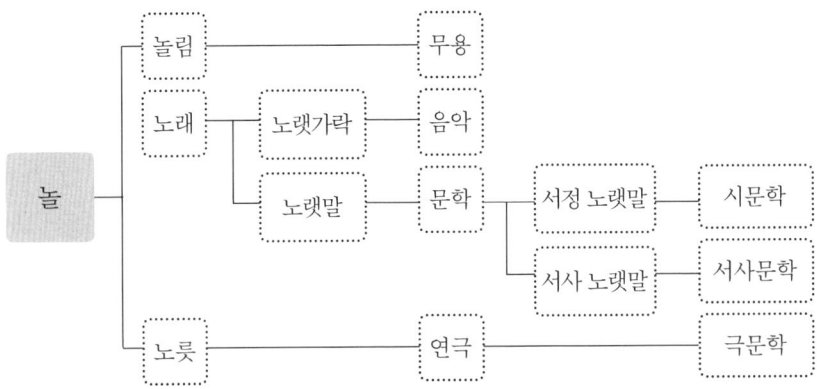

모든 예술의 원형인 '놀'에서 놀림(무용), 노래(음악, 시문학, 서사문학), 노릇(연극, 극문학)이 갈라져 나왔다. 이 중 문학과 관련된 갈래가 노래(노랫말)와 노릇인데, 이 두 갈래의 분화는 비교적 초기에 이루어진 것으로 추정할 수 있다. 미분화된 노랫말(시문학과 서사문학의 혼융)로부터 극문학이 일찍 독립하게 된 것은 원시종합예술의 원형을 가장 많이 간직하고 있는 연극이 독자적인 영역을 개척하기 쉽기 때문이다.

이후 최남선의 다음 언급처럼, 놀림과 노릇으로부터 독립한 노래는 오랫동안 문학의 원형으로 남아 있었다.

> 보기에 따라서는 근소한 예외가 있는 채, '놀애'는 조선 최고요 또한 유일한 문학이라 하여도 과언이 아니다. 그것은 '놀애' 이외에 들 만한 문학현상이 없다는 면으로도, 또 종류는 몇 가지 있을지라도 명칭은 '놀애' 하나로 혼화되어 있는 실제면으로도, 역시 그렇게 말할 수 있는 일

은 음악, 발림은 무용, 그 창사(唱詞)며 아니리는 문학에 제가끔 해당되는 것이다. 그리고 경기잡가인 선소리도 이와 같은 형태를 그대로 지녀온 것으로 볼 수 있다." 이병기, 백철, 『국문학전사』, 신구문화사, 1965, 27쪽.

이다.[22]

　이 노래(노랫말)에서 시와 소설이 갈라져 나왔다(드물긴 하지만 대화조 노랫말은 희곡의 원형이 된다). 서정적인 짧은 노랫말은 시가 되고, 이야기 요소를 지닌 노랫말은 소설이 되었다. 애초에 노릇에서 분리되어 나온 후 노래 속에 서정적인 요소와 서사적인 요소가 한동안 공존한 것은, 몸동작을 매개로 하는 연극과 달리, 이 둘은 목소리를 매개로 하기 때문이다. 그러나 분화 기준을 무엇으로 잡느냐에 따라 분화 영역과 순서에 대한 추정이 달라질 수 있다.[23]

　'놀'이라는 종합적 상태에서 '놀림,' '노래'와 '노릇'이 공존하고 있고 이로부터 노랫말로서의 시가 분화되어 나왔다는 사실은 한국인에게는 따로 증명이 필요하지 않는, 즉 자명한 사실에 속한다. 그러나 다른 문화권에서 시와 원시종합예술의 관계를 따지는 일은 일종의 학문적 훈련을 요하는 고급 기술이 된다. 서구에서는 '놀'과 같은 모형을 나타내기 위해 시의 어원과 무관한 '발라드 댄스(ballad dance)'라는 새로운 조어를 만들어야 했다. 또한 중국에서는 시가 원시종합예술에서 비롯되었음을 증명하는 논거로 중국 고대시에 나타나는 반복법과 후렴구 등의 중첩(重疊), 그리고 박자를 맞추기 위해 첨가되는 무의미한 글자, 즉 츤자(襯字)에서 찾아야 했다.[24] 원초적인 관련성을 보여 주는, 그래서 증명할 필요가 없는 자명한 어원이 아니라, 파편적인 현상의 분석과 유추를 통하여 그 관련성을 찾는 것이다.

　우리 역사에서 시의 원조로서 노래(노랫말)가 본격적으로 등장한 때는

---

22. 최남선, 「조선문학 개설」, 『육당최남선전집 9』, 450쪽.
23. 최남선은 노래에서 분화된 시가 '도솔가'(덧소리)라는 시 형식이 되었고, 이로부터 서사시 형식의 '차사(嗟辭)'와 서정시 형식의 '사뇌(詞腦)'로 분화되었다고 본다. 최남선, 「조선상식문답속편」, 『최남선전집 3』, 현암사, 1974, 113-114쪽. 그러나 김수업은 '놀이'에서 '이야기'가 먼저 분화되고, 놀이와 노래가 함께 있다가 이후 '노래'가 분화되었다고 본다. 김수업, 앞의 책, 54-61쪽.
24. 朱光潛, 정상홍 옮김, 『시론』, 동문선, 1991, 24-26쪽.

언제일까. 『삼국사기』에 "이 해(유리왕 5년, 서기 28년)에 민속이 평강하여 비로소 도솔가를 지으니 이것이 가악(歌樂)의 시초"라는 구절에서 이를 짐작할 수 있다. 그러나 이것은 가악의 시초라기보다는 시가다운 시가, 즉 "일정한 어느 형식에 정제되어 가히 가무에서 분리할 수 있는 시가"[25]의 시초라고 보는 것이 타당하다. 이 기록을 기준으로 삼더라도 시(노랫말)가 놀림과 노릇에서 분화된 것이 2000년이나 되니, 시의 역사는 인류 문명의 역사와 함께 할 정도로 아득하다고 할 수 있다.

3. 시의 원형으로서 '노래'의 특질

노래는 '시(詩)'라는 개념이 들어온 이후에도, 즉 근대 이전에는 중국의 한시(漢詩), 근대에는 서구의 '시'가 들어온 이후에도 우리의 시를 가리키는 개념이었다. 그런데 이 노래는 특히 고대에는 '시'와는 확연히 다른 특성을 지녔다. 바로 초월적이고 주술적인 특성이 그것인데, 다음과 같은 언급에 잘 요약되어 있다.

> 신라 사람들은 향가를 숭상한 지 오래되었는데, 그것은 대개 송가(頌歌)의 종류였다. 따라서 이따금 천지와 귀신을 능히 감동시키는 경우가 한 둘이 아니었다.[26]

이것은 신라시대 노래인 향가(鄕歌)가 지닌 신비한 능력을 말하고 있는 구절이다. 이때 노래는 단순히 개인적인 정서를 표출하여 듣는 사람들을 감동시키는 데 그치지 않고, 초월적인 존재인 천지와 귀신까지도 감동시키는 초자연적 능력을 지닌 예술 갈래이다. 그래서 개인의 소원을 이루게

---

25. 조윤제, 『한국문학사』, 탐구당, 1988, 26-27쪽.
26. 『삼국유사』 권5, 「월명사 도솔가」.

해 주고(「서동요」), 왜군을 물러가게 하고(「혜성가」), 잣나무를 시들게 하고 (「원가」), 역신을 물리치기도 하는 것(「처용가」)이다. 고대의 노래는 이처럼 신비한 능력을 지닌 신성한 갈래였다.

 그 이후의 노래는 예외적인 경우가 있기는 하지만 흔히 초월적인 차원에서 한 단계 내려와 세속적인 영역에서 확인되는 몇 가지 중요한 특성을 지닌다. 신흠의 다음 시조에 그 특성이 잘 나타나 있다.

> 노래 삼긴 사람 시름도 하도 할샤
> 일러 다 못 일러 불러나 푸돗던가
> 진실로 풀릴 것이면은 나도 불러 보리라.
>
>   ― 신흠

 이 작품은 시에 관한 몇 가지 중요한 인식을 보여 준다. 이로부터 우리는 시의 원류로서 노래가 지니는 몇 가지 특징을 파악할 수 있다.

 첫째, 시의 원형을 '풀이,' 즉 심리학적인 관점에서 찾고 있다는 점이다. 이 작품에 따르면 노래는 시름이 많은 사람이 지은 것이다. '싫다'라는 어원에서 유추되듯이, 시름이란 "마음에 걸려 풀리지 않는 근심과 걱정"을 말한다. 신흠의 시는 이 시름의 '풀이'에 노래의 발생 원인 혹은 중요한 기능이 있음을 말하고 있다. 시인은 마음에 쌓인 시름, 즉 심리적으로 억압된 어떤 요소를 해방시키기 위한 심리적 충동에서 시가 발생했다고 보는 것이다.

 심리적인 긴장을 해소한다는 점에서 '긴장 해소설'이라 부를 수도 있는 이런 관점은 문학 혹은 예술의 기원을 심리학적 기원에서 찾는 기존의 여러 설, 즉 모방 본능설, 유희 본능설, 자기표현 본능설, 유혹 본능설 등과도 전혀 다른 차원의 관점이다. 심리적인 억압을 해방시키는 행위로서의 '풀이'는 외부에 어떤 대상을 가정하지 않는다는 점에서 모방도 아니고, 에너지 과잉의 결과가 아니라는 점에서 유희도 아니며, 자신만의 만족이나 이익을 추구하지 않는다는 점에서 자기표현이나 유혹도 아닌 것이다. 이것은 오히려 심리적 균형을 얻기 위한 인간의 생존 욕구와 관련된다는 점에서 심리학과 생리학이 혼합된 복합적 기원설이라 할 수 있다.[27]

둘째, 시와 산문의 구분을 리듬, 즉 가락에서 찾고 있다는 점이다. 이 시조 2행, "일러 다 못 일러 불러나 푸돗던가"는 '말로 아무리 표현해도 시름이 풀리지 않기에 노래를 불러서 시름을 풀어내었던가'라는 뜻이다. 여기에서 '일러'는 일상적인 발화를 의미하는 것으로, 일상적이고 산문적인 양식이다. 이에 반하여 '불러,' 즉 노래하는 것은 특별하고도 시적인 양식이다. 그러므로 시는 말하는 것과 전혀 다른 '노래'만이 지니는 특성을 소유하게 된다. 노래의 특성이란 무엇인가. 일정한 양식과 그에 필요한 수사학이 조화를 이루는 특별한 발화의 상태이다. 이때 그 발화 상태의 핵심은 리듬, 즉 가락에 있다고 할 수 있다. 가락이야말로 특별한 발화로서의 노래를 특징짓는 핵심이기 때문이다. 신흠의 시조는 시와 산문의 구분을 이 가락에서 찾고 있다.

셋째, 개인적이면서 동시에 공동체적인 시의 특질을 보여 주고 있다는 점이다. 노래의 본질로서의 '풀이'는 구체적인 청자를 대상으로 이루어지는 행위로서, "엿듣는 독백"[28]의 개인적 차원의 행위와 다르다. 이런 특성은 '풀이'라는 말에 이미 들어 있다. 신과 함께 소통하며 인간의 문제를 푸는 성주풀이, 살풀이, 삼신풀이, 부정풀이나 자신의 기쁨을 공동체와 함께 나누는 댕기풀이 등 대부분의 '풀이'는 개인의 문제에 국한된 행위가 아니라 타인과 공유하는 행위이다. 최남선은 '풀이'의 기본적인 의미를 종교적인 데서 찾는데, 이 역시 공동체적 행위와 관련된다.[29] 이처럼 시의 원형으로서 노래는 '풀이'라는 공연 상황을 전제로 이루어지는 갈래이기에 개인적이면서 동시에 공동체적인 특성을 지닌다.

---

27. 이는 리처즈가 시의 본질을 모순된 충동의 해소에서 찾는 것과 유사하다. I. A. Richards, 김영수 옮김, 『문학 비평의 원리』, 현암사, 1977, '제32장 상상력' 항목 참조.
28. J. S. 밀은 「시란 무엇인가」(1833)에서 시를 '엿듣는 발화'로 규정한다. N. 프라이도 이 견해를 지지하고 있다. Northrop Frye, 임철규 옮김, 『비평의 해부』, 한길사, 1982, 348쪽 참조.
29. 최남선, 「조선과 일본과의 제사상 일치」, 『육당최남선전집 2』, 73쪽.

이와 같은 노래의 특성에 '가상적 연행성(virtual performance)'[30]이라는 중요한 특성을 덧붙여야 한다. 시의 기원으로서 노래는 연행(演行), 즉 공연을 목적으로 한다. 노래는 주로 청중을 대상으로 '노래 부르기'라는 공연을 전제로 하므로, 노랫말을 쓸 때 작가는 기본적으로 공연 상황을 고려할 수밖에 없다. 대부분의 공연은 노랫말을 지은 사람이 아니라 전문 노래꾼이나 독자에 의해 다양한 장소에서 이루어진다. 지은이와 가창자가 다르더라도 공연이 자연스럽게 되기 위해서는 노랫말에 나오는 화자의 성격이나 배경 등의 특성이 공연 상황에 어울리게 조율되어야 한다. 즉, 화자는 창작자의 특수한 상황에서 벗어나서 누구라도 대신할 수 있는 일반적인 존재가 되어야 하고, 내용의 시공간적 배경은 어느 상황으로 바꾸어도 자연스러운 것이 되어야 하며, 시제는 공연의 현장성에 어울리게 현재시제를 사용해야 한다.[31] 옛날이나 지금이나 노랫말은 이런 특성을 지니고 있다.

> 잊어야 한다는 마음으로
> 내 텅 빈 방문을 닫은 채로
> 아직도 남아 있는 너의 향기
> 내 텅 빈 방안에 가득한데
> 이렇게 홀로 누워 천정을 보니
> 눈앞에 글썽이는 너의 모습
> 잊으려 돌아누운 내 눈가에
> 말없이 흐르는 이슬방울들
>
> ─ 김광석, 「잊어야 한다는 마음으로」 부분

---

30. 박현수, 「시적 시간 현상의 특이성과 가상적 연행성」, 『어문론총』 89, 한국문학언어학회, 2021 참조.
31. 그동안 "현재시제는 서정시의 본질적 시제"(김준오, 『시론』(제4판), 삼지원, 2000, 119쪽)라고 하며, 이를 시적 정서의 순간성, 직관적 파악의 찰나성 등과 관련지어 왔다. 그러나 이는 실제와 무관한 관념적인 설명이다. 시의 현재시제 문제에 대해서는 박현수, 「서정시제(시의 현재시제)의 실제와 특성 고찰」, 『한국현대문학연구』 64, 한국현대문학회, 2021 참조.

이 노랫말에서 작가는 이별의 슬픔을 즉석에서 표현하는 듯하지만, 이는 현실적으로 불가능하다. 슬픔에 빠진 사람이 일정한 형식에 맞추어 발화를 미적으로 조율하는 일은 자연스럽지 않기 때문이다. 창작의 일반적인 상황을 고려할 때, 그는 연인과 이별한 경험을 회상하거나 있을 법한 상황을 가정하여 책상 앞에 앉아 퇴고를 거듭하며 이 가사를 썼을 가능성이 높다. 그렇다면 그는 왜 이렇게 창작 상황과 무관하게 가사를 구성하였을까. 그것은 창작 상황보다 이 노래를 공연할 상황이 창작의 기준이 되기 때문이다. 그래서 공연 상황에 어울리게, '나'와 '너'는 구체적인 신분을 파악할 수 없을 정도로 일반적인 존재로 설정하고, 사건의 시공간적 배경과 이별한 이유 등도 특정하지 않으며, 시제는 공연의 현장성을 살리는 데 적합하도록 현재시제를 사용하고 있는 것이다.

　이처럼 노랫말 자체에 미리 전제된 공연 상황이라는 특성을 '가상적 연행성'이라 부를 수 있다. 이를 정확하게 규정하자면 '노랫말(혹은 시)의 기준 시점을 노래가 공연될 미래의 어느 시점으로 삼는 시적 규범 혹은 관례,' 다시 말해 시의 내용을 구체적 창작 상황을 바탕으로 구성하지 않고 미래의 공연 상황에 맞추어 표현을 조율하는 관례로 규정할 수 있다. 노래와 멀어진 현대시에서 이런 연행성은 그 가상적인 성격이 더욱 강해지지만, 시의 중요한 특질들을 발생시키는 기능은 변하지 않는다. 따라서 가상적 연행성은 노래와 시의 밀접한 관계를 잘 보여 주는 명확한 증거라 할 수 있다.

4. '노래'로부터 멀어진 근대시

　근대 이전까지 시는 근원적으로 '놀' 정신의 현현으로서의 '노래'다. 그리고 이 유풍은 우리 근대 시인들의 집단무의식에 각인되어 강력한 힘을 발휘하고 있다. 근대 시인들이 자신의 시를 아무 주저 없이 '노래'라고 부르는 것도 이 때문이다.

> 나의 노랫가락의 고저장단은 대중이 없습니다.
> 그래서 세속의 노래 곡조와는 조금도 맞지 않습니다.
> 그러나 나는 나의 노래가 세속 곡조에 맞지 않는 것을 조금도 애달파하지 않습니다.
> 나의 노래는 세속의 노래와 다르지 아니하면 아니 되는 까닭입니다.
> 곡조는 노래의 결함을 억지로 조절하려는 것입니다.
> 곡조는 부자연한 노래를 사람의 망상(妄想)으로 도막쳐 놓는 것입니다.
> 참된 노래에 곡조를 붙이는 것은 노래의 자연에 치욕입니다. 님의 얼굴에 단장을 하는 것이 도리어 흠이 되는 것과 같이 나의 노래에 곡조를 붙이면 도리어 결점이 됩니다.
>
> — 한용운, 「나의 노래」 부분

한용운이 자신의 시를 '나의 노래'라고 부른 것을 단지 비유적인 표현으로만 볼 수는 없을 것이다. 그에게 시는 노래일 뿐이다. 이처럼 근대시에서 시는 노래와 분리되지 않는다. 우리가 시를 설명할 때 '이 작품은 ~을 노래하고 있다'라는 등의 말을 자연스럽게 사용하는데, 이때 시가 '표현'한 것을 '노래'한다고 말하는 것도 이런 전통에 의거한 것이다.

현재의 시는 개화기에 들어온 서구 문학의 영향으로 기존 '놀애'가 왜곡되어 형성된 불구적 장르라 할 수 있다. 근대시의 기원을 논하는 여러 논의에서 그 원형으로 언급되는 것도 모두 노래 종류이다. 주요한은 '찬미가,' 즉 찬송가에서 창가 및 신체시라는 근대시의 원형적 형태가 발생하였다고 보고,[32] 근대시의 자생적인 측면을 강조하는 오세영은 창가나 신체시를 오히려 근대 자유시의 진행을 방해한 정형시로 비판하며, 자유시의 기원을 사설시조와 잡가에서 찾는다.[33] 모델이 다르긴 하나 근대시의 기원을

---

32. 주요한, 「노래를 지으시려는 이에게」, 『조선문단』, 1924. 10.
33. 오세영, 「자유시 형성에 있어서 사설 시조와 잡가」, 『한국 근대문학론과 근대시』, 민음

노래에서 찾은 점은 동일하다.

근대시와 노래의 친연성은 이처럼 강력하였다. 근대문학의 초기까지 '놀애,' 즉 '노래'가 시의 이름을 한동안 대신한 것은 자연스러운 일이었다. 그래서 주요한은 시인을 지망하는 이들을 위해서 아예 「노래를 지으시려는 이에게」[34]라는 글을 썼던 것이다. 당대에 잘 알려진 시인이었던 김억도 아무런 주저 없이 시를 '시가(詩歌)'라 불렀다.

> 그것(시를 정의하기가 어려움 — 인용자)은 시(詩)가 순정(純正)한 예술품 중에도 가장 깊은 순정성을 가진 것만치 이렇게도 해석되고 저렇게도 해석되기 때문이외다. 그리하여 한 편의 좋은 시가(詩歌)의 감동은 (…) 현실 세계의 모든 고뇌에 부대낀 사람에게 다시없을 자모(慈母) 같은 위자(慰藉)를 주어 고단한 맘을 미화시켜 줍니다.[35]

「시론」이라는 제목의 이 글은 처음에 '시'란 용어를 쓰다가 어느 순간 자연스럽게 '시가'라는 용어만을 사용하고 있다. 시의 영어식 표기가 'poem'이라는 것을 잘 알고 있는 그가 '시가'라는 용어를 고집한 것은 우리 시 전통의 영향력 때문일 것이다. 그는 이 용어를 해방 이후까지 버리지 않았다.

'시'를 포함한 '노래,' 그리고 이 둘을 함께 지칭하는 시가(詩歌)는 전통적 노래와 근대 시 형식의 완충지대에 놓인 것으로, 시와 노래의 공존을 보여 주는 용어이다. '시가'라는 용어에서 뒷부분의 '노래(歌)'가 떨어져 나가게 된 것은 1930년대라 할 수 있다. 1920년대까지만 해도 시집 제목에 '시가'라는 표현을 사용할 정도로 이 용어는 문단에서 공인된 용어였다.[36] 이 용어는 김억, 이은상, 김동환 등 전통주의 시인에 의해 주로 사용

사, 1996.
34. 주요한, 「노래를 지으시려는 이에게」, 『조선문단』, 1924. 10.
35. 김억, 「시론」(1930. 4); 박경수 편, 『안서김억전집 5 문예비평론집』, 한국문화사, 1987, 437쪽.
36. 1929년 이광수·주요한·김동환이 지은 합동 시집의 제목은 『삼인시가집(三人詩歌集)』

되다가, 1930년에 들어서면서 그 빈도가 현격히 줄어들었다. 김억 이외에 사용하는 사람이 거의 없었다.

1930년대 들어 어떤 변화가 있었던 것일까. 그것은 시를 실현할 매체의 변화가 이때 완료되었기 때문은 아닐까. 노래로서의 시는 사람의 목소리를 통하여 구현되던 구술 문화 시대의 갈래이다. 그러나 1930년에 모더니즘 시와 이론들이 문단을 장악함으로써 매체는 목소리가 아니라 인쇄 매체, 즉 책의 활자임을 새삼 확인하게 되었다. 따라서 시의 중심 감각도 '청각'에서 '시각'으로 바뀔 수밖에 없었다. 문학에 있어서 음독의 시대는 끝나고 묵독의 시대가 온 것이다.

이제 '시가'는 뒤에 달린 '노래'라는 꼬리를 떼어 내고 '시'가 되었다. 시는 종이 위에서만 실현되는 '글'의 영역 안에 들어선 것이다. 글의 세계로 들어선 근대시에서 노래는 활자의 그림자일 뿐이다. 노래에서 리듬 부분은 음악으로, 노랫말은 시가 되었다. 근대의 시는 노래 없는 노랫말이자 묵음화된 가사, 잠재적 음성으로 존재하는 짧은 줄글이 되었다. 더 이상 시는 목소리를 통하여 실현되지 않는 것이다.

그러나 노래에서 이탈한 근대의 시는 영원히 해소되지 않는 노스탤지어 속에 헤매고 있다. 특히 서정시는 노래의 적자(嫡子)로서 끝없이 노래를 그리워한다. 최근 서정시가 시의 주류가 되면서 이 노래의 측면이 시 속으로 많이 들어오고 있다. 낭독에 적합한 시 형식과 리듬 의식이 세련된 방식으로 도입되는 것이다. 그리고 죽은 노래를 회생시키려는 노력으로 시를 낭송하는 기회가 많이 생기기도 한다.

노래와 일체가 되어 있던 시의 시대를 부정적으로만 보는 것은 짧은 견해일 것이다. 80년대에 유행했던 민중시는 낭송을 통해 많은 민중을 흥분시키고 감동시켰다. 지금도 시위 현장에서 시가 낭송되는 것은 시의 음악적 측면이 여전히 유효함을 보여 주는 반증이다. 그러나 그런 시가 구술 문화의 낭송에 적합한 형식과 내용을 지니지 못하는 부분이 많은 것은 시

이었다.

의 본질과 그 역사를 고려하지 못한 탓으로 보인다.

'놀'이라는 공동체적 축제, 신과 교통하는 우주적 축제와 연결된 '노래로서의 시'는 새로운 형태로 우리를 찾아올지 모른다. 이때 '글'로 써 놓은 우리의 시는 바다 위에 써 놓은 것처럼 출렁거리며 우주적 율동을 우리에게 전해 줄 것이다. 옥타비오 파스는 오래 전에 이렇게 이야기하지 않았던가!

> 미래의 시는 유희, 낭송, '열정'(결코 구경거리가 아니다) 등의 축제 이미지를 일깨운다. 시는 집단적으로 재창조될 것이다. 어떤 특정한 시간과 장소에서 시는 모두에 의하여 영위될 것이다. 축제의 예술은 그 부활을 기다린다.[37]

---

37. Octavio Paz, 김홍근·김은중 옮김, 『활과 리라』, 솔, 1998, 366쪽.

시를 위한 토론

1. 다음 글에서 밑줄 친 부분의 '시'의 의미가 무엇인지 말하고, "시는 명석한 언어보다도 먼저 생겼다"는 말에 대한 자신의 의견을 말해 보자.

    어느 의미에 있어서 <u>시는 명석한 언어보다도 먼저 생겼다.</u> 어떤 시대에는 인간은 말을 가지지 않고 살고 있었던 시대가 있었다는 것을 우리는 상상할 수 있으나, 육체적으로 또는 성음적(聲音的)으로, 여러 가지 몸짓이며, 부르짖음으로써 서로 감정을 전달하지 아니하였다는 시대를 상상할 수 없다. 언어란 것은 사색에 있어서, 창의에 있어서 진보를 포함하고 있다. 아마 맨첨의 소리(성음)란 명석하지도 합리적이지도 않았을 것이다. 약간의 세월이 흐른 뒷날에 인간의 소리는 합리적이 되고, 이윽고 드디어는 합리적이고 명석하기도 하다는 상태가 된 것이다.

    ― A.S. 매킨지, 『문학의 진화』; 조향, 「시의 발생학」

2. 다음은 조지훈이 몰턴(R. G. Moulton)의 언급을 참조한 부분이다. ①과 ②가 어떤 점에서 차이가 나는지 말해 보고, 그 차이가 생긴 이유를 설명해 보자.

    'Poetry'란 말의 원의는 창작이란 뜻이라 한다. 정확하게 말하면 문장의 성질을 표시하는 말이요, 말이나 글의 형식을 이름이 아니라 한다. Poet(시인)란 말의 그리스어의 본뜻은 무슨 물건을 만들고 또는 창조하는 사람이라는 뜻이었다. 그러므로 『신약』 에베소서 2장 4절(10절의 오류 ― 인용자)의 일구(一句)는 영문성서에서는 ①<u>"우리는 신의 만드신 바니라"</u>라고 번역되어 있지만 그리스어의 원문에는 ②<u>"우리는 신(神)의 시(詩)니라"</u>라고 되어 있다 한다. 이런 의미에서 시인은 구경(究竟) 하나의 창조자이다.

— 조지훈, 『시의 원리』

3. 다음을 읽고 밑줄 친 '새 발견'은 구체적으로 무엇을 의미하는지 알아보자.

  자유시라든가 산문시라든가 하는 현상적인 패션(fashion)을 만드는 시의 특질, 다시 말하면 시의 정신활동에 속하는 주지(主知) — 이러한 의미의 시를 포에지(시행위)라고 부르고, 패션으로서의 실제의 시작품으로 나타난 것이나 나타내는 것을 포엠(시)이라고 부른다. (…) 이것은 종래의 시의 해석에 비하여 새 발견을 보여준 것이 아닐 수 없다. — 종래의 시의 해석에 있어서는 시행위와 시작품과를 방법적으로 명확하게 구별하지 못한 채 '시'라는 일어(一語)로써 그 불철저한 해석을 묵과하여 온 까닭이다. 쉬르레알리즘의 공적이 크다는 의미는 여기에 있다.

— 윤곤강, 「시의 진화」

4. 다음 글은 원시 가요 발생기의 시의 기원을 남녀의 사랑과 신에 올리는 제사에서 찾고 있다. 이에 대한 자신의 의견을 말해 보자.

  대체로, 원시 사회에 있어서의 가요의 동기는 우선 남녀 상애(相愛)의 정(情)과 귀신 제사의 염(念)이다. 화조월석 남녀 양성이 서로 아름답다, 사랑스럽다 하여 상접하는 심혼의 부르짖는 소리, 또 심중의 불안과 생활의 고민을 들어서 신에게 의뢰하고자 하는 성심의 말이 원시 가요 붕아기의 시다.

— 최남선, 「조선문학 개설」

5. 김수업은 '놀이'에서 '이야기'가 먼저 분화되고, 마지막으로 '노래'가 분화되었다고 보고 다음과 같이 얼개를 그리고 있다(여기에서 '놀이말꽃, 노래말꽃, 이야기말꽃'은 '극문학, 시문학, 서사문학'을 의미한다). 이에 대한 자신의 생각을 밝히고 대안을 그림으로 나타내 보자.

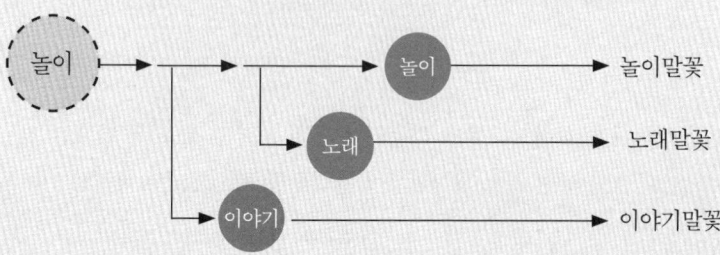

6. 아래 글을 참고로 하여, 주요한이 말하는 '노래'의 의미를 말하고, '조선 말로 쓴 노래'의 구체적 성격이 무엇인지 생각해 보자.

　　우리는 우리 민족이 가진 모든 좋은 것, 사상이나 정서나 전통이나 창조력을 발견하고 해석하고 노래하여야겠습니다. 이런 의미에 있어서 우리가 가진 유일한 발족점이 한시도 아니오, 시조도 아니오, 민요와 및 동요라 함은 나의 전부터 주장하는 바이외다. 민요를 발족점으로 삼거나 말거나 하여간에 조선말로 쓴 노래가 조선 사람의 가슴에 먼저 울리기 전에 예술적 가치가 생길 것 아니외다. 튜턴 문학에 튜턴의 피가 흐르고, 라틴 문학에 라틴의 피가 흐름같이 조선 문학에 조선의 피가 놀뛰어야 할 것입니다.

　　　　　　　　　　　　　　　— 주요한, 「노래를 지으시려는 이에게」

7. 미국의 창작 가수인 밥 딜런이 2016년에 노벨문학상을 수상하였다. 다음 사설을 참고하여 이에 대한 자기 생각을 밝혀 보자.

미국의 싱어송라이터 밥 딜런이 노벨문학상 수상자로 선정됐다. 대중가수가 상을 받는 것은 노벨상 역사에서 처음이라고 한다. 문학의 개념을 넓히고 형식의 한계를 허물었다는 긍정적 반응과, 문학에 대한 몰이해이자 테러라는 부정적 반응까지 전 세계가 그 파격성에 놀라는 모습이다. 문학의 범위와 경계에 대한 논의가 의당 이어져야 할 테지만 그와 별개로 밥 딜런에 의해 문화사의 새 지평이 열린 것만은 인정해야 할 것이다.

"미국의 노래 전통 속에서 새로운 시적 표현을 창조했다"거나 "그의 노래는 '귀를 위한 시'"라는 스웨덴 한림원의 설명은 밥 딜런의 가사를 단순한 노랫말이 아니라 작품성과 표현력이 뛰어난 문학으로 보고 있음을 말해 준다. 밥 딜런이 '노래하는 음유시인'이라 불리고 노벨문학상 후보로 자주 거론된 것도 이와 무관치 않다.

— 『한국일보』 사설, 2016. 10. 14.

제2장 • 시의 정의

1. 시적 정의의 초점

'시란 무엇인가'란 질문은 시의 본질에 대한 물음이다. 그런데 본질은 관점에 따라 다르게 파악될 수 있다. 지금까지 시에 대한 수많은 정의가 이루어진 것도 이 때문이다. 그래서 시적 정의에 접근할 때, 초점을 어디에 두고 있느냐를 살펴보는 것이 중요하다.

대부분의 시적 정의가 정확한 방식에 따라 이루어진 경우가 거의 없는 것은 시의 본질을 자신이 관심 갖는 바에 초점을 맞추어 설명하였기 때문이다. 많은 경우 그것조차 비유적으로 표현하여 그 의미를 더욱 파악하기 어렵게 하기도 하였다. 다음 작품이 그 예이다.

모든 사물의
품격은 고르지 않아
간추려 놓으면 또 기울어진다

색색(色色)
총롱(瓏瓏)
햇빛에 구워진 노을

먹는 것
몸에 걸치는 것 달라도
근원은 하나로 돌아가는 것

누에친다고
농사짓는 이를
비웃을 수는 없는 일

— 이덕무, 「시에 대하여」 전문[1]

위의 시는 얼핏 보면 시에 대한 정의와 전혀 무관한 것으로 보인다. 제목이 없다면 이 작품이 시와 관련된 것인지 아닌지조차 짐작하기 어려울 정도이다.

이 작품은 강요된 획일성에 대한 회의로부터 시작한다. 첫 연에 나오는 모든 사물의 품격이 고르지 않다는 말은, 이 세상의 모든 것들이 단일한 기준에 의해 규격화·정형화되지 않는다는 뜻이다. 그 다음의 노을 빛깔 이야기도 이와 관련이 있다. 노을이 노을답게 된 것은 여러 색들이 각기 자신의 빛을 잃지 않기 때문이다. 이는 강요된 획일성에 대한 회의와 다양성의 가치 옹호를 보여 주는 표현이다.

"먹는 것/몸에 걸치는 것 달라도/근원은 하나로 돌아가는 것"은 특수성 속에 잠재된 보편성에 대한 긍정이다. 문학은 먹고 입는 것 등의 구체적인 삶을 바탕으로 이루어지기에 나라마다 그 내용이나 형식도 다르기 마련이다. 그럼에도 그 바탕에는 특수성을 넘어서는 보편성을 지니고 있다는 점에서, 각국의 문학은 근원적으로 대등한 가치를 지니고 있는 것이다.

마지막 구절은 강요된 획일성에 대한 비판을 더욱 분명하게 드러낸다. 실학자 이덕무에게 이 강요된 획일성은 구체적으로 중국 중심주의를 말한

---

[1] 원제목은 '시를 논하다(論詩)'이다. 여러 번역을 참조하여 필자가 현대시풍에 어울리게 번역하였다. 원문은 다음과 같다. "難齊萬品整而斜/色色瓏瓏日灸霞/喫著雖殊元一致/蠶家未必哂農家."

다. 중국 중심주의는 중국 그들만의 사유와 문화를 절대적인 기준으로 제시하고 그것을 타자들에게 강요하기 때문에 문제가 된다. 자신들이 누에를 치기 때문에 모든 기준을 누에치기에 맞추어 놓고는, 농사짓는 사람들에게까지 그 기준을 강요하는 것은 명백한 폭력이라는 뜻이다.

이렇게 분석해 볼 때, 이 시에서 말하는 시의 정의는 "시란 타율적인 기준으로부터 벗어나서 자신의 특수성을 자유롭게 표현한 문학 갈래"가 될 것이다. 이런 의미를 비유적으로 표현하고 있기 때문에, '시에 대하여'라는 제목에 주목하지 않는다면 이 작품이 시에 대한 생각을 노래한 '메타시'라는 점을 알아차리기 힘들 것이다. 이처럼 대부분의 시적 정의가 어느 정도 비유적인 방식으로 이루어지기 때문에 발화 상황을 고려하여 초점을 잘 파악하여야 한다.

시의 정의가 규범에 맞게 이루어진 경우는 사전밖에 없을 것이다. 아마도 다음 경우가 가장 정의의 방식에 가까운 예가 아닐까 한다.

> 시란 우리 사람의 자연이나 인생에 대하여 느낀바 정서를, 개성과 상상을 통하여, 가장 단순하고 솔직하게, 음률적 언어로 표현한 것이올시다.
> — 양주동, 「시란 어떠한 것인가」

이 정의는 사전적 정의에 가장 가깝다. '표현한 것'의 '것'을 '문학 갈래' 혹은 '언어예술'로 바꾸면 완전한 정의가 된다. 정의는 종차(種差)와 유개념(類槪念)으로 나뉜다. 유개념은 상위개념을 말하고, 종차는 하위개념으로서의 해당 개념의 특징을 말한다. 위의 정의에서 유개념은 '문학 갈래'이고, 나머지 부분은 종차이다. 이 종차의 내용을 세분하면 '무엇을,' '어떻게'로, 즉 내용과 형식으로 나눌 수 있다. 이것을 정리하면 다음과 같다.

정의될 개념	종차		유개념
	내용(무엇을)	형식(어떻게)	
시	자연이나 인생에 대하여 느낀 정서를	개성과 상상을 통하여, 가장 단순하고 솔직하게, 음률적 언어로 표현한	문학 갈래

초점은 바로 이 종차의 내용 중 어느 것을 강조할 것인가에 따라 결정된다. 그런데 시의 정의는 위에서 본 바와 같은 완전한 방식으로 이루어진 적이 거의 없으므로, 발화의 상황을 감안하여 정의의 완전한 형태를 짐작해 보는 수밖에 없다.

① 시 삼백 편을 한마디로 정의하자면 '생각에 사악함이 없음(思無邪)'이다.

— 공자, 『논어』

② 시는 운율에 의한 모방이다

— 아리스토텔레스, 『시학』[2]

위의 정의를 각각 앞의 도표처럼 분석해 보면 다음과 같다.

정의될 개념	종차		유개념
	내용	형식	
① 시	사악함이 없는 생각을	(노래로 표현한)	문학 갈래
② 시	(인간의 행위를)	운율에 의해 모방한	문학 갈래

이런 분석을 보면 ①은 시의 대상, 즉 내용에 초점을 맞추고, ②는 시의 방식, 즉 형식에 초점을 맞추어 정의하고 있음을 확인할 수 있다. 공자는 생각의 순수함, 혹은 심성의 지고지순함을 강조한다. 시는 심성의 순수함을 표현한 것이기 때문에, 좋은 시는 작가의 순수함을 표현한 것일 뿐 아니라, 독자에게도 순수한 심성을 불러일으키는 것이어야 한다. 이런 관점은 시에 있어서 중요한 것이 '어떻게 표현하는가'가 아니라 '무엇을 표현

---

2. 물론 『시학』에 시의 정의를 이렇게 단언하는 부분은 나오지 않는다. 그러나 모든 예술이 모방의 대상과 방법에 따라 다르다는 내용을 참조하면 이런 정의가 가능하다. Aristoteles, 천병희 옮김, 『시학』, 문예출판사, 2002, 제1장-3장 참조.

하는가'에 있음을 보여 준다.

이에 반하여 아리스토텔레스의 '운율에 의한 모방'은 '어떻게'의 문제에 초점을 맞추고 있다. 그는 모든 예술의 본질을 '모방'으로 보았으며, 각각의 갈래를 모방의 수단(율동/언어/화성),[3] 모방의 대상(고귀한 인간/저급한 인간), 모방의 양식(서술 방식)[4]에 따라 나누었다. 이런 구분은 모방의 내용보다는 모방의 방식에 주목하는 관점이다. 그래서 시의 본질도 율동(리듬), 즉 '운율'이라는 모방의 수단을 사용하는 데서 찾을 수밖에 없다.[5] 이는 내용, 즉 '무엇'보다는 형식, 즉 '어떻게'의 문제에 더 관심을 가지고 시를 정의한 것이다.

2. 형식에 초점을 맞춘 정의의 변천

지금까지 이루어진 시의 정의는 '무엇'과 '어떻게,' 즉 내용과 형식에 초점을 맞추어 크게 두 부류로 나눌 수 있다. 즉, 내용에 초점을 맞춘 정의와 형식에 초점을 맞춘 정의가 그것이다. 형식에 대한 논의는 전반적으로 서양에 비해 동양이 빈곤한 편이다. 그것은 동양에서는 시의 형식보다는 그 속에 담긴 내용에 대한 관심이 더 지대하였기 때문일 것이다.

먼저 형식의 측면에 초점을 맞춘 정의는 앞에서 살핀 아리스토텔레스의

---

3. "율동(rhythm)과 언어(language)와 화성(harmony)" 혹은 "율동과 노래와 운문"으로 다소 다른 표현으로 나타난다. Aristoteles, 위의 책, 27, 30쪽. 번역자에 따라 "리듬(율동, 운율), 언어, 멜로디(화음, 해음)" 등으로 옮기기도 한다.
4. 모방의 양식은 서술 방식으로서 화자의 문제와 연관된다. 이 부분을 직접 인용하면 다음과 같다. "시인은 1) 호메로스가 한 것처럼 때로는 서술체로, 때로는 작중 인물이 되어 말할 수도 있고 2) 그러한 변화 없이 처음부터 끝까지 서술체로만 말할 수도 있고 3) 모방자들(배우들 — 인용자)로 하여금 모든 것을 실연(實演)하게 할 수도 있다." Aristoteles, 위의 책, 34쪽.
5. 아리스토텔레스는 시가 모방과 "화성과 율동에 대한 감각"이라는 인간의 본성을 점진적으로 개량함으로써 즉흥적인 것으로부터 시를 만들어 냈다고 한다. Aristoteles, 위의 책, 38쪽.

경우가 대표적이다. 시의 본질을 운율에서 찾는 시각은, 『시학』에서 비극의 가장 중요한 요소에 대하여, "비극의 생명이며 영혼인 것은 바로 구성(plot)"이라 보는 관점으로 이어진다. 그는 형식적인 특질을 예술의 본질로 보았기 때문에, 다른 것보다 운율이나 구성 같은 것을 크게 부각시켰던 것이다.

운율, 구성 같은 형식적 요소가 강조되면 내용의 요소는 부차적인 것으로 취급될 수밖에 없다. 이런 관점은 자연스럽게도 예술의 자율성을 옹호하는 쪽에 서게 된다. 따라서 형식에 초점을 맞춘 정의를 살펴보는 것은 미적 자율성의 전개를 고찰하는 것과 유사한 의미를 지닌다.

아리스토텔레스는 그의 스승 플라톤과 달리 예술을 옹호하는 쪽에 선 사람이다. 플라톤과 그의 예술관의 차이는 '모방'의 의미에서 잘 나타난다. 아리스토텔레스에게 있어서 모방이란 플라톤이 주장한 것과 같은 이데아 혹은 원형에 대한 모방이 아니라, 형상 혹은 인간 행위에 대한 모방이다. 이런 시선은 인간 세계에 대한 긍정적 인식과 미적 영역의 상대적인 독립성을 함축한다.[6]

시의 본질을 형식적 요소로서의 운율에서 찾는 이런 관점은 근대에까지 이어져 온다. 그러나 정형시에 대한 반발이 극단화되어 운율이 이미 시의 본질적인 특성이 될 수 없는 근대에 이르게 되면 운율에 대한 관점은 다소 수정을 거치게 된다. 운율이 새롭게 발견된 것은 어휘의 상징적 뉘앙스나 음악적 요소에 관심을 기울였던 상징주의에 와서이다.

    시는 아름다움의 운율적 창조이다.

                                                      ― E. A. 포, 「시의 원리」

상징주의의 선구자로 평가되는 E. A. 포(Poe)는 시를 "아름다움의 운율

---

6. 에이브럼즈는 아리스토텔레스의 비평을 "정치적 수완, 존재, 도덕과는 독립된 예술로서의 예술비평일뿐만 아니라, 시로서의 시비평이며, 시의 특수한 성격에 알맞은 기준에 따라서 각종의 시작품을 다루는 비평이기도 하다"고 평가한다. M. H. Abrams, 「이론의 비평」, 박철회, 김시태 편, 『문예비평론』, 문학과비평사, 1988, 74쪽.

적 창조(The Rhythmical Creation of Beauty)"[7]로 파악하고 있다. 이것은 시에 있어서 운율의 가치를 적극적으로 부각시킨 관점이라 할 수 있다. 「시의 원리」에서 그는 율격(meter), 리듬(rhythm), 압운(rhyme)을 아울러서 '음악(music)'으로 지칭하고 이것의 중요성을 강조하였다. 포가 시적 본질을 음악에서 찾는 것은 시에 내용적인 요소가 들어오는 것을 싫어하기 때문이다. 그래서 그는 '예술을 위한 예술'을 예술의 본령으로 보는, 미적 자율성에 대한 적극적인 옹호자로 평가된다.

한국에서도 상징주의에 관심을 보였던 문인에 의해 시에 있어서 운율의 중요성이 새롭게 부각되었다.

> 시인의 호흡과 고동(鼓動)에 근저를 잡은 음률이 시인의 정신과 심령의 산물인 절대가치를 가진 시가 될 것이오.
>
> ― 김억, 「시형의 음률과 호흡」

김억은 "시인의 호흡과 고동," 즉 시인의 생리적이고도 개성적인 특성에 밀착되어 육화된 음률이 있을 때, 절대적인 가치를 지닌 시가 가능하다고 보았다. 같은 글에서 그는 "시인의 호흡을 찰나에 표현한 것"을 '시가'라 규정하기도 하였다. 그는 시의 본질을 이야기하면서 내용에 대해서는 전혀 언급하지 않고 오로지 호흡, 즉 음률만을 이야기한다. 이는 시의 가장 중요한 요소를 운율에서 찾는다는 뜻이다. 물론 이런 운율이 정형적인 리듬만을 의미한 것이 아님은 물론이다.

자유시나 산문시와 같은 비정형적인 시들이 많이 창작되는 시기가 되면 시의 특성에서 이렇게 비유적이고도 상징적으로 운율을 언급하는 경우도 거의 사라진다. 운율은 더 이상 시의 핵심 요소가 아닌 것이다. 그렇다면 운율 대신 무엇이 시의 중심적인 요소가 되어야 할 것인가. 그 대안으로 찾은 것이 바로 시적 언어의 특수성이다. 이제 시의 문제를 운율이 아니

---

7. E. A. Poe, "The Poetic Principle," *The Selected Poetry and Prose of Edgar Allan Poe*, Random House, 1951, 389쪽. 대문자는 원문 그대로이다.

라 운율을 제외한 언어의 특성에서 찾는 논의가 등장하는 것이다. 하이데거는 언어의 본질을 새롭게 규정하면서 시를 정의하였다.

> 시는 언어에 의한 존재의 건설이다
> ― M. 하이데거, 「휠덜린과 시의 본질」

실존주의 철학자인 하이데거는 시의 본질을 언어의 근원적 특성에서 찾았다. 하이데거가 말하는 언어는 우리가 일반적으로 사용하는 언어가 아니다. 그가 말하는 언어란 "단순히 의사표현 혹은 의사 전달의 도구가 아니라 존재를 드러내는 계시 그 자체"[8]이다. 이때 존재(Sein)는 사유의 본질로서, "본질적이며 근원적인 것, 비밀에 가득찬 형이상학적 힘이며 일종의 은폐된 신"[9]이다. 언어는 이 존재를 드러내는 도구이다. 즉, 언어는 존재하는 모든 것을 존재하게 하는 근거 혹은 원리를 드러내는 숭고한 도구이다. 그러나 그런 언어의 특성은 아무나 활용할 수 있는 것이 아니라 오로지 시인에 의해서만 사용 가능하다. 시인은 이 본질적인 언어를 통하여 존재하는 것, 즉 '존재자'가 그 본질로서 알려지도록 한다. 이것이 '언어에 의한 존재의 건설'이 의미하는 바다. 이런 난해한 정의에서 중요한 것은 시의 언어가 단순한 의사소통의 수단이 아니라 존재의 본질을 드러내 주는 절대적인 매개체라는 것이다. 운율은 이런 언어에서 부차적인 것에 불과하다.

운율의 쇠퇴와 함께, 하이데거가 언어의 본질에 대한 관심을 환기시키면서 시의 정의는 언어 그 자체의 특성에 주목하게 된다. 시를 언어의 문제와 긴밀하게 연결시킨 이들은 '신비평'을 내세운 영어권의 학자들이다.

> ① 시는 모든 발화의 최상의 완전한 형식이다.
> ― I. A. 리처즈, 『문학 비평의 원리』

---

[8] 오세영, 『문학과 그 이해』, 국학자료원, 2003, 440쪽. 하이데거의 시적 정의는 이 책의 '시의 언어' 항목을 참조하였다.
[9] 김준오, 『시론』(제4판), 삼지원, 2000, 69쪽.

② 좋은 시라는 것은 내포와 외연의 가장 먼 극단에서 모든 의미를 통일한 것이다.

— A. 테이트, 「시의 세 유형」

신비평은 문학 해석에 있어서 시대적 상황이나 작가의 의도 같은 외재적 요소들을 개입시키면 시의 진정한 의미가 훼손될 수 있다고 보았다. 그래서 시 작품 그 자체에 주목할 것을 주문하였다. 작품 그 자체에 주목하다 보면 시적 언어의 특성이나 그 언어들이 모여 형성하는 특수한 구조 같은 것에 주목할 수밖에 없다. ①은 신비평의 선구자로 평가되는 I. A. 리처즈의 정의이다. 여기에서 그는 시를 발화의 형식으로 파악한다. 그리고 그 발화의 정도가 가장 완전하다는 점을 시의 특성으로 보고 있다. 그 완전성은 자신이 시적 언어의 특징으로 말한 내포적(connotative)인 특성이 가장 잘 드러난 경우가 될 것이다.[10] ②는 그 특성을 지시하는 바와 구체적 대상 간의 의도적인 긴장 관계에서 찾는 논의이다. 모두 언어 자체에 관심을 기울이고 있다.

이런 신비평의 관점과 비슷한 것이 모더니즘의 시관이다. 신비평이 엘리엇과 같은 모더니스트의 영향을 받아 형성되었기 때문에 유사성이 있는 것은 당연한 일이다. 그러나 모더니즘적 시 정의에 있어서 언어 자체의 특성보다는 언어의 인위적인 구성과 그것의 원리가 주목된다.

시는 정서의 표출이 아니라 정서로부터의 도피이며, 개성의 표현이 아니라 개성으로부터의 도피이다.

— T. S. 엘리엇, 「전통과 개인적 재능」

---

10. 리처즈는 시를 내포시와 배제시로 구분하였다. 전자는 인간 내부의 모순된 두 충동을 조화 혹은 평행시키는 시, 후자는 모순되는 요소의 하나를 배제하는 시를 말한다. 그는 모든 훌륭한 시는 구조적으로 아이러니를 포함한다고 보아 전자를 더 높이 평가하였다. 오세영, 앞의 책, 556쪽.

엘리엇이 여기에서 말하는 바는 시의 본질이 낭만주의에서 강조한 정서나 개성의 표출에 있지 않다는 점이다. 여기에는 정서나 개성 같은 내용적인 요소보다는 그런 정서의 제어, 언어의 미적 조율 같은 방법론적 측면에 대한 강조가 숨겨져 있다. 그가 시에 있어서 중요한 것으로 "긴장된 예술적 방법"[11]을 드는 것에서 이런 강조가 재확인된다. 이런 경향은 우리 모더니스트들에서도 동일하게 발견된다.

① 시는 우선 '지어지는 것'이다. 시적 가치를 의욕하고 기도하는 의식적 방법론이 있지 않으면 아니 된다.

— 김기림, 『시론』

② 시는 숫자의 정확성 이상에 다시 엄격한 미덕의 충일함이다. 완성 조화 극치의 발화(發花) 이하에서 저회하는 시는 달이 차도록 근신하라.

— 정지용, 「시와 발표」

①에서 모더니즘 시인인 김기림은 시에 있어서 중요한 것으로 의식적 방법론을 들고 있다. 그가 옛날의 자연 발생적 시를 '자인(존재)'으로 보고, 근대의 시를 '졸렌(당위)'으로 본 것도 방법론의 문제와 연계되어 있다.[12] ②에서 정지용이 말하는 '엄격한 미덕'은 감정의 제어와 관련된다. 다른 글에서 "근대시가 안으로 열(熱)하고 겉으로 서늘옵기는 실상 위의(威儀) 문제에 그칠 뿐이 아니리라"[13]라고 한 것도 사실상 시에 있어서 감정의 제어를 방법론적으로 의식하는 일이 얼마나 중요한 것인가를 강조한 말이

---

11. "시의 문제에 있어서 중요한 것은 정서, 즉 시를 구성하는 요소가 '위대'하다든가, 강렬하다는 데 있는 것이 아니라, 긴장된 예술적 방법, 다시 말하자면 화합의 현상을 불러일으키는 강력한 압력에 있기 때문이다." T. S. Eliot, 이경식 옮김, 『문예비평론』, 성창출판사, 1991, 20쪽.
12. 김기림, 『시론』, 『김기림전집 2』, 심설당, 1988, 79쪽.
13. 정지용, 「시의 위의」, 『정지용전집 2』, 민음사, 1988, 251쪽.

다. 안으로 감정이 격하더라도 겉으로, 즉 구체적인 시의 표현에 있어서는 절대적인 제어가 있어야 한다는 것이다. 이처럼 모더니스트들은 시에 있어서 정서의 제어와 의식적인 방법론을 가장 중요한 요소로 들었다.

이제 마지막으로 다루어야 할 것이 시의 특성을 시의 배열이라는 형식적 측면에 초점을 맞춘 람핑의 독특한 정의이다.

> 본인은 시행을 통한 개별 발화인 모든 시를 서정적이라고 표기할 것을 제안하고자 한다.
>
> — 디이터 람핑, 『서정시: 이론과 역사』

람핑이 여기서 정의하고 있는 것은 '서정시'이다. 그는 "시는 굳이 그것의 언어를 통해서 시적인 것은 아니다. 시에 특수한 언어의 사용은 어떤 경우도 증명되지 않는다"[14]며 시의 특징을 언어에서 찾는 기존 논의를 반박한다. 그 대신 시와 산문을 구분해 주는 절대적인 근거를 '시행'에서 찾는다. 시는 행 단위로 배치되어 있는 특수한 형식의 문학 갈래라는 것이다. 그리고 '개별 발화'는 서정시가 지닌 독백적인 성격을 가리키는 말이다. 서정시는 시이기 때문에 당연히 시행이 있어야 하고, 그 성격은 상황과 무관하게 이루어지고 구조적으로 단순하게 발화되는 개인적인 발화가 되어야 한다는 것이다.

지금까지 표현의 측면에 초점을 맞춘 시적 정의의 변천을 살펴보았다. 이 모든 정의가 사실상 예술의 독립성을 강조하는 미적 자율성론과 밀접하게 연결되고 있다는 사실이 중요하다. 형식에 대한 강조는 시의 중심이 내용에 과도하게 쏠리는 것을 방지하는 데 목적을 두고 있다. 근대에 오면서 이 형식론이 더욱 강화된 것은 그 이전에 내용 과잉이 시의 건전한 발전에 방해가 되었다고 판단하였기 때문일 것이다.

---

[14] Dieter Lamping, 장영태 옮김, 『서정시: 이론과 역사』, 문학과지성사, 1994, 65쪽.

3. 내용에 초점을 맞춘 정의의 변천

　형식에 초점을 맞춘 정의가 비교적 일목요연하게 정리되는 데 비하여 내용에 초점을 맞춘 정의는 내용의 다양성 때문에 제대로 정리되지 않는다. 그래서 다양한 내용을 분류할 기준 없이는 시적 정의를 살펴보는 일은 무의미한 노역에 불과할 수 있다. 이때 에이브럼즈의 도식이 도움이 된다.[15]

　에이브럼즈는 『거울과 램프』라는 저서에서 '예술이란 무엇인가'와 같은 질문에 대한 다양한 대답을 정리하기 위해 "가능한 한 많은 진술들을 단일한 한 개의 논의의 평면으로 옮겨놓을 수 있을 만큼 융통성이 있는 좌표계(a frame of reference)를 발견하는 일"[16]이 필요하다고 한 뒤 하나의 도식을 제시하였다. 그 도식의 구성 요소는 작품(work), 작가(artist), 세계(universe), 청중(audience)이다. 그리고 작품을 세계와 연계시켜 설명하는 논의를 모방론(mimetic theories), 청중과 연계시킨 논의를 실용론(pragmatic theories), 작가와 연계시킨 논의를 표현론(expressive theories), 작품 자체에 주목하는 논의를 객관론(objective theories)이라 불렀다.

　이 도식은 문학의 다양한 정의를 분류하는 데 유용한 틀이다. 시적 정의도 이에 따라 표현론적, 반영론적(모방론적), 효용론적(실용론적), 그리고 마지막으로 구조론적(객관론적, 존재론적) 관점으로 나눌 수 있다. 앞의 세 가지 관점이 주로 작품 바깥에 놓인 요소에 초점을 맞추어 작품을 해석한다는 점에서 외재적 접근 방식이라 한다. 이와 달리 작품 자체에 주목하는 관점인 구조론적 관점은 내재적 접근 방식이라 부른다.

---

15. 시의 정의를 논하면서 에이브럼즈의 도식을 언급한 최초의 시론서는 정한모의 『현대시론』(보성문화사, 1988: 1973년 초판)이 아닌가 한다. 이 책에서 한 단락 정도 언급한 이 방법론이 이후 김준오, 김용직, 홍문표 등의 시론서에서는 하나의 독립된 장으로 확대된다.
16. M. H. Abrams, 「이론의 비평사」, 박철희, 김시태 편, 『문예비평론』, 문학과비평사, 1988, 67쪽. 이 글은 『거울과 램프』의 제1장, "Introduction: Orientation of Critical Theories"의 번역이다.

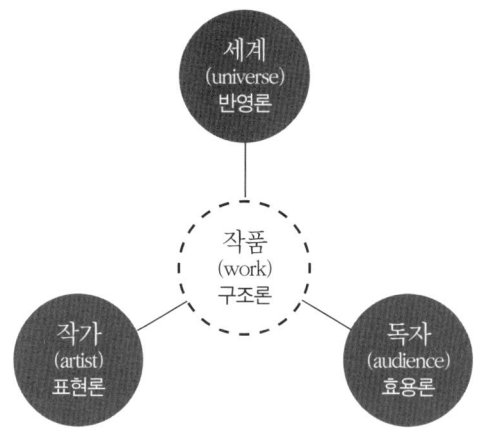

이 도식에 따르면 우리가 앞에서 살펴본 바, 형식에 초점을 맞춘 시적 정의들은 구조론적 관점에 속한다. 구조론적 관점은 작품 그 자체에 초점을 맞추어 해석하는 방식이다. 작품 구조나 언어, 비유, 표현 방식, 운율, 이미지 등 작품을 형성하는 요소들이 얼마나 미적으로 잘 조직되었는가가 중요한 판단 기준이 된다. 이제 이 도식에 의거하여 내용에 초점을 맞춘 다양한 시적 정의들을 정리해 보자.

에이브럼즈는 반영론, 효용론, 표현론, 구조론의 순서로 다루었다. 그것은 서구 시 이론이 이런 방식으로 전개되었기 때문이다. 반영론은 플라톤, 아리스토텔레스의 모방론으로부터 생긴 것이고, 반영론 이후 쾌락과 교훈을 강조하는 효용론이 위세를 떨쳤다. 그리고 낭만주의 시대에 개성을 강조하는 표현론이 유행하였고, 현대에 들어 미적 자율성이 강조되면서 구조론이 우세해졌던 것이다. 그러나 우리의 경우는 표현론이 가장 앞에 놓이는 것이 적절할 것이다.

1) 표현론적 관점

표현론적 관점은 시를 시인의 감정이나 내면을 표출한 것으로 보는 관점이다. '표현(expression)'이란 말은 어원적으로 'ex(out)'와 'press'의 조합으로, '밖으로 밀어내다'란 의미를 지니고 있다. 즉, 안에서 밖으로 표출하는 것이 '표현'이 된다. 이때의 '안'은 시인 자신의 내면, 감정, 개성이다. 표현론에서 작품의 평가 기준은 그 '안'의 표현이 얼마나 독창적으로 이루어졌는가 하는 점, 즉 '독창성'에 있다.

동양에서 가장 먼저 이루어진 시적 정의는 바로 표현론이었다. 시를 내면의 표현으로 본 것이 그것이다.

> 시는 뜻을 말한 것이며, 노래는 말을 길게 한 것이며, 성조(聲調)는 길게 말한 것을 따르며, 운율은 성조와 조화를 이룬다.
>
> ─ 『서경』, 「순전」[17]

이 '뜻(志)'에 대한 해석은 다양하다. 그러나 기본적으로는 사람이 마음속에 품고 있는 개인적 사유나 정서, 또는 개성으로 보는 것이 보편적이다. 교훈주의적 시선이 착색되기 전, 그 원상태의 시는 이와 같은 정서나 개성의 자유로운 표출이었을 것이다. 이것을 풀어쓴 것이 『시경』의 서문인 '대서'이다.

> 시란 뜻이 가는 바이다. 마음속에 있으면 뜻이 되고, 말로 표현하면 시가 된다.
>
> ─ 『시경』, 「대서(大序)」[18]

'뜻이 가는 바'라는 것은 감정의 흐름이나 의식의 지향을 말한다. 이 지향이 마음속에서 밖으로 표출되었을 때 바로 시가 되는 것이다. 나중에 이것을 윤리적인 시각으로 각색하게 되면서 효용론적 시선이 표현론의 싹을 억압하게 된다.

우리의 경우, 고려 이후의 기의론(氣意論)이나 조선 후기의 천기론(天機論)

---

[17] "詩言志 歌永言 聲從永 律和聲."
[18] "詩者 志之所之也 在心爲志 發言爲詩."

역시 개인의 개성으로부터 작품이 생성된다고 본 점에서 표현론에 속한다.

> 일반적으로 시란 뜻(意)을 핵심으로 삼는다. 뜻을 잡는 것이 가장 어렵고 말을 맞추는 것은 그 다음이다. 뜻은 또한 기(氣)를 핵심으로 삼는다. 기의 우열로 말미암아 마침내 뜻의 깊고 옅음이 생긴다. 그러나 기는 원래 하늘에서 타고난 것이므로 배워서 얻을 수 있는 것이 아니다.
>
> — 이규보, 『백운소설』[19]

이규보는 '뜻 < 기'의 순서로 시를 설명한다. 시의 본질은 뜻에 있으며, 이 뜻은 기(氣)에서 비롯된다는 것이다. 이 '뜻'은 내용을 형성하는 자신의 독창적인 생각, 혹은 시상(詩想)을 말한다. 시를 구성하는 이 생각은 사람의 기, 즉 기질로부터 나오는데, 그것은 각자가 하늘로부터 물려받은 고유한 개성의 일종이다. 그래서 이 개성은 배워서 얻을 수 없는 것이다.

이런 표현론적 관점은 조선시대에 성리학의 효용론적 시각에 의해 억압되었다가 조선 후기에 이르러 새로운 형태로 다시 나타나게 된다. 그것이 바로 천기론이다.

> (시는) 오로지 천기(天機)를 자유자재로 다루어 현묘한 조화의 순간을 포착하여야 한다. 이때 시 속에 담긴 정신은 빼어나고 음향은 밝으며, 품격은 높고 생각은 깊게 되는데, 바로 이런 시를 최고의 시라 한다.
>
> — 허균, 「석주소고서(石洲少稿序)」[20]

허균이 강조하는 '천기'란 관념적인 명분이나 개인적인 욕심에 얽매이기 이전의 자연 그대로의 감정이나 기질 같은 천성을 의미한다. 허균은 조선시대에 성리학의 영향으로 시를 도덕적 심성 수련의 일환으로 보는 성정론(性情論)에 반대하여 작품에서 개성의 중요성을 강조하였다. 이런 천기론은

---

19. "夫詩 以意爲主 設意最難 綴辭次之 由氣之優劣 乃有深淺耳 然氣本乎天 不可學得."
20. "唯其於弄天機 奪玄造之際 神逸響亮 格越思淵 爲最上."

조선 후기의 평민 시인, 즉 여항시인(閭巷詩人)에게 많은 영향을 끼쳤다.
　근대에 들어 표현론적 관점이 전방위적으로 파급된 것은 낭만주의의 흥성과 관련이 있다. 시에서는 워즈워스나 셸리의 논의가 선구적이다.

　① 시는 넘쳐흐르는 감정의 자연스러운 표출이다.
　　　　　　　　　　　　　　　　　　　— W. 워즈워스, 『서정민요집』

　② 시는 가장 행복한 마음의 최고 쾌락의 순간을 표현한 기록이다.
　　　　　　　　　　　　　　　　　　　— P. B. 셸리, 『시의 옹호』

　워즈워스와 셸리의 정의에서 알 수 있듯이, 낭만주의에서 시는 이성적 제어로부터 벗어나 내면의 감정을 자연스럽게 표출하는 것을 가장 중요한 목표로 삼았다. 고전주의가 강조하던 이성의 합리성이 산업혁명을 통해 허구로 드러나면서 그 대안으로 낭만주의가 부상하여 한 시대를 풍미하였다. 우리 현대문학에서는 김소월이나 시문학파에서 이런 관점을 찾을 수 있다.

　① 시혼(詩魂)은, 직접 시작(詩作)에 이식되는 것이 아니라 그 음영(陰影)
　　으로써 현현된다.
　　　　　　　　　　　　　　　　　　　　　　　　— 김소월, 「시혼」

　② 시라는 것은 시인으로 말미암아 창조된 한낱 존재이다. (…) 우리 평상
　　인보다 남달리 고귀하고 예민한 심정이 더욱이 어떠한 순간에 감득한 희
　　귀한 심경을 표현시킨 것이 우리에게 '무엇'을 흘려주는 자양이 되는 좋
　　은 시일 것이다.
　　　　　　　　　　　　　　　　　— 박용철, 「『시문학』 창간에 대하야」

　김소월은 시가 시혼으로부터 발생한다고 본다. 이 시혼은 시인이 지닌 시정신의 핵심으로서 시 창작에 간접적으로 영향을 미친다. 즉, 시혼의 그

림자가 구체적인 시 작품에 영향을 미쳐 시의 깊이와 얕음을 결정한다. 결국 시는 시인의 내면에 존재하는 시혼의 표현으로 볼 수 있다. 이는 김억의 "모든 예술은 정신 또는 심령(心靈)의 산물"[21]이라는 낭만적인 사유와 유사하다. 또한 박용철 역시 시를 시인의 심경의 표현으로 본다는 점에서 표현론에 속한다고 할 수 있다.

2) 반영론적 관점

반영론적(혹은 모방론적) 관점은 시를 현실이나 인생과 같은 외적 세계의 모방으로 보는 관점이다. 그래서 시 속에 그려진 세계와 외적 세계와의 '유사성,' 혹은 '진실성'이 가치 평가의 기준이 된다. 외적 세계를 모방한다고 하는 것은 두 가지 의미를 지닌다. 하나는 '있는 그대로의 세계'의 모사이며, 다른 하나는 '있어야 할 세계'의 반영이 그것이다. 어느 쪽이든 구체적인 세계와의 연결고리를 지니고 있다.

반영론의 가장 고전적인 논의는 플라톤에서 출발한다. 그는 예술의 본질을 모방으로 보는데, 모방의 진정한 대상은 신의 생각 속에 들어 있는 선험적인 원형으로서의 이데아이다. 그런데 예술은 이 이데아로부터 3단계나 떨어져 있어서 그다지 좋은 평가를 받지 못하였다. 플라톤이 반영론의 시조이면서 예술의 적이 된 것도 이런 관점 때문이다. 그런데 플라톤의 제자 아리스토텔레스에 오면 반영론은 예술 옹호론으로 변경되어 더 확산된다. 아리스토텔레스는 플라톤과 달리 모방의 의미를 '이데아 혹은 원형에 대한 모방'이 아니라, '형상 혹은 인간 행위에 대한 모방'으로 변경하였던 것이다. 이후 서양에서 시의 본질을 모방에서 찾는 관점은 자명한 것으로 취급된다. 특히 고전주의적 경향이 지배하는 17, 18세기에 반영론은 절정에 달한다. 그러나 대부분의 논의는 아리스토텔레스 정의의 동어반복에 불과하다. 18세기에 리처드 허드(Richard Hurd)의 논의가 대표적이다.

---

21. 김억, 「시형의 음률과 호흡」, 『태서문예신보』 14호, 1919. 1. 13; 박경수 편, 『안서김억전집 5 문예비평론집』, 한국문화사, 1987, 34쪽.

모든 시는, 아리스토텔레스와 희랍 비평가들의 말을 빌건대, 모방이라 함이 타당하겠다. 사실, 시는 모방예술 가운데서도 가장 고상하고 가장 광범위한 것이다. 즉, 시는 모든 피조물을 그 대상으로 삼으며, 우주의 전 영역에 그 범위가 미치고 있다.

— 리처드 허드, 「시적 모방에 관한 토론」

반영론은 시가 현실의 반영이라는 사실을 강조한다. 그것이 구체적 사실의 재현이든, '개연성'에 바탕을 둔 사실의 재구성이든, 시는 세계의 현상과 동떨어져 있는 것이 아니다. 우리의 경우도 시는 세계와 독립적으로 존재하는 것이 아니었다.

　　나는 조선인
　　기꺼이
　　조선의 시를 지으리.

　　그대들도 마땅히
　　그대들의 법 따르면 되는 거지,
　　시란 이런 것입네 떠드는 자 누군가.

　　격(格)이니 율(律)이니 하는 것,
　　멀리 떨어진
　　우리가 알 게 무언가.

— 정약용, 「노인의 즐거운 일 하나」 부분[22]

---

22. 원제목은 「노인의 즐거운 일 하나 — 향산체 풍으로 5(老人一快事 效香山體 其五)」. 이 시는 전체 6편의 시로, 각 편은 6구로 이루어져 있으며 인용한 부분은 제5편의 일부. "我是朝鮮人 甘作朝鮮詩 卿當用卿法 迂哉議者誰 區區格與律 遠人何得知."

정약용의 유명한 '조선시 선언'이 들어 있는 시의 일부이다. 우리 문학의 주체성을 강조하는 이 작품은 시란 자기가 사는 구체적인 세계를 충실하게 반영하여야 한다고 주장한다. 다른 나라의 문제를 관념적으로 흉내 내지 말고, 자신이 속한 세계의 문제를 시 속에 적극적으로 끌어들여야 한다는 것이다. 정약용은 더 직접적으로 "임금을 사랑하고 나라를 걱정하지 않으면 시가 아니고, 시대 현실을 아파하거나 분하게 생각하지 않으면 시가 아니며, 찬미와 풍자, 권장과 징벌의 뜻이 담기지 않으면 시가 아니다"(「기연아」)라고 말하기도 하였다. 현실 문제에 적극적으로 관여하는 마르크시즘과 같은 사상의 영향으로 현대에 들어서 이런 시각은 더욱 강화된다.

> 오늘날의 시가 가장 골몰해야 할 가장 큰 문제는 인간의 회복이다. 오늘날 우리들은 인간의 상실이라는 가장 큰 비극으로 통일되어 있고, 이 비참의 통일을 영광의 통일로 이끌고 나가야 하는 것이 시인의 임무다. 그는 언어를 통해서 자유를 읊고, 또 자유를 산다.
> ― 김수영, 「생활 현실과 시」

김수영이 말하는 '인간의 회복'이란 궁극적으로 바람직한 현실의 회복이다. 이는 또한 '자유를 읊고 사는 것'으로서, 바로 시인의 임무가 된다. 이것은 시가 구체적 현실 속에 놓여야 하며, 부자유한 상황에 대한 고발이 되어야 한다는 의미다. 황지우의 다음 시도 동일한 사유를 보여 준다.

> 나는 시를, 당대에 대한, 당대를 위한, 당대의 유언으로 쓴다. (…)
> 독자들이여 오늘 이 땅의 시인은 어느 쪽인가 (   )
> 어느 쪽이어야 하는가 (   ) ○표 해 주시고 이 물음의 방식에도 양자택일해 주십시오.
> 한 시대가 가고 또 한 시대가 왔지만
> 우리가 우리의 동시대와 맺어진 것은 악연입니다.
> ― 황지우, 「도대체 시란 무엇인가」 부분

다소 실험적인 시도를 하고 있는 이 작품에서 황지우는 진정한 시인은 시대 현실을 직시하여 악연으로 맺어진 시대를 적극적으로 고발하고 기록해야 한다고 강조한다. 이것은 '있는 그대로의 세계'의 모사라는 수동적인 반영론이 아니라, 세계에 적극적으로 개입하는 인간을 부각시키는 능동적인 반영론이라 할 수 있다.

3) 효용론적 관점

효용론적(혹은 실용론적) 관점은 시가 독자에게 미치는 효과나 영향의 측면에서 시를 정의하는 관점이다. 효용론에서 작품의 평가 기준은 작품이 독자에게 얼마나 강한 영향력을 끼쳤는가, 즉 '효용성'에 있다.

효용론은 강조하는 초점에 따라 두 가지로 나누어진다. 하나는 독자에게 교훈을 주어야 한다는 교훈설이고, 다른 하나는 독자에게 쾌감을 주어야 한다는 쾌락설이다. 동서양에서 효용론적 관점이 비교적 초기에 대두되었지만, 동양에서는 주로 교훈설로 기울어져 쾌락설을 발견하기 힘들다. 이에 비하여 서양에서는 교훈설과 쾌락설이 함께 존재한다는 점에서 동양과 다르다.

① 시 삼백 편을 한마디로 정의하자면 '생각에 사악함이 없음(思無邪)'이다.

— 공자, 『논어』, 「위정」

② 시는 일반적으로 인간 본성에 내재해 있는 두 가지 원인에서 발생하는 것 같다. (…) 모든 인간은 날 때부터 모방된 것에 대하여 쾌감을 느낀다.

— 아리스토텔레스, 『시학』[23]

---

23. 여기에서 말하는 두 가지 원인은 다양하게 해석되지만, 보통 모방과 쾌락으로 본다.

위의 언급은 각각 동서양의 가장 이른 시기에 나온 효용론적 발언이라 할 수 있다. ①은 '생각', 즉 내용을 윤리적인 범주에서 다루고 있다. 즉, 시의 내용이란 윤리적으로 올바른 것, 즉 사악하지 않은 것이어야 한다는 것이다. 이는 이 순수함이 독자들에게 좋은 영향력을 끼쳐야 한다는 생각을 전제한 말이다. 공자는 이 '생각'을 표현론에서처럼 작자 개인의 창의적인 개성으로 읽을 수 있는 가능성을 아예 차단하고 있다. 효용론자로서 그는 시적 효용성의 구체적인 예를 직접 언급하기도 하였다.[24] ②는 쾌락이 작품의 발생 원인이라고 보는 관점으로, 모방된 작품을 읽을 때 독자 역시 쾌감을 느낄 것이라는 전제를 깔고 있다. 그는 직접 카타르시스(catharsis)를 효용성의 중요한 내용으로 보기도 한다. 공자가 주로 교훈설에 치우쳐 있는 데 반하여, 아리스토텔레스는 쾌락설 쪽도 고려하고 있다.[25] 서양에서는 아리스토텔레스의 영향으로 주로 교훈설과 쾌락설의 절충, 즉 당의정설(糖衣錠說, sugar coated pill theory)로 나아간다.

① 시인의 목적은 이익이나 교훈을 주는 것, 또는 기쁨을 주는 일과 인생의 어떤 유익한 교훈을 결합하는 것에 있다.

— 호라티우스, 『시의 기술』

② 시는 가르치고 즐거움을 주려는 의도를 가진 말하는 그림이다.

— P. 시드니, 『시의 옹호』

---

24. "시는 감흥을 일으키며, 세상을 살필 수 있게 하며, 공동체를 이루게 하며, 잘못된 정치를 원망할 수 있게 한다. 또 가까이로는 어버이를, 멀리로는 임금을 섬기게 하며, 금수초목의 이름을 많이 알게도 해준다." 『논어』, 「양화」.
25. 에이브럼즈는 실용주의 비평가들이 시 작품을 청중에게 영향을 끼치기 위한 한 개의 고안물로 보았기 때문에 작시법이나 제작 기술 같은 방법론에 신경을 많이 썼다고 한다. 그는 드라이든 같은 사람을 중심적인 인물로 든다. 동양의 경우와 다른 점이 많다. M. H. Abrams, 앞의 글, 86쪽.

동양에서는 교훈설이 다양하게 전개되는데, 그것은 주로 지(志)에 대한 해석을 다르게 함으로써 이루어진다. 이 말은 애초에는 시인의 마음속에 있는 독자적인 생각으로 이해되었지만 이후 윤리적 채색으로 그 의미가 변한다. 유협(劉勰)의 경우가 대표적이다.

> 시라는 것은 '잡는다'는 뜻이다. 즉, 사람의 성정(性情)을 잡는다는 것이다.
>
> — 유협, 『문심조룡』[26]

유협은 지(志)의 뜻을 발음이 비슷한 지(持)로 해석하면서, 그 '잡는다' 혹은 '지킨다'는 행위의 대상을 인간의 '성정'으로 본다. 이때 성정이란 인간의 성품으로서 항상 도덕적이고 윤리적으로 순화되어야 할 대상이다. 이것은 시의 본질을 교화에서 찾는 대표적 논의이다. 이후 성리학의 치밀한 논의가 이것을 정교하게 다듬어 '성정론(性情論)'을 확립시킨다. 주희(朱熹)의 주장이 대표적이다.

주희는 인간의 마음이 완전무결한 잠재적 본성으로서의 성(性)과 그것이 현실과 맞닿을 때 나타나는 정(情)으로 구성된다고 보며, 정의 한계를 극복하여 성의 세계를 지향하는 것이 인간의 윤리적 의무임을 역설하였다. 이런 성정론에 따르면, 인간 행위의 모든 것이 성정의 결과이기에 시 역시 성정의 발현에 의해 지어진 것이 된다. 이런 전제는 곧 '시는 바른 성정에 의해 지어져서 독자의 성정을 바로잡는 데 기여해야 한다'는 효용론적 주장으로 귀결될 수밖에 없다. 이것은 이황과 이이 등 조선시대 우리나라 학자들도 공유하고 있는 관점이다.

> 시는 비록 학자가 일삼을 바는 아니지만, 이로써 성정(性情)을 읊조리고 맑고 온화함을 펼쳐 마음속의 더러운 찌꺼기를 씻어낸다면 참된 본성을

---

26. "詩者 持也 持人性情."

보존하는 데 한 가지 보탬이 된다. 어찌 아름다운 말의 치장이나 일삼고 감정을 자극하여 마음을 방탕하게 하는 데 쓸 것이겠는가?

— 이이, 「정언묘선서」[27]

이이의 말에서 알 수 있듯이, 성리학자들에게 시란 철학에 비해 하찮은 것, 즉 말기(末技)에 불과하다. 그럼에도 시가 마음속의 더러운 찌꺼기를 없애 주어 참된 본성을 유지하는 데 도움을 준다는 점에서 시의 효용론적 기능은 인정한다. 또한 이 언급이 흥미로운 건 시의 부정적인 면을 비판하는 부분에서 시가 감정을 자극하여 쾌락을 준다는 점도 역설적으로 인정하였다는 사실이다. 교훈설과 쾌락설을 동시에 읽어 낼 수 있는 예라 할 수 있다.

아래 근대 시론에서 확인할 수 있듯이, 효용론은 근대 초기에 더욱 강화되며 최근에까지 상당한 위력을 발휘하였다.

시가는 사람의 감정을 도야함을 목적하나니, 마땅히 국자(國字)를 다용(多用)하고 국어(國語)로 성구(成句)하여 부인 유아도 한번 읽고 깨치도록 주의하여야 국민 지식 보급에 효력이 있는 법이다.

— 「천희당시화」

여기에서 시의 의의는 독자의 감정을 올바르게 형성하거나 국민 지식을 보급하는 데 있는 것으로 평가한다. 시의 존재 의의를 철저하게 효용론적 관점에서 찾는 논의이다. 이후 이런 경향은 반영론과 밀접하게 연계되어, 카프시, 민중시의 가치를 강조하는 리얼리즘 시론을 형성하면서 한국 문학론에서 중요한 위치를 차지한다.

---

27. "詩雖非學者能事, 亦所以吟詠性情, 宣暢淸和, 以滌胸中之滓穢, 則亦存省之一助. 豈爲雕繪繡藻, 移情蕩心而設哉."

4. 시적 정의의 반성적 고찰

여러 시의 정의를 검토해 본 지금, 우리는 앞에서 다룬 대부분의 정의가 공통적으로 의심하지 않는 하나의 전제를 발견하게 된다. 그것은 '시는 언어를 매체로 하는 문학 형태'라는 전제이다. 시가 언어로 이루어져 있다는 사실은 자명하게 보인다. 그러나 시에서 여러 실험들이 거듭되면서 이 언어의 범위를 어디까지 인정해야 할 것인가가 시학에서 새로운 문제로 부각되었다. 다음 작품을 통해 이 문제를 다뤄 보자.

A	B		D		F
G		I	J	K	L
M	N	O	P	Q	R
S	T	U	V	W	X
Y	Z				

— 후안 브로사, 「체를 위한 비가」 전문

이것은 스페인의 시인 후안 브로사(Foan Brossa)가 쓴 「체를 위한 비가(Elegie pour le Che)」라는 작품의 전문이다. 얼핏 봐서 이 작품이 무엇을 의미하는지 알기 힘들다. 이 작품을 이해하는 데 다음 글이 도움이 된다.

> 죽은 체 게베라를 애도하는 조시(弔詩)이다. 시인은 스물여섯 자모의 알파벳에서 죽은 자의 이름을 이루는 세 개의 문자를 빼어버림으로써 이 죽음이 의미하는 바 카다란 손실을 명확히 제시한다. 이 불완전한 자모체계가 무용하고 무의미한 것이듯 그가 부재한 세계는 그만큼 큰 중력을 상실했음을 말하고 있는 것이다. 여기서 내다보이는 시적 과정은 분명히

비언어적으로 진행되고 있다.[28]

절대적인 존경을 받던 한 사람의 혁명가가 하루아침에 적의 총탄에 의해 비참하게 운명하였을 때 그것을 표현할 수 있는 언어에는 엄청난 한계가 있다. "아 게바라여!" 같은 탄식을 하며 민중의 스승이니 지도자니 하는 말들을 나열해도 그 공허함은 이기기 힘들 것이다. 언어로 나타내기 힘든 그 심정을 시인은 이렇게 실험적으로 표현하였다. 이렇게 할 때 그의 죽음은 우주적 상실로 읽힐 수 있다. 왜냐하면 A와 Z는 우주의 알파요 오메가일 수 있기 때문이다. 그러나 해설에서도 지적되어 있듯이 이것은 비언어적인 작품이다. 그렇다면 이 작품을 시라고 부를 수 있을까.

시에서 언어의 절대성을 강조하는 정지용 같은 사람은 아마도 이 작품을 시로 부르기를 거부할 것이다.

> 색채가 회화의 소재라고 하면 언어는 시의 소재 이상 거진 유일의 방법이랄 수밖에 없다. 언어를 떠나서 시는 제작되지 않는다. (…)
> 시의 표현에 있어서 언어가 최후수단이요 유일의 방법이 되고 만 것은 혹은 인류 문화 기구(器具)의 불행한 빈핍(貧乏)일지는 모르나 언어의 불구(不具)를 탄하는 시인이 반드시 언어를 가벼히 여기고 다른 부문의 소재를 차용치 않았다. 언어의 불구가 도리어 시의 청빈의 덕을 높이는 까닭이다.
> ― 정지용, 「시와 언어」

"언어를 떠나서 시는 제작되지 않는다"라고 정지용은 단언하고 있다. 이런 관점에 따르면 후안 브로사의 작품은 시의 자격을 가질 수 없다. 앞에서 살핀 람핑 역시도 이런 양식의 구체시를 하나도 시로 인정하지 않았다. 즉, 시는 시행을 통해 발화되어야 한다는 것이다. 시행이라는 것은 언어의 나열로 이루어지므로 당연히 언어가 아닌 소재로 구성된 작품은 시라 할

---

28. 박상배, 「텍스트시와 그 근원」, 『현대시학』, 1988. 9, 87쪽.

수 없기 때문이다.

  그러나 후안 브로사의 작품은 우리가 알고 있는 시의 범위가 너무 좁은 것은 아닌가 하는 반성을 하게 한다. 그러나 이런 정도는 이제 시의 범위에서 다루어도 될 만하다. 이 작품은 언어는 아니라 할지라도 최소한의 언어적 구성 요소는 갖추고 있다고 할 수 있으니까. 더 과격하게 실험하고 있는 다음 작품을 보자.

— 김병화, 「서 있는 자와 누워 있는 자」 전문

  이것은 김병화의 작품이다. 말하고자 하는 주제는 분명하다. '삶과 죽음의 분리 불가능성'이 그것이다. 즉, 이 작품은 주검과 그 주검에게 조문하는 자가 결국 동일인이라는 생각, 우리의 삶이 본질적으로 죽음과 연계되어 있다는 생각을 표현하고 있는 것이다. 과연 이것을 시라고 할 수 있을까. 아무리 포용력이 넓은 시학자라 하더라도 이 작품 앞에서는 망설일 수밖에 없다. 이것은 회화의 영역에 속하는 것은 아닌가. 이 작품에 대한 다음 평가는 여기에서 하나의 가능성을 읽고 있다.

  김병화의 그림시는 시의 재료가 얼마나 확대될 수 있는 것인가를 보여주고 그림언어의 시적 가능성을 연 것이라 생각된다. 문학 내의 장르적 혼합양상뿐 아니라, 문학 이외의 영역과도 장르적 혼합양상이 지속적으로 나타날 때, 하나의 양식이란 생성과 변화의 길 위에 놓여 있는 것임을 우리는 더욱더 분명히 확인할 수 있을 것이다.[29]

이 평가는 1980년대 해체적인 작품들이 쏟아질 때의 분위기를 반영하고 있다. 그러나 근래 서정시가 대세를 이루면서 이 작품에 대한 평가가 지금도 이렇게 내려질 수 있을지 그리고 그것이 많은 이들을 설득할 수 있을지 확신하기 힘들다. 이와 관련하여 다음과 같은 반론을 참조할 만하다.

> 이승하 교수는 김병화라는 시인의 「서 있는 자와 누워 있는 자」라는 시를 소개하면서 순전 그림으로 된 그의 시가 기상천외한 상상력을 보여주는 시, 인식의 즐거움을 선사하는 시라고 했다. 언어(또는 기호)를 완전히 배제한 채 그림으로만 된 시를 시라고 해서 내놓는 건 독자를 기만하는 현학적인 사기극이라고 나는 단정한다. 비평가들이 암만 그 작품에 대한 풍성한 해석을 내놓는대도 시와 회화의 경계에서 완전히 회화 쪽으로 넘어선 작품을 시라고 인정한다면 이 세상에 시 아닌 게 어디 있으며 시 아닌 게 없는 세상이라면 시는 아마 그 존재가치를 상실했다고 봐야 옳을 것이다.[30]

독자가 보기에 이 작품은 "시와 회화의 경계에서 완전히 회화 쪽으로 넘어선 작품"이다. 그러므로 언어의 범위를 벗어난 이 작품을 시라고 하는 것은 "독자를 기만하는 현학적인 사기극"이 될 것이다. 지금 이 논란을 소개하는 것은 단순한 흥미 때문이 아니다. 과연 시의 정의에 있어서 '언어'라는 것의 범위를 어디까지 제한해야 할 것인가에 대한 고민을 다시 한 번 해 보자는 것이다.

---

29. 박상배, 「해체시란 무엇인가」, 『현대시사상』, 1988. 12, 79쪽.
30. 어느 독자의 서평. 이승하, 「시에 있어서의 체험과 상상력의 한계」, 『시를 사랑하는 사람들』, 2007. 9/10, 253-254쪽에서 재인용.

이미 1930년의 전위시인 이상(李箱) 이래, 특히 1980년대에 이런 과격한 실험은 부지기수로 수행되었다. 사각형 도형 하나만을 그려놓고 제목을 붙인 작품, 사진 한 장을 제목 아래 붙여 놓은 작품 등이 이런 실험의 일환이다. 모두 언어와 무관한 기호나 사진 등으로 구성되어 있다. 언어가 등장한 것은 오로지 제목뿐이다. 이 제목이 시의 경계 안쪽에 놓인 것일까. 지금 모든 장르의 경계가 해체되거나 확장되고 있으며 매체 상에서도 많은 변화가 생기고 있다. 옛날에 비하여 시의 범위가 확장되었지만 그 경계는 아직도 확신할 수 없다. 그 확장은 여전히 현재진행형이라 판단은 유보될 수밖에 없다. 그래서 시의 정의는 계속 연기될 수밖에 없을 것이다.

시를 위한 토론

1. 다음 시에 나타난 시의 정의를 정의의 규칙에 따라 정리해 보자.

    솔직한 것이 좋다만
    그저 좋은 것만도 아닌 것이

    시란 어둠을
    어둠대로 쓰면서 어둠을
    수정하는 것

    쓰면서
    저도 몰래 햇살을 이끄는 일

    — 김지하, 「속 3」 부분

정의될 개념	종차		유개념
	내용	형식	
시			문학 갈래

2. 다음은 시총(詩塚)의 비문을 시로 옮긴 것이다. 시총은 임진왜란 때 전쟁의 이슬로 사라진 의병 정의번의 유해를 찾지 못하여 그 사람의 시(혹은 그 사람에 대해 쓴 시)를 묻은 것이다. 다음 비문에 나타난 시의 정의는 무엇인지 정리해 보자.

시로써 무덤을 삼음은 예(禮)에는 없는 예일러니 선유(先儒)께서 초혼(招魂)을 하여 장례를 지냄을 말하되 혼(魂)은 하늘로 돌아가고 백(魄)은 땅으로 돌아가느니 진실로 체백(體魄)이 없으면 사당에서 제사 지낼 뿐 혼기(魂氣)는 장례 지낼 수 없는 법이라 하였거늘 그러한 즉 화살로 복(復)을 하고 옷으로 초혼한 것으로는 모두 무덤으로 삼을 수는 없는 것이어라 오로지 시라는 것은 그 사람과 닮은 것이기에 가히 체백에 해당한다고 할 수 있으니 시로써 무덤을 삼음은 그 또한 예에 어긋나지 않을진저 세상에는 반드시 뼈로 장례를 한 것은 다행이라 여기고 시로 장례한 것은 불행이라 여기지만 거친 벌판에 뼈를 묻은 것이 한둘이 아닐지언정 마침내 후멸(朽滅)로 돌아가는데 그 사람과 시는 마침내 오래토록 썩지 않는 것이니 이 무덤은 얼마나 위대한 것이랴

― 박현수, 「시총」 부분

3. 다음 시적 정의의 의미를 파악하고, 이것이 형식과 내용 중 어디에 초점을 맞춘 정의인지 생각해 보자.

　(가) 시는 사람들이 상상하는 것과 같이 단순히 감정이 아니다(감정이라면 우리들은 간단히 가질 수가 있다). 시는 경험이다. 시 한 줄을 얻기 위하여 우리는 많은 도시를 보아야 하고, 사람들과 사물을 보아야 하며, 짐승들을 알아야 한다. 새들이 날아가는 모양을 느껴야 하고, 아침마다 꽃봉오리를 여는 작은 꽃들의 몸짓을 알아야 한다.

― 릴케, 「말테의 수기」

　(나) 시란 감각적 차원에서 감흥을 전달할 직관의 언어를 위한 타협이다. (…) 시의 이미지란 단순한 장식물이 아니라 직관적 언어의 핵심 그 자체이다.

― T. E. 흄, 「낭만주의와 고전주의」

4. 다음은 시에 대한 관점을 보여 주고 있는 산문과 시이다. 이들 작품에서 추출할 수 있는 시적 정의는 효용론, 반영론, 표현론, 구조론 중 어디에 속하는지 말하고 그 이유를 설명해 보자.

① 시란 지·정·의가 합일된 그 무엇을 통하여 최초의 생명의 진실한 아름다움을 영원한 순간에 직관적으로 포착하여 이를 형상화한 것이다.

— 조지훈, 「영원과 고독을 위한 단상」

② 벌교 참꼬막 집에 갔어요.
꼬막 정식을 시켰지요.
꼬막회, 꼬막탕, 꼬막구이, 꼬막전
그리고 삶은 꼬막 한 접시가 올라왔어요.
남도 시인, 손톱으로 잘도 까먹는데
저는 젓가락으로 공깃돌 놀이하듯 굴리고만 있었지요.
제삿날 밤 괴 꼬막 보듯 하는군! 퉁을 맞았지요.
손톱이 없으면 밥 퍼먹는 순가락 몽댕이를
참꼬막 똥구멍으로 밀어 넣어 확 비틀래요.
그래서 저도— 확, 비틀었지요.
온 얼굴에 뻘물이 튀더라고요.
그쪽 말로 그 맛 한번 숭악하더라고요.
비열한 생각까지 들었어요.
그런데도 남도 시인— 이 맛을 두고 그늘이
있다나 어쩐다나.
그래서 그늘 있는 맛, 그늘 있는 소리, 그늘
있는 삶, 그늘 있는 사람.
그게 진짜 곰삭은 삶이래요.
현대시란 책상물림으로 퍼즐게임 하는 거 아니래요.
그건 고양이가 제삿날 밤 참꼬막을 깔 줄 모르니

앞발로 어르며 공깃돌놀이 하는 거래요.
詩도 그늘 있는 詩를 쓰라고 또 퉁을 맞았지요.
  * 괴: 고양이. * 퉁: 꾸지람. * 숭악한 맛: 깊은 맛.

— 송수권, 「퉁」 전문

③ 바다속에서 전복따파는 濟州海女도
제일좋은건 님오시는날 따다주려고
물속바위에 붙은그대로 남겨둔단다.
詩의전복도 제일좋은건 거기두어라.
다캐어내고 허전하여서 헤매이리요?
바다에두고 바다바래여 詩人인것을……

— 서정주, 「시론」 전문

5. 다음 글에서 보듯 람핑이라는 학자는 실험시('철자시')를 시로 인정하지 않는다. 이런 의견에 반론을 제기한다면, 어떤 근거를 들 수 있을 것인지 생각해 보자.

　제 홀로도 다른 것들과 함께해서도 어떤 언어적 의미를 지니지 않는, 즉 의미론적 기능을 지니고 있지 않은 언어적 기호들의 단순한 집합도 텍스트라고 칭할 수 없는 일이다. 예컨대 홀러(Franz Hohler)의 아래 「철자시」가 그러한 경우이다.

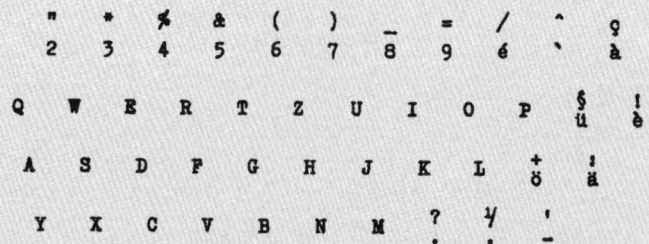

— F. 훌러, 「시문학의 원천에 대하여」 전문

6. 한국에서 실험시라는 이름으로 발표된 작품을 찾아 그것이 지닌 문학적 의미를 생각해 보고, 과연 그것을 시라 규정할 수 있을지 설명해 보자.

제3장 • 시의 범주

1. 통시성에 따른 시의 범주

  시의 범주(유형 혹은 양식, 갈래)는 고정된 것이 아니다. 역사적으로 수많은 변천을 거듭하면서 다양한 양식의 시들이 나타났다가 사라졌다. 당대의 미적 기준이나 취향에 따라 새로운 양식의 시가 발생하고, 또한 그것이 시대적 요청에 부응하지 못할 경우 자연스럽게 사라지기도 하는 것이다. 이런 통시적 변화 때문에 시의 범주는 무척 다양할 수밖에 없다.
  통시적으로 접근하여 시의 범주들을 다루게 되면 전체를 만족시키는 일관된 기준을 제시하기 힘들다. 시대적 요청이나 문화사적 유행에 따라 여러 양식이 우후죽순처럼 등장하기 때문이다. 즉, 문학의 내적 필연성보다는 외부적 우연성에 따라 시 양식의 탄생과 소멸이 이루어진다는 뜻이다. 따라서 통시성에 따른 시 범주는 순차적으로 나열하는 방식 외에 다른 방법이 있을 수 없다.
  서양에서는 다음과 같이 수많은 시적 범주들이 탄생과 소멸을 거듭하여 왔다.

    고대 그리스   디오니소스 합창가(dythilamb)
                              송가(nomos)

                    찬가(hymn)
                    아폴로 찬가(pæan)
                    경구시(epigram)
                    애도시(elegiac)
                    정치풍자시(lapoon)
                    목가시(idyll)
                    서정시(lyric)

    중세 이후   찬가(hymn)
                    송가(ode)
                    비가(elegy)
                    애가(threnody)
                    장송시(dirge)
                    서간체시(epistle)
                    찬미시(psalm)
                    결혼축시(epithalamium)
                    경구시(epigram)
                    소네트(sonnet)
                    풍자시(satire poetry)
                    철학시(philosophic poem)
                    서경시(descriptive nature poem)
                    극적 독백시(dramatic monologue)
                    배역시(rollengedichte)
                    서정시(lyric)
                    발라드(ballad)
                    로망스(romance)
                    우화시(fable poetry)
                    전원시(pastoral poetry)[1]

우리나라에서도 다양한 시적 범주들이 탄생과 소멸을 거듭하였다. 명칭에 여러 문제가 있을 수 있으나, 당대에 통용된 용어를 그대로 나열하면 다음과 같다.

    근대 이전   무가(巫歌)

---

1. 각 시 양식에 대한 구체적인 설명은 오세영, 『문학과 그 이해』, 국학자료원, 2003, 389-403쪽 참조.

	도솔가(兜率歌)
	사뇌가(詞腦歌)
	향가(鄕歌)
	고려가요(高麗歌謠)
	경기체가(景幾體歌)
	시조(時調)
	가사(歌詞)
	한시(漢詩)
근대 이후	근대시조
	개화가사
	언문풍월(諺文風月)
	신체시
	민요시
	자유시
	산문시
	서사시
	단편서사시
	카프시
	모더니즘시
	민중시
	노동시
	해체시[2]

앞에 제시한 통시적 시 범주 목록에는 해당 시기를 더욱 세밀하게 검토하면 더 많은 것들이 추가될 수 있을 것이다. 한국의 경우 근대 이후 김억의 '격조시,' 모더니즘시를 세분한 '다다시,' '초현실주의시' 등이 그 예이다. 그러나 이 모든 것을 다 기술하는 것은 불가능할 뿐만 아니라 그리 긴요한 일도 아니다. 여기서는 다만 통시적으로 다양한 시 범주들이 존재하였다는 사실을 확인하는 차원에 그치기로 한다.

---

2. 이 중 근대 이전의 '도솔가,' '사뇌가'는 큰 갈래로서의 '향가'의 하위 갈래로 보는 경우가 보편적이지만, 여기서는 당대 기록에 남은 용어를 그대로 제시한다. 또한 근대 이후의 '언문풍월'은 한시의 형태를 흉내 낸 한글시를 가리키는데, 이것은 1901년에 등장하여 1917년경에 소멸한 특이한 시 양식이다.

2. 매체와 통시적 유형

　이제 시의 범주를 일반화, 재분류하는 데 핵심적인 준거로 '매체'를 제시하는 것은 그다지 낯설지 않게 되었다. 매체 혹은 제시 형식이 예술의 본질과 맞닿아 있다는 인식이 널리 퍼져 있기 때문이다. 새로운 시의 등장 역시 시를 실현할 매체의 변화와 궤를 같이한다. 극단적으로 말하자면 매체의 상상력이 시의 범주와 본질을 구성한다고 할 수 있다.
　매체의 관점에서 예술의 본질을 논한 것은 벤야민이 처음일 것이다. 그는 "인쇄를 통한 문자의 복제가능성이 문학에 일으켰던 엄청난 변화"[3]를 언급하며, 이보다 더 극단적인 복제 기술의 발달은 예술의 개념에 더 큰 변화를 가져왔다고 본다. 그에 따르면, 영화와 사진 같은 예술에 관여하는 기술복제시대의 기술은 원본으로부터 그것이 지닌 성스러운 분위기, 즉 '아우라(aura)'를 제거해 버리는 결과를 초래하였다. 영화와 사진에서는 판화나 그림처럼 원본이라는 것의 의미가 중요하지 않기 때문이다. 벤야민은 이런 변화가 종교적 의식과 결부되어 있던 예술을 해방시켜 관객의 비판 의식을 고양시키고, 궁극적으로 기존 예술의 종교성을 정치성으로 대체해 버릴 것이라 기대하였다. 그런 기대의 실현 여부와 무관하게 우리는 벤야민의 이런 논의로부터 매체의 성격이 예술의 본질과 밀접하게 관련되어 있다는 사실을 확인할 수 있다.
　시에 있어서 매체의 관점에서 시적 특성을 규명하고자 하는 시도가 본격적으로 이루어진 적은 없다. 향수 방식에 따라 시의 층위를 두 가지로 나눈 조향이나 매체의 문제를 '제시 형식'과 연계시킨 김준오의 논의가 그나마 선구적인 접근이라 할 수 있다. 조향은 시를 감상 형식에 따라 '듣는 시,' '보는 시'로 나누지만,[4] 이를 매체의 문제와 연계시키지는 않는다. 그러나 김준오는 제시 형식의 변화에 따라 전통적인 '듣는 시'가 근대적인

---

3. Walter Benjamin, 반성완 옮김, 『발터 벤야민의 문예이론』, 민음사, 1983, 199쪽.
4. 조향, 「CORTI씨 기관 계외」, 『조향전집 2』, 열음사, 1994, 256-257쪽.

'보는 시'로 바뀌었다고 보며, 전자 글쓰기 시대의 대표적인 매체인 하이퍼텍스트에도 주목하고 있다.[5]

매체를 참조하여 통시적으로 접근할 때 매체에 따라 발생하는 인식론적 단층은 크게 세 개로 나뉠 수 있는데, 음성, 활자, 디지털언어(html)가 그것이다. 거기에 대응하는 시 유형은 전통시, 근대시, 탈근대시가 된다. 앞에서 다루었던 동서양의 수많은 역사적 시 양식들은 이런 구도에 모두 귀속될 수 있다.

1) 전통시

먼저, '전통시'는 음성을 매체로 사용하는 시 유형이다. 김소월의 다음 시는 음성 매체를 활용한 수용(음독 혹은 낭독)에 용이하도록 구성되어 있다.

그립다
말을 할까
하니 그리워

그냥 갈까
그래도
다시 더 한번

저 산에도 까마귀, 들에 까마귀
서산에는 해진다고 지저귑니다

앞강물, 뒷강물
흐르는 물은

---

5. 김준오, 『시론』(제4판), 삼지원, 1995, 53-55쪽.

어서 따라 오라고 따라 가자고
흘러도 연달아 흐릅디다려

— 김소월, 「길」 전문

  이 작품은 낭송이나 음독에 어울리도록 음악적 요소들이 적절하게 배치되어 있다. 의미 단락이 완결되는 한 절마다 세 마디로 구성되어 외형적인 운율이 느껴진다. 그리고 "어서 따라 오라고 따라 가자고/흘러도 연달아 흐릅디다려"처럼 동일한 음운을 연쇄적으로 반복하면서 강물이 흐르는 느낌을 음성적으로 재현하는 듯한 효과까지 보이고 있다.
  이처럼 전통시에서 시의 절대적 조건은 인간의 음성이다. 음성은 기본적으로 시간성과 휘발성이라는 본질을 지니고 있다. 시간성이란 순차적인 질서에 따라 발화되는 특성, 따라서 듣는 이가 앞부분을 놓치면 그것을 복원할 수 없다는 시간적 제약을 가리킨다. 또한 휘발성이라는 것은 한 번 발화되고 나면 그 말이 지속적으로 남아 있지 못하고 금방 잊히는 속성을 말한다. 따라서 전통시는 이런 매체적 제약을 반영하는 시적 특질을 지닌다. 그것을 정리하면 다음과 같다.

① 청각 위주의 리듬 강조
② 반복에 바탕을 둔 수사학
③ 표현의 상투성

  ①은 노래처럼 일정한 리듬을 지닌 전통시의 특성을 말한다. 발화에 리듬을 가미하는 것은 발화자의 입장에서는 발화를 수월하게 한다는 점에서 유효하며, 청자의 입장에서는 미적 쾌감을 느끼고 내용에 흥미를 가지게 한다는 점에서 도움이 된다.
  ②는 같은 내용을 반복적으로 제시함으로써 전달하고자 하는 내용이 청자에게 정확하게 인식되도록 하는 표현 방식이다. 이 반복은 수사학상의 반복법뿐 아니라 대구법, 대조법 등도 포함한다. 전통시의 대표적인 하위

갈래인 민요시에 가장 빈번하게 등장하는 표현 방식이 이런 수사법이라는 사실은 전통시 매체의 특성을 생각할 때 당연한 결과일 것이다. 오세영은 한국의 민요시가 민요의 구조상의 특징, 즉 반복과 병치의 요소를 지니고 있음을 설득력 있게 제시하고 있다.[6]

③은 청자가 일부분만 듣고도 발화 내용을 쉽게 예상할 수 있도록 관습적인 표현을 많이 사용하는 시적 특성을 가리킨다. 구절의 차원에서는 상용구, 관용구 등을, 내용의 차원에서는 다음 전개가 쉽게 예측되는 단순한 전개를 그 예로 들 수 있다. 이런 특성은 모두 음성의 시간성, 휘발성을 극복하기 위한 전략으로 선택된 것이다.

전통시는 음성 매체의 성격에 바탕을 두고 창작되고, 소리 내어 읽거나 낭송함으로써 향수된다. 따라서 전통시의 기본적인 감각은 청각이다. 청각의 아우라는 전통시의 수용뿐 아니라 창작에도 근원적으로 관여되어 있다. 앞에서 살핀 특질들도 수용과 창작 양면에 적용할 수 있는 것들이다. 김소월, 김영랑의 시에서 확인할 수 있듯이, 이런 전통시의 특성은 근대 서정시 속에서도 지속되고 있는 중요한 성격이다. 다만 그 전에 비하여 전통시의 청각적 특질이 많이 희석되었다는 것은 부정할 수 없는 사실이다.[7]

2) 근대시

'근대시'는 활자를 매체로 하여 탄생한 시 유형이다. 다음에 든 이상(李箱)의 작품은 활자 매체를 전제로 할 때 그 실험성이 이해될 수 있다.

前後左右를除하는唯一의痕跡에있어서
翼殷不逝 目大不覩
胖矮小形의神의眼前에我前落傷한故事를有함.

---

6. 오세영, 『한국낭만주의시연구』, 일지사, 1980, 76-88쪽.
7. J. S. 밀이 근대의 서정시를 "엿듣는 독백(soliloquy overheard)"이라 정의한 것도 이런 청각성의 희석화와 관련될 수 있다.

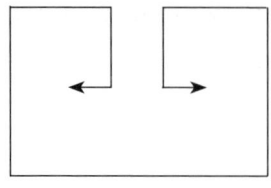

臟腑라는것은 浸水된畜舍와區別될수잇슬는가.

— 이상, 「오감도 시제5호」 전문[8]

이 시는 극도로 난해한 어구들로 구성되어 있어 정확한 의미를 파악하기 힘들다는 점, 그리고 낭독이 전혀 불가능한 부분, 즉 그림을 사용하고 있다는 점에서 전통시와 차이가 난다. 이는 이 작품이 앞에서 살펴본 김소월의 시와는 전혀 다른 기반을 지니고 있음을 알려 주는 징후가 된다.

전통시를 규정하는 음독(혹은 청각)의 패러다임이 묵독(혹은 시각)의 패러다임으로 전환될 때, 즉 "인쇄가 시를 노래로부터, 산문을 웅변으로부터 분리해"[9] 버릴 때, 근대시가 탄생한다. 패러다임의 변화를 가져온 근본적인 원인은 인쇄 문화의 전면적인 확장이다. 19세기의 시 낭송회가 개인적인 묵독으로 대체된 것이 "책과 활자의 승리"[10]로 불리는 것도 이 때문이다. 음성과 달리, 활자는 시각적으로 소통되며, 기표를 고정적으로 확정한다. 근대시는 활자의 이런 시각성, 고정성을 바탕으로 하여 다음과 같은 성격을 지닌다.

① 시각 위주의 형식 강조
② 즉각적 이해를 방해하는 난해한 수사학
③ 표현의 신기성

①은 활자가 파생시키는 시각 중심적 파급효과를 말하는데, 이는 근대

---

8. 『조선중앙일보』, 1934. 7. 18. 이 작품의 해석은 박현수, 『모더니즘과 포스트모더니즘의 수사학 — 이상문학연구』, 소명출판, 2003, 51-58쪽 참조.
9. H. M. Mcluhan, 박정규 옮김, 『미디어의 이해』, 커뮤니케이션북스, 2007, 201쪽.
10. Otavia Paz, 김은중 옮김, 『흙의 자식들 외』, 솔, 1999, 287쪽.

시의 중심적인 감각이 시각임을 알려 준다. 이런 시각 중심적 사유는 행과 연으로 시 구절을 배열하는 시 형식을 만들어 내었다. 행과 연은 전통시의 발화상의 휴지(休止)를 시각적으로 번역한 것이라 할 수 있다. 또한 활자를 이용한 시각적인 실험도 이런 특성으로부터 가능해진다. 활자 크기의 조절, 활자의 회화적인 배치, 글자를 거꾸로 심거나 독서 순서를 역순으로 조정하는 실험, 사진이나 만화의 도입 등은 기존 매체인 음성으로는 전혀 실현 불가능한 것이다. 이런 점에서 근대시는 음성의 추방을 통하여 "활자 공간(typographic space)"[11]에 모든 시적 가능성을 타진하는 시 유형이라 할 수 있다.

②는 근대시의 난해성과 관련된다. 이 난해성을 여러 측면에서 설명할 수 있지만, 가장 중요한 것이 '지각의 순간성'의 극복으로 보는 관점이다. 독자로 하여금 작품을 접하자마자 이해하게 만드는 것, 즉 지각의 순간성을 유도하는 것은 전통시에서는 장점이지만, 근대시에서는 시의 결함으로 인식된다. 기표의 고정성으로 언어의 휘발성이 극복되어, 즉각적 이해는 추구의 대상이 되지도 않으며, 따라서 이를 위한 시도(반복, 리듬 등)도 불필요하게 되었기 때문이다.

이상이 "한 번 읽어 지나가면 도무 소용인 글자의 고정된 기술방법"[12]을 문제 삼은 것도 이 때문이다. 이는 지각과 동시에 이해가 이루어진다는 점에서 "1차방정식같이 간단"[13]하고도 상식적인 방법이 아닐 수 없다. 이런 방식과 달리 근대시가 목표로 하는 것은 지각의 과정을 최대한 지연시키는 글쓰기이다. 이는 쉬클로프스키가 "사물을 〈낯설게〉 하고 형식을 어렵게 하며, 지각을 힘들게 하고 지각에 소요되는 시간을 연장"[14]하는 데 목적이 있다고 한 예술의 기법과 동궤에 놓인다. 그래서 근대시는 상투적인

---

11. W. Ong, 이기우·임명진 옮김, 『구술문화와 문자문화』, 문예출판사, 1995, 194쪽.
12. 이상, 「지도의 암실」, 김주현 주해, 『정본 이상문학전집 2 소설』, 소명출판, 2009, 152쪽.
13. 이상은 "나의 식욕은 1차방정식같이 간단하였다"는 표현을 사용하고 있는데, 이는 '답을 풀어서 근이 하나 나오는 것, 아주 단순하고 뻔한 것'을 의미한다. 이상, 「황의 기 작품 제2번」, 김주현 주해, 『정본 이상문학전집 1 시』, 소명출판, 2009, 197쪽.
14. V. Chklovski, 「기술로서의 예술」, 『러시아 형식주의 문학이론』, 청하, 1986, 34쪽.

글쓰기에서 벗어나서 '한 번 읽고 지나가'서는 도저히 그 지각이 즉각적으로 이루어지지 않도록 "고의적으로 방해받는 형식(deliberately impeded form)"[15]을 고안해 내어야 하는 것이다. 바로 이 방법론 때문에 근대시가 난해해질 수밖에 없다.

③은 근대시가 내용과 형식 면에서 새로움을 적극적으로 추구한다는 점을 가리킨다. 포지올리가 "아방가르드 예술을 특징짓는 것은 새로움의 신화"[16]라고 단언한 것도 이와 관련된다. 전통시가 상투성과 익숙함에 의존하는 데 반하여, 근대시는 그것을 '자동화'라는 이름으로 거부하고 기존의 것과 다른 것을 찾는 데 열을 올린다. 이런 새로움에 대한 집착은 "우리는 절대적으로 현대적이어야 한다"[17]는 랭보의 말처럼 근대시의 성립 조건이다.

3) 탈근대시

'탈근대시'는 디지털언어(html)를 매체로 하는 하이퍼텍스트시 혹은 디지털시를 말한다. 사실 하이퍼텍스트문학은 본질적으로 장르 융합적이어서 시 갈래를 나누는 것이 부적절할지 모른다. 여기에서는 편의상 하이퍼텍스트시를 설정하고, 로버트 켄달(Robert Kendall)의 작품을 예로 들겠다.

켄달의 「프레임 워크」는 독자가 클릭을 통하여 링크된 시 구절을 찾아가

로버트 켄달의 하이퍼텍스트시 「프레임 워크」의 첫 화면.

며 능동적으로 시를 구성해 가는 하이퍼텍스트시이다. 이런 시는 기존의

---

15. Victor Erlich, 박거용 옮김, 『러시아형식주의』, 문학과지성사, 2001, 228쪽. 이와 관련해서 아이스테인손의 방해의 미학 관련 논의가 도움이 된다. A. Eysteinson, 임옥희 옮김, 「리얼리즘, 모더니즘, 방해의 미학」, 『모더니즘 문학론』, 현대미학사, 1996 참조.
16. Renato Poggioli, 박상진 역, 『아방가르드 예술론』, 문예출판사, 1996, 301쪽.
17. Renato Poggioli, 위의 책, 304쪽.

작품과는 전혀 다른 방식으로 창작되고 수용된다. 이런 작품들이 현재 전 세계적으로 다양하게 발표되고 있지만 아직 문학의 주류로 들어오지 못하고 있어 여전히 하나의 가능성으로서만 존재한다.

탈근대시, 즉 하이퍼텍스트시는 컴퓨터를 통하여 재현된다. 음악과 동영상, 혹은 가상 감각 등이 동원되어 탈근대시의 감각은 공감각이 될 수밖에 없다. 탈근대시는 음성과 활자를 동시에 구현하며, 간단한 보조기구를 활용하여 촉각과 같은 것도 실현 가능하다. 이제 감각은 단순히 청각과 시각의 한계를 넘어선다.

탈근대시는 기존의 시가 갖는 작품의 완결성을 부정한다. 생산의 측면에서 기존의 작품은 내용과 형식에 있어서 하나의 완결된 형태를 지닌다. 또한 독자는 한 편의 시 전체를 읽었다는 의식을 통해 독서의 완결성을 믿는다. 그러나 탈근대시는 다양한 경로로 연결되는 여러 개의 텍스트들로 구성되어 있기 때문에 전체가 완결된 형태를 지니지 않는다. 독자 역시 자신이 가고 싶은 링크의 경로로만 접근하면서 독서 행위를 수행하기에 독서도 완결성을 지니지 않는다.

또한 탈근대시는 일방성을 거부한다. 이것은 감상과 수용의 측면에서 일어난다. 먼저 감상의 측면에서 볼 때, 기존 독서의 경우 텍스트를 읽는 방향이 '처음에서 끝으로,' '위에서 아래로' 등으로 정해져 있다. 그리고 그런 방식을 따르지 않으면 독해 자체가 이루어지지 않게 된다. 그러나 탈근대시는 독서의 일방성으로부터 자유롭다. 자신의 선택에 따라 다양한 노선이 그려질 수 있기 때문이다. 수용의 측면에서 볼 때, 기존의 작품이 작가에서 독자로 일방적으로 주어지는 데 비하여, 탈근대시는 독자의 능동성이 강조된다. 또한 구현 방식에 따라 독자가 작품에 관여할 수도 있다.

탈근대는 와 있지만 아직 탈근대의 이념을 형상화한 탈근대시는 나오지 않았다. 그것은 매체의 변화와 시의 실현태가 동시적이지 않기 때문일 것이다. 미네르바의 부엉이처럼 늘 한 박자 느리게 그 이념의 형상화가 도착한다. 이런 지체 현상 때문인지는 모르겠지만, 아직도 기존의 전통시, 근대시를 인터넷상에 올려놓는 차원의 시, 매체를 이동시키는 상태에 불과한 시들이 마치 하이퍼텍스트시인 것처럼 유통되고 있다. 새로운 시대의 시는 새로운 매체가 아니고서는 표현 불가능한 내용과 형식을 전제로 한다. 새로운 시는 불가피한 선택에 의해 탄생되어야 할 것이다.

3. 공시성에 따른 시의 범주

공시성, 즉 시간의 변화가 배제된 정태적인 특질에 주목할 때, 여러 시 양식들을 기준에 따라 몇 가지 상위 범주로 묶을 수 있다. 여기에서는 그 중 가장 일반적으로 언급되는 시 범주의 묶음 두 가지를 살펴보고자 한다.

1) 서사시, 서정시, 극시

서사시, 서정시, 극시로 시의 범주를 설정하는 것은 고전적인 방식이다.[18] 이때의 기준은 아리스토텔레스로부터 시작되는데, 그것은 모방의 방법이다.

> 이 예술들에 있어 세 번째 차이점은 각 대상의 표현방법에 있다. 모방함에 있어서 수단이 같고, 대상이 같은 종류라 할 때 시인은 (1) 호머가 그랬듯이 어떤 때는 서술체로, 또 어떤 때는 작중인물이 되어 말할 수 있다. (2) 시인은 그런 변화 없이 계속 같은 상태에 머물 수도 있다. 혹은 (3) 모방자는 모든 것을 실제 행하여지는 것처럼 극적으로 전체 이야기를 표현할 수도 있다.[19]

아리스토텔레스에 따르면, 모방의 수단(리듬, 언어, 멜로디)과 대상(다루는

---

18. 그러나 이때의 시는 지금의 문학이라는 개념과 상통한다. 그래서 이런 유형을 서사문학, 서정문학, 극문학으로 번역할 수도 있다. 여기에서는 시의 범주로 다룬다.
19. 아리스토텔레스, 김재홍 옮김, 『시학』, 평민사, 1985, 42쪽.

인간형)이 같을 때 모방의 방법의 차이가 시적 유형의 차이를 만들어 낸다. 그가 제시하는 세 가지 중 (1)은 서사시, (2)는 서정시, (3)은 극시가 된다.[20]

이런 유형을 확정한 것은 헤겔이다. 헤겔은 이 모방의 방식에 주관과 객관의 문제를 결부시킨다. 그에 따르면 서사시의 특징은 서술하는 바를 객관적으로 제시하는 데 있다. "시인이 서술하는 것은 내용이나 표현 면에서 주체인 시인 자신으로부터 떨어져 그 자체 완결된 현실로 현상하므로"[21] 서사시에서 시인은 서술 내용과 낭송 행위로부터 객관적인 거리를 유지하게 된다.

이에 반하여 서정시는 "그 내용은 주관적이며, 내면세계, 관찰하고 느끼는 심정은 행동으로 나아가지 않고 오히려 내적 자아 속에 머무르면서 주체가 스스로 말하는 것을 유일한 형식이자 궁극적인 목표로 취"[22]하는 시적 유형이 된다. 이 '주관성'은 서정시 일반의 특징으로 가장 많이 거론되는 항목이기도 하다.

또한 극시는 서정시의 주관성과 서사시의 객관성을 종합한 상태가 된다. "주체에게서 나오는 이 객관성과 더불어 실재성을 띤 객관적 타당성 속에서 표현되는 주관적인 것은 총체성 안에 머무는 정신이자 행위로서 극시의 형식과 내용이 된다."[23] 곧 극시는 주관적인 감정을 행위로 외화시키는 시적 유형인 것이다.

2) 정형시, 자유시, 산문시

정형시, 자유시, 산문시로 시적 범주를 나눌 때 그 기준은 시의 형식적 특질이다. 이것은 공시성에 따라 나눈 것이기도 하면서 동시에 통시성을 함유하고 있는 것이기도 하다. 왜냐하면 정형시가 오랜 시간 동안 유지되어 온 후에, 이에 대한 반발로 자유시, 산문시가 등장하였기 때문이다. 그

---

20. 그러나 이 부분은 끊어 읽기에 따라 두 가지(서사시, 극시)를 말하는 것이 되기도 하여 논란이 많다. 아리스토텔레스, 천병희 옮김, 『시학』, 문예출판사, 2002, 34-35쪽 각주 2) 참조.
21. G. W. F. Hegel, 두행숙 옮김, 『헤겔미학 Ⅲ』, 나남출판, 1996, 509쪽.
22. G. W. F. Hegel, 위의 책, 509쪽.
23. G. W. F. Hegel, 위의 책, 510쪽.

러나 시간성을 제거하고 보면 이것은 형식의 문제로 환원된다.

정형시는 영어로 'the fixed form rhymed verse'로 번역된다. 이것은 "정해진 운율(율격metre과 압운rhyme), 정해진 길이의 시행과 연으로 쓰여진 시"[24]를 말한다. 운율이 정형적이고도 규범적으로 이루어져 결과적으로 시행의 길이가 일정하게 반복되는 시 유형이다. 현대시의 경우 시조가 가장 대표적인 정형시라 할 수 있다. 최남선이나 김영랑처럼 개인적인 정형률을 시도하는 경우도 있었다.

자유시는 정형시의 엄격한 규칙을 거부하고 인간의 정서를 자유롭게 표현하는 시적 유형이다. 한국에서 자유시라는 용어는 상징주의를 소개하면서 등장하였다.[25] 백대진은 자유시의 발생을 상징주의의 정형시 파괴 운동에서 찾으며, 자유시가 "시에 대한 공화적 자유사상"[26]을 수립한 것으로 평가한 바 있다. 그러나 자유시는 모든 구속을 제거한 완전한 상태의 자유로운 형식을 의미하는 것은 아니다. 자유시도 나름대로의 규칙을 지니고 있다. 현재로서는 형식적으로 행과 연을 사용하고 있다는 점에서 그 규칙을 찾을 수 있다.

산문시는 "규칙적인 율격과 리듬 그리고 압운 등으로부터 자유스러운 언어 즉 외재적 산문으로 쓰여진 시"[27]라 규정할 수 있다. 현대시 중 정형시, 자유시가 아닌 줄글 형태의 시를 산문시라 부른다. 산문과 시의 기준을 명확하게 제시하기 힘들다는 점에서 산문시의 규정이 모호하긴 하지만 현재 많이 창작되는 유형의 시다. 한국에서 산문시라는 말이 처음 사용된 것은 1910년으로 자유시보다 앞선다.[28]

---

24. 오세영, 『문학과 그 이해』, 국학자료원, 2003, 408쪽.
25. 백대진, 「이십세기 초두 구주 제대문학가를 추억흠」, 『신문계』 4-5호, 1916. 5.
26. 백대진, 「최근의 태서문단」, 『태서문예신보』 9호, 1918. 11.
27. 오세영, 앞의 책, 418쪽.
28. 산문시라는 개념은 홍명희가 『소년』(1910. 8)에 처음 사용한 것으로 보인다. 그는 폴란드 시인 네로에프스키의 산문시 「사랑」을 번역하면서 '산문시'라는 명칭을 붙였다.

4. 이기론과 공시적 유형

1) '리'와 '기' 혹은 기의와 기표

이기론(理氣論)의 관점을 기표(signifier)와 기의(signified)의 문제와 연계시킬 때, 더 포괄적이면서 구체적인 유형을 새롭게 제시할 수 있다. 이때 이기론의 유형은 시적 유형으로 전환된다.

먼저 이기론에 대해서 간단하게 알아보자. 이기론은 모든 문제를 기(氣)와 리(理)라는 개념으로 설명하는 이론이다. '기'는 사물의 현상 혹은 사물을 이루는 내용, 즉 질료를 의미하고, '리'는 이런 질료와 관련된 일체의 형이상학적 원리를 의미한다. 따라서 '기'는 물질성·감각성·특수성이라는 개념으로, '리'는 영원성·초월성·보편성이란 개념으로 설명될 수 있다.

원래 리(理)는 구슬 옥(玉) 변에 속하는 글자이며, 처음에는 반듯하게 나있는 줄을 뜻하였으나, 조리(條理)라는 뜻으로 변화되었고, 그 다음에는 마음이 옳게 여기는 바 누가 생각하여도 지극히 옳다고 판단되는 그런 보편타당한 것, 또 사실을 사실일 수 있게 하는 이유를 뜻하는 것으로 의미확장을 거쳤다.[29] 즉, 이 말은 처음에 '옥의 무늬나 결' '근육의 섬유조직'과 같은 구체적인 형상을 의미하였으나 후에 사물의 존재 원인, 즉 '원리'라고 하는 추상적인 의미를 부여받은 것이다.[30] 그리고 기도 리와 유사한 과정을 따르는데, 기(氣)의 '气'는 원래 운기(雲氣)를 상징한 글자이며, '米'는 쌀을 의미하는 것이 아니라 불꽃을 상징한 것이다. 그리고 '气'와 '米'의 회의자인 기(氣)는 숨(息), 힘(活力), 정기(元精), 생기(生氣)의 의미로 전용되는데, 이것은 근본적으로 살아 움직이고 변화하며 운동하는 힘을 뜻한다.[31]

---

29. 中村 元, 김지견 옮김, 『중국인의 사유 방법』, 동서문화원, 1971, 46쪽.
30. Joseph Needham, 이석호 외 옮김, 『중국의 과학과 문명 2』, 을유문화사, 1986, 제2권, 322쪽; 제3권, 171쪽 참조.
31. 유명종, 「영남 성리학파의 주리설 형성」, 『석당논총』 9호, 1984, 57쪽. 허신(許愼)의 설을 참조한 니담은, 이 기는 '상승하는 증기의 그림 문자'로 그리스어의 바람·영혼을 뜻

기를 위주로 하건 리를 위주로 하건 이기론자에게 있어서 리와 기는 세계의 모든 현상을 설명할 수 있는 궁극적인 두 축이라는 점에는 변함이 없다. 퇴계 이후 한국 이기론에서 이 둘의 관계를 어떻게 보느냐에 따라 학자 간의 의견차가 생기고 이로 인하여 의미 있는 논쟁과 다양한 학파가 생기게 되었다. 이를 통하여 중국 성리학과 구별되는 철학적 성과가 우리 땅에 나타나게 되었다.

　리와 기를 두 축으로 놓고 한국 이기론의 지형도를 그려 볼 수 있다. 한쪽 끝에는 리, 다른 한쪽 끝에는 기를 배치하고 그 사이의 다양한 경향을 배치한다면 다음과 같은 도표가 나올 수 있다. 이 지형도는 부채의 형상을 지닐 것이다.

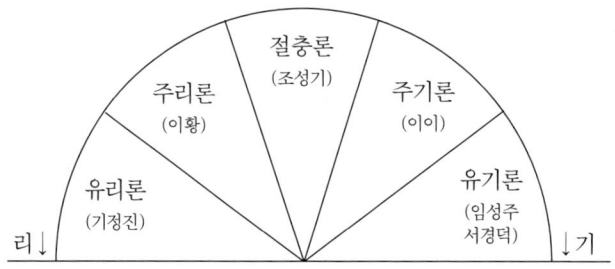

　이 도표에서 왼쪽 방향으로 갈수록 리의 성격이 강화되고, 오른쪽 방향으로 갈수록 기의 성격이 강화된다. 왼쪽 끝에 있는 유리론(기정진)은 리의 위상이 절대적으로 된 리 일원론에 가깝고, 오른쪽 끝의 유기론(임성주)은 기의 위상이 절대적인 기 일원론에 가깝다. 이 둘은 기와 리의 관계에 있어서 한쪽이 다른 한쪽을 형식적으로만 필요로 하는 경우이다. 이 양 극단의 사상을 기준으로 그 사이에 다양한 스펙트럼을 지닌 사상이 펼쳐져 있다. 주기론(이이)과 주리론(이황)은 리와 기의 실제적인 존재를 인정하면서도 어느 한쪽에 주도적인 역할을 부여하는 경우이며, 절충론(조성기, 김창협)은 주리론과 주기론을 상호 보완하여 리와 기의 균형을 강조하는 경우이다.[32]

하는 프네우마(πνεύμα)와 의미상의 유사성이 있으며, 米자는 뒤에 추가된 것으로 보았다. Joseph Needham, 앞의 책, 322쪽 참조.

2) 관념시, 우의시, 절충시, 심상시, 물질시

우리는 앞에서 다룬 표를 시학적 방향으로 전환시킬 수 있다. 리와 기는 세계의 본질을 이루는 두 축이라는 점에서 시의 문제에 적용하는 데 원칙적으로 문제가 없다. 그러나 더 세밀하게 만들기 위하여 좀 더 문학에 가까운 용어로 해석할 필요가 있다. 필자는 이 '리'와 '기'를 소쉬르에 있어서 기호의 두 구성 요소인 기표와 기의로 해석하고자 한다.

소쉬르에 따르면 기호는 '개념'으로서의 기의와 '청각영상'으로서의 기표의 종합이다. 기표는 기호의 물질적 형태를, 기의는 기표의 자극을 통해 생성된 정신적 개념으로 이해된다. 이 기표와 기의의 관계에 의해서 하나의 의미가 발생한다. 기표는 기호의 물질적인 양상, 즉 질료이며, 기의는 그 질료로부터 연상되는 정신적인 내용이라는 점에서 각각 기와 리에 대응된다. 심상은 개념의 보조적 역할을 하는 정보의 하나로서 기의와 연관되어 있지만, 그것의 물질성 때문에 기표에 속하는 것으로 보는 것이 자연스럽다.[33] 이기론을 기호의 문제에 적용시켜 리를 기의로, 기를 기표로 본다면 앞에서 제시한 부채꼴은 다른 내용을 지닐 것이다.

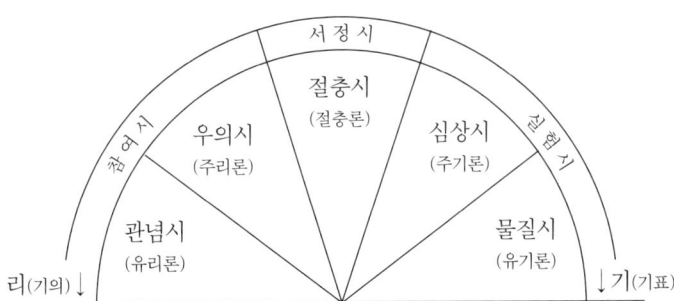

---

[32]. 이 지형도의 구성은 현상윤과 배종호의 저서를 참조하였다. 현상윤, 『조선유학사』, 현음사, 1948; 배종호, 『한국유학사』, 연세대 출판부, 1974.
[33]. 소쉬르는 기의, 즉 개념은 대상의 심상까지 포괄한다고 본다. 그러나 정확하게 말하면 기의가 나타내는 개념은 심상이라 보기 어렵다. Ferdinand de Saussure, 최승언 옮김, 『일반언어학 강의』, 민음사, 1990, 84-85쪽.

위의 그림에서 기의, 즉 리의 축에 다가가면 갈수록 그 시는 관념적인 성격을 강하게 지닌다. 이에 반하여 기표, 즉 기의 축으로 다가갈수록 그 시는 질료적인 특성을 더욱 생생하게 드러내게 될 것이다.

부채꼴의 좌우 양 극단에는 각각 '관념시'와 '물질시'가 놓인다. '관념시'는 기의로서의 리가 가장 극단적으로 드러나는 시로, 기의만 존재하고 기표가 거의 제 기능을 하지 않는 경우를 가리킨다. 소쉬르의 '개념'에 해당하는 리, 즉 기의가 극단화 되면, 심상이 전혀 형성될 수 없는 순수 추상적 개념만 나타나는 상태가 가능할 것이다. 물론 원론적으로 볼 때 기표를 지니지 않는 기의란 불가능하기 때문에,[34] 이때의 기표는 그 역할이 극한적으로 제한된 상태를 가리킨다. 즉, 물질적이고 감각적인 심상을 지니지 않고 추상적인 기의만을 지닌 경우를 가리키는 것이다. 개화기의 창가들이나 초기 카프시가 관념시의 대표적인 경우이다. 김석송의 다음 시처럼 이들 시에서 기표의 물질성이나 심상의 감각성이 존재 가치를 지니지 못하고, 순수한 기의에 불과한 추상적인 메시지만 두드러진다.

나는 무산자이다!
아모 것도 갖지 못한

그러나 나는 다만
'인간'이라는 재산만을
진실한 의미의 '인간'을…
요구한다 절규한다!

— 김석송, 「무산자의 절규」 부분

---

[34]. 철학적으로는 기 없는 리, 즉 기표 없는 기의는 가능하다. 아리스토텔레스는 "형상이 결여된 질료는 있을 수 없지만, 질료가 결여된 형상은 있을 수 있다"라고 한 바 있다. 이 점은 이황의 주리론에서도 반복된다. 우주의 태초인 태극은 기 없는 리인 것이다. Joseph Needham, 앞의 책, 제3권, 179쪽 참조.

'물질시'는 기표로서 기가 극단적으로 드러나는 시로, 기표의 물질성만 강조하여 기의가 존재하지 않는 상태를 의미한다. 의미, 즉 기의의 발생 가능성을 원천적으로 제거하여 기표가 지닌 순수 음향이나 심상, 기호 등의 물질성을 의도적으로 강조한 실험적인 시를 말한다. 기표만으로 즐거움을 누리는 시를 김춘수 시인이 '무의미시'라고 한 바 있듯이, 이런 시풍은 현대의 보편적인 경향이 되었다. 아방가르드의 실험시들이 대표적인 물질시에 속한다. 조향의 다음 음향시처럼 아무런 기의를 나타내지 않는 시뿐 아니라, 이른바 '구체시(具體詩, concrete poetry)'라고 불리는 시도 여기에 포함된다.

> 고로비요**마**카나코루기나야라야마니고니카카
> 로네**그나**마노니가로구다노사야마고고로니비
> 니바니노나노가니바고로비츠시기라메니**카르**
> 로사니가나사바로나크루가야니**타**티치치코바
> (음향으로만 즐겨 주길 바란다)
>
> — 조향, 「H씨의 주문(呪文)」 전문

다음으로 다룰 시는 '우의시'와 '심상시'인데, 이것은 기의와 기표의 실제적인 역할을 인정하면서도 그중 어느 한쪽에 주도적인 역할을 부여하는 경우를 말한다. 먼저 '우의시'는 알레고리적으로 심상을 사용하는 시로서, 이 경우 심상은 심상 자체로 사용되기보다는 어떤 관념의 대리물로 사용된다. 이육사가 이런 시의 대표자라 할 수 있다.

> 수굿한 목통
> 축 처-진 꼬리
> 서리에 번적이는 네 굽
> 오! 구름을 헤치려는 말
> 새해에 소리칠 흰말이여!
>
> — 이육사, 「말」 부분

이 시에서 '흰말'은 구체적인 말이 아니라, 구체적 물질성을 상실한 관념적인 말이다. 이 흰말은 이 시가 발표된 1930년, 즉 경오년(庚午年) 백말 띠와 관련되는, 연도를 나타내는 상징적 기호일 뿐이다. 마찬가지로 그가 「광야」에서 매화를 등장시킬 때("매화 향기 홀로 아득하니"), 이 꽃은 물질성을 지닌 자연 심상이 아니라 지조, 의지 등을 나타내는 관념적인 기호에 불과하다. 폴 드 만은 이런 심상을 "심상을 가장한 표상(emblems masquerading as image)"[35]이라 부르기도 한다. 우의시는 이처럼 시적 심상을 그것의 물질성보다 관념적 기호로 사용하는 시적 유형이다.

'심상시'는 이와 달리 심상의 물질성을 강조한 시를 가리킨다. 심상을 관념이나 의도 같은 것에 종속시키지 않고, 심상이 지닌 자연 그대로의 성격을 감각적으로 드러내는 경우를 말한다. 명확한 심상을 객관적으로 제시하려 한 이미지즘시가 대표적인 경우가 된다.

> 밤은 마을을 삼켜 버렸는데
> 개구리 울음 소리는 밤을 삼켜 버렸는데
> 하나 둘 … 등불은 개구리 울음 소리 속에 달린다
>
> 이윽고 주정뱅이 보름달이 빠져 나와
> 은으로 칠한 풍경을 토한다
>
> ─ 김종한, 「고원(故園)의 시」 전문

마지막으로 '절충시'는 기의와 기표의 행복한 만남을 전제로 하는 시로서, '서정시'가 가장 적절한 예가 될 것이다. 서정시의 핵심적인 특성이 세계와 자아의 동일시이며, 이것은 자연스럽게 기표와 기의의 적절한 만남을 기반으로 하기 때문이다. 다음 시처럼 서정시에서 주체와 객체는 물론, 표

---

35. Paul de Man, *The Rhetoric of Romanticism*, Columbia University Press, 1984, 194쪽.

현으로서의 기표와 의도로서의 기의는 조화로움의 상태에 든다. 서정시들의 심상들이 정서적 안정감을 주는 것도 이런 점에 기인한다고 할 수 있다.

> 하루라는 오늘
> 오늘이라는 이 하루에
>
> 뜨는 해도 다 보고
> 지는 해도 다 보았다고
>
> 더 이상 더 볼 것 없다고
> 알 까고 죽는 하루살이 떼
>
> ― 조오현, 「아득한 성자」 부분

앞에서 사용한 개념 중 관념시, 물질시라는 개념은 이전에도 논의된 적이 있는 개념이다.[36] 그 논의에 따르면 물질시는 이미지즘시, 관념시는 빅토리아시대의 교훈조의 시이며, 형이상학시는 존 던이나 J. 드라이든 같은 형이상학파 시인의 시가 된다. 이때 형이상학시는 절충시와 내용상 동일하다고 할 수 있다.

3) 참여시, 서정시, 실험시

이기론적 유형은 현재 통용되고 있는 한 묶음의 시적 범주, 즉 참여시, 서정시, 실험시의 성격도 적절하게 설명할 수 있다. 이 범주는 우리 현대시에 있어서 가장 널리 사용되는 시적 유형이다. 참여시는 민중시, 저항시, 리얼리즘시, 현실비판시, 현실참여시 등으로, 서정시는 전통시, 인생파시

---

[36] J. C. 랜슴은 존재론적 관점에서 물질시(physical poetry), 관념시(platonic poetry), 형이상학시(metaphysical poetry)로 나누었다. J. C. Ransom, "Poetry: A Note in Ontology," *Critique and Essays in Criticism*, The Ronald Press Company, 1949 참조.

등으로, 실험시는 해체시, 전위시(아방가르드시), 모더니즘시 등으로 불리지만, 시의 구체적인 특성은 동일하다. 이런 3분법은 서정시를 중심으로 좌우 나머지 범주들을 뭉뚱그려 칭한 것이라 할 수 있다. 즉, 관념시와 우의시는 참여시로, 사상시와 물질시는 실험시로 부를 수 있기 때문이다.

참여시는 기표보다는 기의, 즉 메시지 중심적인 시로서, 현실에 대한 비판적 인식을 시적 바탕으로 삼는다. 이런 시는 현실을 갈등과 차별의 세계로 파악한다. 그래서 현실은 궁극적으로 수정의 대상이 되어야 하며, 시는 그 갈등과 차별이 사라진 세계를 하나의 목적으로 설정하여 내용을 구성한다. 가시적인 이 세계에 시선을 두고 현실적 차원에서 벗어나지 않는다. 그래서 표현상의 특징은 산문적, 직설적이고, 이성적이며 메시지 중심적이다. 또한 시적 발화는 청자의 변화와 반응에 주목하므로 언제나 청자 지향적이다.

이에 반하여 서정시는 기표와 기의의 조화를 추구하는 시로서, 조화와 화해의 세계, 즉 세계와 자아의 동일성이라는 세계에 바탕을 두고 있다. 그래서 현실을 소통의 대상으로 바라보며, 현실적 차원보다는 숨겨진 초월적 차원에 더 관심을 가진다. 표현상으로는 감성적, 정서적 표현을 즐겨 사용한다. 시적 발화는 개인적 독백의 양상을 지니므로 화자 지향적이라 할 수 있다.

또한 실험시는 기표의 물질성이 지닌 가능성을 적극적으로 실현하려는 시로서, 기존의 자동화된 시적 규범을 거부하는 실험정신에 시적 바탕을 두고 있다. 이런 시적 세계관에 따르면 이 세계에는 공인할 만한 어떤 규범도 존재하지 않는다. 어떤 규범도 존재하지 않으므로 어떤 시도도 가능하다. 따라서 실험은 지속적으로 과격해질 수밖에 없다.

시를 위한 토론

1. 아시아의 경우, 통시성에 따른 시의 유형으로 어떤 것이 있는지 알아보자.

2. 다음은 『잃어진 진주』(1924)라는 시집 서문에서 김억이 만든 '시의 족보'이다. 이 도표가 지닌 문제점을 지적해 보자.

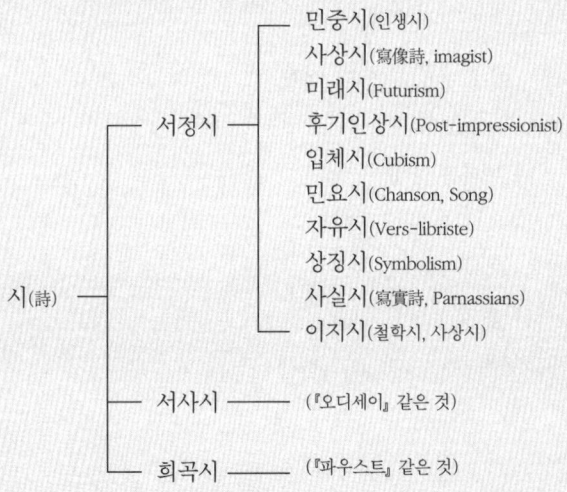

3. 다음 인용문은 근대문학의 개념 및 기점에 관해 설명하는 글이다. 이를 참고하여 매체를 기준으로 나눈 시적 범주의 개념이 지닌 문제점에 대해 생각해 보자.

　　서구화를 근대화로 보는 미망에서 벗어나, 자체 내의 구조적 모순과 갈

등을 이해하고 그것을 극복하려는 정신을 근대의식이라 이해하지 않는 한 한국문학 연구는 계속 공전할 우려가 있다. (…) 문학에 한해서만 말한다면, 근대문학의 기점은 자체 내의 모순을 언어로 표현하겠다는 언어 의식의 대두에서 찾지 않으면 안 된다. (…) 그런 의미에서 우리는 이조 사회의 구조적 모순을 문자로 표현하고 그것을 극복하려 한 체계적인 노력이 싹을 보인 영·정조 시대를 근대문학의 시작으로 잡으려 한다.

— 김윤식·김현, 『한국문학사』

4. 다음 최남선과 김소월의 작품을 읽고, 이 작품이 정형시, 자유시, 산문시 중 어디에 속하는지 말하고, 이유를 설명해 보자.

(가) 1) 우리는 아무 것도 가진 것 없소.
　　　칼이나 육혈포(六穴砲)나
　　　그러나 무서움 없네.
　　　철장(鐵杖)같은 형세라도
　　　우리는 어찌 못하네.
　　　우리는 옳은 것 짐을 지고
　　　큰 길을 걸어가는 자(者)임일세.

　　2) 우리는 아무 것도 지닌 것 없소
　　　비수나 화약이나
　　　그러나 두려움 없네.
　　　면류관의 힘이라도
　　　우리는 어찌 못하네.
　　　우리는 옳은 것 광이(廣耳) 삼아
　　　큰 길을 다사리는 자임일세.

— 최남선, 「구작삼편(舊作三篇)」 부분

(나) 못 잊어 생각이 나겠지요,
　　　그런대로 한세상 지내시구려,
　　　사노라면 잊힐 날 있으리다.

　　　못 잊어 생각이 나겠지요,
　　　그런대로 세월만 가라시구려,
　　　못 잊어도 더러는 잊히오리다.

　　　　　　　　　　　　　　— 김소월, 「못 잊어」 부분

5. 시의 이기론적 유형은 관념시, 우의시, 절충시, 심상시, 물질시 등으로 나누어진다. 다음 시는 각각 어디에 속하는지 말하고, 그 이유를 설명해 보자.

(가) 누렇고 탁한 물이 도도하면 문득 모습을 감추고,
　　　고요한 흐름이 잔잔하면 비로소 분명해진다
　　　가련하구나, 이렇게나 거센 물결 속에서
　　　천고의 반타석 굴러서 기울어지지 않음이여.
　　　(黃濁滔滔便隱形 安流帖帖始分明 可憐如許奔衝裏 千古盤陀不轉傾)
　　　　　　　　　　— 이황, 「반타석(盤陀石)」 전문(조동일 옮김)

(나) 구름은
　　　보랏빛 색지 위에
　　　마구 칠한 한 다발 장미

　　　목장의 깃발도, 능금나무도
　　　부을면 꺼질 듯이 외로운 들길.
　　　　　　　　　　　　　　— 김광균, 「뎃상」 부분

(다) schweigen schweigen schweigen
　　schweigen schweigen schweigen
　　schweigen　　　　　schweigen
　　schweigen schweigen schweigen
　　schweigen schweigen schweigen

— 곰링어, 「침묵(schweigen)」 전문

6. 다음 작품이 참여시, 서정시, 실험시 중 어디에 속하는지 말하고, 참여시와 서정시의 차이점과 공통점을 정리해 보자.

(가) 대한민국은 민주공화국이다
　　그러므로
　　대한민국의 국민 되는 요건은
　　민주공화당이 정한다

— 정희성, 「유신헌법」 전문

(나) 물새들이 날개를 접고 엎드려
　　미친 바람이 지나가기를 기다리고 있다.
　　지난 세월의
　　우리들의 모습도 바로 저러했을까.

— 신경림, 「겨울바다 2 — 다시 격포에서」 전문

7. 현대시의 이기론적 유형이 지닌 장점과 단점에 대한 자신의 생각을 정리해 보자.

제4장 • 시의 본질

1. '시 = 서정시'의 갈래적 본질

시의 갈래적 특징을 다루는 대부분의 논의는 시를 서정시와 동일시하는 경향이 있다. 그런 경향을 가장 잘 보여 주는 이가 김준오일 것이다. 그는 "오늘날 시와 서정시 사이의 근본적 구분은 사실상 불가능하다. 다시 말하면 이 두 용어는 동일한 의미로 사용된다"[1]고 단정한다. 이것은 시의 하위 갈래가 지닌 종적 차이를 너무 쉽게 무화시키고자 하는 단순한 열망의 결과이다. "사실상 불가능하다"는 말은 '사실'이 아니기 때문이다. 시와 서정시를 동일시하는 이런 관점에 대해서는 김기림이 이미 비판한 바 있다.

> 시와 서정시라는 두 말은 구별되어서 쓰여져야 할 것이다. (…) 언어의 가장 엄밀한 해석에 의하면 서정시는 다만 주로 사람의 감정을 대상으로 한 시에 지나지 않는다. 감정을 대상으로 하지 않는 시도 있을 수 있으며 이미 있어 왔다. 그러므로 서정시는 어떠한 종류의 시에 부여한 상대적인 명칭에 불과하다. 시의 전체는 물론 아니다.[2]

---

1. 김준오, 『시론』(제4판), 삼지원, 2000, 19쪽.
2. 김기림, 『시론』(1947), 『김기림전집 2』, 심설당, 1988, 103쪽.

김기림은 이미지즘도 넘어선, 회화성을 목표로 하는 어떤 시를 염두에 두고 '시 = 서정시'의 도식을 부정한다. 서정시 이외의 시도 이미 있어 왔다는 사실이 그 도식의 오류를 증명하는 증거가 된다. 그러나 김기림이 오래 전에 비판한 이런 관점은 김준오의 경우처럼 현재에도 여전히 유통되고 있다.
　이런 문제점을 인식할 때, 오세영이 "이상이나 조향과 같은 계보의 시 그리고 요즘 유행하는 젊은 시인들이 쓰는 실험시를 제외"한 "대부분의 작품"[3]을 서정시로 본 것은 타당하다. 김준오가 시와 서정시를 동일시하는 데 반하여, 오세영은 시의 일부(주로 아방가르드 계열)가 서정시와 일치하지 않음을 분명하게 인식하고 있다. 그럼에도 실험시를 예외적인 것으로 인정하여, 서정시 중심으로 시의 갈래적 특징을 정리하고 있다.
　물론 시의 분량 면에 있어서 서정시가 압도적으로 많은 것은 사실이다. 그러나 양적 비례로 인하여 근원적인 세계관에 있어서 전혀 다른 지반을 지니고 있는 여러 범주의 시를 동일한 것으로 분류하는 것은 일종의 비약이 아닐 수 없다. 그렇다면 실험시나 민중시의 특성도 포괄할 수 있는 방법을 찾아야 할 것이다. 지금까지는 주로 서정시를 중심으로 시의 특징을 정리하였다.
　먼저 김준오는 다음과 같은 여섯 가지 항목으로 시의 특성을 정리하고 있다.

1) 시적 세계관
2) 서정적 자아
3) 동일화의 원리
4) 순간과 압축성
5) 주관성과 서정
6) 제시 형식

---

3. 오세영, 「시란 무엇인가」, 『문학과 그 이해』, 국학자료원, 2003, 353쪽.

첫째, '시적 세계관'은 서정시의 사상적 기반으로서의 '세계와 자아의 동일성,' 즉 '서정성'을 가리킨다. 그는 "거리의 서정적 결핍(Lyric lack of distance)"[4]이 서정시의 본질이라고 단언한다. 서정시, 즉 시에서는 자아와 세계가 분리 불가능할 정도로 동화되어 있다는 점이 가장 중요한 특성이라는 것이다. '세계의 자아화,' '회감(回感),' '내면화'[5] 등의 용어들은 모두 이런 특성에 대한 지적이다.

둘째, '서정적 자아'는 시적 화자의 특성을 말한다. 서정적 자아는 자아와 세계의 동일성을 믿는 자아로서 시에 고유한 자아이다. 대상을 자신의 욕망과 의지대로 변형시키는 서정시의 화자는 '역사적 자아(historical I),' '논리적 자아(theoretical I),' '실용적 자아(practical I)'와 엄격히 구분된다. 그는 이런 서정적 자아의 원형을 본연지성(本然之性)의 자아, 실러(F. Schiller)의 '소박한 시인'이라는 개념과 연결시킨다. '리(理)'의 원리로만 존재하는 본연지성은 현실적 차이들을 지닌 기질지성과 달리 자아와 세계의 원초적 동일성을 이룬 상태이기 때문이다. 또한 실러는 시인을 '자연으로서 존재'하거나 혹은 '상실한 자연을 추구'하는 두 가지 경우로 나누어서 전자를 소박한 시인이라 했고, 후자를 감상적 시인이라 했다.[6] 서정적 자아는 소박한 시인처럼 자연 속에서 전체와 조화된 존재, 감성적 동일체로 존재한다.

셋째, '동일화의 원리'는 서정성의 합일 상태를 시적으로 구현하는 원리로서, 동화(assimilation)와 투사(Projection)가 있다. 동화란 시인이 세계를

---

4. 김준오, 앞의 책, 36쪽.
5. 김준오는 이와 관련하여 다음과 같은 각주를 달아 간단하게 이 용어들을 정의하고 있다. "'세계의 자아화'는 조동일의 용어이며, '회감(回感)'은 슈타이거(E. Steiger)의 용어이다. 회감은 외연적 의미로 시제의 뜻을 지니나 자아와 세계의 상호동화라는 내포적 의미를 지닌다. 이 회감의 작용으로 서정장르에서는 자아와 세계뿐만 아니라 리듬과 의미, 과거·현재·미래도 구분되지 않고 조화적으로 융합되어 있다. 슈타이거의 장르론에 영향을 받은 카이저(Kaiser) 역시 자아와 세계가 자기표현적 정조의 자극 속에서 융합하고 상호침투하는 것, 곧 '대상의 내면화'가 서정시의 본질이라고 했다." 김준오, 위의 책, 36쪽.
6. 김준오, 위의 책, 38-39쪽.

자신의 내부로 끌어들여서 그것을 내적 인격화하는 이른바 '세계의 자아화'를 말하며, 투사는 자신을 상상적으로 세계에 투사하는 것, 곧 감정이입에 의해서 자아와 세계가 일체감을 이루도록 하는 것이다.

넷째, '순간과 압축성'은 시의 시간관을 가리킨다. 시간적 성격에 주목할 때, 시는 "사물의 순간적 파악, 시인 자신의 순간적 사상·감정을 표현한 것, 인생의 단편적 에피소드, 영원한 현재"[7] 등으로 정의된다. 시는 연속적이고 역사적인 또는 서사적인 시간에 관심을 두지 않으며, 경험이나 비전이 집중되는 결정(結晶)의 순간들에 관심을 둔다. 또한 시가 순간의 장르이기 때문에, 시는 짧아야 한다. 헤겔이 서사의 '확장'과 대비시켜 서정 장르를 '집중'으로 기술한 것도 순간성과 관련이 있다.[8] 이 때문에 서정시는 외형률이든 내재율이든 리듬에 의한 고도의 조직성과 압축성을 지니게 되는 것이다.

다섯째, '주관성과 서정'은 시에 두드러진 정서적 측면을 가리킨다. 서정 형식은 외부의 세계가 아니라 '자기 자신'에 대한 직접적 관계 속에 심상들을 제시한다. 그래서 주관성이 강조되고, 이것은 주로 서정적 측면에서 나타난다. 시에서 일인칭 화자가 주로 사용되는 것도 이 때문이다.

마지막으로 '제시 형식'에서는 시가 전통적으로 음악과 밀접한 관련을 지니고 있으며, 가창, 즉 노래로 불렸음을 강조하고 있다. 이후 개화기에 들어 '듣는' 시가로부터 탈피하여 '보는' 시가 되었으며, 현대에는 하이퍼텍스트라는 새로운 제시 형식의 등장으로 새로운 변화를 앞두고 있다고 진단하였다.

오세영은 '일인칭 자기고백체,' '서정적 자아로서의 화자,' '주관 표출의 문학 양식,' '순간의 형식,' '음악적 성격' 등을 시의 특성으로 든다.[9] 앞에서 다룬 항목과 겹치는 것 외에 따로 강조된 것이 있다면 그것은 '음악적 성격'일 것이다. 그는 음악적 성격을 정형적 운율이 아니라 보다 내면화된

---

7. 김준오, 위의 책, 42쪽.
8. G. W. F. Hegel, 최동호 편역, 『헤겔 시학』, 열음사, 1987, 183쪽.
9. 오세영, 「시의 장르적 특징」, 앞의 책, 364-387쪽.

리듬의식으로 다룬다.

그러나 여기서 서정시의 공통적 특질로 자주 언급되는 '주관성'에 대한 이견도 제시할 필요가 있다. 시인과 시적 화자의 동일시를 전제로 하는 이런 주관성은 시를 허구적 작품으로 보는 입장에 서게 되면 부정될 수 있다. 시에서 "말하는 사람이나 듣는 사람이 모두 현실적 인간존재, 곧 작가나 독자가 아니라는 사실"에 주목하여 시의 '나'를 '몰개성적 주관성(impersonal subjectivity),' '가상적 주관성(virtual subjectivity)'으로 규정한 랭거가 대표적인 경우라 할 수 있다.[10] 이는 시를 미적 가상의 갈래로 인식한 결과인데,[11] 이에 대한 비판에도 불구하고 이런 관점은 적극적으로 수용할 만한 가치가 있다.[12] 이 책에서는 랭거의 입장을 지지하여 주관성의 문제를 시적 특질로 따로 다루지 않는다.

2. 시 갈래의 일반적 특징

지금까지의 논의는 시를 서정시와 동격으로 보고 그 특성을 논한 것이다. 그러나 대부분은 시 일반에 속하는 특성이라 할 수 있다. 하지만 동일성, 즉 서정성은 서정시에만 국한된 것이라 시 일반에 적용하기 힘들다. 참여시나 실험시가 거부한 것도 바로 서정성이었다. 또한 이런 논의는 시의 규정에서 형식적인 측면을 철저하게 배제하고 있다는 점에서도 문제를 지닌다. 갈래의 일반적 특성은 내용이나 세계관으로만 결정될 수 없다. 무엇

---

10. S. K. Langer, 이승훈 역, 『예술이란 무엇인가』, 고려원, 1982, 230, 233쪽. 이 책에서는 "몰개성적 주관성(impersonal subjectivity)"을 "비인격적 주관성"으로 번역하고 있다.
11. 인용 부분을 포함하여, 랭거는 여러 곳에서 시를 "창조된 가상(假象)"으로 파악한다. S. K. Langer, 곽우종 역, 『예술이란 무엇인가』, 문예출판사, 1977, 216쪽.
12. Paul Hernardi, 김준오 역, 『장르론』, 문장사, 1983, 129쪽. 헤르나디는 랭거가 몰개성이라는 어휘를 사용한 이유가 불명확하다고 하며, "내가 보기에는 랭거 여사가 이 용어로써 서정적 '자아'를 시인의 전기(傳記)에 부합하는 자아와 무비판적으로 동일시하는 태도를 배제하고자 했던 것이 아닌가 한다"라는 추측을 덧붙이고 있다.

보다 형식적 자질이 우선적으로 고려되어야 한다. 그렇다면 이런 결점을 보완한 시의 일반적 특징은 무엇일까. 여기에서는 1) 시행 발화와 단형성, 2) 상황지시의 범맥락화, 3) 의미잉여의 생성, 4) 음악적 무의식 등으로 그 특징을 정리하고, 서정시뿐 아니라 참여시나 실험시 등에도 초점을 맞추어 설명하고자 한다.

1) 시행 발화와 단형성(短形性)

시의 가장 본질적인 특성은 객관적으로 누구나 인식할 수 있는 형식적인 표지에서 도출되어야 한다. 세계관적 측면에서 관념적으로 접근한 기존 방식을 반성하여 형식적 자질에 주목해야 한다는 것이다. 형식적 자질에 주목할 때, 모든 시에 적용될 수 있는 일반적인 형식이란 무엇일까. 그것은 바로 행갈이, 즉 시행 단위의 배치이다. 시는 다른 문학 장르와 달리 특별하게 행을 분절시킴으로써 문학 갈래의 독자성을 유지하고 있다. 즉, 행갈이는 시의 존재 이유 중의 하나라 할 수 있다. 행갈이는 몇 개의 연나 눔으로 묶일 수도 있고 단일한 시행이 하나의 연이 될 수도 있다.

람핑 역시 "특수하게 시적인 것은 꼭 언어가 아니라 오히려 시의 형식"[13]이라고 주장하며, 시의 형식적 특질에 주목할 것을 주문한 바 있다. 그래서 그는 시를 '시행 발화(Versrede)'로 정의한다. 그에 따르면 '시행 발화'는 "특별한 분절 방식을 통해서 리듬에 있어 정상 언어적 발화로부터 이탈하고 있는 모든 발화"[14]이다. '시행 발화'의 구체적인 의미는 노발리스의 「밤의 찬가」라는 시와 그것의 바탕이 된 산문의 비교에서 잘 드러난다.

가) (어리석은 이들은) 느끼지 못한다. 옛이야기들 속에서 나타나서 천국

---

[13]. Dieter Lamping, 장영태 옮김, 『서정시: 이론과 역사』, 문학과지성사, 1994, 66쪽.
[14]. Dieter Lamping, 위의 책, 40쪽. 특별한 분절 방식은 "율동적으로 동기가 부여된 휴지의 설정"(47쪽)으로서, 정형적인 리듬(운율화)이 아니라 자유로운 리듬(율동화)에 따라서 시의 배열에 놓이는 언어 진행상의 분절을 말한다.

을 열어주는 그대(성스러운 잠)를, 축복받은 자들의 거처로 통하는
열쇠를 지닌 그대를, 무한한 비밀들을 지닌 침묵의 전령인 그대를.

나) (어리석은 이들은) 느끼지 못한다.
옛이야기들 속에서 나타나서
천국을 열어주는 그대(성스러운 잠)를,
축복받은 자들의 거처로 통하는 열쇠를 지닌 그대를,
무한한 비밀들을 지닌 침묵의 전령인 그대를.

 동일한 문장이 시행의 배치를 달리함으로써 서로 다른 효과와 의미를 지닐 수 있을까. 물론 내용에만 주목하는 사람이라면 이 두 텍스트에서 의미상의 차이를 발견할 수 없을 것이다. 그러나 시행 구조가 발화의 특성을 "율동적으로나 의미론적으로 변동"[15]시킨다는 람핑의 입장에서 볼 때 그 차이는 아주 큰 것이다. 그는 시행 구조를 지닌 운문본, 즉 나)가 의미상으로 더 풍부하다고 본다. 동일한 구절이라도 시행 형태로 배열했을 때 산문 형태의 배열에서 발견할 수 없었던 새로운 의미론적 가치가 발생한다. 즉, 시행을 분할함으로써 텍스트 분위기의 쇄신, 새롭게 위치 부여된 어휘의 강조, 상징적 의미 형성 등과 같은 효과가 발생한다는 것이다.[16]
 이처럼 모든 시는 행갈이에 의해 시적 자질을 부여 받는다. 일차적으로 시적 자질이란 형식상의 요건이다. 행갈이는 문학적 관습에 대한 학습효과에 의하여 형식적으로 시를 시답게 보이게 하고 시로 인식하게 한다. 생산과 수용에 있어서 이 외적 자질이 시를 인식시키는 최초의 표지가 된다. 그러나 람핑은 시행의 의미를 너무 협소하게 규정함으로써 산문시를 시에서 배제하여 시의 영토를 축소시킨다. 그에 따르면 산문시는 "시행의 결

---

15. Dieter Lamping, 위의 책, 66쪽.
16. Dieter Lamping, 위의 책, 87쪽. 김준오 역시 동일한 구절을 산문과 운문으로 배열하여, 동일한 구문이지만 "분행의 경우 억양·휴지 등의 차이로 의미의 차이가 발생한다"고 본다. 그러나 그는 이 행갈이, 즉 분행을 시의 본질적인 특성으로 보지는 않는다. 다양한 배열 방식 중의 하나, '낯설게 하기'의 기교로 본다. 김준오, 앞의 책, 151쪽.

핍"¹⁷이라는 결격 사유 때문에 시의 자격을 상실한다. 그는 또한 시행 구성이 "최소한 1회에 걸친 반복을 통해서야 비로소 인식 가능한 것이 되기 때문에"¹⁸ 한 행으로 이루어진 산문시는 시의 자격을 지닐 수 없다고 본다. 그러나 산문시가 기존의 자유시의 시행 의식을 전제로 하여 그것을 새로운 방식으로 극복한 시의 양식이라는 사실을 고려하면, 산문시는 '시행의 결핍'이 아니라 '시행의 절제'를 보여 주는 시 양식으로 보는 것이 적절하다. 홑시행으로서의 산문시를 부정하는 것은 시행 설정 자체의 의의를 감소시킨다. 시행의 설정은 의미론적인 '특별한 분절'로서, '율동적으로 동기가 부여된 휴지의 설정'이다. 그 휴지의 설정에 길이가 전제되지는 않는다. 한 시행의 의미론적 분절이 2행 이상 반복되지 않고, 몇 개의 문장이 모여 단 하나의 시행을 형성할 수도 있기 때문이다. 람핑의 엄격한 규정에 따르면 1행짜리 하이쿠는 시의 범위 밖에 놓이게 된다.

시행을 시의 본질적인 특성으로 볼 때 실험시도 여기에 해당할까. 실험시 역시 기본적으로 이런 시행을 구현하고 있다고 볼 수 있다. 단 무의식적 시행 의식의 반영이다.

「오감도 시제4호」는 이상이 실험적으로 시도하여 당시에 많은 논란을 일으킨 작품이다. 그러나 이 작품도 시행이라는 개념을 완전하게 이탈하고 있지는 않다. 뒤집혀진 숫자를 규칙적으로 나열하거나, 마지막에 진단서 양식을 흉내낸 것 역시 시행의 변형으로 보는 데 부족하지 않다. 실험시가 더욱 과격해져 그림 하나만 던져 놓거나 사진만 제시한 작품은 시행의 문제 때문에 시의 범주에 넣기를 주저하는 것이 아니라 매체, 즉 그것이 의미론적 기능을 발휘하는 발화에 속하는가 하는 기준 때문이다. 만화를 제시한다 하더라도 그것은 시행의 범주에 속할 수 있다.

그리고 이런 시행 구조라는 특성으로부터 시의 단형성(短形性)이라는 또 다른 형식적 특성도 나온다. 시란 짧아야 한다. 이것도 형식적으로 중요한 특성이다. 시행으로 배치하는 것은 적은 언어에 주목하게 하여 의미론적 영

---

17. Dieter Lamping, 위의 책, 61쪽.
18. Dieter Lamping, 위의 책, 51쪽.

```
烏瞰圖
詩第四號
患者의容態에關한問題。

 1234567890・
 123456789・0
 12345678・90
 1234567・890
 123456・7890
 12345・67890
 1234・567890
 123・4567890
 12・34567890
 1・234567890
 ・1234567890

診斷 0・1
26・10・1931
以上 責任醫師 李 箱

李 箱
3
```

— 이상, 「오감도 시제4호」 전문

역을 확장하기 위해서이다. 그렇기 때문에 시는 모름지기 짧고 날렵해야 한다. 방대한 세상이라는 텍스트의 고갱이를 포착하여 가장 뛰어난 압축 파일로 담는 것, 그것이 시라는 텍스트의 가치라 할 수 있다. 그 압축된 텍스트는 독자가 읽으면서 풀고, 풀면서 읽어야 하는데, 바로 그 점에 시의 맛이 있다. 장시나 서사시라 해도 언어의 배치 때문에 길게 보이지만 사실상 언어의 총량으로 따진다면 소설이나 희곡에 비할 바가 전혀 못 될 정도로 짧다.

2) 상황지시의 범맥락화

시의 중요한 특징 중의 하나는 상황지시(deixis)[19]가 구체적이지 않다는 점이다. 상황지시라는 말은 언어학에서 사용되는 개념으로서, 사전에 따르면 "문맥상 단어가 사용된 맥락, 시간, 공간, 청자와 화자 따위의 발화 상황을 고려해야만 의미 파악이 되는 지시 표현"을 가리킨다. '여기,' '지금,' '이것' 등과 같은 시공간(혹은 시공간에 놓인 대상)을 가리키는 지시어, '나,' '너,' '그,' '그녀' 등의 인칭대명사 등이 그 예가 된다. 시에서 이런 상

---

[19] 이 말은 직접가리킴, 상황지시, 지시체계, 가리킴말 등으로 번역됐으며, 국어학에서는 주로 '직시(直示)'로 번역했다. 여기에서는 '상황지시'라는 용어를 사용한다.

황지시어의 대상은 대부분 명확하게 확정되지 않는다. 그럼에도 시에서 상황지시의 세계는 그 자체로 보편화되고 완결되어 있다는 점에서 다른 발화와 차이를 지닌다. 일상 발화에서는 구체적 맥락이 없을 때 발화 상의 결함이 될 수 있는 것을, 시에서는 오히려 그 결함을 예술화하는 전략을 취해 왔다고 할 수 있다.

이런 시적 특성을 범맥락화(pan-contextualization)라 부를 수 있다. 이는 시의 기본적인 특징으로, 시 속의 사건이나 화자를 구체적인 맥락으로부터 떼어내어, 즉 탈맥락화(de-contextualization)하여 어떤 경우에도 적용 가능한 보편화된 상태로 변화시키는 방식을 가리킨다. 일차적 단계로서 '탈맥락화'는 시의 내용 요소가 어느 특정 상황에 구속된 상태로부터 탈피한 경우로서 아직 미완의 상태에 불과하다. 구체적인 맥락을 벗어났다고 하여 그것이 바로 보편적인 상태가 되었다고 할 수 없기 때문이다. 그래서 탈맥락화 이후 그 자체로 하나의 완결된 발화로 완료될 수 있게 하는 보편화 과정이 필요한데, 그것이 바로 범맥락화이다.

범맥락화는 시의 기본적인 특질인데, 조너선 컬러는 이를 "거리와 상황지시(distance and deixis)"[20]라는 개념으로 요약한 바 있다. '거리와 비개인성'이라는 개념으로 대체되기도 하는 이 특징은 발화 시점의 구체적인 시공간으로부터 시 작품을 분리시켜 거리를 유지하게 하는 관례, 즉 시 작품을 발화의 실제 상황으로부터 유리시키고, 일상적 소통회로에서 분리시키는 몰개성화 혹은 비개인화의 관례를 말한다.

편지와 시를 비교해 보자. 편지는 "소통회로 속에 명기되어 있고 외면상의 문맥에 의존"[21]하는 텍스트, 즉 구체적이고 일상적인 맥락과 연계되어 있는 맥락 의존적인 텍스트이다. 편지는 특수한 상황이나 특정한 시간 속에서 작성되었으며, 발신자('나')와 수신자('너')는 구체적인 시공 속에 존재하는 경험적 개인을 전제로 한다. 그래서 편지를 읽는 행위는 텍스트를

---

20. Jonathan Culler, 「시의 시학」, 박철희·김시태 편, 『문학의 이론과 방법』, 이우출판사, 1984, 205쪽.
21. Jonathan Culler, 위의 글, 205쪽.

둘러싸고 있는 일상적 맥락을 복원하는 일이 된다. 그러나 시를 읽을 때, 독자는 발화의 실제 상황과 거리를 두면서 그 자체의 메시지와 표현(특히 상황지시)에 주목한다. 즉, 시라고 판단한 순간, 시 속에서만 작용하는 상황지시의 관례에 맞춰 해석을 조율하는 것이다.

구체적으로 시적 상황지시 중 공간 지시어에 대해 살펴보자. 슐라퍼는 근대시의 특성을 논하면서, 뫼리케의 시의 한 구절, "나 여기 봄의 언덕에 누워"의 '여기'라는 지시어의 특이성을 지적하고 있다. 그는 이 시에서 '여기'라는 지시어는 "시의 독자들에게는 도처이자 동시에 아무 곳도 아니다"[22]라고 설명한다. 일상적인 표현에서는 구체적인 맥락을 지닌 지시대명사가 시에 와서는 그런 맥락에서 벗어나 비유적인 것으로 변모하였다는 지적이다. 한 걸음 더 나아가 그는 "시에서의 구체적인 것은 허구적인 것과 도대체 분리될 수가 없다"고 하여, 시의 공간이 구체적 상황이라는 제약으로부터 자유로워져 사실상 허구적인 것이 되었음을 지적하고 있다.

다음으로 인칭대명사('나,' '너,' '그,' '그녀' 등)를 살펴보자. 이에 대해서는 슐라퍼의 다음 언급이 도움이 된다.

> 거의 모든 시들은 그 시 속의 '나'를 언젠가 한 번 만났던 구체적인 사람으로 지칭하기를 단념한다. 서정시에서 '나'는 이름을 갖고 있지 않기에 구체적인 시간에서도, 찾을 수 있는 장소에서도 살지 않는다. 그것은 자신의 가족적, 사회적 근본에 대해 침묵한다. (…) 물론 그 자아는 그 구체적이고 일회적인 개성이 아니라 모든 사람이 접근할 수 있는 추상적이고 일반화된 자아를 말한다.[23]

이 언급에 시적 화자 '나'의 범맥락화가 간결하게 요약되어 있다. 일반적으로 시 속의 '나'는 특별한 경우가 아니라면 명확한 신분이나 이름과 같은 정체성을 지니고 있지 않으며, 구체적인 시공간적 배경으로부터 이탈

---

22. Heinz Schlaffer, 변학수 역, 『시와 인식』, 문학과지성사, 1992, 70쪽.
23. Heinz Schlaffer, 변학수 역, 『신들의 모국어』, 경북대학교출판부, 2014, 138-139쪽.

하고 있어, 독자는 그의 정체성이나 그가 처한 상황을 특정하기 매우 어렵다. 그저 일반적인 존재, 슐라퍼의 말대로 "모든 사람이 접근할 수 있는 추상적이고 일반화된 자아"로 다룰 수밖에 없는 것이다. 이런 자아의 특성을 "빈 가리킴말(Leer-Deixis)"[24]이라 한 것도 같은 맥락이다. 시에서 '너,' '그(그녀)' 등도 다를 바 없다. 심지어는 구체적인 인명이 등장할 때에도 이런 성격에는 거의 변함이 없다.

이처럼 상황지시의 범맥락화는 시의 중요한 특성이다. 따라서 이런 특성을 제대로 갖출 때 시가 비로소 안정적인 갈래적 정체성을 유지할 수 있다. 이 문제를 다루는 데 김소월의 「초혼」 개작 과정만큼 좋은 예가 없다. 김소월은 「초혼」(1925. 12)을 발표하기 1년 전에, 그 원형이 되는 작품 「옛님을 따라가다가 꿈 깨어 탄식함이라」(1925. 01)라는 작품을 발표하였다. 두 작품을 비교하며 상황지시의 범맥락화와 작품의 성패 문제를 다루어 보자.

(가) 붉은 해 서산 우에 걸리우고
뿔 못 영근 사슴이의 무리는 슬퍼울 때,
둘러보면 떨어져 앉은 산과 거츠른 들이
차례 없이 어우러진 외따롭은 길을
<u>나</u>는 홀로 아득이며 걸었노라,
불서럽게도 모신 <u>그 여자</u>의 사당(祠堂)에
늘 한 자루 촉(燭)불이 타붙으므로.

우둑키 서서 내가 볼 때,
몰아가는 말은 워낭소리 댕그랑거리며
당주홍칠에 남견(藍絹)의 휘장을 달고
얼른얼른 지나든 가마 한 채.
<u>지금</u>이라도 이름 불러 찾을 수 있었으면!

---

[24]. 정두흥, 「시의 화자」, 『인문과학연구』 9-1, 서원대학교 인문과학연구소, 2000, 221쪽.

어느 때나 심중에 남아 있는 한마디 말을
사람은 마저 하지 못 하는 것을.
— 김소월, 「옛님을 따라가다가 꿈 깨어 탄식함이라」 부분(강조 — 인용자)

(나) 산산이 부서진 이름이여!
허공중에 헤어진 이름이여!
불러도 주인 없는 이름이여!
부르다가 내가 죽을 이름이여!

심중에 남아 있는 말 한마디는
끝끝내 마저 하지 못 하였구나.
사랑하던 그 사람이어!
사랑하던 그 사람이어!

붉은 해는 서산마루에 걸리었다.
사슴의 무리도 슬피 운다.
떨어져 나가 앉은 산 우에서
나는 그대의 이름을 부르노라
— 김소월, 「초혼」 부분(강조 — 인용자)

(가)에 등장하는 상황지시어는 '나,' '그 여자,' '지금' 등이다. 이것들은 (나)에 비하여 상대적으로 구체적이다. 먼저 '나'는 "추상적이고 일반화된 자아"가 아니라 구체적인 정황 속에 놓여 있는 특수한 존재이다. '나'는 '그 여자'와 한때 친밀한 관계에 있었지만 그녀가 다른 남자에게 시집갈 때 끝내 사랑을 고백하지 못하였으며, 이후 그녀가 죽음을 맞이하자 그리움과 회한으로 상심에 빠진 존재이다.[25] 시에 시적 화자와 그녀의 관계

---

25. 이 시의 상황을 이해하는 데 북한 학자 리동수의 설명이 도움이 된다. 리동수, 「향토애를 구가한 민요풍의 시가와 김소월의 시」, 권영민 편, 『평양에 핀 진달래꽃』, 통일문학,

가 어느 정도 제시되어 있어 독자들은 시적 맥락만으로 시적 화자의 정황을 다소 파악할 수 있다. 또한 시간 지시어 '지금'도 그녀와 사별한 지 얼마 되지 않은 시점을 짐작하게 해 준다. 그러나 이 작품에서 이런 구체적인 맥락은 시의 완성도에 기여하는 측면이 거의 없다. 오히려 독자에게 더 설명이 필요한 요소들만 파생시킬 뿐이다. 독자로서는 그 여자가 누구인지, 어떻게 알게 되었으며, 그녀가 어떤 이유로 죽었는지 더욱 궁금할 뿐이다. 그러나 이런 궁금증은 이 작품이 시공간적 배경과 사건을 자세하게 기술하는 서사물이 되지 않는 한 해결되기 어렵다. 따라서 상황지시의 성격상 이 시는 시적 차원에서는 정보 과잉이지만 서사적 차원에서는 정보 부족의 상태이기 때문에, 시적으로도 서사적으로도 미흡한 어중간한 상태의 작품이라 평가할 수 있다.

그러나 이 어중간한 작품은 개작 과정을 통해 성공적인 시로 탈바꿈하였다. 그 성공의 핵심은 (나)에 나타나는 상황지시어('나,' '그 사람,' '그대')의 성격 변화에 있다. 김소월은 (가)에서 제시된 모든 구체적인 맥락을 삭제하고 시적 화자의 감정에만 초점을 맞춤으로써 (가)를 시의 차원으로 끌어올린다. 먼저 시인은 시적 화자와 관련된 '그 여자'에 대한 구체적인 정보를 제거하였다. 그래서 그녀가 탔던 가마도, 그녀를 기리던 사당의 촛불도 사라졌다. 또한 사별의 정황도 (나)에서 "허공중에 헤어진 이름이여!/불러도 주인 없는 이름이여!"라는 구절로 짐작할 수 있게 조정되었다. 이제 구체적 맥락과 연계되어 있던 '그 여자'는 어느 누구에게나 적용될 '그대'로 바뀌었다. 그리고 시적 화자의 슬픔에 강조점을 두어 시적 상황을 보편적인 상태로 완결되게 하였다. 이런 조정 과정을 거쳐 '나'와 그녀의 관계는 특수한 시공간에서 벗어나 세상의 모든 독자들이 공감할 만한 일반적인 '나-너(그대)' 관계가 되었다. 그 결과 도달한 시적 화자의 존재 양태는 범맥락화된 주체, 슐라퍼가 말한바, "모든 사람이 접근할 수 있는 추상적이고 일반화된 자아"의 상태가 된 것이다. 이런 성공적인 범맥락

2002, 283쪽.

화 덕분에 '나-너(그대)'의 연인 관계는 '나-국가'의 관계로도 쉽게 전환될 수 있게 된다.[26]

「초혼」의 경우가 잘 보여 주듯이, 시적 상황지시는 일회적이고도 특수한 맥락으로부터 벗어나 어느 경우에도 적용 가능한 보편화에 도달한 범맥락화된 상태라고 할 수 있다. 이런 특성이 제대로 유지되지 못할 때 작품으로서 심각한 손상을 입게 됨을 앞의 비교에서 확인하였다. 이것은 상황지시의 구체적 정체성을 중시하는 서사문학에서는 발견하기 어려운 특성으로서, 시에서만 발견할 수 있는 특성이라 할 수 있다. 앞에서 이미 다루었듯이 이런 상황지시의 범맥락화는 시의 '가상적 연행성(virtual performance)'[27]의 영향이라 할 수 있다.

3) 의미잉여의 생성

시는 산문적 의미 이상을 제시한다. 우리가 시적이라 부르는 모든 것에는 사전적이거나 산문적인 의미 이상이 들어 있다. 그 '의미 이상'을 '의미잉여(Surplus of Meaning)'라 부를 수 있다. 이것은 '원래 표현의 사전적(산문적) 의미나 그런 의미의 조합에서는 발생할 수 없는 의미의 생성'을 말한다. 시의 모든 요소들은 의미잉여를 생성한다. 음소나 음운과 같은 음운론적 차원, 문장 구조와 같은 통사적 차원, 행과 연의 구분 등과 같은 형식적 차원 등 시가 지닌 모든 차원에서 의미잉여가 발생한다.[28] 한 편의 시를 통해 이 점을 살펴보기로 하자.

---

26. 오장환은 「초혼」의 "사랑하던 그 사람"을 "과거 무너져버린 우리의 조국 조선," "그의 사모하던 한 여인," "그의 어버이" 등으로 읽을 수 있지만, 결과적으로 "피압박민족의 운명감이요 피치 못할 현실에의 당면"을 강조한 작품으로 평가하였다. 오장환, 「조선시에 있어서의 상징 — 소월시의 「초혼」을 중심으로」, 『신천지』, 1947. 1; 박수연 외 편, 『오장환전집 2 산문』, 솔, 2018, 117-119쪽.
27. 이 책의 1장 3절 참조. 더 구체적인 내용은 박현수, 「시적 시간 현상의 특이성과 가상적 연행성」, 『어문론총』 89, 한국문학언어학회, 2021 참조.
28. 의미잉여에 대한 구체적인 검토는 이 책의 5장 '언어' 부분 참조.

신살구를 잘도 먹드니 눈오는 아츰
나어린 안해는 첫아들을 낳었다

人家 멀은 山중에
까치는 배나무에서 즞는다

컴컴한 부엌에서는 늙은 홀아버의시아부지가 미억국을 끄린다
그마음의 외딸은 집에서도 산국을 끄린다

— 백석, 「적경(寂境)」 전문

   이 시의 제목 '적경'은 '적막한 지역'이라는 의미이다. 이 시는 짧으면서도 다양한 의미잉여가 일어나는 작품이라 할 수 있다. 먼저 행갈이부터 보자. 이 시는 첫 행에서 의미론적 분절로 적절할 수 있는 '-먹드니' 다음에 행을 가르지 않고 '눈오는 아츰'까지 간 후 행갈이를 하고 있다. 그것은 '눈오는 아츰'을 따로 독립할 경우 전체적인 모양, 즉 현재 2행 1연으로 구성된 형태에 변화가 생기기 때문일 것이다.
   그 의도는 알 수 없지만, 지금처럼 행갈이를 할 경우, 신살구를 잘도 먹던 시간, 즉 봄에서 갑자기 많은 시간을 건너뛰어 바로 겨울, 즉 "눈오는 아츰"에 도달하면서 의미잉여가 생긴다. "나어린 안해"의 입덧하는 모습이 바로 해산하는 시간과 맞물리면서 임신 기간 전체가 오버랩되는 효과가 생기는 것이다. 거기에 덧붙여 임신 기간과 겹쳐 있는 신산한 삶을 생략하고 싶은 욕망도 읽힌다. 또한 시간의 갑작스러운 생략이 두 구절의 연결을 낯설게 만든다. 그 이면에는 신살구의 푸른 빛과 눈의 흰빛의 낯선 결합도 숨기고 있다. 이것이 심상에 있어서의 의미잉여가 된다.
   그리고 문장 구조에 있어서도 의미잉여가 발생한다. 신살구를 잘도 먹는 이야기는 다음 행의 아들을 낳은 사실과 연관될 것이다. 신 것을 잘 먹으면 아들을 낳는다는 속설이 연결고리가 된다. 이를 산문적인 문장으로 구성하면, '주어-부사어-서술어' 순으로 이루어지는 게 자연스러울 것이

다. 그러나 시에서는 부사어를 먼저 배치하여 원인과 결과의 결합을 최대한 지연시킨다. 이 지연을 통해 신살구를 먹은 사실은 문장이 끝날 때까지 독립적인 의미 영역을 유지하게 된다. 이를 통해 신살구에서 환기되는 적경의 가난한 삶이 강조된다.

음소나 음운 혹은 단어와 같은 언어학적 요소들에서도 의미잉여가 생성된다. 이 시에서는 '아침,' '짖는다'를 '아츰,' '즞는다'로 쓰고 있는데, 모음 'ㅣ' 대신 'ㅡ'를 사용함으로써 전자의 날카로운 느낌이 둔화되어 적막하고도 평화로운 분위기와 어울리는 효과가 생긴다. '시아버지-시아부지'도 비슷한 경우다. 또한 '멀은,' '외딸은' 같은 단어도 '먼,' '외딴'으로 쓸 때와 전혀 다른 의미잉여를 생성한다.

의미잉여가 이 시에서 결정적인 작용을 하는 것은 마지막 구절에 나오는 '마음'이라는 단어에서이다. 이 단어 때문에 이 짧은 시의 의미 해석이 완결되지 않는다. 이 마음은 누구의 마음인가. 시에서는 홀아비인 시아버지의 마음으로 보인다. 그렇다면 시아버지의 마음속에 있는 외딴 집은 무엇이란 말인가. 시인이 그의 내면을 들여다보는 장면인가. 이런 점이 부자연스럽다고 여긴다면 우리는 다른 해석을 시도해 볼 수 있다. 즉, 이 '마음'을 '마을'의 오자로 보는 것이다. 그러면 그 마을의 외딴 집은, 가난한 마을에서 홀아비 시아버지의 며느리 뒷바라지를 측은하게 여기며 산국을 끓여 주는 가까운 이웃집이 될 것이다. 아니면 산모의 친정집일 수도 있겠다.[29]

이 두 어휘 중 어떤 것이 원형일 것인가는 누구도 결정할 수 없다. 이제 시인이 살아 돌아와서 어느 하나를 지적하여 의도를 밝힐지라도 이 문제는 종결되지 않을 것이다. 원전 확정은 영원히 보류된다. '마음'과 '마을'의 음소적 차이에 비하여 시의 내용이나 구도, 분위기 등의 변화는 엄청나고, 그 결과를 누구도 책임질 수 없기 때문이다. 원본 확정의 영원한 보류는 바로 의미잉여가 시의 본질이자 존재 이유라는 점을 알려 주는 반증이

---

[29] '마음'을 '마을'의 오자로 보는 근거는, 갑작스런 내면 풍경이 "『사슴』의 수준에서 매우 이질적인" 것이기 때문이다. 이숭원, 『백석을 만나다』, 태학사, 2008, 97쪽.

다. 한 편의 시에 대하여 영원히 새로운 해석이 나올 수 있는 것도 바로 이 의미잉여 때문이라 할 수 있다.

4) 음악적 무의식

리릭(Lyric)이라는 말에서 서정시의 음악적 특성을 짐작할 수 있듯이 시의 본질 중의 하나를 음악적 특질, 즉 가락(리듬)이나 운율에서 찾는 것은 그리 낯선 일이 아니다.[30] 그럼에도 이제는 시에서 음악이 시의 본질적 특성이라 자신 있게 말하기 어려운 시대가 되었다. 시의 정형률이 사라지면서 음악은 시와 무관한 것으로 인식되기 때문이다. 그렇다면 이제 운율은 다른 형태로 이야기되어야 한다. 이런 점을 고려할 때 김기진의 다음과 같은 말은 여전히 유효하다.

> 현대의 자유시는 그 리듬이 외적 형식에 있지 아니하고 그 '말'의 리듬 그것에 있다. 음악적이라야만 한다는 것은 이것을 의미하는 것이다. 감정이 노래하고 마음이 노래하는 경지 — 그것을 일컬음임은 물론이다.[31]

현대시의 리듬은 외적 형식이 아니라 내용 속에 내면화된 '말의 리듬'으로 존재한다. 외적 형식에서 주관성의 영역으로 옮아갔다는 점에서, 이제 리듬은 증명이 불가능한 영역으로 사라졌다고 할 수 있다. 물론 현대시에도 어느 정도 외적 형식으로서의 리듬을 발견할 수도 있다. 다음 시가 그 예가 될 만하다.

낯선 방에서 창을 열면

---

30. 운율은 각운, 두운과 같은 압운(rhyme)과 동일한 간격으로 반복되는 율격(metre)을 합쳐서 부르는 개념이다. 가락(리듬)은 이와 달리 규칙화되지 않는 내적 흐름으로 볼 수 있다. 7장 '가락과 형식' 참조.
31. 김기진, 「현 시단의 시인」(1925. 4), 『김팔봉 문학 전집 1』, 문학과지성사, 1988, 221쪽.

바다가 한 줄

금빛 숨결 달아오른

눈부신 한 줄

— 강신애, 「바다」 전문

 이 시는 반복적 구조를 통하여 강한 리듬감을 주는 작품이다. 그리고 "바다가 한 줄," "눈부신 한 줄"처럼 '한 줄'이라는 어휘 반복뿐 아니라, '열면,' '달아오른' 같은, 우리 시에서 거의 일어나기 힘든 자연스러운 포괄적 각운이 사용되어 운율을 지닌 시의 좋은 예가 된다. 그러나 이런 리듬이 규칙적 반복을 의도한 결과로 보기 힘들다는 점에서 정형시의 음악성과는 차이가 난다. 그렇기에 현대시의 리듬은 부분적으로, 그리고 우연적으로 구현되는 것으로 보아야 한다.

 현대시의 음악성은 음향의 차원에서 잠재적으로 구현되는 것이 보통이고, 더 보편적으로는 심상이나 의미의 전개에서 나타난다. 김기진이 말한 '말의 리듬'이 이것이다. 이런 것은 무의식 속에서 작동하는 음악이라는 점에서 음악적 무의식이라 할 수 있다. 현대시에는 이런 점이 음악적 요소로 분명하게 남아 있다. 서정주는 이것을 "소리들의 매력"이라 부른다.

"아미산월가라
아미산월이반륜추하니
영입평강강수류를…"
일고여덟 살 또래의 우리 서당 패거리들이
여름달밤 그 마당의 모깃불가를 돌며
요렇게 병아리 소리로 당음(唐音)을 합창해 읊조리는 것은
고것은 전연 고 의미 쪽이 아니라

>순전히 고 뜻모를 소리들의 매력 때문이었습니다.
>그리고 또 어이턴, 모깃불의 신바람에,
>달밤에 우리 소리를 울려 펴 보내는 것이었습니다.
>〈여자의 이쁜 눈썹〉 같은 거니 뭐니
>고런 생각일랑은 전혀 아니었습니다.
>
> — 서정주, 「당음(唐音)」 전문

이 시에서 말하는 "소리들의 매력"이 현대시의 음악성이라 할 수 있다. 유종호는 이 음악성에 "운율, 리듬, 호음조, 말놀이 등이 자아내는 효과 일체를 포함시킬 수 있다"[32]고 하였다. 현대시에서는 이 중 운율, 리듬 등은 부분적으로 실현되고 있으며, 호음조, 말놀이 등은 지금도 자주 사용되고 있는 편이다.

이상이 정지용의 "검정콩 푸렁콩을 주마"의 '푸렁'에서 느낀 "잊을 수 없는 아름다운 말솜씨"[33]도 바로 이 매력이다. 이런 음악적 무의식은 서정시, 민중시에서는 자주 실현되고 있으며, 실험시에도 예상 외로 많이 사용된다. 김구용, 송욱, 조향의 실험시가 대표적이라 할 수 있다.

>솜덩이 같은 몸뚱아리에
>쇳덩이처럼 무거운 집을
>달팽이처럼 지고,
>먼동이 아니라 가까운 밤을
>밤이 아니라 트는 싹을 기다리며,
>아닌 것과 아닌 것 그 사이에서,
>줄타기하듯 모순이 꿈틀대는
>뱀을 밟고 섰다.
>
> — 송욱, 「하여지향(何如之鄕) 일(壹)」 부분

---

32. 유종호, 『유종호전집 5』, 민음사, 1995, 17쪽.
33. 이상, 「아름다운 조선말」, 『레몬향기를 맡고 싶소』, 예옥, 2008, 131쪽.

이 시는 앞부분에서 두 마디로 끊어 읽기 쉽게 언어가 배치되어 있어 리듬감을 느끼게 한다. 그러나 본질적인 리듬은 언어유희에 바탕을 둔 기표들의 연쇄에서 생긴다. '솜덩이,' '쇳덩이'와 같은 어휘가 유사하게 반복되고, '쇳덩이처럼,' '달팽이처럼'이 연쇄적으로 이어져 경쾌한 낭독을 가능하게 한다. 또한 '먼동-밤(夜)-밤(栗)-싹' 등이나 '줄-뱀' 등이 의미론적 연쇄를 형성하면서 경쾌감을 더욱 강하게 만든다. 이 시는 기표들의 미끄러짐을 즐기는 시로서 현대시의 무의식화 된 리듬을 잘 보여 준다.

　시가 번역될 수 없다고 할 때, 그 번역될 수 없는 부분이 바로 시의 음악적 무의식이다. 내용이나 메시지만을 문제 삼을 때 번역으로 잃을 것은 거의 없다고 할 수 있다. 그러나 기표의 차원에서 발생하는 언어의 미묘한 뉘앙스, 그 언어에서만 구현 가능한 내면화된 리듬은 도저히 번역에 반영될 수 없다. 그것은 명확히 의식화되지 않은 차원에서 작동하는 일종의 무의식적 활동이기 때문이다.

시를 위한 토론

1. 다음은 김준오가 행갈이의 효과에 대하여 논한 글이다. 여기에서 말하는 '엄청난 차이'가 무엇인지 정리하고, 그 타당성에 대하여 토론해 보자.

   (ㄱ) 버스는 창을 닫고 시속 120킬로의 고속으로 달리기 시작한다.

   (ㄴ) 버스는 창을 닫고
   　　시속 120킬로의
   　　고속으로 달리기 시작한다.
   　　　　　　　　　　　　　— 황금찬, 「고속버스 안의 나비」 중에서

   (ㄱ)은 정보전달에 초점을 둔 하나의 산문이다. 그러나 (ㄱ)을 (ㄴ)처럼 3행으로 분행했을 때 우리는 비로소 하나의 시구로 수용하게 된다. 분행이 내재율을 창조하고 이 내재율이 시를 시답게 하는 것이다. 이런 엄청난 차이가 (ㄱ)과 (ㄴ) 사이에서 발생하는 것이다.
   　　　　　　　　　　　　　— 김준오, 『시론』

2. 다음 시에서 '여기'가 가리키는 구체적인 내용은 무엇인지 말하고, 일상 언어의 쓰임새와 비교할 때 어떤 점에서 차이가 나는지 설명해 보자.

   아, 여기 누가
   술 위에 술을 부었나.
   이빨로 깨무는

흰 거품 부글부글 넘치는
춤추는 땅―바다의 글라스여.

아, 여기 누가
가슴들을 뿌렸나.
언어는 선박처럼 출렁이면서
생각에 꿈틀거리는 배암의 잔등으로부터
영원히 잠들 수 없는,
아, 여기 누가 가슴을 뿌렸나.

아, 여기 누가
성(性)보다 깨끗한 짐승들을 몰고 오나.
저무는 도시와
병든 땅엔
머언 수평선을 그어 두고,
오오오오 기쁨에 사나운 짐승들을
누가 이리로 몰고 오나.

아, 여기 누가
죽음 위에 우리의 꽃들을 피게 하나,
얼음과 불꽃 사이,
영원과 깜짝할 사이
죽음의 깊은 이랑과 이랑을 따라
물에 젖은 라일락의 향기―
저 파도의 꽃떨기를 칠월의 한때
누가 피게 하나.

— 김현승,「파도」전문

3. 다음 작품에서 찾아볼 수 있는 의미잉여는 어떤 것이 있는지 정리해 보자.

  사막은
  한 줄
  하늘과 땅을 그은 백지
  해와 달은 크레파스로
  그려 넣었지만
  아직 채색되지 않은 목탄
  데생화이다.

  오직 화판을 들여다보는
  늙은 신의 눈동자만 초롱초롱 빛날 뿐.

          — 오세영, 「둔황에서」 전문

4. 다음 시에서 현대시의 음악성, 즉 음악적 무의식이 어디에 있는지 찾아 보고, 그 이유를 설명해 보자.

  꽃밭은 그 향기만으로 볼진대 한강수(漢江水)나 낙동강 상류와도 같은 융융(隆隆)한 흐름이다. 그러나 그 낱낱의 얼굴들로 볼진대 우리 조카딸년 들이나 그 조카딸년들의 친구들의 웃음판과도 같은 굉장히 즐거운 웃음판 이다.
  세상에 이렇게도 타고난 기쁨을 찬란히 터트리는 몸뚱아리들이 또 어디 있는가. 더구나 서양에서 건너온 배나무의 어떤 것들은, 머리나 가슴패기 뿐만이 아니라 배와 허리와 다리 발꿈치에까지도 이쁜 꽃숭어리들을 달았 다. 멧새, 참새, 때까치, 꾀꼬리, 꾀꼬리새끼들이 조석(朝夕)으로 이 많은 기 쁨을 대신 읊조리고, 수십 만 마리의 꿀벌들이 왼종일 북치고 소고치고 맞이굿 울리는 소리를 하고, 그래도 모자라는 놈은 더러 그 속에 묻혀 자기도 하는 것은 참으로 당연(當然)한 일이다.

　우리가 이것들을 사랑하려면 어떻게 했으면 좋겠는가. 묻혀서 누워 있는 못물과 같이 저 아래 저것들을 비춰고 누워서, 때로 가냘프게도 떨어져 내리는 저 어린것들의 꽃잎사귀들을 우리 몸 위에 받아라도 볼 것인가. 아니면 머언 산들과 나란히 마주 서서, 이것들의 아침의 유두분면(油頭粉面)과, 한낮의 춤과, 황혼의 어둠 속에 이것들이 잦아들어 돌아오는 ― 아스라한 침잠(沈潛)이나 지킬 것인가.

　하여간 이 하나도 서러울 것이 없는 것들 옆에서, 또 이것들을 서러워하는 미물 하나도 없는 곳에서, 우리는 섣불리 우리 어린것들에게 설움 같은 걸 가르치지 말 일이다. 저것들을 축복하는 때까치의 어느 것, 비비새의 어느 것, 벌 나비의 어느 것, 또는 저것들의 꽃봉오리와 꽃숭어리의 어느 것에 대체 우리가 항용 나직이 서로 주고받는 슬픔이란 것이 깃들이어 있단 말인가.

　이것들의 초밤에의 완전귀소(完全歸巢)가 끝난 뒤, 어둠이 우리와 우리 어린것들과 산과 냇물을 까마득히 덮을 때가 되거든, 우리는 차라리 우리 어린것들에게 제일 가까운 곳의 별을 가리켜 보일 일이요, 제일 오래인 종(鐘)소리를 들릴 일이다.

― 서정주, 「상리과원(上里果園)」, 전문

5. 김기림의 다음 작품은 애초에 산문으로 발표된 것이다. 하지만 유종호는 시집 속에 들어 있는 시보다 수필집 속에 들어 있는 「길」이 훨씬 더 시답다고 판단하여 이것을 시로 분류하고자 한다(유종호, 『문학이란 무엇인가』). 이 작품을 읽고 ① 김준오의 시적 본질 규정에 따를 때, ② 자신이 생각하는 시의 본질 규정에 따를 때, 이 작품은 시와 산문 중 어디에 속하는지 생각해 보자.

나의 소년 시절은 은(銀)빛 바다가 엿보이는 그 긴 언덕길을 어머니의 상여(喪輿)와 함께 꼬부라져 돌아갔다.

내 첫사랑도 그 길 위에서 조약돌처럼 집었다가 조약돌처럼 잃어버렸다.

그래서 나는 푸른 하늘 빛에 호져 때 없이 그 길을 넘어 강(江)가로 내려 갔다가도 노을에 함북 자주빛으로 젖어서 돌아오곤 했다.

그 강(江)가에는 봄이, 여름이, 가을이, 겨울이 나의 나이와 함께 여러 번 댕겨 갔다. 가마귀도 날아가고 두루미도 떠나간 다음에는 누런 모래둔과 그리고 어두운 내 마음이 남아서 몸서리쳤다. 그런 날은 항용 감기를 만나서 돌아와 앓았다.

할아버지도 언제 난 지를 모른다는 마을 밖 그 늙은 버드나무 밑에서 나는 지금도 돌아오지 않는 어머니, 돌아오지 않는 계집애, 돌아오지 않는 이야기가 돌아올 것만 같아 멍하니 기다려 본다. 그러면 어느 새 어둠이 기어 와서 내 뺨의 얼룩을 씻어 준다.

— 김기림, 「길」, 전문

제2부

구성 요소

5장 언어
6장 심상
7장 가락과 형식
8장 화자와 어조

제5장 • 언어

1. 특별한 시적 언어

시적 언어와 일상어는 어휘 면에서 볼 때 특별히 다른 점이 없다. 시인이 의도적으로 만들어 낸 경우가 아니라면, 시에서 사용되는 언어는 대부분 일상에서 사용되는 언어와 같다. 그래서 시적 언어를 번역하자면 흔히 알려진 '포에틱 딕션(poetic diction)'이 아니라 '포에틱 랭귀지(poetic language)'가 될 것이다. 즉, 시에 사용되는 일반적인 언어를 말한다.

그러나 근대 이전에는 시에 사용되는 언어가 따로 존재한다는 생각이 지배적이었다. 시의 언어와 일상적인 언어가 본질적인 차이를 지닌다는 견해가 극단화되어 나타난 것이 18세기 서양 고전주의의 '포에틱 딕션'이다.

> 18세기에 독특한 발달을 보게 된 Poetic Diction(詩的 措辭法)이라는 것이 있었다. 그것은 대개 고전문학을 연상시키는 아어(雅語)들로써 구성되어 있었다. 말하자면 귀족취미적인 언어사용이어서, 워즈워스가 그의 시단(詩壇) 개혁운동에서 공격한 것은 바로 이것이었다. 그러니까 여기서 지금 취급되는 시적 언어(Poetic Language)와는 전연 별 것이다.[1]

---

1. 최재서, 『문학원론』, 춘조사, 1957, 114쪽.

흔히 '시적 조사법(措辭法)'으로 번역되는 '포에틱 딕션'으로서의 시적 언어는 18세기 서구 시에 사용되었던 옛날 투의 우아한 문체, 관습적인 형용어, 라틴어, 상습적인 의인화, 그리고 우회어법 등을 말한다. 이런 것은 일상적인 어휘나 표현 방식과 거리가 먼 언어적 특성들이다. 이런 시어주의(詩語主義)에 반발하여 나온 것이 근대의 일상어로서의 시어, 즉 '포에틱 랭귀지'로서의 시적 언어이다.

우리의 경우에도 근대 이전에는 시적 언어를 일상어와 다른 차원의 언어로 보는 것이 보편적이었다. 고려시대 이규보의 문체론이 그 예가 될 만하다. 그는 '아홉 가지 못마땅한 문체(九不宜体)'를 다루면서 "속된 말을 많이 사용하는 문체(多用常語)," 즉 "촌부회담체(村夫會談体)"를 피해야 할 것으로 들고 있다. 이것은 백성들이 사용하는 속된 말을 시에 사용해서는 안 된다는 경고이다. 시의 언어는 일상어와 다른 차원의 언어라는 인식이 뚜렷하게 드러나는 대목이다.

근대에 들어서도 시의 언어는 일상어와 다른 것이며 시에 사용되는 언어의 창고가 따로 존재한다고 믿었던 시인들이 있었다. 우리의 경우는 1920년 전후 상징파나 낭만파 시인들이 대표적이라 할 수 있다. 이들은 "우리의 정서를 촉촉이 적시기에 알맞은, 막연히 곱고 아름다운 감상적 언어들"[2]을 시적 언어로 생각하였다. 그런 경향을 가장 극단적으로 드러낸 황석우는 시어를 일종의 초월적 언어, 즉 영어(靈語)라 불렀다.

> 시에는 '인어(人語)'와 '영어(靈語)'의 구별이 있다, 시에 사용되는 말은 곧 이 '영어(靈語)'이다. 영어라 함은 인간과 신과의 교섭에만 쓰이는 한 어학(語學)이다. 그러나 이 '말'에는 사전도 없고 학교도 없다. 그러므로 천재가 아니면 그 '말'을 배울 수 없다. 이 영어에 의하여 만든 것이라야 비로소 시라는 이름이 붙는다. 저 '인어' 곧 '현실어'에 의하여 엮은 속요, 노래 등 또는 상고예술파(商賈藝術派)의 작품이 비록 얼마큼 '시'의 형식

---

[2]. 정한모, 『개정판 현대시론』, 보성문화사, 1988, 48쪽.

을 갖추었다 하더라도 그것은 결코 시가 아닐다.[3]

황석우는 언어를 사람들이 일상적으로 쓰는 인간의 말, 즉 '인어'와 시에 사용하는 신령스럽고 초월적인 언어, 즉 '영어'로 나눈다. 시적 언어는 신과 인간의 교섭에만 쓰이는 '영어'로서, 천재만이 배울 수 있는 아주 특별한 언어이다. 일상적인 언어인 '인어'는 따로 '현실어'라고 부르는데, 이런 말을 사용한 작품은 시의 형식을 갖추었다고 하더라도 시로 인정할 수 없다고 한다. 시적 언어와 일상적 언어에 대한 엄격하고도 추상적인 구별이 아닐 수 없다. 황석우의 주장은 시적 언어의 특별함을 강조한 극단적이고도 예외적인 경우라 할 수 있다.

그러나 황석우와 같은 극단적인 경우를 제외하면, 시적 언어가 일상어와 다른 것이라는 생각은 당대 시인들에게 어느 정도 보편화되어 있었다. 김선학은 이런 현상에 서구 시 번역이 영향을 미쳤을 것이라 판단한다.

> 시어의 확충은 1920년 시에 두드러지게 많이 사용된 말들, 즉 꿈·님·영원·명일·정열·눈물·미(美)와 같은 언어의 출현을 뜻하게 된다. 이들 시어는 흔히 번역시에서부터 비롯된 것으로, 1921년 출간된 김억의 『오뇌의 무도』는 이 경우 그 현저한 예가 된다. 시어를 일상어와 다른 영어(靈語: 황석우, 「시화」)로 생각한 예는 차치하더라도, 종래와는 다른 언어를 사용하고 아어화(雅語化)하려는 노력은 당시 보편적인 현상으로 보아도 무방할 것이다.[4]

시적 언어를 특별한 언어로 다루는 이런 관점은 지금도 유효할 정도로, 지속적인 영향력을 지니고 있다.[5] 현대의 시인들이 언어의 선택에 집중하

---

3. 황석우, 「시화(詩話)」, 『매일신보』, 1919. 10. 13. 원문을 문맥에 맞게 현대어로 바꿈.
4. 김선학, 『한국현대문학사』, 동국대출판부, 2001, 47쪽.
5. 근래의 예로 러시아 형식주의자들을 들 수 있다. '낯설게 하기'는 방법론적 조작을 통해 시적 언어는 일상 언어와 전혀 다른 언어가 된다. 테리 이글턴은 이들이 말하는 문학의 언어를 "우리가 보통 사용하는 '일상' 언어와는 대조되는 '특별한' 종류의 언어"로 평가

는 이유도 시적 언어의 특수성과 어느 정도 관련되어 있다고 할 수 있다. 추상적이면서도 비세속적으로 아어화된 어휘들만이 시적 언어일 수 있다는 생각은 시어와 일상어의 구별이 선험적으로 주어진 것이라는 사고를 반영한 것이다. 또한 시가 세속과는 거리를 둔, 순수하고 고원한 세계와 관련되어 있다는 인식을 반영한 것이기도 하다.

하이데거의 견해도 이런 관점의 연장선상이라 할 수 있다. 어쩌면 황석우와 유사한 부분도 있다. 하이데거는 철학적인 입장에서 시의 언어를 '존재의 언어'로 규정하였다. 시의 언어는 도구적인 언어가 아니라 존재 그 자체를 열어서 보여 주고, 존재에 그 근거의 확실성을 부여하는 언어이다. 이에 반하여 비시적인 언어, 일상적인 언어는 단순히 의사 전달 혹은 의사 표현의 도구로 사용되는 언어일 뿐이다. 그래서 시의 언어는 존재의 언어로서 존재의 본질을 명명하는 최고의 언어이다.

> 시인은 신들을 명명하고, 모든 사물을 그 본질에 있어서 명명한다. 이 명명은 이미 알리어진 것을 다만 명칭만으로 불러 보는 것이 아니다. 시인은 본질적인 언어를 말하기 때문에, 이 명명으로 하여 비로소 존재자가 그 본질로 규정되는 것이다. 그리하여 그것은 존재자로서 알리어진다. 시는 언어에 의한 존재의 건설이다.[6]

하이데거는 시인의 언어 자체를 일상적인 언어와는 다른 '본질적인 언어'로 본다. 이런 언어는 시인의 명명을 통해 존재의 본질적인 측면을 드러내는 언어이며, 초월적인 세계와 은밀하게 연계된 언어이다. 그러나 하이

한다. Terry Eagleton, 김명환 외 옮김, 『문학이론입문』, 창작과비평사, 1986, 12쪽.

6. Martin Heidegger, 소광희 옮김, 『시와 철학』, 박영사, 1975, 53쪽. 다음 번역도 참조하기 바란다. "시인은 신들을 명명하고, 모든 사물을 그것들이 존재하는 그 본질에 있어서 명명한다. 이러한 명명은 이미 익히 잘 알려진 것에게 이름을 부여하는 데에서 성립하는 것이 아니다. 오히려 시인이 본질적인 낱말을 말함으로써, 이러한 명명을 통해 존재자는 비로소 자신이 (있는 그대로) 존재하는 그런 것으로 부름을 받는다. 그리하여 그것은 존재하는 것으로서 알려지게 된다. 시짓기는 낱말에 의한 존재의 수립이다." Martin Heidegger, 신상희 옮김, 『횔덜린 시의 해명』, 아카넷, 2009, 76-77쪽.

데거는 그 구체적인 특성에 대해서는 명쾌하게 설명한 바 없다. 오세영은 전체적인 맥락을 고려하여 존재의 언어로서 시적 언어의 특성을 세 가지로 정리하고 있다. 첫째, 은유의 언어, 둘째, 심상과 상징의 언어, 셋째, 애매한 의미를 지닌 언어이다.[7] 이런 규정은 의미를 직접적이고도 단일하게 드러내지 않는다는 점에서 시적 언어의 특성을 찾고 있는 논의이다.[8] 이런 관점은 결국 시의 언어가 산문의 언어와 달리 본질적으로 다른 요소를 지니고 있다는 생각을 반영한 것이라 할 수 있다.

2. 시적 언어의 민주화

우리나라 근대 시인들도 시적 언어의 특별함을 강조하는 관점의 영향력 안에서 작품 활동을 시작하였다. 그래서 특별한 어휘들이 다른 어휘에 비해서 시적이라고 느끼는 것이 오히려 자연스러운 현상이었다. 윤동주도 어느 정도 그런 생각을 지니고 있었던 것으로 보인다.

> 고향에 돌아온 날 밤에
> 내 백골이 따라와 한 방에 누웠다.
> 어둔 방은 우주로 통하고
> 하늘에선가 소리처럼 바람이 불어온다.
>
> 어둠 속에서 곱게 풍화작용하는
> 백골을 들여다 보며

---

7. 오세영, 「시의 언어」, 『문학과 그 이해』, 국학자료원, 2003, 435-452쪽 요약.
8. 시적 언어를 세계관과 연계시켜 언어가 처음 발생하던 때의 자연과 인간이 조화된 그 "원초적 통일성을 지향하는 언어"로 보는 관점도 하이데거의 논지와 관련된다. 김준오, 『시론』(제4판), 삼지원, 2000, 61쪽.

눈물 짓는 것이 내가 우는 것이냐
백골이 우는 것이냐
아름다운 혼이 우는 것이냐

지조 높은 개는
밤을 새워 어둠을 짖는다.

어둠을 짖는 개는
나를 쫓는 것일 게다.

가자 가자
쫓기우는 사람처럼 가자.
백골 몰래
아름다운 또 다른 고향에 가자.

— 윤동주, 「또 다른 고향」 전문

이 시에서 '풍화작용'이라는 말은 다른 어휘들에 비해 이질적이다. 정병욱의 회고에 따르면 윤동주는 이 낱말을 두고 고민이 많았던 것 같다.

> '풍화 작용'이란 말을 써 놓고, 그것이 시어가 못 된다고 해서 매우 불만족해 했었다. 그러나 다른 말로 고칠 수 있는 적당한 말을 찾지 못해 그대로 두었지만 끝끝내 만족하지 않았다.[9]

윤동주가 '풍화작용'이라는 말을 불만스럽게 여긴 이유는 그것이 시어답지 못하다는 데 있다. 일상에도 많이 사용되는 어둠, 밤, 고향, 백골 등에 비해 풍화작용은 자연과학 분야에서만 특수하게 쓰이는 말이다. 이런 어

---

9. 정병욱, 「잊지 못할 윤동주의 일들」, 『나라사랑』 23집, 1976. 6, 139쪽.

휘가 그대로 사용되는 것을 꺼린 것은 시에만 특별하게 사용되는 어휘들의 밭이 따로 있다는 의식이 어느 정도 작용했다는 증거가 된다. 시의 언어는 서정적이고 낭만적인 것이어야 한다는 생각을 여기에서 발견할 수 있는 것이다. 그러나 결국 이 어휘가 살아남은 것은 시적 언어에 대한 윤동주의 인식이 어느 정도 자유로웠다는 것을 의미한다. 근대 이후의 시에 일상어에서 발견되지 않은 어휘가 사용되는 경우는 거의 없다. 자연과학용어도 일상어의 수준이 되었다. 이것은 점진적으로 이루어진 시적 언어의 민주화를 보여 주는 경우라 할 수 있다.

시적 언어가 일상어와 다른 세계에 존재하는 특별한 언어가 아니라는 인식, 즉 시적 언어의 민주화는 조선 후기부터 나타나기 시작하였다. "격(格)이니 율(律)이니 하는 것,/멀리 떨어진/우리가 알 게 무언가"[10]라고 외친 정약용의 '조선시 선언' 이후의 일이다. 강위의 다음 시가 이를 잘 보여 준다.

"소와 양이
산에서 내려온 지 오래라
집집마다
사립문이 닫혀 있어라." (두보의 시구)

이 구절의 '오래'와
'집집마다'라는 말
어찌
우리 삶의 일상어 아니랴.

시인들
하릴없이 일상어도 꺼리고
경전의 문자도

---

10. "區區格與律 遠人何得知." 정약용의 「노인의 즐거운 일 하나 ─ 향산체 풍으로 5(老人一快事 效香山體 其五)」중의 한 구절.

애써 피한다지만,

벌이 꽃에서
꿀을 따올 때에는
때론
더러운 흙도 묻어오기 마련.

이런 묘미를
아지 못하는 이 많으니
시성(詩聖) 아니면
뉘와 더불어 시를 말하리.

— 강위, 「금회창수집」 부분[11]

이 시에서 강위는 시에서 일상어와 철학적인 언어를 배제하지 말고 시에 적극적으로 사용해야 한다고 주장하였다. 그동안 시인들이 일반 백성들의 일상어, 경전에 나오는 철학적인 용어 등을 꺼린 이유는 시에만 어울리는 어떤 어휘가 있다고 생각하였기 때문이다. 그런데 강위는 그런 생각을 분명하게 거부하고 있다. 진정한 시는 모든 언어를 시적 언어로 받아들여야 한다는 것이다.

이와 비슷한 시기에 서양에서도 일상의 언어가 시적 언어와 다르지 않다는 흐름이 나타났다. 고전주의 시대가 끝나고 이를 이어받은 낭만주의 시대에 이런 생각이 일반화되었는데, 가장 대표적인 예가 바로 W. 워즈워스이다. 그는 『서정민요집』(1798) 서문에서 다음과 같이 말하고 있다.

가장 격조 높은 시를 포함한 모든 훌륭한 시의 많은 부분의 언어가 운율

---

11. "牛羊下來久 各已閉柴門 久字各已字 豈不是俚言 詩家忌俚言 又忌使經語 遊蜂轉蜜時 亦採糞壤去 此妙多不解 微杜吾誰與" 강위, 「금회창수집(錦回唱酬集)」의 일부. 번역과 시행 구성은 필자.

에 관한 것을 제외하고는 훌륭한 산문의 언어와 필연적으로 다를 바 없으며, 최상의 시의 가장 흥미 있는 부분의 언어도 엄격하게 잘 쓰였을 때의 산문의 언어라는 것을 독자에게 증명해 보이기란 아주 쉬운 일이다.[12]

워즈워스는 산문의 언어와 시의 언어가 운율을 제외하면 본질적으로 다를 바 없다고 주장하였다. 그는 이 시집의 초판 서문에서 "사회 중류층이나 하류층에서 사용하는 회화체 언어가 어느 만큼 시적인 흥을 주는 목적에 알맞은가를 확인함"[13]을 주목적으로 삼는다고 밝힌 바 있다. 그는 의식적으로 일상어를 시에 도입하려 한 근대적 시인이었던 것이다.

이처럼 시적 언어는 귀족적 권위에서 벗어나 민주화의 여정을 따라왔다고 할 수 있다. 이는 시에 대한 인식의 변화 과정과 일치하며, 신분제 사회질서의 붕괴로 인한 평민의식(서양의 경우는 부르주아 의식)의 부상과 관련을 맺고 있다. 평민들이 자신의 발언권을 획득하면서 그들의 언어 역시 시적 언어의 지위를 획득하였던 것이다.

3. 외적 형식과 내적 구조

1) 외적 형식

일상어를 시에서 사용한다고 해도 시적 언어는 일상어와 완전하게 동일할 수는 없다. 어휘에 있어서는 동일하지만 그것이 시어로 사용될 때는 일상어와 다른 차원의 특성을 지니기 때문이다. 이때 그 특성을 바라보는 관점은 두 가지로 나뉘는데, 외적 형식에서 찾는 관점과 내적 구조에서 찾는 관점이 그것이다.

---

12. W. Wordsworth, "Lyrical Ballads"; 정한모, 앞의 책, 49쪽.
13. David Daiches, 김용철·박희진 옮김, 『데이쉬즈 영문학사』, 종로서적, 1988, 406쪽.

시적 언어의 특성을 외적 형식에서 찾는 관점은 주르댕(Jourdain)이 제시한 고전주의적 방정식에서 전형적으로 드러난다.

시 = 산문 + a + b + c
산문 = 시 - a - b - c[14]

이 방정식에서 a, b, c는 율격, 압운, 심상 등을 말한다. 시는 산문의 언어를 기반으로 거기에 율격, 압운, 심상 등의 요소를 첨가한 것이다. 즉, 산문의 언어에 가락과 심상이라는 특수한 특성이 더해지면 시적인 언어가 된다는 것이다. 거꾸로 그런 특성을 모두 제거하면 다시 산문적인 언어로 돌아가게 된다. 이처럼 시와 산문은 질적인 차이라기보다는 양적인 차이에서 구별될 뿐이다. 따라서 이 방정식에서 시적인 언어는 산문의 언어를 가락이나 심상 등과 같은 장식적인 요소로 치장한 것에 불과하다. 이것은 시를 "산문의 장식적인 변용, 기술의 결실"[15]로 보는 고전주의적 시각의 반영이다. 결국 시적 언어는 산문적 언어의 기술적 변용으로, 언어의 기교적 사용이 곧 시적 언어의 중요한 특징이 된다. 결과적으로 산문의 언어 그 자체가 바로 시적 언어가 될 수 없다는 점에서 시와 산문의 언어는 전혀 이질적인 언어라 할 수 있다.

외적 형식에서 바라보는 관점은 시적 언어를 산문적 언어의 일탈로 보는 관점이자, 시적 언어의 특성을 형식적인 측면에서 찾는 관점이다. 이런 관점이 우세한 시기는 수사학의 중요성이 부각되는 시기이기도 하다. 즉, 언어를 기교적으로 다루는 전문적인 기술에 대한 관심이 높아지는 시기인 것이다. 고전주의 시기에는 압운이나 율격의 규범에 맞게 조율하고 배치하여 다듬은 언어를 시적 언어로 보았기 때문에, 압운법이나 율격 방식 등 정해진 규범을 익히는 것이 시인의 중요한 임무가 되었다. 이황의 다음과

---

14. Roland Barthes, 이가림 옮김, 「기술의 영도」, 이가림 편역, 『불사조의 시학』, 정음사, 1979, 237쪽.
15. Roland Barthes, 위의 책, 238쪽.

같은 시에서 이런 관점이 잘 드러난다.

> 내 시는 호탕함을 숭상하나니
> 어찌 교묘하게 다듬을 필요 있나.
> 나는 천지를 밟고 다니나니
> 조그만 예절에 구애되지 않는다.
> 시의 기운이 심하게 격앙되어
> 그대, 은하수처럼 말을 쏟아낸다.
> 내가 처음엔 놀라고 탄식하였으나
> 다음엔 의아하여 꾸짖었다.
> 성인의 경지가 아니라면
> 시에서 어찌 규범을 버릴 수 있겠는가.
> 들어 본 적이 있는가,
> 크게 어진이가 규범 없이 정밀해졌다고.
> 어찌 머리를 조금 수그려
> 고치고 다듬지 아니 하는가.
> 커다란 종을 치는 데
> 어찌 조그만 몽둥이를 쓰겠는가.
> ― 이황, 「임대수의 방문을 기뻐하며 시를 논함」 부분[16]

위의 시는 이황과 그의 제자 임대수의 시관(詩觀)의 차이를 보여 주는 작품이다. 제자는 시에서 중요한 덕목은 호탕함이라서 사소한 예절이나 규범 따위는 무시해도 좋다고 한다. 이에 대해 퇴계는 시에 있어서 중요한 것은 규범이기 때문에 규범에 맞게 다듬고 고치는 작업에 신경을 써야 한다

---

16. "吾詩尙豪宕 何用巧剞劂 吾行蹈大方 不必拘小節 詞氣甚激昂 河漢瀉煩舌 我初驚且嘆 中頗疑以詰 自非聖於詩 法度安可輟 寧聞大賢人 不用規矩密 曷不少低頭 加工鍊與律 比如撞洪鐘 寸筳豈能發" 이황, 「임대수의 방문을 기뻐하며 시를 논함(喜林大樹見訪論詩)」의 일부.

고 말한다. 이런 점에서 위의 시는 낭만주의자 제자에게 들려주는 고전주의자 이황의 충고라 할 수 있다. 이황이 규범을 말하는 것은, 시의 경우에 한정해서 볼 때, 시적 규범이 산문 언어에 시적 특성을 부여한다는 생각과 관련된다. 이는 윤리적으로 산문적인 인간(즉, 소인)이 성리학적 규범을 실천함으로써 시적 인간(즉, 군자)이 되는 것과 동궤의 논리이다.

이런 관점이 고전주의적이라는 점에서 현대 모더니스트의 관점과도 상통한다. 주지주의론을 설파했던 최재서는 시적 언어와 일상어의 차이를 '쓰는 방법'의 차이에서 찾는다.

> 시인은 피지시물을 외부에 갖지 않고, 내부에 갖는 경우가 많다. 다시 말하면 그가 독자에게 전달하고 싶은 것은 주로 그의 독특한 이념, 정서, 상상 등이다. 그렇다고 해서 그는 이런 것들을 표시할 수 있는 무슨 독특한 언어를 갖지는 않는다. 그가 쓰는 언어는 일반 시민들이 쓰는 언어와 다르지 않다. 다만 그 쓰는 방법이 다르다.[17]

그 '쓰는 방법'은 "보통 말을 가지고 보통 이상의 의미를 나타내는 데"[18] 있다. 보통 이상의 의미를 가지게 하기 위해서는 의도적인 방법론이 필수적이다. 이 방법론은 무엇일까. 김기림에게서 구체적인 내용을 찾을 수 있다. 그것은 곧 지적 방법론이다.

> 시는 물론 일상회화에 그 기초를 둔 것이나 객관세계에 관한 지식하고는 아무 관련이 없다. 다만 사람의 심적 태도의 어떤 조정에 봉사할 뿐이다. (…) 그러므로 주지주의의 시에 있어서조차 그것이 관련하는 것은 지식이 아니고 지성(예를 들면 영상의 新奇·鮮明이라든지 메타포·세타이어·유머의 인지 등)에서 오는 내부적 만족이다.[19]

---

17. 최재서, 앞의 책, 114쪽.
18. 최재서, 위의 책, 114쪽.
19. 김기림, 「시와 과학과 회화」, 『인문평론』, 1940. 5; 김기림, 『김기림전집』, 심설당, 1988.

김기림도 시적 언어가 일상 회화의 언어와 다르다고 보지 않는다. 다만 과학적 언어 혹은 일상적 언어와 달리 시적 언어는 외부적 지식과 일대일의 대응을 가지지 않는다고 본다. 일상적 언어와 달리 일의성(一義性)을 지니지 않으므로 사람의 정서에만 관여하는 시적 언어는 영상의 신기함이나 선명함을 위한 기술 방법론, 그리고 메타포(비유), 세타이어(풍자), 유머 같은 표현 방법론에 그 특징이 있다고 본다. 이런 방법론을 지성적으로 인식할 때 우리가 쾌감을 느낀다는 것이다.

이런 관점은 시적 언어를 "일상언어에 가해진 조직적 폭력"[20]으로 보는 형식주의자들의 관점, 혹은 "특수한 효과를 위해 인공적으로 다듬어진 인공어"[21]로 보는 관점과도 상통한다. 시적 언어의 특성을 일종의 방법론적 조작에서 찾는 이런 관점은 언어의 외적 형식에 초점을 맞춘 것이라 할 수 있다.

2) 내적 구조

현대의 가장 보편적인 관점은 시의 언어적 특질을 외적 형식이 아니라 내적 구조에서 찾는 것이다. 이 관점 역시 시적 언어와 산문적 언어가 외형적으로 동일하다는 것은 부정하지 않는다. 그러나 시에 사용될 때 일상어는 특별한 내적 구조를 지니게 된다는 것이다. 시어의 특성을 "은유나 직유 같은 비유의 언어, 구상적인 제시, 심상들과 연관된 어떤 특정한 내적 구조 등을 갖는 언어"[22]로 보는 관점이 대표적이다. 이에 비하여 산문의 언어는 "평범하고 직설적이며 심상 따위의 도움을 받지 않고 일상의 구어체로 진술되는 언어"이다.

25-26쪽.
20. Terry Eagleton, 앞의 책, 9쪽. 이글턴은 이 말을 "언어를 특별한 방식으로 사용하는" 예로 들고 있다.
21. 오성호, 『서정시의 이론』, 실천문학사, 2006, 54쪽.
22. Marlies K. Danziger and W. Stacy Johnson, *Literary Criticism*, 64쪽; 오세영, 「운문과 산문」, 앞의 책, 457쪽에서 재인용.

P. 휠라이트가 시의 언어를 긴장언어(tensive language), 즉 적절하게 제어된 개방언어(open language)로 본 관점도 이와 유사하다. 실용적인 의사 전달이나 관용적 용법으로서의 언어 기호, 즉 폐쇄적인 언어와 달리, 시적 언어는 어떤 형태로든 긴장성을 띠게 마련이다. 그래서 "아무리 단순 소박한 시 형식이라 할지라도 의미의 긴장이 포착되고 느껴질 수 있으며 긴장성이 전혀 없는 언어는 아무리 유명하고 기교에 찬 시 형식을 갖춘 작품이라 해도 의미적으로는 죽은 것이요 그러므로 비시적(非詩的) 표현이 될 수밖에 없"[23]는 것이다. 즉, 시의 언어는 오로지 긴장성을 지닌 언어일 뿐이다. 근대 초기의 우리 시론에서도 시의 언어는 긴장의 언어임을 강조하였다.

> 그러면 산문과 시가 구별이 없어졌느냐? 아니올시다. 산문과 시의 구별은 근본적으로 그 형식에 있는 것이 아니오, (물론 전연이 없는 것은 아니겠지만) 아까 말한 바와 같이, 그 리듬에 있는 것을 잊어서는 안 될 것이외다. 시의 리듬은 산문과 그것보다 한층 강조한, 긴장된 것이올시다. 시는 우리가 그것을 읽을 때에, 그 리듬이 분명히 우리에게 어떠한 강조하고 긴장한 정서의 활동을 전합니다.[24]

이 글에서 시와 산문의 차이는 곧 시의 언어와 산문의 언어의 차이라 할 수 있다. 양주동은 두 언어의 본질적인 차이를 긴장에서 찾고 있으며, 표현하기 어려운 그 언어적 긴장을 '리듬'이라고 이름 붙이고 있다. 그리고 그것은 시에서 느끼는 '강조되고 긴장된 정서의 활동'을 의미한다. 이는 시적 언어의 음악적 요소를 지칭하는 것이기보다는 시적 언어가 지닌 '강조되고 긴장된 정서'를 가리키는 것이다. 이 리듬이 형식이 아니라고 한 점에서 비추어 볼 때, 그것은 음성론적인 것이 아니라 의미론적 자질이라 할 수 있다.

시의 언어적 특질을 텐션(tension)에서 찾는 엘렌 테이트의 논의나 역설

---

23. Philip Wheelright, 김태옥 옮김, 『은유와 실재』, 문학과지성사, 1982, 44쪽.
24. 양주동, 「시란 어떠한 것인가」, 『금성』 2호, 1924. 1.

에서 찾는 클리언스 브룩스의 논의도 이런 관점의 연장선상에 있다. 테이트는 논리학에서 사용하는 외연(extension)과 내포(intension)라는 단어에서 접두사 'ex'와 'in'을 제거하여 '텐션,' 즉 '긴장'이라는 말을 만들어 냈다. '텐션'의 의미에 대해서는 다음 설명이 도움이 된다.

> 말은 외부의 사물을 가리키는 기능이 있다. 이것이 〈외연〉이라는 것이고 그것을 나타내는 논리학 용어인 〈엑스텐션〉이란 영어 낱말은 〈밖으로 뻗음〉이란 뜻을 갖고 있다. 또한 말은 여러 가지 뜻을 한꺼번에 지닐 수 있다. 〈내포〉 또는 〈함축〉이란 것이다. 영어로 〈인텐션〉인데, 이 말의 뜻은 〈안으로 모임〉이다. 여기서 〈밖〉과 〈안〉을 떼어내면 〈뻗음〉과 〈모임〉이 남는다. 둘다 어느 쪽을 향하는 힘 또는 운동이다. 서로 방향이 다른 힘들이 마주치는 현상을 〈긴장〉이라고 한다. 영어 낱말에서 〈엑스〉와 〈인〉을 떼어버리면 〈텐션〉이 남는데, 바로 〈텐션〉은 긴장을 뜻한다.[25]

이런 관점에 따르면 시의 언어는 외연과 내포의 긴장관계를 형성하고 있는 언어가 되는 셈이다. 클리언스 브룩스는 "시의 언어는 역설의 언어"[26]라고 단언한다. 역설의 언어도 의미상의 긴장 상태를 나타내는 용어라는 점에서 테이트의 용어와 유사하다. 시적 언어를 "보통의 언어보다 고도로 조직된 언어"[27]로 보는 관점도 이와 관련이 깊다. 이런 관점은 시적 언어의 특성을 외적 표지에서 찾는 것이 아니라 내적 긴장, 의미의 조직에서 찾는다는 점에서 외적 형식에서 찾는 관점과 차이가 난다.

---

25. 이상섭, 『복합성의 시학: 뉴 크리티시즘 연구』, 민음사, 1987, 103쪽.
26. Cleanth Brooks, 이경수 옮김, 『잘 빚어진 항아리』, 홍성사, 1983, 7쪽.
27. 신비평의 영향을 받은 김종길은 시의 언어가 일상적인 언어에 비하여 비약적이거나 날카로운 점, 말의 리듬과 심상과 어조가 보통의 언어에서보다도 중요한 구실을 한다는 점에서 시적 언어를 "보통의 언어보다 고도로 조직된 언어"로 본다. 김종길, 『시에 대하여』, 민음사, 1986, 16쪽.

4. 관례로서의 시적 언어

시의 특질을 언어적 특성에서 찾는 논의를 비판하는 관점도 있다. 조너선 컬러의 견해가 대표적이다. 그는 "시적 언어의 특수한 속성에 대한 설명에 시 이론의 기초를 두려 한다면, 그런 기도는 실패하고 말 것"[28]이라고 주장하고, 그 예로서 클리언스 브룩스 이론의 한계를 지적한다. 그는 시적 언어의 특질을 의미가 긴장관계에 놓인 역설에서 찾는 브룩스의 이론에 대하여 "시뿐만 아니라 어떤 종류의 언어에서도 마찬가지의 긴장을 발견할 수 있기 때문에, 이 이론은 시의 본성에 대한 설명으로서는 낙제"[29]라고 평가한다. 람핑도 이런 관점의 연장선상에 있다. 그 역시 "시는 굳이 그것의 언어를 통해서 시적인 것은 아니다. 시에 특수한 언어의 사용은 어떤 경우도 증명되지 않는다"[30]고 한다. 그렇다면 시의 특성은 어디에 있을까. 조너선 컬러는 다음과 같이 말한다.

> 시를 읽음에 있어서 우리는 형태상의 패턴을 알아내고 싶을 뿐만 아니라, 그것을 의사소통을 위한 발화에 붙여지는 장식 이상의 것으로 만들고 싶어 한다. 따라서 쥬네트도 말하고 있다시피, 시의 본질은 고안 자체에 있는 것이 아니라(이것은 촉매 역할을 한다), 더욱 단순하면서도 깊은 의미에 있어서, 그 시가 독자에게 과하는 독법의 타이프(attitude de lecture)에 있는 것이다.[31]

그는 시의 본질이 언어적 특성에 있는 것이 아니라 시가 독자에게 부과하는 '독법의 타이프,' 즉 독서의 형식에 있다고 본다. 이를 다른 말로 '관

---

[28]. Jonathan Culler, 「시의 시학」, 박철희·김시태 편, 『문학의 이론과 방법』, 이우출판사, 1984, 201쪽.
[29]. Jonathan Culler, 위의 책, 202쪽.
[30]. Dieter Lamping, 장영태 옮김, 『서정시: 이론과 역사』, 문학과지성사, 1994, 65쪽.
[31]. Jonathan Culler, 위의 책, 204쪽.

례적 예상(conventional expectation)'이라 부른다. 그는 시학의 목적을 "시의 언어를 일상의 언어로부터 유별하여 다른 목적론이나 궁극성에 속하게 하는 이 관례적 예상 속에는 무엇이 포함되어 있으며, 이러한 예상이나 관례는 시가 동화시키는 형식상의 기법이나 외형상의 문맥에 어떻게 기여하는가 하는 것을 상세하게 구명해 내는 일"[32]에 두고 있다. 그 결과 그는 그 관례 혹은 제도를 네 가지로 나누어 설명한다. 거리와 상황지시(distance and deixis), 유기적 전일체(organic wholes), 주제와 현현(theme and epiphany), 저항과 만회(resistance and recuperation)가 그것이다.

'거리와 상황지시'는 시가 발화 시점의 구체적인 시공간으로부터 거리를 유지하게 하는 관례, 즉 시에서 발화의 실제 상황을 버리고 시를 일상적 소통회로에서 분리시키는 몰개성화 혹은 비개인화의 관례를 말한다. 편지를 읽는 것과 달리 시를 읽을 때, 독자는 그 시 속에서 발화의 실제 상황과 거리를 두면서 그 자체의 메시지와 표현에 주목한다. 즉, 시라고 판단한 순간 시 속에서만 작용하는 상황지시의 관례에 맞춰 의식을 조율하는 것이다. 조너선 컬러가 인용한 벤 존슨의 시 「나의 첫딸에 대하여」를 보자.

　　여기 그녀의 부모에게 있어서 슬픔이 누워 있다,
　　그들의 젊은 날의 딸인, 메어리가

　이 시는 장소를 나타내는 부사 '여기'로 시작한다. 그러나 이 시에서 '여기'라는 상황지시는 공간적 위치를 가리키지 않는다. 이것은 무덤을 가리킨다. 이를 아는 순간 우리는 이것이 일상적인 발화가 아니라는 것을 직감하고 실제 상황이 아니라 시적 상황에 주목하게 된다. 시를 일상적인 발화와 다른 것으로 인식하게 하는 이런 상황지시의 방식이 시를 시로 인식하게 한다는 것이다.

　'유기적 전일체'는 앞에서 말한 비개인화와 연결되는 것이기도 한데, 이

---

32. Jonathan Culler, 위의 책, 204쪽.

는 시를 하나의 완결된 형식으로 보게 만드는 관례를 가리킨다. 일상적인 발화가 완결성을 강조하지 않는 데 비하여, 시는 완결된 양식을 기대하게 만든다는 것이다. 일상적인 발화는 발화에 의미를 부여하고 동기나 원인을 제공해 주는 복합적 상황의 일부분에 불과하기 때문에, 굳이 하나의 독립적이고 자율적인 전일체일 필요가 없다. 일상적인 발화는 상황이라는 맥락에 의해 의미가 부여되기 때문에 상황에 독립적일 수 없고, 그 때문에 자체적으로 완결될 수 없다. 이에 반해 시는 상황 자체와 고립되어 있기 때문에 스스로 시 속에 그 상황을 마련해야 한다. 이것이 시를 하나의 완결된 조직체로 인식하게 만드는 것이다. 조너선 컬러는 에즈라 파운드의 시 「파피루스」(원래는 사포의 시 구절)를 인용하여 이를 설명한다.

봄…
너무 길다…
공귤라(Gongula)

이 작품은 그 자체로 완전한 전일체로 보기 힘들다. 그러나 이것을 독립된 시라고 인식하는 순간, 우리는 이 작품의 어휘와 어휘 사이에 놓인 무수한 간격들에 의미를 부여하여 하나의 완결된 작품으로 받아들이게 된다. 왜냐하면 "시를 해석한다는 것은 총체성을 가정하고 나서, 간격에 의미를 부여하는 것"[33]이기 때문이다.

'주제와 현현'은 시적 의미와 관련된 것으로서, 시라는 것은 독자로 하여금 주목할 만한 가치가 있는 풍부한 의미를 그 속에 함축하고 있다고 가정하게 만드는 관례이다. 즉, 아무리 단순한 시라 하더라도 독자가 알지 못하는 응축된 잠재적 의미가 그 안에 있다고 예상하게 만드는 관습 체계이다. 그래서 독자는 짧은 시조차 '강력하게 응축된 정서의 현현'으로 이해하여 그 속에 응축된 정서가 무엇인지 찾게 되는 것이다. 그래서 시를 읽는

---

33. Jonathan Culler, 위의 책, 217쪽.

다는 것은 시에 의미와 중요성을 부여할 수 있는 방법을 찾는 과정이 된다.

마지막으로 '저항과 만회'는 텍스트 자체의 처리 과정과 관련된 것으로, 의미론적 관계가 명쾌하게 드러나지 않는, 패턴이나 형식의 저항으로 시를 수용하게 하는 관례를 말한다. 즉, 시는 의미가 손쉽게 파악되지 않는 우회적인 어법을 사용하고 있다고 가정하게 하는 관습을 말한다. 의미의 용이한 파악에 저항하는 우회적인 구절을 해석할 때, 즉 의미의 저항을 만회하고자 할 때 도움이 되는 것이 수사학이다. 수사학은 문학작품을 해석할 때 사용할 수 있는 모델을 마련해 주는 방법이기 때문이다.

이처럼 시의 본질을 시적 언어의 특수성에서 찾지 않고 독서의 관례에서 발견하는 관점은 시의 특성을 시의 내부에서 찾는 시각의 일방성 혹은 편협성을 폭로한다는 점에서 의미가 있다. 그러나 관례와 내적 특질이 독립적으로 존재하지 않고 부단히 상호작용한다는 점에서 관례를 시어의 외부에 있는 것으로 전제하는 이런 관점은 분명한 한계를 지닌다. 관례의 형성은 애초에 시의 언어적 특질로부터 비롯되었으며, 이후 관례가 그 특질을 강화시켜 왔기 때문이다. 설령 그 논지를 받아들인다고 해도 관례 혹은 제도가 만들어 낸 구체적인 언어적 특성에 대한 해명은 있어야 할 것이다.

5. 시적 언어, 의미잉여의 언어

지금까지 다룬 중요한 특성, 예를 들어 '산문의 장식적 변용(외적 형식)'이나 '긴장의 언어(내적 구조)' 등은 시적 언어의 일부분에 초점을 맞추었다는 점에서 한계를 지닌다. '긴장의 언어'라는 것은 긴장이라는 말을 너무 제한적으로 사용하여 시적 언어의 다양한 가능성을 의미 부분에 국한시켰다는 점에서 한계를 지닌다. '산문의 장식적 변용'은 형식에 치우쳐 의미상의 양태를 제대로 지적하지 못하였다. 이런 논의는 기표와 기의에 고르게 주목하지 못한 것이다.

이런 편향성을 보완할 수 있는 시적 언어의 특성으로 '의미잉여(Surplus of Meaning)'를 들 수 있다. '의미잉여'는 시적 언어에서 발견되는, 사전적이거나 산문적인 의미 이상의 것, 즉 '원래 표현의 사전적(산문적) 의미나 그런 의미의 조합에서는 발생할 수 없는 의미의 생성'을 가리킨다. 산문에서 의미는 일정 시점에서 완료되는 성격을 지니지만, 시적 표현에서 의미는 언제나 생성을 기다리는 잠재태로 존재한다는 관점이다.

의미잉여는 '남아도는 의미'를 가리키는 것이 아니라, 그 의미를 시적으로 존재하게 하는 '의미의 아우라'를 말한다. 그래서 '잉여의미'가 아니라 '의미잉여'이다. 잉여의미, 즉 '남아도는 의미'라 했을 때는 완결되고 고정된 어떤 총체적 의미를 전제하고 있다. 이때 독자는 그런 의미를 찾으려는 수동적 존재에 그치게 된다. 그러나 시에서 총체적으로 완결된 의미란 있을 수 없다. 의미는 독자와 시 텍스트가 능동적으로 만나면서 언제나 새롭게 생성되기 때문이다.

'의미잉여'라는 개념은 후설, 리쾨르 등의 이론가에서 시작된 것으로 보인다.[34] 이것이 시학에서 사용된 것은 람핑에 의해서이다. 그가 말하는 '의미잉여(Bedeutungsüberschuß)'[35]란 주로 시행 분절, 즉 행갈이에 의해서 산문에서 나타나지 않던 의미가 생산되는 것을 가리킨다. 앞에서 살펴본 것처럼 동일한 산문 문장을 행갈이하여 시행으로 만들었을 때, 그 순간 생성되는 '텍스트 분위기의 쇄신, 새롭게 위치 부여된 어휘의 강조, 상징적 의미 형성' 등이 그것이다. 그러나 람핑의 개념은 행갈이에 나타나는 효과에 국한된다는 점에서 한계를 지닌다.

'의미잉여'라는 시적 언어의 특성은 기존의 시론에서 구체적으로 개념화되지는 않았지만, 일반적으로 다루어져 온 문제라 할 수 있다.

---

34. 리쾨르에게 의미잉여란 주로 상징에서 발생하는데, 이는 인간의 한계 상황을 극복하여 도달하고자 하는 존재 충만과 연계된 긍정적인 어떤 것이다. 양명수, 「말뜻과 삶의 뜻 — 리쾨르의 상징론 이해」, 『문학과 사회』, 1995. 겨울 참조.
35. Dieter Lamping, 장영태 옮김, 『서정시: 이론과 역사』, 문학과지성사, 1994, 87쪽.

우리는 시에서 엄격을 기할 수는 있어도 정확을 기할 수는 없는 것이다. 우리가 두 개 이상의 언어를 한 자리에 모아 놓으면, 그 의미를 가지고 또 음향을 가진 어휘들은 충돌하기도 하고 어울리기도 하여서 그 한 단어의 의미나 및 단어의 의미의 논리적 총화로서만은 측정할 수 없는 미묘하고 무한히 전파해가는 효과를 우리 심리에 일으킨다. 그것을 이론적으로 강조시킨 것은 분명히 현대시의 공적이다.[36]

박용철이 여기에서 말하고 있는 '단어의 의미의 논리적 총화'란 사전적 의미를 가리킨다. 시적 언어는 이런 논리적 총합으로 해석할 수 없는 '미묘하고 무한히 전파해가는 효과'를 지니는데, 이것이 바로 의미잉여를 다르게 가리킨 표현이라 할 수 있다. 이런 언급을 통해 의미잉여라는 특성이 이미 주목을 받아왔음을 확인할 수 있다.

의미잉여라는 용어에서 '의미'는 기의만을 말하는 것이 아니다. 시적 언어는 기표 자체가 기의가 될 수 있는 언어다.[37] 기표가 기의를 대신할 수 있는 언어라는 점에서, 시적 언어에서 의미는 기의와 기표 모두를 가리킨다. 그런 점에서 시적 언어는 의미잉여의 언어이며, 의미잉여의 언어는 기의, 기표 모두에서 의미의 잠재적 가능성에 주목하는 언어이다. 우리가 '의미'라고 쓰는 말도 시에서는 전달하고자 하는 단순한 '뜻'이 아니라, 언어의 뉘앙스, 글자의 형태가 주는 느낌을 포괄하는 넓은 의미의 '뜻'이다. 이런 포괄적인 의미를 지닌 의미잉여의 언어는 다음과 같은 특성을 지닌다.

1) 자기목적적인 언어

기본적으로, 의미잉여의 언어는 자기목적적인 언어이다. 시적 언어는 언

---

36. 박용철, 「기교주의설의 허망」, 『동아일보』, 1936. 3. 25.
37. 시적 언어의 특성을 기표의 물질성에서 찾는 대부분의 논의가 이 점을 지적한 것이라 해도 좋다. 시는 "기의를 흡수해서 재구성하는 기표의 구조물"이라 한 조너선 컬러의 말도 이와 관련이 있다. Jonathan Culler, 앞의 책, 203쪽.

어 자체에 대한 주목을 요구한다. 이 점에서 시적 언어는 본질적으로 일상적인 언어와 차이가 있다. 일상적인 언어는 마치 불교에서 방편적으로 말하는 뗏목에 불과하다. 강을 건너기 위해 뗏목이 필요하지만, 강을 건너고 나면 그 뗏목은 더 이상 필요하지 않게 된다. 일상적 언어도 의미 전달이라는 목적만 성취하면 더 이상 그 언어에 주목하지 않는다. 그래서 일상적이고 산문적인 언어를 '도구적 언어'라고 하는 것이다. 도구적 언어일 경우, "의사소통의 필요 때문에 의미 부분만 전면에 부각될 뿐, 기타 부분은 소홀히 취급되거나 아예 지각조차 되지 않는 경우"[38]가 많은 것이 사실이다. 그러나 근본적인 이유는 일상 언어의 복합적인 의사소통의 방식에 있다고 할 수 있다. 일상 언어는 구체적인 상황과 맥락에 절대적으로 의존하기 때문에 언어 그 자체는 의미 전달의 수많은 조건 가운데 하나에 지나지 않는다. 일상적인 발화에서 손짓, 발짓, 눈짓 등의 몸짓과 표정, 구체적 상황 등이 일정 부분 의미 전달의 기능을 담당하기 때문에 언어가 의미 전달의 절대적인 역할을 한다고 보기 어렵다.

그러나 시적 언어는 대부분 자신이 사용하는 언어 자체를 그 목적으로 삼는다. 언어의 본성상, 시적 언어는 구체적 맥락을 제거하기 때문에 모든 정보는 언어 자체에 과도하게 집중될 수밖에 없다. 러시아 형식주의자가 주목하는 시어의 특성도 이런 것이다.

> 시성(poeticity)은 언어가 언어로 지각되는 경우에 나타난다. 이름 불려진 대상이나 분출되는 정서를 단순히 재현하는 것이 아니라, 언어와 그 구성법, 언어의 의미, 언어의 외적 형식과 내적 형식이 그저 막연하게 현실을 가리키는 대신에 언어 자체의 무게와 가치를 획득하는 경우에 현존하게 된다.[39]

---

38. 오성호, 앞의 책, 60쪽.
39. Roman Jakobson, 「시란 무엇인가」, 박인기 편역, 『현대시론의 전개』, 지식산업사, 2001, 26쪽. 이 글의 원문은 1933년에 발표된 것이다.

한마디로 시적 방법이란 '언어가 언어로 지각'되게 만드는 데 있고, 그때 드러나는 언어적 특성이 시적 언어의 특성이 된다는 것이다. 무카로브스키는 이를 "발화의 전경화"[40]라고 불렀다. "언어 자체의 무게와 가치"의 획득 여부는 바로 언어 자체에 대한 주목을 유도하느냐 못 하느냐에 달려 있다. 서정주의 「봄」을 예로 들어 보자.

> 복사꽃 피고, 복사꽃 지고 뱀이 눈뜨고, 초록 제비 무처오는 하늬바람 우에 혼령있는 하눌이어. 피가 잘 도라… 아무병도없으면 가시내야. 슬픈 일좀 슬픈일좀, 있어야겠다.
>
> — 서정주, 「봄」 전문[41]

이 시에서 작품 이해에 필요한 구체적 맥락을 시 외부에서 찾기란 불가능하다. 독자는 오로지 이 시 속에 등장하는 언어를 통해서 자신의 모든 의문을 풀어야 하는 부담을 지게 된다. 그것은 시를 통해서 자신에게 돌아오는 수많은 질문에 스스로 답을 해야 하는 부담이다. 피가 잘 도는 건 하늘일까, 가시내일까, 왜 아무 병이 없으면 슬픈 일이 있어야 하는 걸까, 슬픈 일이 봄과 무슨 상관이 있는 걸까 등등. 이런 부담을 통해 언어에 주목을 요구하고 있다는 점에서 「봄」은 시적 언어의 특성을 잘 보여 주는 작품이라 할 수 있다.

시적 언어의 본질상 시 텍스트 해석에 있어서 작가의·전기적 요소나 시대 상황 등은 그다지 충분한 역할을 하지 못한다. 설령 시인 곁에서 시를 쓰는 구체적인 상황을 지켜본다고 해도, 그것은 시 해석에 큰 도움을 주지 못한다. 시는 그런 구체적 상황으로부터 독립되어 있기 때문이다. 그래서 독자는 언어에서 시작하여 언어로 돌아갈 수밖에 없다. 언어 자체에 주목하기 때문에 의미잉여가 언제라도 발생할 준비가 되어 있다. 의미잉여는 언어 자체에 대한 주목에서 생기기 때문이다.

---

40. Antony Easthope, 박인기 옮김, 『시와 담론』, 지식산업사, 1994, 37쪽.
41. 서정주의 첫시집 『화사집』(남만서고, 1941)에 실린 표기 그대로 싣는다.

2) 언어 요소들의 평등주의

의미잉여의 언어는 언어 요소들의 평등주의를 지향한다. 시적 언어에서는 기표와 기의의 미묘한 활동이 본질적이다. 그것은 일상적 언어에서 눈짓이나 표정의 미묘한 변화, 즉 언어 외적 요소가 중요한 것과 마찬가지다. 미묘한 변화에 민감하다 보니 언어의 모든 구성 요소가 동등하게 취급된다. 문법상의 우월한 지위를 지닌 명사, 동사와 같은 품사만 주목되는 것이 아니라 조사, 부사 등 일종의 문법적 타자의 지위에 놓인 모든 요소들과 기표의 모든 조건들이 동등하게 주목을 받는다. 이를 언어의 '균일화'[42]라 부르기도 한다.

「봄」과 관련시켜 보자. 이 시에 나오는 문법적 지위가 없는 말줄임표를 보아도 언어 요소들의 평등주의를 잘 알 수 있다. "피가 잘 도라…"에 사용된 말줄임표의 역할은 일상 언어와 다르다. 일상적 언어 사용에서 말줄임표는 언어의 공백을 나타내는 기호, 자연스러운 언어 전개의 일시적 중단을 알려 주는 기호일 뿐이다. 그러나 이 시에서 말줄임표는 다음 구절("아무병도 없으면")과의 거리를 만들고, 그 결과 앞의 구절("하눌이어")과의 친근성을 조성한다. 그래서 피가 잘 도는 주체가 가시내일 뿐 아니라 하늘일 수도 있음을 짐작하게 한다. 그래서 '피가 잘 도는 하늘'이라는 육감적이면서 신성한 기의가 잠재적으로 형성되는 것이다. 또한 평등주의는 기표의 차원에서 음운적 요소에도 주목하게 한다. 서두에 나오는 'ㅣ' 모음의 반복(피고, 지고, 뱀이, 제비, 하늬) 등은 매끈하게 상승하는 제비의 몸짓과 영적 변화를 불러오는 봄의 심상을 환기시킨다. 이는 언어의 기표와 기의에 두루 주목하게 만드는 의미잉여의 언어에서만 나타나는 특수한 현상이라 할 수 있다.

---

42. 新田博衛, 이기우 옮김, 『詩學序說』, 동천사, 1987, 134쪽. 新田博衛(니츠다 히로에)는 시적 언어의 특성을 (1) 언어표현으로서 이상할 만큼의 안정성, (2) 언어의 질료성, (3) 언어의 의미의 음성내재성으로 정리한다. 그중 (1)은 품사에 의한 언어의 운동 에너지의 차가 없어지고, 그 결과 언어의 특유한 부동성이 사라지는 경우를 말한다.

언어 요소의 평등주의 때문에 행갈이와 같은 기표의 배치도 시에 있어서 중요한 요소가 된다. 시에서 이런 형식상의 변화는 내용상의 변화를 동반하지 않을 수 없다. 시에서 기표 차원의 변화는 기의 차원의 변화와 맞물려 있기 때문이다. 「봄」에서 이를 확인할 수 있다. 이 작품은 형식상 상당한 변화를 겪는데, 애초에 이 시는 다음과 같은 형식으로 발표되었다.

> 복사꽃 피고
> 복사꽃 지고
> 뱀이 눈 뜨고
> 초록제비 무처 오는 하늬바람우에
> 혼령있는 하눌이여. 피가 잘 도라……
>
> 아무病도없으면, 가시내야
> 슬픈일좀 슬픈일좀 있어야겠다.[43]

『인문평론』(1939. 11)에 발표된 이 작품과 시집 『화사집』(1941)에 실린 같은 제목의 작품은 엄격하게 말해서 동일한 작품이라 할 수 없다. 내용은 동일하지만 형식에서 엄청나게 달라졌기 때문이다. 이런 방식으로 행갈이를 하면, 몇 개의 구절이 한 시행으로 독립하게 된다. 이때 특정 어휘, 예를 들어 시행의 처음과 끝에 놓이는 어휘에 시선이 집중된다. 그것은 그 구절의 기의에도 영향을 미친다. 이 시의 1-3행의 앞부분에 놓인 'ㅂ'음이 두음 효과를 지니게 되는 것은 행갈이를 하지 않았을 때에는 발생하지 않는 새로운 효과라 할 수 있다. 또한 연나눔에 의해서 피가 잘 도는 대상이 하늘임이 분명해지는 효과도 생긴다.

전체적인 효과를 고려할 때 이 시에 있어서 행과 연의 구분은 그다지 효과적이라 할 수 없다. 산문시 형태에서 기표의 공간적 촘촘함은 기의의 충

---

43. 서정주, 「봄」, 『인문평론』 제2집, 1939. 11, 16쪽.

돌을 유발하여 기의의 환상성과 속도감을 강화시키는데, 행갈이는 이를 무화시켜 의미상의 허전함을 가져온다. 또한 기표와 기의의 의미잉여가 생성되는 것을 방해하며, 시선의 분산으로 인해 각 구절에 대한 주목도 이끌지 못한다. 마지막으로 연나눔에서 피가 잘 도는 대상이 확정된 것처럼 보이게 만든 것은 짧은 시의 풍부한 의미생성에는 아주 부정적으로 작용한다. 이런 점에서 전체를 하나의 줄글로 구성하고 있는 『화사집』의 수정된 작품이 더 뛰어난 시라 할 수 있다.

3) 생성 중인 기의

확정적이고도 안정적인 기의는 일상 언어의 존재 이유이다. 사전적 의미라고도 부르는 안정된 상태의 기의가 없다면 의사소통 자체는 불가능해진다. 동일한 기표가 동일한 기의를 지니고 있다고 믿을 때, 하나의 문장이 단일한 의미를 지닌다고 믿을 때, 비로소 의사소통이 행해지는 것이다. 기의가 불명확하거나 기의를 짐작할 수 없는 언어를 잠꼬대나 광인의 말로 부르는 것은 의사소통의 안정성을 믿는 일상 언어의 차원이다.

그런데 의미잉여의 시적 언어는 이와 전혀 다른 방식으로 의사소통을 한다. 시에서는 어휘나 문장의 차원에서 기의가 안정적으로 존재하는 경우가 드물다. 김기림이 과학적 명제와 시적 언어를 구별한 것도 이 지점이다. 과학적 명제가 사건과 사물에 비추어 검증될 의무가 있는 데 반해, 시적 언어는 검증의 의무를 지지 않고, 전자가 하나의 의미만을 나타내는 데 반해, 후자는 그런 일의성(一義性)을 요구받지 않는다는 것이다.[44] 일의성으로부터 자유로운 것, 그것은 기의의 안정성을 부정하는 시적 언어의 특성이다.

이런 관점에서 「봄」(어떤 형식을 지니는지는 무관하다)을 살펴보자. 단 두 문장에 불과한 이 시에서 도구적 언어가 지니고 있는 명확한 의미도 잘 드

---

44. 김기림, 「시와 과학과 회화」, 『인문평론』, 1940. 5; 김기림, 『김기림전집』, 심설당, 1988, 22쪽.

러나지 않으며, 문장 구조도 명확하지 않다. '피가 잘 도는' 대상이 하늘인지 가시내인지도 불명확하다. '피고,' '지고,' '눈뜨고'는 모두 '그리고'로 연결된 대등한 나열이지만 의미 구조상 전체가 대등한 것이 아니다. 그런 균열은 기의의 확정을 지연시킨다.

 그러나 기의 확정의 보류는 기의가 완전하게 부재함을 의미하지는 않는다. 이 기의는 확정적이지 않고 독자에 의해 계속적으로 생성되는 기의이다. 즉, 의미잉여의 언어에서 기의는 과정 중의 기의, 생성 중인 기의인 것이다. 위의 시도 독자에 따라 다양하게 이 발화의 기의를 이해할 수 있다. '봄의 신성한 변화에 동조하고자 하는 인간의 근원적 갈망'도 그중의 하나이다. 이 시에서 봄의 신성함은 봄 하늘에 깃든 신비한 영성(靈性)으로 나타나는데, 이때 '슬픈 일'은 인간의 유한성을 넘어 신성(神性)에 참여하고자 하는 신성한 슬픔이라 할 수 있다. 이것이 왜 '슬픈 일'일 수밖에 없을까. 봄이 가져오는 변화는 인간의 근원적 성격을 바꾸는 것이기에 마냥 경쾌하고 발랄한 기쁨이 될 수 없으며, 병과 같은 육체적 결함에서 생기는 것이 아니므로 단순한 비참함이 될 수도 없다. '슬픈 일'은 인간의 내면 깊은 곳, 혼령 있는 하늘과 맞닿은 심층에서 생기는 본질적인 변화를 의미한다. 이 슬픔에는 인간의 유한함을 떠날 때의 아쉬움과 새로운 변화에의 두려움이 담겨 있다. 초월적 세계에 대한 유한한 인간의 갈망은 본질적으로 이럴 수밖에 없다. 유한과 무한 사이에 놓인 인간이 무한을 꿈꾸는 일은 일종의 '노스탤지어'의 발현으로서 근원적으로 슬픔의 일종이기 때문이다.

 그러나 이와 같은 해석도 하나의 해석에 불과하다. 독자에 따라 수많은 해석을 내놓을 수 있다. 독자는 모두 기의 해석의 공동체로 존재하면서 그 기의의 확정을 공모하는 존재가 된다. 시인 역시 그 공동체의 일원일 뿐이다. 시인은 생성 중인 기의의 확정에 도움을 줄 수 있지만 기의의 미확정을 종료시킬 수는 없다. 시인이 자신의 시에 대해서 한 평가나 의도 설명은 작품의 기의 해석에 하나의 보조 자료에 불과하다. 의미잉여가 개인의 의도를 넘어선 것이라는 점과 시인의 의도가 시의 모든 것을 장악할 수 없다는 사실이 이를 증명한다.

시를 위한 토론

1. 다음은 일상어를 피하기 위해 우회어법을 사용한 18세기 영국의 시다. 밑줄 친 부분에 해당하는 일상어를 짐작해 보고, 이 시인이 생각하는 시적 언어의 성격을 정리해 보자.

   말해 주십시오, 아버지 템스 강이시여,
   당신께서는 무수한 홍겨운 족속이
   당신의 가장자리의 초록 속에서 장난치며
   즐거움의 길을 따라가는 것을 보셨으니;
   지금 누가 가장 즐겁게 당신의 유리 같은 물결을
   ㉮<u>유연한 팔로 가르는지요</u>(cleave with pliant arm)?
   무엇이 포로가 된 홍방울새를 사로잡고 있는지요?
   어떤 ㉯<u>한가한 자손</u>(idle progeny)이 대를 이어
   ㉰<u>회전하는 원</u>(rolling circle)의 속도를 쫓아가거나
   ㉱<u>날아가는 공을 재촉</u>(urge the flying ball)하는지요?.
   ─ 토머스 그레이, 「이튼 중학교의 원경에 대한 노래」 부분

2. 다음은 낭만주의 시인들이 생각하는 시적 언어의 특성을 정리한 글이다. 이를 참고로 하여 지금도 이런 생각이 영향력을 발휘하고 있는지 구체적인 예를 들어 설명해 보자.

   첫째, 인공물보다는 자연, 혹은 자연물에 이름을 붙인 구체어가 시적이라고 생각되었다. 예를 들면 꽃, 풀, 나무, 달, 별, 강, 시내, 바다 등. 둘째, 남성적인 것보다는 여성적인 것, 추한 것보다는 아름다운 것이 시적인 언어로 간주되었다. 셋째, 두뇌에 호소하는 지적 추상어보다는 감정에 호소

하는 정감적인 추상어가 더욱 시적인 언어라고 생각되었다. 가령 그리움, 사랑, 슬픔, 기쁨 등은 투쟁, 사상, 합리, 인식 등의 추상어보다 시적인 것으로 간주되었다.

— 정한모, 『현대시론』(개정판)

3. 다음의 인용문 ㉮, ㉯에 나타난 '말하는 방식'의 차이를 설명하고, 이런 관점은 시적 언어의 '외적 형식'과 '내적 구조' 중 어떤 점과 연계되는지 설명해 보자.

    일반기도서의 시편 제49의 ㉮"그러나 아모도 제 형제를 구원할 수 없고 그를 위해 하나님과 서로 언약할 수 없느니라." 나로 보면 이것은 아주 감동적인 시가 되어서 이것을 읽을 때 내 목소리는 평온하기 어렵다. 이것이 언어의 효과인 것을 나는 실험으로 밝힐 수 있다. 그와 같은 생각을 다룬 성경의 ㉯"아모도 아모 방법에 의해서도 그의 형제를 구원할 수 없고 하나님 앞에 그를 대속할 수 없느니라." 나는 아모런 감동도 없이 이것을 읽을 수 있다.
    시는 말해진 내용이 아니라 그것을 말하는 방식이다.

— 박용철, 「시의 명칭과 성질」

4. 조녀선 컬러의 다음 관례에서 의미잉여로서의 시적 언어의 특성을 추론할 수도 있다. 각각의 관례가 어떤 특성과 연계될 수 있는지 설명해 보자.

  ① 거리와 상황지시(distance and deixis)

  ② 유기적 전일체(organic wholes)

③ 주제와 현현(theme and epiphany)

④ 저항과 만회(resistance and recuperation)

5. 테리 이글턴의 다음과 같은 언급이 '의미잉여의 언어'의 어떤 특성과 관련되는지 설명해 보자.

> (형식주의자들에 따르면 — 인용자) 문학은 일상언어를 변형하고 강도 있게 하며 일상적인 말로부터 계획적으로 일탈한다는 것이다. 만일 누가 버스정류장에서 내게 다가와 "그대 아직 순결한 고요의 신부여!"라고 중얼거리면 나는 곧 문학적인 것을 마주하고 있다고 느낀다. 그 이유는 그 단어들의 결, 리듬 그리고 울림이 그 추상될 수 있는 의미를 초과하고 있기 때문이다. 혹은 언어학자들이 더욱 전문적으로 표현하는 대로, 씨니피앙과 씨니피에 사이에 비례가 어긋나 있기 때문이다. 그 언어는 "운전사들이 파업 중이라는 것을 모르십니까?"와 같은 진술과는 달리 언어 자체에 주의를 끌며 자신의 물질적 존재를 과시한다.
> — 테리 이글턴, 『문학이론입문』

6. 다음은 김수영의 「누이의 방」에 대한 해설이다. '허나'에 대한 해설의 타당성을 시적 언어의 특성 중 '언어 요소들의 평등주의'와 관련해서 평가해 보자.

> 똘배가 개울가에 자라는/숲속에선
> 누이의 방도 장마가 가시면 익어가는가
> 허나/인생의 장마의/추녀끝 물방울소리가
> 아직도 메아리를 가지고 오지 못하는
> 팔월의 밤에/너의 방은 너무 정돈되어 있더라

이런 밤에/나는 서울의 얼치기 洋館 속에서
골치를 앓는 여편네의 댓가지 빽 속에
조약돌이 들어있는/공간의 우연에 놀란다
누이야/너의 방은 언제나/너무 정돈되어 있다
입을 다문 채/흰실에 매어달려 있는 여주알의 곰보
창문 앞에/안치해 놓은 당호박
평면을 사랑하는/코스모스
역시 평면을 사랑하는/킴 노박의 사진과
국내소설책들…
이런 것들이 정돈될 가치가 있는 것들인가
누이야/이런 것들이 정돈될 가치가 있는 것들인가
— 김수영, 「누이의 방」 전문

평범한 일상을 소재로 해서 이루어 놓은 비범한 리얼리즘이 우선 놀랍다. "인생의 장마의 추녀끝 물방울소리"가 풍기는 우수는 바로 앞줄의 '허나'의 절묘한 배치 때문에 더욱 호소적이다. (…) 이 작품에서의 '허나'는 다른 말로 대치될 수 없는 고유어의 필연성으로 팽팽해 있다. '그러나'로 고칠 경우 너무 심심해진다. 이 접속적 단서의 말은 앞으로 있을 오빠의 이견(異見)을 예고해 주면서 누이에 대한 오빠의 애정이 간곡하면서도 일변 예스러운 위계(位階) 감각과 어울려 있음을 시사해 준다. 어쨌거나 이 말에는 필연성에 의해서 제자리를 찾은 시어에 특유한 짤막한 희열의 전류가 흐르고 있다.
— 유종호, 「시의 자유와 관습의 굴레」, 『동시대의 시와 진실』

7. 다음은 박용철의 언급이다. 밑줄 친 부분을 시적 언어의 특성 중 '생성 중인 기의'와 관련해서 설명해 보자.

우리는 한 기술가(技術家)로서 매재(媒材)의 성능을 가장 미세한 숫자까지 계산하여야 하고 위치를 따라 생기는 그 성능의 변화를 가장 세밀하게 예측하여야 된다는 의미에서, 폴 발레리가 시를 수학처럼 명징하여야 한다 하고 일정한 구획, 일정한 법칙 아래서 운행되는 장기놀이에 비하였다고 하는 것은 일리가 있는 말이다. 기술은 그와 같이 신밀(愼密)히 고려된 구사(驅使)이어야 할 것이다. (…) <u>우리는 시에서 엄격을 기할 수는 있어도 정확을 기할 수는 없는 것이다.</u>

— 박용철, 「'기교주의' 설의 허망」

8. 다음 글을 참고하여 '나는'이라는 단어의 자리바꿈이 어떤 점에서 시를 형성하는지 설명하고, 그것이 시적 언어의 어떤 특성과 관련되는지 말해 보자.

　　나는 여기 피비린 옥루(玉樓)를 헐고 다사한 햇살에 익어 가는 초가삼간(草家三間)을 짓자.

라고 쓰면 산문이 되지만 같은 단어를 다음과 같이 자리만 바꿔 놓으면 시가 된다.

　　여기 피비린 옥루(玉樓)를 헐고
　　다사한 햇살에 익어 가는
　　초가삼간(草家三間)을 나는 짓자.

— 졸시, 〈흙을 만지며〉

'나는'이라는 한 마디의 자리바꿈으로 산문이 일약 시가 되는 것이다. 이와 같이 시의 언어는 그 위치의 배정에 따라 시가 되기도 하고 안 되기도 하며, 살기도 하고 죽기도 한다.

— 조지훈, 『시의 원리』 중 「시어와 산문어」

제6장 • 심상

1. 심상의 개념

 심상(心象)은 이미지(image) 혹은 이미저리(imagery)의 번역이다. 이미지는 하나의 인상을 가리킬 때 사용하고, 이미저리는 이미지의 집합적 개념을 가리킬 때 사용하는 것으로 구분하는 경우도 있지만,[1] 요즘은 이미지라는 말로 두 가지 경우를 모두 포괄하는 것이 일반적이다.
 심상의 의미에 대해서는 수많은 논의가 있어 왔다.[2] 사전에 정리되어 있는 것만 해도 여러 개 된다. ① 은유, 직유 또는 언어문채(figure of speech), ② 구체적인 언어적 지시, ③ 되풀이되는 모티프, ④ 독자의 마음속에 나타나는 심리적 사건, ⑤ 은유의 보조관념, ⑥ 상징이나 상징적 패턴, ⑦ 통합적 구조로서의 한 편의 시에 대한 전체적 인상 등이 그것이다.[3]
 심상 문제를 제대로 다루기 위해서는 심상과 관련된 '지각'의 인식론

---

1. "이미지는 그것이 하나의 형상 또는 부분적 현상임에 비해 이미저리는 이러한 이미지의 복합군을 뜻하는 것으로 이해된다. 따라서 이미지는 이미저리에 의해서 통합되고 조정되는 그 구성단위로 보는 것이 옳을 것이다." 정한모, 『개정판 현대시론』, 보성문화사, 1988, 70-71쪽.
2. 랜섬, 스퍼전, 루이스 등의 심상 개념에 대한 검토는 김종길, 「이미지의 개념」, 『시에 대하여』, 민음사, 1986 참조.
3. Alex Preminger(ed), 'image,' *Encyclopedia of Poetry and Poetics*, Princeton University Press, 1993, 556쪽.

적 위상을 검토하는 일이 필요하다. 심상은 지각의 결과물이기 때문이다. 서구 인식론에 의하면, 우리는 대상을 인식할 때 감각(sensation)과 지각(perception), 그리고 인식(cognition)의 단계를 거친다.[4]

먼저 감각은 우리의 감각기관이 대상과 관계하여 포착한 감각기관의 느낌 그 자체를 말한다. 눈과 귀, 코, 혀, 피부 등을 통해 일차적으로 포착하게 되는 생리학적 질료들이 바로 감각이다. 이 단계에서 감각은 어떤 인식을 위한 기초적인 계기로서만 기능을 한다.

다음으로 지각은 이 감각 질료를 대상으로 작동되는 인식 단계이다. 지각을 통해 우리는 감각적 질료 그 자체를 감각 자료(sense data)로 받아들이고 인식을 위한 준비를 한다. 심상은 이때 '인식의 대상으로 포착된 감각 자료'를 가리킨다. 칸트의 용어로 하자면 구상력의 종합을 기다리는 상태의 "지각들" 혹은 "인상들"[5]이라 할 수 있다.

마지막으로 인식은 지각의 대상을 하나의 개념적 틀로써 명확하게 구별하는 단계를 가리킨다. 이런 인식을 통해 우리는 대상을 하나의 변별적인 존재, 즉 명확한 개념으로 이해하게 된다.

심상의 성격을 이해하기 위해서는 이 중 지각의 단계에 주목해야 한다. 심상을 산출하는 지각은 인식론적 흐름에서 "신체적 감각과 개념적 인식 사이에서 벌어지는 인식 과정을 가리키는 개념"으로, 이는 "대상을 포착해서 알아보긴 하지만, 아직 명확하게 개념화되지 않은 그런 중간 과정"[6]을 가리킨다. 따라서 지각은 순수한 감각도 아니며 지성적 개념도 아닌 중간자적 성격을 지니게 되는 것이다.

심상도 이 지각의 성격에 따라 중간자적 성격을 지닌다. 즉, 심상은 독립

---

4. 심상에 대한 구체적인 이해는 박현수, 「이미지의 본질: 유식철학과 이미지 개념의 성찰」, 『전통시학의 새로운 탄생』, 경북대학교출판부, 2013 참조.
5. I. Kant, 최재희 옮김, 『순수이성비판』, 박영사, 1984, 138쪽. 초판(A 120)의 내용이다. 칸트는 현상과 의식의 결합을 지각이라 부르고, 직관의 다양을 하나의 심상으로 만드는 것이 구상력이라 본다. 그러나 감성과 지성(오성)을 결합하는 '선천적 종합 능력'으로서의 구상력은 이미 인식의 범주에 치우친 것이라 할 수 있다.
6. 이정우, 『영혼론 입문』, 살림출판사, 2003, 62쪽.

적으로 존재하는 순수한 감각도 아니고 완전한 지성적 개념도 아닌 것이다. 베르그송이 정리한 바처럼 심상은 "관념론자가 표상이라고 부른 것 이상의, 그리고 실재론자가 사물이라 부른 것보다는 덜한 어떤 존재 ─ 즉 〈사물〉과 〈표상〉 사이의 중간 길에 위치한 존재"[7]인 것이다.

이런 논의를 바탕으로 하여 심상을 정의하면, 심상이란 '순수 감각과 개념 사이에 존재하는, 반질료성(半質料性)과 유동성을 지닌 역설적인 감각자료'[8]라고 할 수 있다. 반질료성은 심상이 질료의 상태를 최대한 보전하고 있는 경우를 말하고, 유동성은 사물 자체와 개념으로부터 긴장을 유지하고 있는 상태를 가리킨다. 다음 시의 '새'가 이 특성을 잘 보여 주고 있다.

　　나의 내부에는
　　몇 마리의 새가 산다.
　　은유의 새가 아니라,
　　기왓골을
　　쫑,
　　쫑,
　　쫑,
　　옮아 앉는
　　실재(實在)의 새가 살고 있다.

　　새가 뜰로 나리어
　　모이를 좇든가,
　　나뭇가지에 앉든가,
　　하늘로
　　날
　　든가,

---
7. Henri Bergson, 박종원 옮김, 『물질과 기억』, 아카넷, 2005, 22쪽.
8. 반질료성과 유동성에 대한 구체적인 설명은 심상의 본질을 다루는 부분 참조.

새의 의사(意思)를
죽이지 않으면, 새는
나의 내부에서도
족히 산다.

— 박남수, 「새 3」 전문

  시인의 내부에 사는 '새'는 은유의 새가 아니라 "실재의 새"다. 그렇다고 해도 이 새는 시인의 뇌 속으로 들어간 실제의 새가 아니다. 이것은 질료적 상태가 최대한 보전되어 있는, 즉 반질료성의 상태에 있는 새의 심상을 말한다. 또한 이 새는 개념화되지 않은 상태, 즉 "새의 의사를/죽이지 않"은 상태라는 점에서 복합적인 긴장 상태를 유지한 심상의 새인 것이다. 이 점에서 심상은 역설적인 성격을 지닌 개념이라 할 수 있다.

  시에 있어서도 심상의 정의는 이와 다르지 않다. 다만 철학적 인식과 다소 차이가 나는 '시적 인식'의 방법 혹은 대상이라는 점에서 특수성을 지녔을 뿐이다. 따라서 심상을 "시적 인식의 과정에서 형성되는 모든 심리적·감각적 체험의 구상화이며 동시에 시적 인식의 한 방법"[9]이라고 정의한 것도 어느 정도 타당성을 지녔다고 할 수 있다.

  이런 심상을 다루는 능력이 바로 상상력이다. 상상력은 영어로 'imagination'이라고 하는데, 이것은 심상(image)을 이용하여 새로운 것을 만들어 내는 능력을 가리킨다. 이것을 "이미지 작용"[10]으로 번역하는 것도 가능할 것이다. 이미지 작용으로서의 상상력은 심상을 구성하는 능력이다. 간혹 구상력(構像力)으로 번역하는 것도 이 어원을 생각하면 일리 있는 일이다.

  앞에서 다룬 심상의 정의를 참고할 때 심상이 없는 표현이 가능할 것인가 하는 문제도 여기서 다룰 수 있다. 심상이 기본적으로 감각 자료, 심리학적으로 말하자면 감각적 정보라는 점에서 모든 언어 표현에 감각적 정

---

9. 정한모, 앞의 책, 70쪽.
10. 이정우, 앞의 책, 73쪽.

보가 있다고 말할 수는 없을 것이다. 심리학에 따르면, 뇌에서 언어 정보를 저장하는 과정인 부호화(encoding)에는 크게 세 가지가 있는데, 시각부호화(visual encoding), 청각부호화(acoustic encoding), 의미부호화(semantic encoding)가 그것이다. 앞의 두 개는 감각부호화로서 감각 정보를 지니고 있는 데 반하여, 마지막의 의미부호화는 감각 정보 없이 개념만 지니고 있는 것이다. '고릴라'와 '처리'라는 어휘를 예로 들어 보면, "'고릴라'에 대해서는 심상과 의미를 모두 연합할 수 있는 반면에, '처리'에는 의미만을 연합"[11]할 수 있다. 즉, '고릴라'라는 어휘에는 시각부호화와 의미부호화가 작용하지만, '처리'라는 말에는 감각적 부호화 없이 의미부호화만이 작용한다. 의미부호화만 연합할 수 있는 '처리'와 같은 어휘는 감각적 정보가 없는 표현, 즉 심상이 없는 표현이라 할 수 있다.

시적 표현에서 심상의 유무는 시적 효과에 많은 영향을 미친다. 심상이 부족한 경우 시에서 정서적 효과가 극히 빈약하게 된다. 다음 시의 경우가 그렇다.

> 인류의 범죄자
> 역사의 도살자인
> 아메리카 ─ 부르주아의 정부는
> 사랑하는 우리의 동지
> 세계무산자의 최대의 동무
> 작코, 반제티의 목숨을 빼앗었다
> 전기로 ─
>
> ─ 임화, 「담(曇)-1927 작코, 반제티의 명일(命日)에」 부분

이 시의 대부분의 시행에는 사실상 구체적인 감각적 정보를 환기하는 언어 표현이 없다. 즉, 감각적 부호화와 관련된 어휘는 거의 없고, 의미부

---

11. David G. Myers, 신현정 · 김비아 옮김, 『마이어스의 심리학』, 시그마프레스, 2008, 445쪽.

호화만 가능한 어휘들로 구성되어 있다. 심상의 정의에 따라 이를 규정하자면, 순수 감각의 요소가 없고 개념적 요소만으로 이루어져 있다는 것이다. 이럴 경우 시는 관념적인 메시지가 중심이 되어, 시적 울림이 지극히 약해질 수밖에 없다.[12]

2. 심상의 유형

1) 감각적 심상과 공감각적 심상

심상의 유형을 나눌 때 기본적으로 알아두어야 할 사항이 있다. 간혹 심상을 시각적 정보만을 의미하는 것으로 이해하는 경우가 있었다. 이미지의 번역어로서 '심상(心象)'이 이런 인식의 소산이다. 이때 '심상'은 '마음속에 그려진 그림'이라는 의미로서 시각적인 면만을 강조한 것이기 때문이다. 심상의 정의에서 '감각 자료'라고 한 점에서 알 수 있듯이, 심상은 온갖 종류의 감각적 정보 전체를 의미하는 것이다. I. A. 리처즈가 "온갖 종류의 감각에는 제각기 대응하는 심상이 존재한다"[13]고 한 것도 이 때문이다.

심상의 유형은 나누는 기준에 따라 다양한 방식이 있지만, 여기에서는 그중 대표적인 것만 소개한다. 단 기존의 시론서에 많이 언급된 지각적(정신적), 비유적, 상징적 심상으로 나누는 것은 타당성이 없으므로 여기에서는 배제한다.[14]

---

[12] 심상의 유무와 시의 평가는 별개의 문제이다. 웰렉과 워렌은 "완전히 심상이 없는 시"로서 서술시를 꼽으며, 로버트 브리지스(Robert Bridges)의 "나는 모든 아름다운 것들을 사랑하느니, 나는 그것들을 찾고 숭배하노라"는 구절을 좋은 예로 들고 있다. R. Wellek & A. Warren, 김병철 역, 『문학의 이론』, 을유문화사, 1982, 36쪽.
[13] I. A. Richards, 김영수 옮김, 『문학 비평의 원리』, 현암사, 1977, 165쪽.
[14] 지각적(정신적) 심상은 우리의 마음속에 재생되는 감각적 심상을 말하고, 비유적 심상은 비유를 통해 나타나는 것을, 상징적 심상은 반복적으로 나타나는 것을 말한다. 그러나 이들은 서로 겹쳐 있는 부분이 많아 독립적 범주로 보기 힘들다. 이런 구분의 근거로

첫째, 감각의 종류에 따라 나누는 방식이다. 즉, 감각적 심상의 하위 유형을 나열하는 방식이다. 감각적 심상은 우리 마음속에 재생되는 여러 감각으로 구성된 심상을 말하는데, 흔히 감각 정보가 정신적으로 재현된다는 의미에서 '지각적(정신적) 심상(mental image)'이라 부르기도 한다. 여기에는 다양한 하위 유형이 있다. 시각적(visual; 바라보기, 즉 명암, 투명성, 색상, 동작), 청각적(auditory; 듣기), 후각적(olfactory; 냄새), 미각적(gustatory; 맛), 촉각적(tactile; 접촉, 즉 온도, 촉감), 기관적(organic; 심장박동, 맥박, 호흡, 소화작용), 근육 감각적(kinesthetic; 근육의 긴장과 운동에 대한 인식) 심상 등이 그것이다.[15]

둘째, 감각의 전이 유무에 따라 나누는 방식이다. 이에 따르면 심상은 감각의 전이가 없는 정적인 심상과 감각의 전이가 이루어지는 동적인 심상으로 나누어진다.[16] 전자는 색채 심상과 같이 감각의 전이 없이 단독으로 성립하는 것을, 후자는 감각의 전이가 일어나는 심상을 말한다. 동적인 심상의 대표적인 예가 공감각적 심상(synaesthetic imagery)인데, 이는 "하나의 감각으로부터 다른 감각으로, 예를 들면 소리로부터 색채로 이동해"[17] 가는 것을 말한다. 다음 시에 공감각적 심상이 잘 드러나 있다.

    모래밭처럼 찌던
    시가를 벗어나,
    질경꽃빛 구월의 기류를 건너면,

    은피라미떼

프린스턴 시학사전의 N. 프라이의 설명을 제시한다. 그러나 이후 새로운 판본에는 이것이 다른 글로 교체되었는데, 거기에는 이런 구분을 심상의 유형으로 다루지 않고, 심상과 관련된 통시적인 연구 주제로 다루고 있다. Alex Preminger, 앞의 책, 'imagery' 항목 참조.
15. Alex Preminger, 'imagery,' 위의 책, 560쪽.
16. R. Wellek & A. Warren, *Theory of Literature*, Penguin Books, 1976, 187쪽.
17. R. Wellek & A. Warren, 위의 책, 187쪽.

은피라미떼처럼 반짝이는

아침 풀벌레 소리.

— 김종길, 「여울」 전문

공감각은 하나의 감각을 다른 감각으로 전이하는 것이다. 위의 시는 '풀벌레 소리'의 청각적 심상을 '반짝인다'고 표현하여 시각적 심상으로 전이시키고 있다. 간혹 "번쩍이는 평화"를 예로 들어 "감각이 관념과 결합하는 것도 공감각"[18]이라 하지만, 이것은 엄밀하게 말해서 공감각이라 부르기 어렵다. "관념(평화)에서 감각(번쩍이는)으로 옮겨가는 것"은 감각의 전이가 아니라 '관념의 감각화'에 불과하기 때문이다.

2) 연계심상과 자유심상

리처즈는 연상의 자유 정도에 따라 심상의 종류를 두 가지로 나눈다. '연계심상(tied imagery)'과 '자유심상(free imagery)'이 그것이다.[19] 이를 이해하기 위해 다음 도표를 참조하여야 한다.

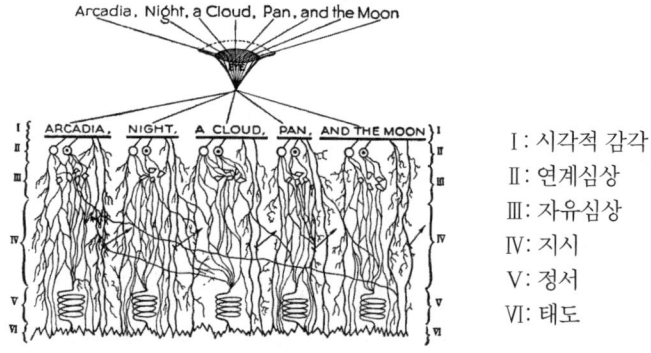

Ⅰ: 시각적 감각
Ⅱ: 연계심상
Ⅲ: 자유심상
Ⅳ: 지시
Ⅴ: 정서
Ⅵ: 태도

---

18. 김준오, 『시론』(제4판), 삼지원, 2000, 171-172쪽.
19. I. A. Richards, 앞의 책, 161-168쪽 참조. 번역서에는 연결(連結)심상, 유리(遊離)심상으로 번역하고 있다.

이 그림은 '이상향(Arcadia), 밤, 구름, 목신(Pan), 그리고 달'이라는 구절을 읽고 있는 독자의 심리 과정을 보여 주고 있다.[20] 양쪽에 표시된 로마자는 읽기 과정의 층위이다. 간단하게 설명하면 다음과 같다. 먼저 독자는 눈을 통하여 '구름'이라는 글자를 인식하고(I), '구름'이라는 단어를 머릿속에서 발음하면서 청각심상과 발음심상을 떠올리고(II), 그것을 통해 '뭉게구름'과 같은 시각적 심상을 그려 보게 된다(III). 다음으로 그 심상이 지시하는 하나의 대상, 즉 구체적인 구름을 떠올리고(IV), 그것에 촉발되어 어떤 정서가 일어나고(V), 정서가 그 단어에 대한 독자의 태도를 결정하여 의미가 완료된다(VI). 이 중 I-II 과정이 감각 과정이고, III-VI 과정이 지각 과정 및 인식 과정이라 할 수 있다.

이때 두 번째 단계(II)가 연계심상이고 세 번째 단계(III)가 자유심상이다. 전자는 글자를 볼 때의 시각적 심상, 묵독할 때의 청각적 심상(상상적 발음에서 생긴 것), 발음할 때의 발음 심상(실제 발음을 가정할 때 생기는 근육 감각적 심상)을 말한다. 이것은 글자 자체의 물질성과 밀접하게 연결되어 있는 심상들이다. 이에 반하여 후자는 시각적 심상처럼 독자가 각자 다양하게 반응하는 대부분의 심상을 가리킨다. 이런 구분에 따르면 모든 표현이 심상을 지니고 있기 때문에 심상이 없는 표현은 불가능하다고 할 수 있다.

3) 서술적 심상과 비유적 심상

김춘수는 감각의 순수성 여부에 따라 심상의 유형을 '서술적 심상'과 '비유적 심상'으로 나눈다.[21] 전자는 '심상 그 자체를 위한 심상'을 가리키고, 후자는 '관념을 전달하기 위한 도구로 쓰이는 심상'을 가리킨다.

---

20. I. A. Richards, *Principles of literary criticism*, New York: Harcourt Brace, 1955, 116쪽.
21. 김춘수, 『시론 — 시의 이해』, 송원문화사, 1971; 『김춘수전집 2 시론』, 문장사, 1982, 243-251쪽.

(가) 지리교실 전용지도는

　　다시 돌아와 보는 미려한 칠월의 정원.

　　천도열도(千島列島) 부근 가장 짙푸른 곳은 진실한 바다보다 깊다.

　　한가운데 검푸른 점으로 뛰어들기가 얼마나 황홀한 해학이냐!

　　의자 우에서 다이빙 자세를 취할 수 있는 순간,

　　교원실의 칠월은 진실한 바다보담 적막하다.

　　　　　　　　　　　　　　　　　　　　　― 정지용, 「지도」 전문

(나) 거룩한 분노는

　　종교보다도 깊고

　　불붙는 정열은

　　사랑보다도 강하다.

　　아! 강낭콩꽃보다도 더 푸른

　　그 물결 위에

　　양귀비꽃보다도 더 붉은

　　그 마음 흘러라.

　　　　　　　　　　　　　　　　　　　　　― 변영로, 「논개」 부분

　김춘수에 따르면 (가)의 심상들은 의도나 메시지를 전달하는 도구가 아니라 심상 그 자체를 말하기 위한 것들이다. 이에 반하여 (나)의 심상들은 그 배후의 어떤 관념이나 사상을 가리키는 도구적 심상이다. 그래서 '물결'은 시각적 감각 자료가 아니라 '민족의 맥박 또는 역사' 등의 관념의 표상이 된다. 김춘수는 전자가 순수한 데 반하여, 후자는 관념에 봉사하는 역할을 하기 때문에 불순한 것으로 평가한다. 이 가운데 전자를 적극적으로 활용한 것이 '무의미시'라 할 수 있다.

3. 심상의 본질

1) 반질료성과 감각의 현현

앞에서 살펴보았듯이, 심상의 본질은 사물과 표상, 감각과 개념의 중간 지대에 놓인 감각 자료라는 데 있다. 이런 중간성이 이미지의 본질적인 특성이며, 존재론적 위상이다. 이때의 중간성은 사물과 표상의 성질을 공유하는 것이 아니라, 그 두 개념으로부터 최대한 긴장을 유지하는 것이라는 사실이 중요하다. 즉, 사물과 표상의 성격을 함께 지니는 절충이 아니라, 사물과 표상의 성격으로부터 이탈하려는 절충인 것이다. 이런 본질을 두 가지, 즉 반질료성과 유동성으로 나누어 설명할 수 있다.

먼저 반질료성(半質料性, semi-matterness)은 사물에 가까운 감각적 질료로서의 성격을 최대한 지니고 있으면서 어느 정도 인식의 과정에 들어갈 준비가 되어 있는 심상의 반(半) 질료적 상태를 가리킨다(반질료성은 인간의 인식에서 획득할 수 있는 최고의 질료적 상태이기 때문에 질료성이라 불러도 무방하다). 이 상태는 감각의 질료들이 자신의 생생하고 총체적인 물질성을 그대로 지니고 있는 상태이며, 개념에 의해 물질성의 활기를 잃기 전의 상황이다. 또한 감각적 활기를 유지한 채 의식으로 현현할 준비가 되어 있는 상태이기도 하다. 심상은 지각의 과정에 놓인 것이므로 완전한 감각적 질료일 수 없다. 그럼에도 이때의 심상은 개념보다는 사물의 상태에 더 가까운 실재성을 보유하고 있다. 반질료성이라 부를 수 있는 것도 이런 실재성의 감각 때문이다.

심상의 반질료성은 시적 어휘가 지닌 감각의 싱싱한 생기를 재현하는 데 중요한 역할을 한다. 더 정확하게 말하자면, '재현(representation)'이 아니라 '현현(epiphany)'이라 해야 할 것이다. 재현은 기억 속에 존재하는 최초의 감각을 최대한 실제에 가깝게 환기하는 것인데, 이는 기억 속에 이미 개념화된 상태로 저장된 감각을 재생하는 것에 불과하다. 이에 비하여 현현이란 기억 과정의 매개를 거치지 않고 감각 요소의 어떠한 손실 없이 최초의 감각을 그대로 불러오는 것을 말한다. 이때 감각은 감각의 질료 그 자체를 보존하고 있어, 시인에게나 독자에게 감각의 생생한 활기를 그대로 느끼게 한다. 시에서 심상이 중요하다고 할 때, 그 심상은 이와 같은 감각의 현현으로서의 심상이다. 이런 심상은 특히 시적 비유에서 쉽게 확인할 수 있다.

(가) 지붕에서리가나리고뾰족한데는은처럼월광이묻었다

— 이상, 「가정」 부분

(나) 찌르라기떼가 왔다
    쌀 씻어 안치는 소리처럼 우는
    검은 새떼들

— 장석남, 「새떼들에게로의 망명」 부분

(다) 마침내 사자가 솟구쳐 올라
    꽃을 활짝 피웠다
    허공으로의 네 발
    허공에서의 붉은 갈기
    나는 어서 문장을 완성해야만 한다
    바람이 저 동백꽃을 베어물고
    땅으로 뛰어내리기 전에

— 송찬호, 「동백이 활짝」 전문

(가)는 지붕 뾰족한 곳에 내린 서리를 "은처럼 월광이 묻었다"고 표현하고 있다. (나)는 찌르라기떼의 울음소리를 "쌀 씻어 안치는 소리"로 묘사하고 있다. 독자는 어떤 매개도 없이, 즉 어떤 설명도 없이(사실 설명이라는 것은 개념의 가장 대표적인 매개 행위이다) 이 감각을 그대로 느낄 수 있다. 독

자는 지금 바로 자신의 눈으로 달빛 아래 지붕 뾰족한 곳에서 빛나는 서리를 보고, 자신의 귀로 찌르라기떼의 울음소리를 듣는 생생한 경험을 하는 것이다. (다)에서는 동백꽃이 활짝 핀 모습을 "사자가 솟구쳐 올라/꽃을 활짝 피"운 것으로 표현하고 있다. 동백꽃이 사자의 모습으로 나타나 우리를 놀라게 하고 감탄하게 한다. 이런 심상들은 시인이 느꼈던 감각의 생생한 활기를 하나도 손실하지 않고 그대로 현현시킨 경우라 할 수 있다.

그런데 이런 심상의 반질료성이 개념에 포섭되어 버리면 그 질료성이 희석되어 '죽은 비유(dead metaphor)'가 된다. 죽은 비유는 많은 사람들에게 사용되어서 혹은 시간이 많이 흘러서 생긴 것이 아니라, 비유의 심상이 개념화되어 심상의 질료성을 상실하였기 때문에 발생한다.

> 달 달 무슨 달
> 쟁반같이 둥근 달
> 어디 어디 떴나
> 남산 위에 떴지
>
> — 윤석중, 「달」 부분

이 동시에 나오는 "쟁반같이 둥근 달"이라는 심상은 처음 발표되었을 때에도 감각의 질료적 생생함을 그다지 지니지 않았다고 할 수 있다. 이때 쟁반이라는 어휘는 '둥근 상태'라는 개념으로 사용되고 있어 생생한 물질성을 보여 주지 못하기 때문이다. 게다가 이것은 둥근달의 외형을 나타내는 데는 어느 정도 적절하지만 달이 지닌 더 중요한 자질인 광채는 전혀 반영하지 못하기에 너무 빈약한 심상이다. 다만 이것이 노래로 불리기에 그 상투성을 어느 정도 피할 수 있었을 뿐이다.

'쟁반같이 둥근 달'은 '앵두 같은 입술,' '목석 같은 사내,' '쏜살같이 지나간 시간,' '부랴부랴 뛰어나갔다,' '그 말에 맞장구치다'라는 표현처럼 개념화된 심상을 사용하고 있다. 추상적인 개념을 가리키는 이런 심상을 표상, 즉 엠블럼(emblem)이라 부르기도 한다.[22] '쏜살같이'는 원래 '쏜 화살,' '부랴부랴'는 '불이야 불이야,' '맞장구'는 '풍물놀이 할 때 둘이 마주 서서 장구를 치는 것'이라는 구체적 정황을 지니지만, 현재 이 말은 구체적 심상이 없이 그저 하나의 개념으로만 남아 있다. 사전에서 '맞장구'를 찾으면 풍물놀이의 생생한 심상은 사라지고 "남의 말에 그렇다고 덩달아서 호응하거나 동조하는 일"이라는 설명만 보인다는 점에서 이를 확인할 수 있다. 즉, 원래 상황의 물질성은 사라지고 개념이 되어 버린 것이다. 이런 심상을 사용하는 비유를 죽은 비유라 부를 수 있다. 이런 심상은 비유의 죽음뿐 아니라 시의 죽음에 이르게 하는 치명적인 독이다. 시에서 왜 반질료성의 심상이 중요한지를 이런 예에서 확인할 수 있다.

2) 유동성과 총체적 현존

또 다른 심상의 본질은 유동성(流動性) 혹은 진동성(振動性)이다. 이것은 심상이 끊임없는 동요, 진동을 내포하는 개념임을 가리킨다. 그래서 어떤 심상을 "우리의 직관에 나타나 있는 그대로의 객관적 실재로 환원시킬 수도 없고, 경험적 현실에 대한 추상적 개념, 사고로 환원시킬 수도 없"[23]는 것이다. 지각의 대상이 되는 감각적 질료는 끊임없이 소멸의 위기 속에 놓여 있다. 개념적 인식이 이 질료들을 항상 범주화하기를 원하기 때문이다. 시적 심상은 감각적 질료들을 생생한 상태 그대로 포착하면서 개념적 범주화로부터 벗어나기 위해 끊임없는 유동 상태를 유지한다. 여기에 심상 자체의 팽팽한 긴장이 형성되는 것이다. 그런데 하나의 심상뿐 아니라 여러 복합적인 심상들 간의 관계나 비유기의(원관념)와 비유기표(보조관념)의

---

22. 폴 드 만은 (자연적) 심상(image)과 (관념적) 표상(emblem)을 구분하는데, 전자는 구체적인 지각을 바탕으로 한 것인데 반해 후자는 관념과 의도의 대리물이다. 따라서 우의(알레고리)에 사용되는 이미지는 모두 표상이 된다(이육사의 「광야」에 나오는 '매화'가 실제 꽃이 아니라 지조, 절개라는 개념으로 사용된다는 점에서 표상의 예가 된다). Paul de Man, *The Rhetoric of Romanticism*, Columbia Univ. press, 1984, 163-165쪽. 'emblem'은 '표상' 또는 '상징도'로 번역되기도 한다. Gilbert Durand, 진형준 역, 『상징적 상상력』, 문학과지성사, 1983, 14, 24쪽 참조.
23. 유평근·진형준, 『이미지』, 살림, 2009, 26쪽.

관계 속에서도 이 긴장이 유지된다. 유동성은 이런 관계 속에서 심상의 특징을 설명하는 데 유용하다.

(가) 언뜻 보인다.
　　번갯불 사이로
　　온몸을 땀에 흠뻑 젖은 채
　　대지에 웅크리고 있는 그 거대한
　　수컷 한 마리.
　　주체할 수 없는 욕망에
　　꽃을 잡아먹어, 새를, 숲을 잡아먹어 마침내
　　씩씩대며 나를 노려보고 있는 그
　　맹수 한 마리.
　　　　　　　　　　　　― 오세영, 「여름산」 부분

(나) 나는 터널처럼 외로웠다. 새들은 나한테서 날아갔고,
　　밤은 그 강력한 침입으로 나를 엄습했다.
　　　　　　　　　　　― 네루다, 「한 여자의 육체」 부분

(가)는 여름산을 '수컷 한 마리,' '맹수 한 마리'라는 심상으로 제시하고 있다. (나)는 외로움이라는 유사성을 제시하며 '나'를 '터널'이라는 심상과 동일시하고 있다. 이 두 표현은 각각 은유와 직유의 차이를 보이고 있지만, 이들 표현의 비유기표(수컷, 맹수, 터널)는 심상의 반질료성을 잘 유지하며 비유기의(여름산, 외로운 자신)를 효과적으로 표현하고 있다. 또한 비유기표들의 관계(수컷, 맹수)나, 비유기표와 비유기의의 관계(여름산, 맹수)를 살펴보면 서로가 서로에 대해서 개념으로 추락하지 않는 긴장, 즉 유동성을 유지하고 있음을 확인할 수 있다. 흔히 비유기표가 비유기의의 설명이 될 때, 유동성은 사라지게 된다. 일반적으로 직유('쟁반같이 둥근 달')에서 이런 현상이 자주 발생한다. 그래서 이형기 시인은 직유에서는 비유기

표와 비유기의가 원형 유지를 하고 있고, 은유에서는 그 둘이 '상호 침투'하여 원형을 유지하지 않으며 제3의 의미체를 형성한다고 하였다.[24]

그러나 이때 '상호 침투'라는 개념은 매우 모호하다. 직유, 은유를 포함하여 모든 훌륭한 비유에서는 비유기의와 비유기표가 심상의 원형을 생생하게 보존한다. 어느 심상이 다른 심상을 보조하고 설명하는 도구로 사용되지 않고 서로 긴장관계, 즉 유동성를 유지하고 있는 것이다. (가)에서 '여름산 = 맹수 한 마리'라는 은유는 비 오는 여름날 번갯불 속에서 여름산을 보며 얻은 순간적 직관을 표현하고 있다. 번갯불 치는 순간 찰나적으로 인식한 여름산은 산이 아니라 한 마리의 맹수였던 것이다. 이때 시인에게 여름산은 산일까 아니면 맹수일까. 현명한 대답은 산이면서 맹수이며 동시에 산도 아니고 맹수도 아니라는, 불일불이(不一不二)와 같은 선문답 비슷한 것일 것이다. '나 = 터널'에서도 동일하다. 나는 나이면서 동시에 터널일 때, 그러면서 완전히 나와 터널이 동일한 것도 아닐 때, 그 긴장관계가 유지되어 시적 심상으로서 자격을 갖추게 될 것이다. 이런 관계를 유지하면서 두 심상이 만나는 것을 '상호 침투'(더 정확하게 말하자면 '상호 겹침')라고 한다면, 이 역시 유동성이라는 개념과 동궤에 놓일 것이다.

바로 이런 관계에서 나타나는 유동성 때문에 시적 비유에서 그 의미가 확정될 수 없으며, 따라서 시적 언어의 특성인 의미잉여(특히 '생성 중인 기의')가 발생하는 것이다. (나)의 '나는 터널처럼 외로웠다'는 비유는 모호하다. 터널의 심상이 통로(혹은 변화), 어둠, 차가움, 무서움, 반향 등의 속성을 포괄하고 있기에 독자에 따라서 여러 의미로 해석할 수 있다. 그러나 어떤 속성이든지 그것은 외로움이라는 유사성(이런 해석의 방향을 제시하는

---

24. "직유('불꽃 같은 사랑')를 살펴보면 거기서는 '사랑'이란 T(원관념)와 '불꽃'이란 V(보조관념)가 각각 원래의 모습을 그대로 지닌 채 서로 비교되어 후자가 전자를 보완하고 있다. (…) 그러나 은유('사랑의 불꽃')는 그렇지 않다. 우선 거기서는 T와 V가 원형을 유지한다 할 수가 없다. (…) 상호 침투에 의해 모습이 바뀌어진 두 가지 사물은 의미론적으로도 변화를 일으키지 않을 수 없다. 따라서 그것은 이질적인 사물이 일체화되어 그것들이 따로 떨어져 있을 때는 결코 그렇게 될 리 없는 제3의 새로운 의미를 창출한 언어라고 규정될 수 있는 것이다." 이형기, 『당신도 시를 쓸 수 있다 ― 현대시창작교실』, 문학사상사, 1991, 119-120쪽.

점이 직유의 특성이다) 속에서 다양하게 해석될 것이다. 그러나 단 하나의 해석으로 획일화되는 순간 이 비유의 생명은 끝나게 된다. 그것은 심상을 하나의 개념으로 고정하여 심상의 유동성을 파괴하기 때문이다. 송찬호 시인의 다음 시는 이런 심상의 유동성을 아주 재미있게 보여 주고 있다.

> 그때 그게 우리 눈에 딱, 걸렸는기라
> 서로 가려운 곳 긁어주고 등 비비며 놀다 들킨 것이 부끄러운지
> 곰은 산벚나무 뒤로 숨고 산벚나무는 곰 뒤로 숨어
> 그 풍경이 산벚나무인지 곰인지 분간이 되지 않아
>
> 우리는 한동안 산행을 멈추고 바라보았는기라
> 중동이 썩어 꺾인 늙은 산벚나무가
> 곰 발바닥처럼 뭉특하게 남아있는 가지에 꽃을 피워
> 우리 앞에 내미는기라
>
> ― 송찬호, 「늙은 산벚나무」 부분

산벚나무와 곰의 유사성을 비유적으로 인식할 때, 이 둘은 산벚나무이면서 동시에 늙은 곰이며 또한 산벚나무도 늙은 곰도 아닌 상태가 된다. 시인은 바로 이런 심상의 유동성 상태를 "곰은 산벚나무 뒤로 숨고 산벚나무는 곰 뒤로 숨어/그 풍경이 산벚나무인지 곰인지 분간이 되지 않"는다고 표현하고 있다. 앞에서 말한 '상호 침투'란 각자가 서로의 뒤에 숨은, 그러면서 어느 것도 고정적인 앞이 되지 않은 상태를 말한 것으로 볼 수 있다. 이는 심상의 유동성을 가장 시적으로 설명한 경우가 될 것이다.

이런 유동성이라는 특성으로 인하여, 시적 심상은 사물의 본질에 대한 시인의 직관을 총체적으로 드러내는 핵심적인 매개이자 유일한 통로가 된다. 이때 직관은 심상의 긴장 상태를 개념적 사유로 훼손하지 않으며 포착할 수 있는 유일한 방법으로서, 불교에서 현량(現量)이라 부르는 인식 방식과 동일한 것이다.[25] 직관의 대상은 그 성질상 논리적이고 분석적인 진

술로 담을 수 없기에 직관의 덩어리 그대로 표현할 수밖에 없는데, 그 표현의 결과가 바로 시적 심상인 것이다. 시적 심상을 통하여 개념적 사유에 의하여 손상되지 않은 심상의 긴장이 그대로 현현하게 된다. 옥타비오 파스는 이것을 '총체적인 현존'이라 부른다. 그에 의하면 실재에 대한 우리의 모든 해석들은 표현하고자 하는 것을 재창조하지 않고 그것을 표상하거나 묘사하는 데 그친다. 그 해석들이란 삼단논법, 묘사, 과학적 공식, 실천적인 수준의 논평 등 산문적이고 논리적인 접근에 대한 총칭이다. 이런 접근은 대상을 논리적으로 접근하기 때문에 대부분 대상의 진정한 본질을 놓치게 된다. 즉, 개념적 분석이라는 도구가 심상의 유동성을 손상시킨다는 것이다.

파스는 의자를 예로 들어 설명한다. 의자를 볼 때, 우리는 순간적으로 의자의 색깔, 형태, 재료 따위를 총체적으로 지각하여 대상을 이해한다. 그러나 이런 지각을 산문적으로 묘사하려고 한다면 세부적으로 분석해야 한다. 먼저 의자의 형태를, 그 다음에는 색깔, 그리고 의미에 이를 때까지 우리는 분석적이고도 논리적인 단계를 차례차례 밟아 나가야 한다. 그런데 이 끝도 없는 묘사적 과정에서 대상의 총체성은 점점 상실되어 간다. 결국에는 '사람이 걸터앉는 데 쓰는 기구'라는 추상적 개념으로 끝나 버린다. 그러나 시에서는 전혀 상황이 달라진다.

> 시에서 의자는 느닷없이 우리의 주의를 자극하는 순간적이고 총체적인 현존이 된다. 시인은 의자를 묘사하지 않고 대신 우리 앞에 의자를 보여 준다. 지각의 순간에서처럼, 의자는 그것의 모든 모순적인 성질들을 지닌 채 우리 앞에 주어지며, 그 순간의 정점에는 의미가 자리 잡는다. (…) 한 번 걸러서 재현하는 것이 아니라 그대로 현시한다.[26]

---

25. 불교 유식철학에서는 인식 방법으로 두 가지를 제시하는데, 현량(現量)과 비량(比量)이 그것이다. 현량은 개념적 사유가 개입하지 않은 인식을 가리키고, 비량은 추리와 유추와 같은 개념적 방식으로 이루어지는 인식을 가리킨다. 박현수, 앞의 책, 164쪽.
26. Octavio Paz, 김홍근·김은중 옮김, 『활과 리라』, 솔출판사, 1998, 143쪽.

시는 의자의 모순적인 층위의 정보들을 하나로 통합하여 "총체적인 현존"으로 제시한다. 분석적이고 논리적인 과정에서 상실된 의자의 본질이 시에서는 손상되지 않은 그대로 현시되는 것이다. 이는 대상의 본질로서의 유동성을 전체로서 온전히 현현한다는 의미이다. 다음 시를 그 예로 삼을 만하다.

> 극장에 사무실에 학교에 어디에 어디에 있는 의자란 의자는
> 모두 네 발 달린 짐승이다 얼굴은 없고 아가리에 발만 달린 의자는
> 흉측한 짐승이다 어둠에 몸을 숨길 줄 아는 감각과
> 햇빛을 두려워하지 않는 용맹을 지니고 온종일을
> 숨소리도 내지 않고 먹이가 앉기만을 기다리는
> 의자는 필시 맹수의 조건을 두루 갖춘 네 발 달린 짐승이다
> ― 김성용, 「의자」 부분

의자의 본질, 그 총체적 현존이라는 것은 간단하게 산문적으로 규정될 수 없다. 규정을 내리는 순간, 의자는 총체적 현존을 상실한 개념이 되어 버린다. 위의 시처럼 의자를 '네 발 달린 짐승'이라 비유하였다면 이것은 산문적 규정이 아니다. '네 발 달린 짐승'은 '나무 재질의 받침대가 네 개 있는 형태'에 대한 시적 번역이 아니다. 그것은 산문적 규정의 영원한 보류이면서 규정하지 않는 규정이다. 의자가 짐승일 때, 의자는 완전히 사물도 아니고, 동시에 완전히 짐승도 아니다. 이미지는 그 불가분의 모순을 통해 의자를 독자에게 현현시킨다. 바로 여기에 의자의 총체적 현존이 있는 것이다. 이처럼 유동성은 사물의 총체적 현존을 가능하게 하는 심상의 중요한 본질이라 할 수 있다.

3) 시간성과 실재 부재의 표지

해체주의적 관점에서 볼 때 지금까지와 전혀 다른 관점에서 심상의 본질을 규정할 수 있다. 시적 심상이 감각의 현현, 총체적 현존이라는 본질을 지니고 있다고 하더라도, 그것을 언어로 재현한 이상 시적 심상은 일종의 '시간성'을 그 본질로 가질 수밖에 없다. 문제는 이 시간성이 앞에서 다룬 심상의 본질을 해체하는 계기로 작용한다는 점이다.

경험론적 관점에서 볼 때, 시적 심상은 최초의 지각 때 각인되었던 것을 재형성할 수밖에 없다. 시간성의 개입으로 그 심상은 최초의 것과 같은 것일 수 없다. 이미 현존하지 않는 최초의 지각은 기억과 상상력이라는 공간 속으로 편입되어 애초의 물질성을 점차 상실하고 새로운 형태로 활성화되었기 때문이다. 같은 질감이나 같은 강도로 지각을 반복할 수 없다는 사실을 고려한다면, 심상은 근원적으로 부재 의식이나 상실 의식 속에서 생성되는 것일 수밖에 없다. 이런 속성이 바로 심상의 또 다른 본질, '실재 부재의 표지'를 형성한다. 김윤식은 이런 이미지의 본질을 "허깨비"[27]라 적절하게 부른 바 있다.

이미지의 이런 본질은 낭만주의에 대해서 비판적으로 접근한 폴 드 만에 의해 깊이 천착되었다.[28] 그는 낭만주의에서 자연 대상에 대한 심상이 압도적으로 많다는 사실을 환기하며 그 의미에 관심을 보인다. 그가 주목하는 것은 횔덜린의 시 「빵과 포도주」의 다음 구절이다.

> …그러나 이제는 사랑하는 이의 이름을 부른다.
> 이젠 그것을 나타낼 단어가, 꽃처럼 피어나야 한다.

---

27. 김윤식은 백석의 시가 심상 위주인 이유를 그의 외로움에서 찾는다. 외로움 때문에 백석은 "그가 좋아하는 허깨비(이미지)"를 불러내어 말을 거는 이야기체를 사용하게 되었다는 것이다. 김윤식, 「허무의 늪 건너기 — 백석론」, 『근대시와 인식』, 시와시학사, 1992, 150쪽.
28. Paul de Man, "Intentional Structure of Image," *The Rhetoric of Romanticism*, Columbia University Press, 1984.

이 시는 신의 현존이 이루어질 시간에 대해서 노래하고 있는 휠덜린의 시 중 일부이다. 폴 드 만이 주목하는 부분은 '단어가 피어나야 한다'는 구절이다. 이 '피어난다(entstehn; 유래하다, 발원하다)'는 말은 꽃에 어울리는 표현이지만, 여기에서는 '단어'에 사용되고 있다는 점이 특이하다. 그는 바로 이런 용법에 심상의 본질이 관여되어 있다고 보고 해체주의 특유의 자세히 읽기를 시도한다.

폴 드 만에 따르면, '피어난다'라는 어휘를 매개로 연결되어 있는 '꽃'과 '단어'는 사실상 다른 차원에 속하는 말이다. 먼저 '꽃'은 모방이나 유추와 같은 수사학적 장치의 도움 없이 스스로 땅에서 돋아 나오는 자연 대상이다. 존재의 성립 기반을 외부에 두지 않고 그 자체에서 자족적으로 해결하는 존재인 것이다. 자연 대상으로서 꽃은 자신의 존재 그 이외에서 자신의 기원을 찾지 않는다. 그래서 꽃의 존재 상태에는 동요가 있을 수 없다. 또한 자연 대상인 꽃은 선험적인 원리의 육화로서 피어나는 것이다. '꽃처럼 피어난다'는 것은 선험적 원리의 자연스런 유출, 즉 현현으로 현존하게 된다는 의미이다.[29]

이와 달리 심상(여기에서는 '단어')은 존재의 안정성이 확보되지 않은 상태이다. '단어'는 절대로 꽃처럼 피어날 수 없다. 그것은 자연적 실재와는 본질적으로 구분된 존재이기 때문에, 그 진술보다 먼저 존재하는 독립적인 실재를 가지지 않는다. 그래서 심상은 또 다른 실재 속에서 자신의 기원의 양식을 찾아야 한다. 그것은 자연 대상의 본질적인 존재론적 우월성에 의존하고 있다. 그래서 심상은 자연 대상을 향한 향수에 의해 고무되고, 그 대상의 기원을 향한 향수로 확장될 수밖에 없다. 이것은 심상과 실제 대상 사이의 극복 불가능한 거리에 대한 강조이다. 그런데 이와 같은 향수는 언제 존재하는가. 역설적이게도 그것은 바로 그것의 존재 기반인 선험적인 현존이 망각된 때, 즉 신이 사라진 '궁핍한 시대'에만 존재할 수

---

29. Paul de Man, 위의 책, 3-4쪽.

있다. 왜냐하면 언어와 사물의 일치는 신만이 가능하게 할 수 있기 때문이다. 그래서 "시적 심상의 존재는 신의 부재를 나타내는 표지이며, 시적 이미저리의 의식적 사용은 이와 같은 부재의 승인에 대한 표지"[30]라 할 수 있다. 레비나스는 이를 "표상된 대상은, 이미지로 변신하는 단순한 사실을 통해 비대상으로 전환된다"[31]는 말로 표현한 바 있다.

폴 드 만의 이런 논리를 알기 쉽게 적용할 수 있는 시로 다음 작품을 들 수 있다.

> 이것은 소리 없는 아우성.
> 저 푸른 해원을 향하여 흔드는
> 영원한 노스탤지어의 손수건.
> 순정은 물결같이 바람에 나부끼고
> 오로지 맑고 곧은 이념의 푯대 끝에
> 애수는 백로처럼 날개를 펴다.
> 아아 누구던가.
> 이렇게 슬프고도 애달픈 마음을
> 맨 처음 공중에 달 줄을 안 그는.
>
> — 유치환, 「깃발」 전문

이 시에 나오는 깃발은 구체적 대상이지만, 그 지향하는 바는 폴 드 만의 심상과 같다. 여기에서 깃발이 '심상' 혹은 '단어'라면 '해원'은 그것이 최종적으로 기댈 수 있는 실재로서의 자연 대상이 된다. 깃발은 해원이라는 대상의 존재론적 상태에 근접하기 위하여 아우성을 치지만, 분명하게 실재하는 존재론적 한계(여기서는 '푯대'가 그 역할을 한다) 때문에 결코 거기에 도달하지 못한다. 바로 이때 '노스탤지어,' 즉 향수가 발생한다. 향수는

---

30. Paul de Man, 위의 책, 5쪽.
31. E. Levinas, "La réalité et son ombre"; 서동욱, 「시와 비진리」, 『세계의 문학』, 2009, 여름, 429쪽에서 재인용.

깃발이 결코 해원에 도달할 수 없는 상태가 전제될 때에만 생길 수 있기 때문이다. 존재론적 대상에 도달하려는 심상의 욕망은 결국 실패하고 만다.

폴 드 만에 따르면, 낭만주의적 사유나 낭만주의 시는 바로 이런 실패에 맹목적이다. 그것들은 대상에 대한 향수에 완전히 굴복해서, 대상과 이미지, 상상력과 지각, 형상적이거나 구상적인 언어와 모방적이거나 축자적인 언어를 구별하는 데 실패한다. 워즈워스, 괴테, 보들레르, 랭보 등이 이런 경향을 보여 주고, 그것의 시학적 형태가 베르그송에서 암시되고 바슐라르에서 명백해진 "매개되지 않은 비전"[32]의 시학이다.

폴 드 만의 이런 비판은 심상에 대한 비판이면서, 동시에 서정적 동일성에 대한 비판이다. 존재론적 근거를 전혀 지니고 있지 못한 심상이 마치 자연 대상인 것처럼 흉내 내고, 그리고 심상과 대상이 완전한 합일을 이루고 있다고 믿는 것은 일종의 환상에 불과하다는 것이다. 심상은 영원히 이룰 수 없는 존재에 대한 갈망일 뿐이다. 이런 논리에 따르면 위의 시에서 '깃발'이 존재론적 간격을 초월하여 '애달픈 마음'이 되는 것도 일종의 환상이라 할 수 있다.

그래서 심상은 그 실제 대상의 부재의 증거라 할 수 있다. 어떤 시에서 심상이 강렬하다는 것은 그 심상의 실제 대상의 부재가 그만큼 분명하다는 뜻이다. 이 뼈아픈 각성을 우리는 백석의 시에서 확인할 수 있다.

> 오늘 저녁 이 좁다란 방의 흰 바람벽에
> 어쩐지 쓸쓸한 것만이 오고 간다
> 이 흰 바람벽 위에
> 희미한 십오촉 전등이 지치운 불빛을 내어던지고
> 때글은 다 낡은 무명샤쯔가 어두운 그림자를 쉬이고
> 그리고 또 달디단 따끈한 감주나 한잔 먹고 싶다고 생각하는 내 가지가지 외로운 생각이 헤매인다

---

32. Paul de Man, 앞의 책, 7쪽.

그런데 이것은 또 어인 일인가
이 흰 바람벽에
내 가난한 늙은 어머니가 있다
내 가난한 늙은 어머니가
이렇게 시퍼러둥둥하니 추운 날인데 차디찬 물에 손은 담그고 무이며 배추를 씻고 있다
또 내 사랑하는 사람이 있다
내 사랑하는 어여쁜 사람이
어늬 먼 앞대 조용한 개포가의 나즈막한 집에서
그의 지아비와 마조 앉어 대구국을 끓여놓고 저녁을 먹는다
벌써 어린것도 생겨서 옆에 끼고 저녁을 먹는다
그런데 또 이즈막하야 어늬 사이엔가
이 흰 바람벽엔
내 쓸쓸한 얼골을 쳐다보며
이러한 글자들이 지나간다
― 나는 이 세상에서 가난하고 외롭고 높고 쓸쓸하니 살어가도록 태어났다
그리고 이 세상을 살어가는데
내 가슴은 너무도 많이 뜨거운 것으로 호젓한 것으로 사랑으로 슬픔으로 가득 찬다
그리고 이번에는 나를 위로하는 듯이 나를 울력하는 듯이
눈질을 주며 주먹질을 하며 이런 글자들이 지나간다
― 하늘이 이 세상을 내일 적에 그가 가장 귀해하고 사랑하는 것들은 모두
가난하고 외롭고 쓸쓸하니 그리고 언제나 넘치는 사랑과 슬픔 속에 살도록 만드신 것이다
초생달과 바구지꽃과 짝새와 당나귀가 그러하듯이
그리고 또 '프랑시쓰 쨈'과 도연명과 '라이넬 마리아 릴케'가 그러하

듯이

— 백석, 「흰 바람벽이 있어」 전문

지금 시인은 흰 바람벽을 보고 누워 있다. 그 바람벽에는 마치 영사막처럼 수많은 심상들이 지나간다. 그런데 그 심상들은 모두 부재하는 대상들로서, 그에게 있어서 가장 본질적인 존재들, 가장 사랑하는 사람들이다. 동시에 이는 부재 시에 그 상실감을 극도에 이르게 하는 존재들이다. 어머니와 사랑하는 사람은 고향의 이미지와 등가이다. 고향의 부재, 상실 의식은 이렇게 "허깨비(이미지)"가 되어 벽 위에 나타난 것이다.[33]

건널 수 없을 정도로 깊은 부재 의식 속에서 나온 심상은 연쇄적으로 자가 증식한다. 심상이 심상을 물고 이어지는 것이다. 사랑하는 사람이 나타나고, 그의 지아비가 나타나고, 그리고 어린 것도 생겨난다. 이런 심상들이 한참을 떠돌다 사라지면 그때는 '글자'가 그것들을 대신한다. 난데없는 이 '글자'란 무엇일까. 이것은 폴 드 만이 말한, 횔덜린의 '단어'와 등가의 것이다. 결코 실제 대상이 될 수 없는 것들이라는 점에서 심상과 '글자'는 대상의 부재를 알려 주는 뼈아픈 표지이다. 그러니 그 '글자'들이 주는 '위로'라는 것도 객관적 실재로서의 세계에서 오는 것이 아니라 자신이 만들어 낸 자기 위안일 수밖에 없다.

백석은 실재 부재의 표지로서 심상의 본질을 시적으로 보여 준 대표적인 시인이다. 그의 시에 나타나는 수많은 명징한 심상들을 감싸고 있는 슬픔의 아우라는, 고향을 잃은 자로서 느끼는 시대적 슬픔이자 동시에 실재에 도달하지 못하는 심상의 슬픔이 생성하는 아우라이다. 이 두 아우라가 절묘하게 어울려서 그의 시가 울림을 지니는 것이다.

---

33. 김윤식은 백석에게 있어서 시란 풍물의 정확한 인식일 뿐이라고 보며, 이런 점에서 이상에게 있어서 기호론과 같은 방법론에 속하는 것으로 파악한다. 그리고 고향을 떠난 자의 외로움이 풍물을 순수한 감각으로 포착하게 한 것이라는 시각에서, 그 "외로움과 외로움 사이에 풍물이 놓인다면 세련된 이미지밖에 나올 것이 없다"고 한다. 김윤식, 앞의 책, 150쪽.

4. 심상의 기능

  심상은 여러 가지 기능을 지니고 있다. 한 사전에서는 크게 다섯 가지로 정리하고 있다. ① 화자의 사유와 느낌들의 명료화와 객관화, ② 지각활동의 자극 및 객관화, ③ 시적 상황 속의 다양한 요소에 대한 작가의 평가 암시, ④ 독자의 기대의 환기 및 유도, ⑤ 독자의 주의력의 방향 제시 등이 그것이다.[34]
  또한 옥타비오 파스는 심상이 지닌 의의를 정리하였는데, 그것은 또한 심상의 기능과도 통한다. 그는 ① 진정성의 제시. 즉, 이미지는 세계에 대한 시인의 비전과 경험에 대한 진솔한 표현으로서 심리학적 진리의 표현이다. ② 그 자체로 유효한 객관적 실재의 구성. 현실과 독립된 자율적 세계, 즉 실존의 진실이라는 또 다른 진리의 세계를 창조한다. ③ 인간 존재의 의미 제시. 심상이 우리와 세계에 관해 말하면서 독자로 하여금 인간의 본질을 자각하게 한다.[35]
  또한 김준오는 심상의 기능을 두 가지로 정리하였다. 하나는 의미의 효과적 전달이다. 심상은 시인이 전달하고 싶은 관념이나 실제 경험 또는 상상적 체험들을 미학적으로 그리고 호소력 있는 형태로 형상화시켜 주는 수단인 것이다. 다른 하나는 정서의 환기이다. 지시적 기능의 수단에 불과한 언어에 정서를 환기시켜 일상적이고 상투적인 사물을 낯설게 한다.[36] 홍문표는 ① 의미의 육화, ② 정서적 환기, ③ 이미지의 사물성 등을 주요한 기능으로 제시하기도 하였다.[37]
  여기에 제시된 심상의 여러 기능은 중복되는 것도 있고 보편적으로 인정하기 힘든 것도 있다. 여기에서는 심상의 기능 중 본질적이라 할 수 있는

---

34. Alex Preminger, 'imagery,' 앞의 책, 565쪽.
35. Octavio Paz, 앞의 책, 141-142쪽.
36. 김준오, 앞의 책, 159-163쪽.
37. 홍문표, 『현대시학』, 양문각, 1995, 179-187쪽.

것을 두 가지로 정리하고자 한다.

1) 추상적 상태의 감각화

심상의 존재 이유는 무엇보다 추상적인 상태(생각, 상황 등)를 생생하게 만들어 주는 데 있다. 이것은 '반질료성'이라는 심상의 본질과 깊이 연계되어 있는 기능이다. 감각적 질료가 없는 추상적이고 관념적인 상태는 흥미를 감소시킬 뿐만 아니라 설득력을 떨어트린다. 추상적인 상태에 감각적 정보를 풍부하게 결합시킨다면, 즉 관념을 심상으로 전환시킨다면, 이때 말은 새로운 차원으로 태어나서 듣는 이에게 깊은 인상을 심어 줄 것이다.

추상적인 상태를 감각적으로 전환시키는 심상의 기능은 엘리엇이 말한 "사상을 장미꽃의 향기처럼 느끼게 하"[38]는 일을 가리킨다. 사상은 논리적이고 분석적인 상태로 존재하는 메마른 메시지라 할 수 있다. 시는 심상을 통해 감각화함으로써 그것을 생생하게 만든다. 엘리엇의 "객관적 상관물(objective correlatives)"이라는 말도 결국 관념적인 사상을 감각적으로 구현해 줄 어떤 심상을 가리킨다는 점에서 같은 생각의 표현이라 할 수 있다.

공중(空中)이란 말
참 좋지요
중심이 비어서
새들이
꽉 찬
저곳

그대와

---

38. T. S. Eliot, 이경식 옮김, 『문예비평론』, 성창출판사, 1991, 212쪽.

그 안에서
방을 들이고
아이를 낳고
냄새를 피웠으면

공중이라는
말

뼛속이 비어서
하늘 끝까지
날아가는
새떼

— 박형준, 「저곳」 전문

　'공중'이라는 말의 사전적 의미는 '하늘과 땅 사이의 빈 곳'이라는 말이다. 완전한 관념어라 할 수 없지만 구체적 형상이 그려지지 않는다는 점에서 추상적인 상태를 나타내는 준관념어라 할 수 있다. 이 말은 '하늘'과 달리 우리에게 어떤 뚜렷한 감각적 정보를 제공해 주지 않는다. 시인은 이 '공중'이라는 관념적인 말을 여러 심상을 동원하여 추상적인 상태에서 구체적인 상태로 성공적으로 변환시킨다.
　먼저 시인은 '공중'을 '중심이 비어서 새들이 가득 찬 곳'으로 바꾸어 버린다. '중심이 비었다'는 말은 공중(空中)이라는 한자어를 우리말로 풀어 놓은 것이지만, 문자 그대로 풀어놓은 것은 아니다. 그러나 이렇게 풀면서 공중이라는 말은 관념어에서 지상으로 한 계단 내려온다. 그리고 거기에 새들이 가득 차면서 공중이라는 추상어는 풍부한 감각어가 되었다. 공중은 눈에 보이지 않는 막연한 공간이 아니라 새들이 가득 차 있는, 여러 감각이 풍부하게 공존하는 공간이 된 것이다. 박형준의 「저곳」은 사상을 장미 향기 나게 만드는 방법, 즉 추상적 개념의 감각화를 간단하면서도 명쾌하게 보여 주는 작품이라 할 수 있다.
  '자유'나 '혁명' 같은 관념적인 어휘를 자주 사용하는 김수영도 관념의 육화로서 심상을 자주 사용하는 시인이다.

>푸른 하늘을 제압하는
>노고지리가 자유로왔다고
>부러워하던
>어느 시인의 말은 수정되어야 한다
>
>자유를 위해서
>비상하여본 일이 있는
>사람이면 알지
>노고지리가
>무엇을 보고
>노래하는가를
>어째서 자유에는
>피의 냄새가 섞여있는가를
>혁명은
>왜 고독한 것인가를
>
>혁명은
>왜 고독해야 하는 것인가를
>
>   ― 김수영, 「푸른 하늘을」 전문

  이 시는 '자유,' '혁명'이라는 관념을 절실하게 하는 데 심상의 감각성에 전적으로 의존하고 있다. '자유'는 "푸른 하늘을 제압하는/노고지리"로 감각화되었다. 그래서 그 다음에 바로 "자유를 위해서/비상하여본 일"을 이야기해도 비약이 되지 않는 것이다. '자유'라는 말은 이미 '노고지리'와

혼용되어 버린 상태이기 때문이다. 이후 '비상,' '노래'와 같은 말은 더 이상 관념어 '자유'와 관련되지 않고 자유의 감각화로서 '노고지리'와 관련되어 시의 울림을 더욱 크게 만든다.

2) 자율적 세계의 구성

심상의 본질을 '허깨비,' 즉 실재 부재의 표지로 볼 때, 또 다른 심상의 기능을 상정할 수 있다. 심상을 형성하는 최초의 지각이라는 존재론적 기원을 아예 무시해 버리고, 즉 실재 부재를 공공연히 인정하고 기표만으로 시 세계를 구성하는 기능이다. 이것은 존재론적 근거를 지니고 있지 못한 심상의 본질적 조건을 적극적으로 활용하여 하나의 독립적이고 자율적인 심상의 세계를 형성하는 경우를 가리킨다. 이때 심상의 생성 원인은 그 자체의 환기력이다.

빨강 초록 보라 분홍 파랑 검정 한 줄 띄우고 다홍 청록 주황 보라. 모두가 양을 가지고 있는 건 아니다. 양은 없을 때만 있다. 양은 어떻게 웁니까. 메에 메에. 울음소리는 언제나 어리둥절하다. 머리를 두 줄로 가지런히 땋을 때마다 고산지대의 좁고 긴 들판이 떠오른다. 고산증. 희박한 공기. 깨어진 거울처럼 빛나는 라마의 두 눈. 나는 가만히 앉아서도 여행을 한다. 내 인식의 페이지는 언제나 나의 경험을 앞지른다. 페루 페루. 라마의 울음소리. 페루라고 입술을 달싹이면 내게 있었을지도 모를 고향이 생각난다. 고향이 생각날 때마다 페루가 떠오르지 않는다는 건 이상한 일이다. 아침마다 언니는 내 머리를 땋아주었지. 머리카락은 땋아도 땋아도 끝이 없었지. 저주는 반복되는 실패에서 피어난다. 적어도 꽃은 아름답다. 적어도 나는 그렇게 생각한다. 간신히 생각하고 간신히 말한다. 하지만 나는 영영 스스로 머리를 땋지는 못할 거야. 당신은 페루 사람입니까. 아니오. 당신은 미국 사람입니까. 아니오. 당신은 한국 사람입니까. 아니오. 한국 사람은 아니지만 한국 사람입니다. 이상할 것도 없지만 역시 이상한 말이다. 히잉 히잉. 말이란 원래 그런 거지. 태초 이전부터 뜨거운 콧김을 내뿜으며 무의미하게 엉겨 붙어 버린 거지. 자신의 목을 끌어안고 미쳐버린 채로 죽는 거지. 그렇게 이미 죽은 채로 하염없이 미끄러지는 거지. 단 한번도 제대로 말해본 적이 없다는 사실이 안심된다. 우리는 서로가 누구인지 알지 못한다. 말하지 않는 방식으로 말하고 사랑하지 않는 방식으로 사랑한다. 길게 길게 심호흡을 하고 노을이 지면 불을 피우자. 고기를 굽고 죽지 않을 정도로만 술을 마시자. 그렇게 얼마간만 좀 널브러져 있자. 고향에 대해 생각하는 자의 비애는 잠시 접어두자. 페루는 고향이 없는 사람도 갈 수 있다. 스스로 머리를 땋을 수 없는 사람도 갈 수 있다. 양이 없는 사람도 갈 수 있다. 말이 없는 사람도 갈 수 있다. 비행기 없이도 갈 수 있다. 누구든 언제든 아무 의미 없이도 갈 수 있다.

— 이제니, 「페루」 전문

    이 작품은 구체적인 어떤 관념이나 대상을 명료하게 드러내기 위해 심상을 사용하지 않는다. 심상은 관념과 무관하게 자신의 율법에 따라 자유롭고도 방만하게 번져 나간다. 이런 심상의 연쇄는 '페루'라는 단어에 의해 촉발된다. '페루'라는 말로부터 수많은 심상들이 꼬리에 꼬리를 물고 이어진다. 빨강 초록 보라 등의 색깔은 아마도 페루의 전통무늬이거나 옷감의 심상일 것이다. 이후의 양, 고산증, 라마, 머리땋기 등도 모두 페루와 연관된 심상이다. 그것이 이후에는 말(言)이 말(馬)로 건너뛰어 또 다른 심상의 마을을 형성한다.
    이 시를 생성시키는 것은 페루에 대한 원초적 경험이 아니라 '페루'라는 단어이다. 존재론적 기반을 지니지 않는 기표의 환기력이 끊임없이 시 구절들을 생성하는 것이다. 그 환기력에 이끌려 나온 심상들이 하나의 자율적 세계를 구성하여 한 편의 시가 되었다. 이 시에서 작품 이전에 미리 주어진 구체적 경험이나 관념 같은 것은 거의 지배력을 발휘하지 못하고 있다. 심상은 이처럼 그 자체로도 하나의 독립적이고 자율적인 세계를 형성하는 힘이 있음을 이 시가 잘 보여 준다.

5. 이미지즘적 심상의 한계

　이미지즘의 선구자 에즈라 파운드는 작가들이 심상을 장식으로 사용하여 온 점을 비판하며, "이미지즘의 요점은 심상을 장식으로 사용하지 않는다는 것"에 있으며, 심상은 그 자체가 하나의 독립된 언어라고 말하였다.[39] 심상을 장식으로 사용한다는 것은 그것을 어떤 특정한 관념이나 윤리 등을 지지하는 부차적 수단으로 이용함을 말한다. 그래서 그는 "시인은 이미지를 보거나 느끼기 때문에 사용해야지, 어떤 신념이나 어떤 윤리나 경제 제도를 지지하기 위하여 그것을 사용할 수 있다고 생각하기 때문에 사용해서는 안 된다"[40]고 주장하였다. 파운드의 이런 언급은 심상 자체를 하나의 시적 요소로 독립시키는 중요한 발언이다.

　이미지즘의 중심 강령인 '이미지스트 3원칙' 중의 첫 번째, "주관적이든 객관적이든, '사물'을 직접 다룰 것"[41]이라는 원칙 역시 관념의 음영 속에 들어가 있던 사물의 감각성에 독자적인 지위를 부여한 것이라 할 수 있다. 그 외에도 김춘수가 심상을 '서술적 심상'과 '비유적 심상'으로 나누면서 전자에 의미 부여한 것도 심상의 자율성을 강조한 예가 된다. 그 역시 이미지즘의 심상 개념을 바탕에 두고 있다고 할 수 있다.

　이미지즘을 통해 심상은 비로소 시의 도구적이고 부차적인 요소에서 벗어나 독립적이고 자율적인 요소가 될 수 있었다. 그것은 심상이 그 자체로 시적 체계를 이루어 한 편의 완결된 세계를 형성할 수 있다는 믿음의 실현이다. 이미지즘에서 자율성을 획득한 이미지는 건조성(dryness), 견고성(hardness), 명확성(definiteness), 정밀성(precision), 정확성(exactness) 등을 원칙으로 하여 체계적이고도 자율적인 구조물을 형성하였다.[42]

---

39. Ezra Pound, "Vorticism," edited by Richard Ellmann and Charles Feidelson, Jr., *The modern tradition*, Oxford University Press, 1965, 149쪽.
40. Ezra Pound, 위의 책, 148쪽.
41. S. K. Coffman, *Imagism*, Oklahoma University Press, 1951, 9쪽.
42. 전홍실, 『영미 모더니스트 시학』, 한신문화사, 1990, 70쪽.

그러나 심상이 하나의 자율적 요소이자 독립된 체계로 격상될 때 그에 대한 비판도 만만치 않다. 그래서 파운드가 "이미지를 가지고 게임을 즐기는 하나의 이론가"[43]라는 평가를 받기도 하는 것이다. 이미지즘 이론에 따르면 심상을 다루는 시인은 태도나 정서, 관념과 무관해야 한다고 요구하는데, 이런 요구는 시에서 명쾌하고 견고한 심상을 얻게 하는 대신, 어떤 관념이나 의미를 잃게 만든다. 즉, 심상의 자율성은 의미나 가치의 희생을 바탕으로 할 수밖에 없다는 것이다.

그러나 시에서 심상은 복합적이고 통합적인 고차원적 감각 정보이기 때문에, 심상 자체로 구성된 의미 구조 역시 지니고 있을 수밖에 없다. 그런데 이미지즘에서 심상이 절대적인 존재가 되면서 의미의 요소가 사실상 제거되었다. 김기림이 이미지즘을 포함한 근대문학 운동을 "철저한 미시적 사실주의"[44]로 파악한 것은 이미지즘의 이런 한계를 지적한 것으로 보인다.

김광균은 관념이나 사상이 유보된 기술로서 심상을 다루는 이미지즘의 한계를 가장 잘 보여 주는 시인일 것이다. 그는 모더니즘의 시대를 지도원리로서의 시학이 없는 시대, 즉 "무시학 시대"라 부른다. 이런 시대에 시학이 보증해 주어야 할 사상성은 "형태(形態)의 사상성(思想性)"[45] 혹은 "감각의 사상성"[46]이라는 양태에 자족할 수밖에 없게 된다. 이것은 형태가 하나의 사상적 층위로 대체됨을 의미한다. 심상의 관점에서 볼 때, 심상이 사상의 자리로 올라선다는 의미이다. 얼핏 들을 때 이 말은 심상의 가치를 상당히 고평한 것으로 들리지만, 사상의 결핍을 심상으로 대체한다는 의미 그 이상은 아니다.

무시학 시대의 문학 조류로서의 이미지즘은 묘사에 대한 강렬한 집착을 보여 준다. 그러나 이런 집착은 현실에 대한 반성적 시선을 괄호로 묶고 물질의 표면 위에 놓인 시선에 의미를 부여하려는 가치관을 반영한 것이

---

43. Cleanth Brooks & Robert Penn Warren, *Understanding Poetry*, Holt, 1976, 72쪽.
44. 김기림, 『김기림 전집 2』, 심설당, 1988, 69쪽.
45. 김광균, 「나의 시론 — 서정시의 문제」, 『인문평론』, 1940. 5; 김광균, 『김광균문집 와우산』, 범양사출판부, 1985, 60쪽.
46. 김광균, 「근대주의와 회화」, 『신천지』, 1946. 9, 157쪽.

다. 현실에 대한 반성적 시선이 거두어질 때 남는 것은 사상이 제거된 묘사일 수밖에 없다. 김광균의 시가 천편일률적으로 묘사의 방식을 고집하는 것은 바로 여기에 기인한다.

> 양철로 만든 달이 하나 수면 위에 떨어지고
> 부서지는 얼음 소리가
> 날카로운 호적(呼笛)같이 옷소매에 스며든다. (…)
>
> 여윈 추억의 가지가지엔
> 조각난 빙설(氷雪)이 눈부신 빛을 하다.
>
> ― 김광균, 「성호(星湖) 부근」 부분

시각적, 청각적 심상이 인상적인 이 시에는 "사물의식에 투철해지면 질수록 시는 감각적이 된다"[47]는 지적대로 시인의 사물의식이 잘 드러나 있다. 화자의 시선은 사물의 표면에 철저하게 머물러 있으며, 그 이면에 존재하는 어떤 의미나 사상을 통찰하고자 하는 강박관념으로부터 자유롭다. 그럴수록 심상은 더욱 뚜렷하게 그 자체의 생동성과 즉물성을 드러내는 것이다.

그러나 바로 이 점은 이 시의 강점이자, 극단화된 심상의 자율성이 가져온 한계가 된다. 이런 묘사는 피상적이고도 평면적인 성격을 벗어날 수 없다. 그것은 심상이 표면적인 감각을 넘어서서 더 높은 차원으로 상승할 수 있는 가능성을 차단한다. 바로 이 평면성이 이미지즘 시의 한계가 된다. 이런 평면성은 이미지의 반질료성과 유동성의 상실이라는 점에서 심상의 본질을 훼손시킨 결과라 할 수 있다.

심상의 평면성을 극복하는 방법으로 김광균이 끌어들인 것이 공감각적 심상이다. 공감각적 심상은 하나의 감각을 다른 감각으로 전이시키는 표

---

47. 김춘수, 「기질적 이미지스트 ― 김광균과 30년대」, 『삼십년대의 모더니즘 ― 김광균 시 연구논문집』, 범양사출판부, 1987, 13쪽.

현 방식이다. 그는 "분수처럼 흩어지는 푸른 종소리"(「외인촌」), "피아노의 여운이/고요한 물방울이 되어 푸른 하늘에 스러진다"(「산상정」), "고독한 반음(半音)을 떨어뜨리며"(「소년사모」) 등의 공감각적 심상으로 입체적인 효과를 거두기도 한다. 김기림은 이런 이미지 사용법을 "소리조차를 모양으로 번역하는 기이한 재주"[48]라 부르며 고평하였지만, 이 역시 청각의 시각적 변환이라는 천편일률적인 수법을 벗어나지 못해 그 참신성은 상쇄되고 만다.

김광균이 보여 주는 심상의 자율성의 한계는 어떤 가능성과 연계된 의미나 가치를 물질적 효과로 환원시키려는 태도로부터 비롯된 것이다. "의식을 경험의 물질적 표면 위에 위치"[49]시키는 것은 심상을 관념의 도구로 사용하던 시인들에 대한 거부로서 그 나름의 문학사적 의미를 지니고 있다. 그러나 물질적 표면에 시선을 고착시키는 것이 심상을 효과적으로 드러내는 방식이라 할 수는 없다. 그것은 오히려 심상의 통합적이고도 총체적인 성격을 위축시키는 방식에 불과하다. 결국 형태의 사상성은 "대상에 대한 지각과 연결된, 구원과 통찰, 그리고 공간적이고 심리적인 깊이" 대신 "사물의 표면에 작용하는 시선"을 선택한 것이라 평가할 수 있다. 깊이로부터 벗어나 있는 이미지즘의 수사학은 그래서 슐라이퍼가 말한바, "깊이없음의 수사학(rhetoric of depthlessness)"[50]이라 명명할 수 있을 것이다.

이를 통해 우리는 김광균의 한계는 심상의 자율성의 한계이자 이미지즘의 한계라는 사실을 확인할 수 있다. 또한 여기에서 심상의 가능성이 어떤 방식으로 전개되어야 할지 짐작해 볼 수도 있다.

---

48. 김기림, 「30년대 도미의 시단 동태」, 『김기림전집 2』, 심설당, 1988, 69쪽.
49. Ronald Schleifer, *Rhetoric and Death — The Language of Modernism and Post-modernism Discourse Theory*, Illinois University Press, 1990, 63쪽.
50. Ronald Schleifer, 위의 책, 61쪽.

시를 위한 토론

1. 다음 시에서 심상이 있는 행을 고르고, 그 이유를 정리해 보자.

   ① 왜 나는 조그마한 일에만 분개하는가
   ② 저 왕궁 대신에 왕궁의 음탕 대신에
   ③ 오십 원짜리 갈비가 기름덩어리만 나왔다고 분개하고
   ④ 옹졸하게 분개하고 설렁탕집 돼지 같은 주인년한테 욕을 하고
   ⑤ 옹졸하게 욕을 하고

   ⑥ 한번 정정당당하게
   ⑦ 붙잡혀간 소설가를 위해서
   ⑧ 언론의 자유를 요구하고 월남파병에 반대하는
   ⑨ 자유를 이행하지 못하고
   ⑩ 이십 원을 받으러 세 번씩 네 번씩
   ⑪ 찾아오는 야경꾼들만 증오하고 있는가

   ― 김수영, 「어느날 고궁을 나오면서」 부분

2. 다음 시는 심상의 개념 차이를 보여 주는 예이다. 랜슴은 1~6행에, 브룩스와 워렌은 4~6행에만 심상이 있다고 본다. 그렇게 주장한 근거를 추측해 보자.

   ① 계절로는 봄
   ② 하루로는 새벽
   ③ 아침에도 일곱 시

④ 언덕엔 진주 이슬
⑤ 종달새는 날개를 펴고
⑥ 달팽이는 가시나무에 있네
⑦ 하느님은 하늘에 계셔
⑧ 온 세상이 좋기만 할 뿐!

— 브라우닝, 「피파의 노래」 전문

3. 다음의 '두 줄기 불꽃'의 심상이 어떤 감각과 관련된 심상인지 생각해 보고, 심상의 특성을 결정하는 객관적 기준은 무엇인지 설명해 보자.

"그렇다니까요! 처음엔 순수하게 나비 같은 미소 어쩌고 저쩌고 했죠. 하지만 다음번에는 벌써 딸에게 젖가슴이 두 줄기 불꽃 같다고 말했어요."
시인(네루다)이 캐물었다.
"그(마리오)가 사용한 이미지가 시각일까요, 아니면 촉각일까요?"
"촉각이죠. 지금은 마리오란 놈이 사라질 때까지 딸의 외출을 금하고 있어요."

— 안토니오 스카르메타, 『네루다의 우편배달부』

4. 다음 시에 나오는 감각적 심상을 있는 대로 지적하고, 정적 심상과 동적 심상으로 나누어 보자.

시퍼렇게 털 세운 대숲 한 덩어리가 크다.
저 어슬렁거리는 풍경은 사실 전국 어디에나 붙박힌 유적 같은 것이다.
그들은 왜 마을 뒤, 산 아래에다 대숲 우거지게 했을까
대숲 속은 아직 덜 마른 암흑이 축축하다.
꽉 다문 입, 마음의 그 깜깜한 짐승을 풀어놓았을까. 날 풀어놓고 싶어

하는 비밀이 지금 사방 눈앞에, 귀에 자자하다. 댓잎 자잘한 동작들이 소리
들이 그렇듯 무수한 것인데, 울부짖음이란 본디 제 것이어서 잘디잘게 씹
히거나 또 한 떼 새까맣게 끓어오르는 것.
  아, 신생(新生)하는 바람의 몸, 바람의 성대가
  하늘 쪽으로 몰리면서 폭포 같다.
  무넘이 무넘이 시퍼렇게 넘어가곤 한다.

— 문인수, 「대숲」 전문

5. 다음 시는 심상의 본질인 '감각의 현현'과 '총체적 현존' 중 어느 것을 설명하기에 적절한지 설명해 보자.

  동굴 따라 꾸불꾸불 길게 누운 어둠 속에서
  이 딱딱한 바위도 한때는 흘러다녔구나.
  어둠 구석구석을 꼬리치레도롱뇽처럼 기어다녔구나.
  얼마나 아름다웠을까, 고드름으로 수세미로 버섯으로
  꽃으로 아이스크림으로 마음껏 녹았었던 움직임들은.
  한번도 머릿속에 들어가보지 못한 생각처럼
  바위는 돌을 벗어나 유연하고도 자유로웠겠구나.
  이제는 돌이킬 수 없는 형체가 되어
  생각 속에 박힌 편견들처럼 튼튼해지고 말았구나
  이제 저 부드러운 아이스크림은 깨어질지언정
  다시는 움직여 꽃이 되지 못하리라.
  물방울 떨어질 때마다 동그란 소리를 내며
  퍼져 나가던 깊은 물은 그 물줄기들은
  돌 속으로 들어가 돌과 섞이고 돌을 움직이더니
  그 모습 그대로 영원히 돌이 되었구나.

— 김기택, 「종유석」 전문

6. 다음 글에 나오는 김혜순의 주장이 심상의 본질 중 어떤 특성과 관련되는지 설명하고, 그녀가 생각하는 '진정성이 있고 리얼한 시'는 무엇일지 생각해 보자.

    시에 들어온 어떤 소재도 내 기억이 나도 모르게 조작한 것일 테니 내가 내 어머니를 썼다 해도 그 분은 진정한 내 어머니의 모습, 살과 피를 가지고 이제는 많이 노쇠해진 내 어머니의 모습이 아니겠지요. 그럼에도 내가 내 어머니를 그려냈다면 내 감정과 내 욕망과 내 감각과 내 시간이 조작한 어머니일 것입니다. 그럼에도 내가 내 어머니를 완벽하게 그려내겠다고 시도한다면, 시 속에서 내가 내 어머니의 실체를 죽이게 될 것입니다. 내 어머니는 없고, 내가 덧칠한 어머니만 남게 되는 것입니다. 그럼에도 우리 시단은 그런 것을 요구하는 분위기입니다. 그런 시를 가르켜 '진정성이 있고 리얼한 시'라고 불러주길 즐깁니다.
                                    — 김혜순, 대담「고통에 들린다는 것, 사랑에 들린다는 것」

7. 다음 시를 예로 들어 심상의 두 가지 기능을 설명해 보자.

    (가) 피아노에 앉은
        여자의 두 손에서는
        끊임없이
        열 마리씩
        스무 마리씩
        신선한 물고기가
        튀는 빛의 꼬리를 물고
        쏟아진다.

        나는 바다로 가서

    가장 신나게 시퍼런
    파도의 칼날 하나를
    집어 들었다.
                                — 전봉건, 「피아노」 전문

    (나) 아아, 그리고 이 중심을 에워싸고
    구경의 장미꽃,
    활짝 피었다 진다. 이 공 굴리는
    광대, 이 암술을 에워싸고, 바로 제게서 피어나는
    꽃가루에 수정되어, 다시금 무료함의 헛열매를
    맺도록 수태한, 자신의 권태를 의식조차 하지 못하는
    이 암술, — 살짝 거짓 미소를 머금고
    겉으로만 반짝이는 이 암술을 둘러싸고.
                      — 릴케, 「두이노의 비가 — 제5비가」 부분

8. 음악성과 회화성의 대조에 대한 다음 논의를 바탕으로, 김광균 시에 나오는 공감각적 심상("분수처럼 흩어지는 푸른 종소리" 등)의 의미와 한계에 대하여 말해 보자.

　　생성하고 변화하는 것을 꺼리고, 따라서 그러한 것과 운명을 공유하는 것을 불쾌하게 생각하고 무기적인 기하학적인 예술을 고조한 T. E. 흄의 이론은 안으로 들어가 보면 사실은 동요 속에서 안정을 찾는 열렬한 현대 그것의 소리였다. 회화적인 사상파(이미지즘)는 그리해서 흄의 이론의 온상에서 눈뜰 수 있었던 것이다. 음악적인 것, 그것은 비유적으로 사라져 가는 것, 불안한 것, 동요하는 것이다. 회화적인 것, 그것은 영속하는 것, 고정하는 것이다.
                      — 김기림, 「30년대 도미의 시단 동태」, 『시론』

제7장 • 가락과 형식

1. 가락과 운율의 차이

'가락'은 리듬(rhythm)의 번역이다. 흔히 율동(律動)으로 번역하지만, 우리말 '가락'이 시의 은밀한 음악적 성격을 잘 드러내기 때문에 더 적절한 용어라 할 수 있다. 박목월이 자작시 「나그네」 해설에서 가락을 "음악적인 조화"[1]로 풀이하고 있는 것에서 보듯이, '가락'은 리듬의 의미를 더욱 포괄적이고 자연스럽게 담을 수 있는 용어다.

앙리 메쇼닉은 리듬의 어원이 되는 루트모스(rhuthmos)라는 단어가 규칙성을 암시하는 '파도,' '바다'가 아니라, '흐르다'를 뜻하는 그리스어 'rhein'에서 파생되었다고 본다. 즉, 리듬은 물결의 흐름처럼 비교적 자유로운 상태를 지칭한다는 것이다.[2] '소리의 길이와 높낮이의 어울림'이라는 사전적 의미를 지닌 우리말 '가락'도 '소리, 노래, 말(音, 聽, 歌, 語)' 등의 뜻을 지닌 어근 '갈'에서 왔는데,[3] 발화의 한 방식을 가리킬 뿐 균질적 반복

---

1. 박목월, 『자작시 해설 보랏빛소묘』, 신흥출판사, 1958, 90쪽.
2. 메쇼닉은 가락, 즉 리듬과 정형성은 무관하다고 본다. 그는 방브니스트에 기대어 원래 '리듬-물결의 흐름'이라는 어원이 왜곡되어 '리듬-바다'라는 도식을 형성하였다고 본다. '리듬-바다'에서 "물결들의 다소간 규칙적인 운동," "표지의 규칙적인 회귀"라는 규칙성을 지닌 개념이 형성되었다는 것이다. Lucie Bourassa, 조재룡 옮김, 『앙리 메쇼닉, 리듬의 시학을 위하여』, 인간사랑, 2007, 156쪽.

이라는 강제성과 거리가 있다는 점에서 메쇼닉의 리듬과 비슷하다.

이런 점에서 가락, 즉 리듬은 운율(韻律, rhyme and meter)과 대립되는 개념이라 할 수 있다. 운율이 반복성과 규칙성을 지닌 정형적 형태라면, 가락은 자유로운 흐름을 중시하는 무정형적 형태이기 때문이다. 파울러(R. Fowler)가 리듬을 "파도의 모양과 크기와 속도만큼이나 무한히 다양한 흐름"[4]으로 정의하고 이를 규칙적인 율격과 구별한 것이나, 람핑이 운율화(Metrisierung)와 율동화(Rhythmisierung)를 대립시킨 것도 같은 관점이라 할 수 있다.[5] 그러나 시적 음악성의 측면에서 볼 때, 리듬과 운율의 대립성, 단절성보다는 조화성, 연속성에 주목할 필요가 있다.

> 리듬은 구와 떼어놓을 수 없다. 리듬은 조각난 말들로 이루어져 있지 않으며, 단순히 음격(medida), 혹은 음절의 수, 강세, 그리고 휴지(休止)가 아니라 이미지이며 의미이다. (…) 반대로, 운율은 이미지와는 별개로 추상적인 음격이다. 운율이 요구하는 것은 단지 각각의 시행에 필요한 음절과 강세이다. (…) 운율은 리듬에서 생겨나서 리듬으로 돌아간다. 처음에 양자간의 경계는 희미하다. 시간이 지나면서 운율은 고정된 형태로 결정화(結晶化)된다. 광휘의 순간이지만 동시에 마비의 순간이기도 하다.[6]

파스의 언급이 암시하듯이, 가락과 운율은 상호의존적이다. 애초에 보편적으로 존재하는 것은 가락이었을 것이다. 이 가락이 시간이 흐르면서 "고정된 형태로 결정화"된 것이 바로 운율이다.[7] 그러나 리듬의 결정화로

---

3. 이 말은 "ᄀᆞᆯ왈(曰)〈類合上14〉, 가르치다(敎)" 등에 남아 있다. "공자 가라사대"란 흔한 말 속에도 이 가락의 어근이 들어 있다. 『국어어원사전』 참조.
4. 김준오, 『시론』(제4판), 삼지원, 2000, 135쪽에서 재인용.
5. 운율화는 규칙적인 각운의 반복처럼 강제된 것이지만, 율동화는 자유로운 내적 리듬에 의한 것이다. Dieter Lamping, 장영태 옮김, 『서정시: 이론과 역사』, 문학과지성사, 1994, 46쪽.
6. Octavio Paz, 김홍근·김은중 옮김, 『활과 리라』, 솔출판사, 1998, 89쪽.
7. 이것은 가락을 "연속적으로 발생하는 사건에 있어서의 대립적인 변화"로 정의하고, 이 가락에 "어떤 규칙성이 가해져서 유형화"한 것을 율격으로 보는 관점과 상통한다. 김대행, 『한국시가구조연구』, 삼영사, 1975, 22쪽.

서 운율은 시간이 지나면 다시 가락으로 돌아간다. 그때 가락 역시 이전과 다른 상태가 될 것이다. 이처럼 시에 있어서 가락과 운율은 순환적이라 할 수 있다. 운율과 무관하던 우리 가요에 근래 라임, 즉 압운이 도입되어 유행하는 데에서 이를 확인할 수 있다.

그런데 '운율(韻律)'이라는 말은 두 가지 개념이 결합된 말이라는 사실에 유의해야 한다. 운(韻)은 'rhyme,' 즉 압운(押韻)을 의미하고, 율(律)은 'meter,' 즉 율격(律格)을 가리키는 말이다. 압운은 소리가 동일한 위치에서 규칙적으로 반복하는 현상을 말하고, 율격은 시행 전체를 이루고 있는 소리의 반복적이고 규칙적인 현상을 가리킨다. 다음 논의에 이 차이가 잘 정리되어 있다.

> 운과 율이 시행에서 구현되는 소리의 현상이라는 점, 그리고 규칙성과 반복성을 갖는다는 점에서 동일하다. 그러나 율격이 소리의 시간적 질서 위에서 나타나는 거리의 반복임에 비해서 압운은 위치의 반복이라는 점에서 다르다.[8]

압운과 율격에 대해서는 다음 절에서 설명하므로 여기에서는 이 인용문으로 설명을 대체한다. 지금까지 논의를 바탕으로 할 때 다음과 같은 도식적 정리가 가능하다. 가락은 운율이 기대고 있는 상위 개념이며, 가락은 그 하위 개념으로서 ① 반복성과 규칙성을 지닌 '정형적 가락'과 ② 반복성과 규칙성이 약하거나 없는 '비정형적 가락'을 지닌다.

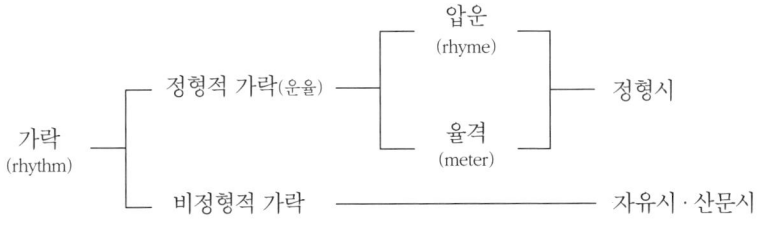

---

8. 김대행, 「서: 운율론의 문제와 시각」, 김대행 편, 『운율』, 문학과지성사, 1984, 13쪽.

2. 압운의 유형

압운(rhyme)은 시행의 특정한 위치에서의 동일한 음운적 자질의 반복이다. 압운에는 두운, 요운, 각운, 유운 등이 있다. 우리 시에서 압운은 규범적인 강제력을 지닌 적이 없었다. 근대 이전의 한시(漢詩)에나 적용되는 외래적 규범이었다. 주광잠에 의하면 서양에서도 압운이 사용된 것은 기원 이후 동양의 영향이었다고 한다.[9] 세계적으로 볼 때, 시와 운의 관계는 그다지 보편적인 것이 아니었다는 의미다.

1) 두운

두운(頭韻, alliteration)은 단어의 초성이 자음일 때 이 자음을 반복하는 압운이다. 우리 시에서 두운을 말할 수 있는 예는 다음과 같은 것이 있다.

(가) 말리지 못할 만치 몸부림치며
　　　마치 천리 만리나 가고도 싶은
　　　맘이라고나 하여 볼까.

― 김소월, 「천리만리」 부분

(나) 밤하늘에 부딪친 번갯불이니
　　　바위에 부서지는 바다를 간다.

― 송욱, 「쥬리에트에게」 부분[10]

---

9. "16세기 영국학자인 아스캄이 저술한 『교사론』에 의하면 서양에서 운을 사용한 것은 이탈리아에서 시작되었으며, 이탈리아는 흉노와 가가우조의 〈야만족 속습〉에서 채택하였다고 한다." 朱光潛, 정상홍 옮김, 『시론』, 동문선, 1991, 261쪽.
10. 이것은 앞에서 인용한 김소월의 「꿈길」과 같이, 김대행의 「압운론」에 사용된 용례를 가져온 것이다. 김대행, 「압운론」, 김대행 편, 앞의 책, 30쪽.

(가)에서 '말리지, 못할, 몸부림, 마치, 만리, 맘' 등에서 'ㅁ'이 반복되어 두운을 형성하고 있다. 그리고 (나)에서는 '밤하늘, 부딪친, 번갯불, 바위, 부서지는, 바다' 등의 'ㅂ'이 두운을 이루고 있다. 둘 다 두운의 좋은 예라 할 수 있지만, 김소월의 경우는 우연이라 생각될 정도로 의도성이 잘 드러나지 않고 있어 하나의 규범으로서의 압운이라 보기 힘들다. 이에 비하여 송욱의 경우는 강세가 오는 첫 음절에 의도적으로 동일 음운을 반복하고 있어 효과적인 두운이라 할 수 있다.

2) 요운

요운(腰韻, internal rhyme)은 중간운이라고도 한다. 요운은 하나 이상의 압운어가 시행 내에 있을 때 그 운을 가리키는 개념이다. 보통은 각운에 사용된 음운이 시행 가운데 부분에 놓일 때를 말한다. 영시를 예로 들어 보자.

> I am the daughter of Earth and Water
> And the nursling of the Sky;
> I pass through the pores of the ocean and shores
> I change, but I cannot die.
>
> ― P. B. Shelley, "The Cloud" 부분

이 시 구절에서 2행을 제외한 시행에서 시행의 마지막에 사용된 각운이 시행 내부에 다시 사용되고 있다. 즉, 1행에서는 'water'의 [ər] 음이 'daughter'에서 반복되고 있으며, 3행에서는 'shores'의 [ɔːrs] 음이 'pores'에서, 4행에서는 'die'의 [ai] 음이 'I'에서 반복되고 있다.

요운은 두운이나 각운이 사용되는 시적 환경에서 발견될 수 있다. 그래서 두운이나 각운을 거의 사용하지 않는 우리 시에서 요운을 발견하기란 지극히 어려운 일이다.[11] 김억의 다음 시에 발견되는 요운은 아주 희귀한 경우라 할 수 있다.

밤이도다
봄이다.

밤만도 애달픈데
봄만도 생각인데.

날은 빠르다
봄은 가느다.

— 김억, 「봄은 간다」 부분

전체적으로 다양한 압운(두운, 요운, 각운, 유운)이 발견된다는 점에서 이 시는 운율의 형성을 의도적으로 겨냥한 작품이라 할 수 있다. 1, 2연에 '밤'과 '봄'이라는 어휘가 배치됨으로써 두운이 형성되고, 대부분의 연에서는 각운이 나타나고 있다. 이 시에서 요운, 즉 중간운은 2, 3연에서 찾을 수 있다. 3연의 각운을 [아]로 본다면 '빠르다'의 '빠,' '가느다'의 '가'에 요운이 실현된 것으로 볼 수 있다('간다'를 '가느다'로 표기한 것은 요운을 명시적으로 나타내려는 시도로 보인다). 2연 1행의 각운 [에]에 호응하여 행 중간에 사용된 '애,' 생 도 유사음으로 요운을 실현한 경우라 할 수 있다

3) 각운

압운 중에 가장 많이 사용되는 것이 각운(脚韻, end rhyme)이다. 각운은 시행의 마지막 음절에 나타나는 음운이 반복되는 압운을 말한다.

---

11. 근래 서양의 랩송이 들어오면서 요운으로 볼 수 있는 것이 일상 속에서 의식적으로 사용되기도 한다. "그걸 '답신'으로 간주하는 너는 '봉신'/영혼, '소신' 없는 관료들은 '간신'/국민, '업신' 여기는 ○○는 '제정신'?" 어느 신문 뉴스에 달린 댓글(2008. 6. 4)로 음절 단위에서 반복되긴 하지만 요운의 한 예라 할 수 있다.

(가) 雨歇長堤草色多
　　送君南浦動悲歌
　　大同江水何時盡
　　別淚年年添綠波

— 정지상, 「송인」 전문

(나) Whose woods these are I think I know.
　　His house is in the village though;
　　He will not see me stopping here
　　To watch his woods fill up with snow.

— R. Frost, "Stopping by Woods on a Snowy Evening" 부분

　(가)는 고려시대의 시인 정지상의 「송인(送人)」의 전문이고, (나)는 미국 시인 프로스트(R. Frost)의 「눈 내리는 저녁 숲가에 서서」의 부분이다. (가)는 한시의 법칙에 따라 1, 2, 4구의 마지막에 '多, 歌, 波'가 운자로 사용되었다. 우리식 발음으로 'ㅏ'음이 운자로 사용된 것이라 할 수 있다. (나)에서도 한시와 동일하게 1, 2, 4구 마지막에 운자가 사용되고 있다. 'know, though, snow'가 각운을 실현하고 있는 부분으로, 이것은 [ou], 즉 우리 발음으로 '오우'가 운이 된 것이다.
　우리 운율 논의에서 자주 예로 드는 다음과 같은 시는 진정한 의미에서 각운을 사용한 작품이라 하기 어렵다.

　　물구슬의 봄 새벽 아득한 길
　　하늘이며 들 사이에 넓은 숲
　　젖은 향기 불긋한 잎 위의 길
　　실그물의 바람 비쳐 젖은 숲

— 김소월, 「꿈길」 부분

제7장 가락과 형식

시인이 각운을 의식하고 쓴 듯, 각 시행의 마지막 음운이 동일하게 반복되고 있다. 그러나 이것은 음운론적 동일성이 아니라 어휘론적 동일성이라는 점에서 압운이라 하기 어렵다. 동일한 어휘가 아니라 마지막 어휘에서 유사성에 바탕을 둔 음운적 변이가 있어야 진정한 각운이라 할 수 있다. 우리 시 중에 압운의 법칙에 맞게 각운을 사용한 시는 개화기에 유행한 다음과 같은 언문풍월이다.

> 옷없다는말마오
> 뽕만많이심으고
> 나를힘써기르면
> 추운사람있겠소
>
> ―「누에」

> 가을에는싫다가
> 여름에는왜찾나
> 차고더운이세상
> 너를조차알겠다
>
> ―「부채」[12]

언문풍월이란 한시의 형식을 모방한 우리말 정형시로, 1900년대 초에 등장하여 근 20년 정도 유지된 시험적인 갈래이다. 기형적 갈래이긴 하지만 각운의 형태를 제대로 보여 주고 있다는 점에서 운율론에서 참고할 만하다. 여기에 제시한 예들은 언문풍월 현상공모에 1등으로 당선된 작품으로 주어진 운자를 잘 소화한 경우라 할 수 있다. 가령 「누에」는 주어진 운자 '오, 고, 소'를 소화하여, 각운을 살리면서 내용을 잘 구성하고 있다. 그러나 7언절구 형식에 맞추기 위해 "뽕만많이심으고"처럼 '심고'를 억지로

---

[12] 이종린 외 편, 『언문풍월』, 고금서해, 1917. 이 책은 현상 공모하여 1474수의 언문풍월을 실어 놓은 작품집이다. 김영철, 『21세기 한국시의 지평』, 신구문화사, 2008, 334쪽.

늘여 쓰는 작위성이 눈에 거슬린다.

4) 유운

유운(類韻, assonance)은 '유사운,' '모음운' 등으로 번역되기도 하는데, 서로 인접한 두 개 이상의 단어에서 동일하거나 유사한 모음을 반복하거나, 자음은 같고 모음이 다른 어휘를 반복하는 압운을 말한다. 먼저 모음의 반복은 자주 인용되는 영어 구절, "rise high in the bright sky"에서 확인할 수 있다. 여기의 'rise,' 'high,' 'bright,' 'sky'가 유운의 예가 되는데, 이들 어휘는 모두 모음 [ai]를 반복하고 있다. 우리 시에서도 이런 예를 찾을 수 있다.

> 산새도 오리나무
> 위에서 운다
> 산새는 왜 우노, 시메 산골
> 영 넘어 갈려고 그래서 울지
>
> — 김소월, 「산」 부분

인용 부분에서는 '새, 에, 왜, 메, 래' 등에서 유사한 모음 [애/에]가 반복적으로 등장하여 가락을 만들어 내고 있다. 이런 유운의 사용이 의도적임은 시에서 자주 사용하지 않는 접속사 '그래서'라는 어휘를 굳이 사용하고 있는 장면에서 확인할 수 있다.

다음으로 자음은 같고 모음이 다른 어휘의 반복은 영어에서는 'cold and killed'에서 확인할 수 있다. 'cold'와 'killed'는 가운데 모음은 다르지만 자음이 동일하여 압운의 효과를 만들어 낸다. 우리 시에서는 앞에서 살펴본 김억의 「봄은 간다」에서 자주 등장하는 '밤'과 '봄'의 반복이 좋은 예가 된다. 이 낱말들의 모음(ㅏ/ㅗ)은 다르지만 초성(ㅂ)과 종성(ㅁ)의 자음이 같은데, 이 동일 음운의 반복이 가락을 만든다.

5) 압운 부재의 문제

한시가 전면적으로 보급되던 시기에도 우리말로 이루어진 시가에서는 압운이 전혀 없었다. 그래서 지배층의 압운시와 피지배층의 무운시(無韻詩)가 이원적으로 존재하였다. 이황의 다음 언급에서도 이를 확인할 수 있다.

> 노인(이황 — 인용자)은 본래 음률을 모르며, 세속의 노래는 오히려 듣기 싫어했으나, 한가하게 살면서 병을 요양하는 여가에, 무릇 정성(情性)에서 느껴지는 바가 있으면 번번이 시로 나타냈다. 그러나 오늘날의 시는 옛날의 시와 달라서, 읊기는 해도 노래 부를 수는 없으므로 노래 부르려고 하면 반드시 이속(俚俗)의 말로 엮어야 한다. 대개 국속(國俗)의 음절이 그렇지 않을 수 없기 때문이다.[13]

여기에서 말하는 '시'나 '음률'은 한시와 관련된 것이고, '세속의 노래,' '국속의 음절'은 우리말로 된 노래(시조)와 관련된 것이다. 이황이 상정하는 한시와 노래의 차이는 읊는 것과 노래하는 것의 차이다. 읊는 것은 음률과 관련되는데, 이때의 음률은 바로 한시의 압운과 관련된 규범을 말한다. 노래하는 것은 시조의 가창(歌唱)과 관련된 것으로, 비교적 자유로운 상태에서 연행되는 시 양식을 가리킨다. 압운시로서의 한시와 무운시로서의 시조가 이원적으로 존재하는 상황이 여기에 잘 나타나 있다.

우리 시에서 압운을 발견하기 힘든 이유는 우리말의 언어적 특성과 관련될 수 있다. 우리말은 종결형 접미사를 사용하기 때문에 각운을 따로 설정하기 힘들다. 각운을 맞추기 위해 어순을 바꾸어 명사형으로 종결하는 것은 앞의 몇몇 예(김소월의 「꿈길」, 언문풍월 「바늘」 등)에서 보듯이 매우 부자연스럽다. 그리고 두운도 언어유희에서나 발견될 법할 정도로 희소하다

---

13. 이황, 「도산십이곡발」; 조동일, 『한국문학사상사시론』(제2판), 지식산업사, 1998, 184쪽에서 재인용.

는 점에서,[14] 우리 시에서 음운의 반복을 통한 가락 형성은 거의 없다고 할 수 있다. 그러나 압운 형성이 없는 결정적인 이유는 우리 시가 노래로 가창되어 온 역사가 길었다는 사실에 있을 것이다. 노래에서 중요한 것은 반복되는 마디 단위의 율격이지 특정 부분의 압운이 아니기 때문이다. 이것은 이황이 말한 읊는 것과 노래하는 것의 결정적 차이라 할 수 있다.

그러나 시에서 압운이 없다는 것이 결코 시적 결함이 될 수 없다. 김대행은 압운의 부재를 단점으로 여기고 「압운론」이라는 글에서 '압운 부재와 그 극복'이라는 절을 할애하여, "두운이나 중간운의 자운과 모운에 기대할 수 있는 음 상징, 강세 등의 기능을 개척하면 가능할 것으로 보인다"[15]고 대안을 제시하고 있다. 그러나 압운의 부재를 극복의 대상으로 생각한다는 것 자체가 문제적이라 할 수 있다.

오히려 우리의 문학 전통에서 압운을 사용하는 것은 조롱의 대상이었다고 할 수 있다. 그만큼 압운은 일상적이거나 자연스러운 것이 아니기 때문이다. 이런 조롱은 「봉산탈춤」에 잘 나타나 있다.

생원: 동생 한 구 지어 보세.
서방: 그럼 형님이 운자를 하나 내십시오.
생원: '총'자 '못'잘세.
서방: 아, 그 운자 벽자로군. (한참 끙끙거리다가) 형님, 한 마디 들어 보십시오. (영시조로) "집세기 앞총은 헌겁총하니 나막신 뒷축에 거멀못"이라.
말뚝이: 샌님, 저도 한 수 지을 터이니 운자를 하나 불러 주시오.
생원: 제구삼년(齊狗三年)에 능풍월(能風月)이라더니, 네가 양반의 집에 몇 해를 있더니 거룩한 말을 다 하는구나. 우리는 두 자씩 불러지었건마는 너는 단자(單字)로 불러줄 터이니 한 자씩이나 달고 지어 보아라. 운자는 '강'자다.

---

14. '무 먹고 무식한 놈, 생강 먹고 생각 좀 해라' 같은 것을 예로 들 수 있으나 음운 단위의 반복이 아니라 음절 단위의 반복이라는 점에서 엄밀한 의미에서 두운이라 부르기 힘들다.
15. 김대행, 「압운론」, 김대행 편, 앞의 책,

말뚝이: (곧 영시조로) 썩정 바자 구녕엔 개대강이요, 헌바지 구녕엔 좆대
    강이라.
생원: 아, 그놈 문장이로구나. 운자를 대자마자 지어내는구나. 자알 지었
    다.[16]

여기에 나오는 각운은 모두 희화화에 사용되고 있다. 각운을 사용하고 있는 '서방'이나 '말뚝이'의 시는 하나같이 민중이 사용하는 속된 우리말을 통해 압운의 권위를 마음껏 조롱하고 있다. 이런 압운의 희화화는 각운이 사용되는 한시가 양반의 전유물이었기 때문에 나타난 것이기도 하지만, 각운 규정이 일상과 괴리된 소수만을 위한 문학 규율이라는 사실에 기인한 것이기도 하다.

근대 이전의 한국인이 한시를 접하면서 오랫동안 압운에 친숙해졌음에도 불구하고 우리 시에 압운을 도입하지 않은 것은 그 나름대로의 이유가 있기 때문이다. 우리 시가 노래와 오랫동안 결부되어 있었기 때문이기도 하지만, 더 본질적으로는 우리 시의 가락 자체만으로도 우리의 정서와 사상을 드러내는 데 아무런 부족함이 없었기 때문이다.

3. 율격의 유형

율격(律格, meter)을 나누는 기준은 로츠의 논의에 기반을 두고 있다. 로츠는 율격을 '순수음절 율격(pure syllabic metre)'과 '복합음절 율격(syllabic prosodic metre)'으로 나눈다. 순수음절 율격은 음절수의 규칙에 의해서 만들어진 율격으로 음수율이라 부른다. 복합음절 율격이란 순수음절 율격에 음운의 제2차적인 특징, 예를 들어 소리의 강약이나 고저, 장단 등이 가

---

16. 이두현, 『한국가면극』, 한국가면연구학회, 1973, 318쪽.

미되어 만들어진 율격이다. 로츠는 이것을 다시 장단율(durational metre), 강약률(dynamic metre), 고저율(tonal metre)로 나눈다. 고대 그리스 라틴의 운문은 장단율이며, 독일어와 영어의 운문은 강약률이며, 고대 중국어의 운문은 고저율이 된다. 음의 장단, 고저, 강약이 없는 한국 및 이탈리아, 프랑스 등의 운문은 순수음절 율격이다.[17] 이를 도표로 정리하면 다음과 같다.

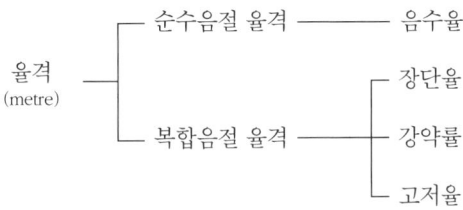

그러나 로츠의 분류는 우리 시(주로 시조와 같은 전통적인 시가)의 율격을 해명하는 데 부적절한 것으로 평가받아 왔다. 우리 시에서는 음수율도 불규칙하게 나타날 뿐 아니라, 우리말에 강약, 고저 등이 없고 장단도 중요한 자질이 되지 못하여 장단율, 강약률, 고저율 등도 나타나지 않기 때문이다. 그러나 로츠의 분류에 대한 이런 평가는, 다음에 다루겠지만, 우리말이나 우리 시 율격의 특수성 때문이 아니라, 율격의 특성에 적용한 잘못된 기준 때문이라 할 수 있다. 하지만 우리 율격 문제를 이해하는 데 기존 논의의 전개 과정을 살펴보는 일은 도움이 된다.

1) 순수음절 율격: 음수율

우리말에서 소리의 고저나 강약, 장단이 핵심적인 것이라 보기 힘들기 때문에 많은 학자들은 우리 시가의 율격을 주로 음수율에서 찾았다. 음수율은 '자수율'이라 부르기도 하는데, 한 시행에서 동일한 글자 수를 반복적으

---

17. John Lotz, "Metric Typology," *Style in Language*, T. A. Seboek(ed), The M.I.T. Press, 1978, 140쪽; 로츠의 이론 정리는 오세영에 의한 것이다, 오세영, 「한국 시가 율격 재론」, 『한국근대문학론과 근대시』, 민음사, 1996, 67쪽.

로 사용하여 가락을 만들어 내는 율격을 가리킨다. 시조나 가사 등의 정형
시의 율격을 3·4조, 4·4조 등으로 부르는 것은 음수율의 관점에서이다.

> 벽상(壁上)에 칼이 울고 흉중(胸中)에 피가 뛴다
> 살 오른 두 팔뚝이 밤낮에 들먹인다
> 시절아 너 돌아오거든 왔소 말을 하여라
>
> — 지은이 모름

 이 시조의 시행은 3행으로 나누어진다. 각 행은 정확하게 3·4조의 반복
으로 이루어진다. 종장의 둘째 마디가 정형적 규칙을 벗어났지만, 이 시조
는 전통적인 시조의 음수율, 즉 〈3, 4, 3, 4/3, 4, 3, 4/3, 5, 4, 3〉에 가장 근
접한 작품이라 할 수 있다.
 우리 시가의 특질을 음수율에서 찾은 것은 조윤제에 의해서이다.[18] 그러
나 이때의 음수율은 규칙성이 약하다는 것이 문제가 된다. 우리 시의 음수
율로 제시되는 3·4조, 4·4조가 실제 시가에서 정확하게 지켜지는 경우가
거의 없기 때문이다. 음수율은 자수의 정확한 반복이 가장 중요한 규범인
데, 그것을 자주 범한다면 고정된 율격으로 볼 수 없다. 그래서 그에 대한
반론들이 이어졌다.

2) 복합음절 율격: 장단율, 강약률, 고저율

 음수율의 한계가 지적되자 학자들은 복합음절 율격의 가능성에 대하여
적극적으로 검토하기 시작하였다. 조지훈 같은 이는 우리말에도 장단, 고
저, 강약이 모두 존재한다고 주장하였다.[19]

---

18. 조윤제,「時調의 字數考」,『신흥』 4호, 1930.
19. 조지훈은 우리말에도 장단, 고저, 강약이 모두 존재한다고 주장하였다. 그는 우리말
 '말'을 예로 들어, 말(言)은 〈長, 低, 弱〉, 말(斗)은 〈中長, 中低, 中弱〉, 말(馬)는 〈短, 高,
 強〉, 말(마을, 村)은 〈變短, 變高, 變強〉으로 본다. 그 외 다른 어휘도 이런 부류에 귀속시
 키고 있다. 조지훈,『시의 이해』, 조지훈,『시의 원리 — 조지훈전집 2』, 나남출판, 1996,

장단율은 한 음의 소리가 지속되는 시간의 양을 대립적으로 반복하면서 가락을 생성하는 율격이다. 장단율에서는 장음과 단음이 가락을 형성하는 가장 중요한 자질이 된다. 음운의 장단이란 것이 우리말에서 가장 많이 나타나는 음운의 2차적 특징이기에 장단율이 우리 시의 기본 율격으로 주목받기도 하였다.[20] 그러나 우리말에 장단이 있기는 하지만 시에서 이 음들이 규칙적으로 반복되는 경우가 없다는 점에서 타당성을 인정받지 못한다.[21]

강약률은 영시에서처럼 강세가 있는 음절과 강세가 없는 음절이 규칙적으로 반복되면서 가락을 만드는 율격이다. 강약률에서 강세의 반복으로 이루어지는 시행의 기본 단위는 음보(foot)이다. 하나의 음보는 강한 음절과 약한 음절로 이루어져 있다. 이것은 강약, 약강, 약약강, 강약약 등의 네 개의 패턴으로 나타난다. 한때 강약률이 우리 시의 기본 율격으로 대두되기도 하였다.

(가) 아리랑/아리랑/아라리요/
　　　아리랑/고개를/넘어간다/

(나) 울밑에선/봉선화야/네모양이/처량하다/

강약률을 주장하는 논의에 따르면 (가)는 '강약약형 3음보' 시행이고 (나)는 '강약약형 4음보' 시행이 된다.[22] 강약률의 근거는 우리말의 강세가 보통 첫 글자에 오기 때문이고, 또한 우리 음악의 대부분이 3박자 내지 4박자 계통의 가락이기 때문이다. 그러나 우리말에서 강약은 구체적 사실이 아니라 일종의 심리적 현상에 속하기 때문에 변별적 자질로 보기 힘들다.

143-144쪽 참조.
20. 정광, 「운율연구의 언어학적 접근」, 『심상』, 1975. 7.
21. 가령 장음은 단어의 첫 음절에서만 실현되고 둘째 음절 이하에서는 소멸한다. 예) '말(言):/거짓말,' '놀:/저녁놀' 등.
22. 정병욱, 「고시가 운율론 서설」, 『최현배선생화갑기념문집』, 정음사, 1954. 여기서는 김대행 편, 앞의 책, 61-62쪽에서 인용.

고저율은 소리의 높낮이가 규칙적으로 반복되면서 가락을 형성하는 율격으로, 중국어처럼 성조를 지닌 언어에서 흔히 사용되는 율격이다. 우리의 경우 중세에 성조가 사용된 적이 있었기 때문에 그때 고저율이 사용된 적이 있었다고 본다. 「용비어천가」의 가사에 찍힌 방점이 바로 성조 사용의 표시가 된다. 그러나 이것은 중국의 음을 모방한 것으로, 우리 시의 전반에 통용될 수는 없는 자질이라 할 수 있다.

3) 특수한 율격으로서의 음보율

지금까지 음수율의 한계를 극복하기 위해 우리 시가의 기본 율격을 장단율, 강약률, 고저율의 관점에서 모두 다루었지만 적당한 것이 나타나지 않았다. 그래서 로츠의 분류에 나오지 않는 음보율이란 것이 등장하였다. 로츠는 음보율이라는 말을 사용하지 않았다. 왜냐하면 강약률이 음보율을 포함하고 있기 때문이다. 즉, 음절의 강세가 변별적 자질이고 음보는 음절 강세의 강약이 이루어지는 기본 단위에 불과하므로 강약률이 더 적절한 개념이다. 그럼에도 우리 시가에서 음보율을 들고 나온 이유는 무엇일까.

음수율을 극복하기 위해서는 율격의 단위를 음절 대신 음보에서 찾을 수밖에 없다. 우리 시에서 음절수가 규칙적으로 반복하지 않는 대신 음보 단위에서는 규칙적인 반복이 발견되기 때문이다. 여기에도 몇 가지 방식이 있다.

(가) 음절수와 무관하게 음보의 반복만을 주목하는 방식[23]
(나) 음보 내의 음절수를 동등하게 취급하는 방식[24]
(다) 한 시행 전체의 발음 총량을 동일하게 취급하는 방식[25]

다음의 시를 두고 위의 입장들이 구체적으로 어떻게 다른지 살펴보자.

---

23. 조동일, 「현대시에 나타난 전통적 율격의 계승」, 『아세아학보』 13집, 1976.
24. 성기옥, 「한국시가율격의 기층체계」, 『국문학연구』 48집, 서울대학교, 1980.
25. 김대행, 『한국시가구조연구』, 삼영사, 1976.

산위에 올라서서 바라다보면
가로막힌 바다를 마주건너서
님계시는 마을이 내눈앞으로
꿈하늘 하늘같이 떠오릅니다.

— 김소월, 「꿈하늘」 전문

　(가)에 따르면 이 시는 3음보가 된다. 이때 문제가 되는 것은 같은 음보 안의 글자 수가 동일해야 한다는 규정이다. 첫 행만을 살펴볼 때 위의 시는 〈3·4·5/4·3·5〉 등으로 앞부분의 음절수가 불규칙하다. 이런 변칙을 "행을 이루는 음보수는 고정적이면서 행을 이루는 음절수는 가변적인 것이 한국 시의 규칙"[26]이라는 주장을 내세워 무시하는 경우가 있다. 이에 따르면 이 시는 〈뒤가 무거운 3음보〉가 된다.
　그러나 음보율이 강약률에 종속된 것이라면 이런 식으로 음절수의 불규칙성을 무시할 수 없다. 그래서 장음(長音)과 정음(停音)을 도입하여 음보 안의 음절수를 대등하게 조정하는 의견 (나)가 등장하게 된다.[27]

산위에-/올라서서/바라다보면
가로막힌/바다를v/마주건너서
님계시는/마을이v/내눈앞으로
꿈하늘-/하늘같이/떠오릅니다.

　위의 시에서 '-' 표시는 길게 읊는다는 표시, 즉 장음(長音) 표시이고, 'v'는 소리내지 않으면서 한 음절의 값을 한다는 정음(停音) 표시이다. 이런 표시를 통해 모든 시행은 4·4·5조로 대등하게 반복되는 정형율이 된다.
　그런데 (다)의 입장에서 보면 위의 시는 4음보가 된다. (다)는 (나)의 연

---

26. 조동일, 앞의 글, 김대행 편, 앞의 책, 119쪽.
27. 성기옥, 앞의 글, 김대행 편, 앞의 책, 90-99쪽.

장선상에 있지만, 장음 대신에 모라(mora)²⁸ 개념을 도입한 것과 한 시행의 총량을 정해 놓았다는 점에서 차이가 난다.

산위에-/올라서서/바라다/보면
1 1 2 /1 1 1 1 /1 1 2 /2 2
가로막힌/바다를v/마주v/건너서
1 1 1 1 /1 1 1 1/1 2 1/1 1 2²⁹

여기서 숫자는 모라(mora)의 양이다. 그래서 한 음보는 그것이 2음절이거나 4음절이거나 상관없이, 각각의 음보는 4모라로 등장성을 지니게 된다. 2음절도 4모라가 되기 때문에, 이런 방식으로 접근하면 우리 시가에서 3음보는 없으며, 4음보만 존재하게 된다.³⁰

그러나 음보율은 강약률에 종속될 때에만 가능한 용어이므로 강약률과 무관한 우리말의 특성을 고려할 때 음보율이라는 명칭은 부적절하다. "영시와 같은 강약률의 복합음절 율격이 아닌 소위 순수 음수율의 율격 체계에서는 음보가 있을 수 없"³¹기 때문이다. 이런 지적에 따르면 음보 대신 '마디'가 적절한 개념이 된다.³² 음보의 개념이 없는 음수율의 율격 체계라

---

28. '모라'는 음성 실현에 소요되는 시간적 길이를 말한다. 단모음은 1모라에 해당하며, 장모음은 2모라에 해당한다.
29. 이것은 김대행의 방법론을 원용한 것이다. 오세영, 앞의 책, 64쪽. 김대행은 김소월의 「산유화」를 예로 삼아 현대시의 율격을 분석한 바 있다. 김대행, 『한국시가구조연구』, 삼영사, 1976, 34-37쪽 참조.
30. 가령 3음보의 「아리랑」도 '나를 버리고 가시는 님은'이라는 구절 때문에 4모라 네 개가 모인 4음보의 노래가 된다. 이런 접근은 예외적인 발화가 전체 가락의 성격을 결정한다는 점에서 한계를 지닌다.
31. 오세영, 앞의 책, 67쪽.
32. 음보 개념에 대한 비판과 대안으로서의 마디 개념은 김대행에 의해 제기된 바 있다. "종래에 흔히 음보라고 해 오던 것을 '마디'라고 바꾸어 부를 필요가 있다. 음보란 낭독에서 형성되는 주기성의 최소 단위를 가리키는 용어인데, 실상은 이 마디에서 주기성이 확보되지도 않거니와, 가창을 전제로 이루어진 고시가에서는 더욱이 음보적 성격이 발견되지 않는다." 김대행, 「시의 율격과 시가의 율격」, 『국어교육』 65호, 한국어교육학회, 1989, 87쪽. 시의 구절을 마디('웃마디', '아랫마디')라 부른 것은 『천도교회월보』 언문풍

하더라도 낭독의 어떤 단위나 매듭은 있기 때문이다. 그 매듭을 마디라 부른다. 그럴 경우 음보의 강제적인 규정을 따를 필요가 없다. 즉, 한 시행을 구성하는 마디들이 꼭같은 음절수를 가질 필요가 없고, 각 마디의 발음 시간도 동일할 필요가 없게 된다. 마디의 반복으로 율격이 생기므로 '마디 율격'이라는 용어가 제안된다.[33]

4) 율격의 역사적 전개와 우리 율격의 성격

지금까지 우리가 율격 논의에서 확인한 것은 우리 전통시의 가락이 최소한의 정형성, 규율되지 않은 규율에 있다는 사실이다. 즉, 엄격한 정형성이 없이 한두어 자 자유롭게 넘나드는 여유가 그 본질이라는 것이다. 그리고 이것을 우리 율격의 특수성으로 인식하여, '음보율,' '마디율' 등의 특수한 이름을 붙여 강조하였다. 그러나 과연 이런 접근이 타당한지 율격의 역사적 전개를 설명하면서 따질 필요가 있다. 일반적으로 율격은 크게 '가창률-낭송률-자유율'의 세 단계를 통해 전개됐다.[34]

먼저 1단계, 가창률(歌唱律)은 시가 악기와 함께 가창 되거나 노래로만 불리던 시기에 나타나는 가락으로, 외형적으로 확인 가능하지만 정형적 제약성이 상당히 약한 율격을 말한다. 이 단계의 느슨한 율격 규범 때문에 율격 단위 내에서 음절수의 자유로운 넘나듦이 나타난다.

가) 坎坎伐檀兮/寘之河之干兮/河水清且漣猗

不稼不穡/胡取禾三百廛兮

不狩不獵/胡瞻爾庭有縣貆兮

彼君子兮/不素餐兮

월 관련 공지에도 나타난다.
33. 오세영의 '마디 율격'에서 마디의 기본적인 구성 요소는 음절수가 된다. 그래서 논의는 다시 음수율로 돌아간다.
34. 이에 대한 구체적인 사항은 박현수, 「자유시 리듬 정착 과정의 일반 모형과 한국적 특수성」, 『한국현대문학연구』 58, 한국현대문학회, 2019 참조.

―「伐檀」부분³⁵

나) 東京 불기 드라라/밤 드리 노니다가
　　드러사자 보곤/가로리 네히러라
　　두브른 내해엇고/두브른 누기핸고
　　본딕 내해다마르는/아사늘 엇디ᄒ릿고

―「처용가」전문³⁶

가)는 중국 『시경』에 나오는 작품으로, 각 시행마다 다양한 길이를 보여주고 있다. 노래로 불리던 것이 문자로 채록된 『시경』의 많은 작품은 1행 4언으로 되어 있지만, 이 작품은 각 구가 4언, 5언, 6언, 7언, 8언 등으로 이루어져 있어 율격 상의 자유가 잘 나타나 있다. 그럼에도 이 작품은 4언을 기본형으로 삼고 있는 작품으로 평가받는다. 나)는 신라시대에 노래로 불리다가 이후에 기록된 향가(鄕歌) 작품이다. 현대시 형태로 행을 구분하자면 1행은 두 마디로 구성되어 있다. 그렇지만 한 마디 안에 들어가는 음절수는, 마디를 나누는 방식에 따라 다소 달라질 수 있겠지만(이런 임의성의 출현 자체가 가창률의 특성이다), 현행 표기로 볼 때 2개에서 6개까지 다양하게 나타나고 있다. 앞서 살펴본 『시경』 작품처럼, 한 마디 안에 언어 차원의 엄격한 등시성(동일한 음절수)이 나타나지 않는 것이다. 이런 특성은 영시에서도 마찬가지로 나타난다.³⁷

---

35. "쨍쨍 박달나무 베어/강가에 버려 두니/강물은 맑고 잔물결 인다./심지도 않고 거두지도 않으며/어찌 삼백호 곡식을 거둬들이며/겨울사냥도 밤사냥도 하지 않으며/어찌 그대 뜰에 매단 담비 보이는가/저 진정한 군자는/하는 일 없이 남의 밥 먹지 않는다네." 원문 및 번역은 백정희,「중국역대시가의 발생과 유변(1) ― 선진의 시경」,『중국학논총』14, 국민대학교 중국문제연구소, 1998, 80쪽.
36. 김완진의 해독. 권두환 편,『한국문학총서 1 고전시가』, 해냄출판사, 1997, 71-72쪽.
37. 고대 영시에서 두운은 한 행을 단위로 이루어지는데, 강세는 두운이 있는 음절에 놓인다. 한 행은 가운데 휴지를 기준으로 전반부, 후반부로 나누어지고 강세는 보통 전반부, 후반부에 2개씩 총 4개가 사용된다. 그런데 각 부분에 놓이는 강운(arsis)은 2개라는 제한이 있지만 약운(thesis)의 수는 제한이 없다. 그래서 한 강운 음절만으로 구성된 음보(/ ! /)도 있고, 5개의 약운이 수반되는 장음보(/××××× ! /)도 있다. 이 때문에 음보 간

이처럼 가창률이 율격상 비교적 자유로운 성격을 지니게 된 주요 원인은 이때의 시가 노래로 향유되었다는 데 있다. 노랫말의 특성상 한 마디(소절) 안에 언어적 등시성이 아니라 음악적 등시성만 요구되기 때문에 음절 수의 넘나듦은 자연스러운 현상이다.[38] 그래서 가창률의 경우는 엄격한 정형률이 없어서 기본형 설정만 가능하다. 『시경』의 경우 '4언 두 마디,' 우리 향가의 경우 '4음절 네 마디' 정도가 될 것이다.

2단계, 낭송률(朗誦律)은 시가 노래로부터 독립하였을 때 발생한 것으로, 엄격한 율격 체계를 지닌 가락이다. 애초에 가창 되던 시가 음악으로부터 멀어졌을 때, 시는 그 음악성의 부재를 문어(文語), 즉 문자화된 언어 자체의 성격으로부터 재구성하여 보완 혹은 극복하고자 한다. 왜냐하면 "음악은 시의 생명인데 예전에 외재적 곡조인 음악은 이미 버렸기 때문에 시인들은 부득불 문자 자체에서 음악적인 노력을 하지 않을 수 없"[39]기 때문이다. 그래서 문자 자체에 기반한 엄격한 정형률이 형성되었는데, 중국의 근체시(5언, 7언시)나 서양의 소네트(약강5보격 14행시) 등이 대표적인 예이다. 우리의 경우 이런 엄격한 낭송률은 개화기에 와서 나타나고 있다.

    아셰아에대죠션이 (합가) 이야에야이국하셰
    ᄌ쥬독립분명ᄒ다   나라위히죽어보셰
    분골ᄒ고쇄신토록 (합가) 우리졍부높혀주고
    츙군ᄒ고이국하셰   우리군면도와주셰

— 니필균, 「대죠션 ᄌ쥬독립 이국ᄒᄂ 노ᄅㅣ」 부분[40]

    의 불균형이 생기게 된다. 김석산 역, 『베오울프 외』, 탐구당, 1981, 22-23쪽 참조.
38. 주요한이 시조의 리듬과 관련하여 "본래부터 장단(가락) 본위이기 때문에 음수의 제약은 그다지 엄밀하지 않다"고 한 것도 가창률에 대한 인식을 보여 주는 예라 할 수 있다. 주요한, 「朝鮮歌曲抄」, 『現代詩歌』, 1919. 1, 36쪽; 심원섭, 『한·일문학의 관계론적 연구』, 국학자료원, 1998, 356쪽 재인용.
39. 朱光潛, 정상홍 역, 『시론』, 동문선, 1991, 313쪽.
40. 『독립신문』 1권 15호, 1896. 5. 9.

이것은 개화기 가사의 하나이다. 작품 전체에 걸쳐 철저하게 4·4조 정형률을 유지하고 있다. 전래의 향가나 시조, 가사 등과 달리, 한 시행 내에서 한두 글자의 넘나듦을 전혀 허용하지 않고 있다.[41] 이런 4·4조 정형률이 등장한 것은 노래로 부르던 전통이 약화, 소멸하였음을 의미한다. 노래로 부른다면 3·4조나 4·4조의 구별은 의미가 없어 굳이 4·4조로 음절 수를 맞출 필요가 없기 때문이다. 이런 정형성이 발견될 때 이전의 노랫말과 다른 '시'가 가능하게 된다. 그러나 이런 정형률은 한두 번의 예외적인 시도로 끝나고 말았다.

마지막 3단계, 자유율(自由律)은 정형적인 율격 규범으로부터 자유로워진 가락으로, 근대 자유시의 율격을 가리킨다. 이 리듬은 외적으로 나타나는 규범적인 형식이 없으며, 시인의 개성에 전적으로 맡겨져 있다는 점에서 이전과 전혀 다른 유형이라 할 수 있다. 람핑은 낭송률을 정형적이고 강제된 운율화(Metrisierung)로, 자유율을 자유로운 내적 리듬에 의한 율동화(Rhythmisierung)로 적절하게 구분하고 있다.[42] 낭송률이 중세의 리듬이듯이, 자유율은 일반적으로 근대의 리듬이라 할 수 있다. 그것은 "압운이나 음성을 위시한 모든 종류의 반복은 규칙을 중요시하기 때문에 이 반복은 천재성을 요구하는 근대에 장애물"[43]로 여겨진 결과라 할 수 있다.

이런 율격의 흐름은 보편성을 지니지만, 각각의 율격이 나타나는 시기나 교체되는 시기는 각 국가나 문화권의 상황에 따라 달리 나타날 수 있다. 경우에 따라 하나의 시기가 나타날 수도, 나타나지 않을 수도 있다. 그럼에도 그 순서에 있어서 선후 관계가 역행적일 수는 없다. 우리의 경우 낭

---

41. 이런 정형시의 등장 이유에 대해서는 김대행의 다음 언급이 도움이 된다. "지금까지 가창을 위주로 해 오던 관습에서는 시가의 장르 형성 자질 가운데 하나가 창(唱)이었다. 그러나 음악이 빠져나가 버린 자리에는 음악의 자리를 메꾸어 형식성의 기둥으로 버티어 줄 요소의 배치가 필요했던 것이다. 그래서 시도한 것이 음절의 수효를 가지고 정형성을 이루어 보는 방식이었다. 그 당시 나타난 가사가 4·4의 잣수로 엄격한 잣수 맞추기를 하고 있는 현상은 그런 태도의 표출로 이해된다." 김대행, 「시의 율격과 시가의 율격」, 『국어교육』 65, 한국국어교육연구회, 1989, 84-85쪽.
42. Dieter Lamping, 앞의 책, 46-47쪽.
43. Heinz Schlaffer, 변학수 옮김, 『신들의 모국어』, 경북대학교출판부, 2014, 108쪽.

송률의 형성 없이 가창률(시조, 가사 등)이 자유율(자유시)로 바로 이어지면서 '가창률-(낭송률)-자유율'의 흐름을 보여 주고 있다는 점에서 특수성을 지닌다. 가창률이 지배적인 율격으로 근대 초기까지 이어지면서, 정형률을 형성하는 낭송률의 성립이 필요하지 않았던 것이다. 우리 시에서 정형률이 발견되지 않는 것은 이 때문이다.

이런 율격의 흐름을 이해한다면 우리 시 율격의 특수성 문제를 새롭게 바라볼 수 있다. 조동일은 "행을 이루는 음보수는 고정적이면서 행을 이루는 음절수는 가변적인 것이 한국 시의 규칙"[44]이라는 말로 우리 시 율격의 특수성을 규정한 바 있다. 그러나 앞에서 살펴보았듯이 이것은 한국 시만의 특성이 아니라 가창률을 지닌 전 세계 대부분의 시가가 지닌 보편적인 특성이다. 조동일의 언급은 가창률의 특성을 정확하게 지적한 것으로, 의도치 않게 우리 전통 시가의 율격이 가창률임을 증명한 경우라 할 수 있다. 지금까지 한국 시에 적용된 다양한 율격 분석 틀은 엄격한 정형률을 지닌 낭송률의 시가에만 적용 가능한 것이었다. 그런데 분석 대상이 된 것은 대부분 가창률을 따르는 작품이거나 그런 전통에 속하는 작품이었다. 즉, 낭송률에 적용될 분석 방법을 가창률에 적용하였기 때문에 보편적으로 승인할 만한 율격 이론이 도출될 수 없었던 것이다. 결론적으로, 율격에 있어서 한국시의 특수성은 없다고 할 수 있다.

그렇다면 시조나 가사에 나타나는 전통 율격이 음수율, 음보율의 정형률이 아니라면 무엇으로 보아야 할까. 전통 율격을 굳이 정의한다면 그것은 '마디율,' 더 구체적으로 표현하자면 '한 마디 안에서 노랫말이 음절 상의 등시성을 지니지 않는 마디율'이라 할 수 있다. 이때 '마디'라는 말은 가창률의 음악적 특성과 관련된 것으로, 음악에서 사용하는 '마디(bar 혹은 measure),' 즉 소절과 의미상의 연속성을 지닌다. 음악의 마디에는 연주상의 등시성이 있지만, 그것만 지키면 그 속에 다양한 음절수를 수용할 수 있다. 가사의 길이가 짧은 '아리랑'이나 그 길이가 두 배나 되는 '정선

---

44. 조동일, 「현대시에 나타난 전통적 율격의 계승」, 김대행 편, 앞의 책, 119쪽.

아리랑'도 동일한 음악적 등시성을 지닌다는 사실에서 이를 확인할 수 있다. 이런 마디율에는 정형성이 없고, 정형성이 없으므로 예외도 없으며, 다만 기본형만이 있을 뿐이다. 기본형도 절대적일 필요가 없으므로, '4음절을 기본으로 하는 네 마디(혹은 세 마디) 형식' 정도로 설정할 수 있다.[45] 김소월의 7·5조 리듬도 이런 가창률의 틀 속에서 받아들였기 때문에 이런 기본형('4음절을 기본으로 하는 세 마디 형식')에서 크게 벗어나지 않는다. 이런 관점에서 보면 한 마디 안에 4모라(mora)라는 균질적인 음절수를 정해 놓고, 프로크루스테스의 침대처럼 있지도 않은 음절을 가상으로 늘리거나 넘치는 음절을 억지로 줄여서 예외로 치부할 필요가 없다.

4. 현대시의 가락

1) 최소한의 반복성

현대시에서 가락은 잠재적 형태로 나타난다. H. 리드는 이를 "시의 운율의 미묘한 불규칙성을 깨닫게 하는 배후의 유령"[46]이라 부른 바 있다. 마치 유령처럼 구체적으로 증명되지 않는 현대시 가락의 성격에 대한 재미있는 지적이라 할 수 있다. 외적 형식으로서 운율이 성립하려면 누구나 인지 가능한 반복성과 규칙성을 지녀야 한다. 그러나 '배후의 유령'으로서 현대시의 가락은 두 가지 방식으로 이 문제에 대응한다. 첫째는 이 중 규칙성을 버리고 반복성만 취하고, 그것도 최소한의 것만 취하는 경우이다. 둘째는 최소한의 반복성마저 포기하고 기표와 기의 차원의 미묘한 작용으로 대체

---

45. 실제 시조창이나 가곡에서는 기존에 4음보로 부르는 단위가 5각(5마디)으로 가창 된다. 그러나 시조창이 점차 사라지고 가사에 초점을 맞추게 되면서 네 마디로 끊어 읽는 관습이 형성되었으므로 네 마디로 규정한다.
46. H. Read, *English Prose Style*, Boston: Beacon Press, 1952(rev), 59-60쪽. 인용 구절은 이 개정판에 새롭게 첨가된 것이다.

하는 경우이다.

(1) 동일한 어구나 문장의 반복

먼저 최소한의 반복으로 가락을 만들어 내는 방식이다. 이 경우는 어느 정도 퇴화된 상태로나마 운율의 형태를 유추해 볼 수 있다. 가장 많이 사용되는 것이 동일한 어구나 문장의 반복이다. 현대시에서 가장 많이 사용하는 가락 생성 방식이다. 단순한 어구만 반복하는 경우도 있고 문장 전체를 동일하게 혹은 다소 변주하여 반복하는 경우도 있다. 다음 예는 동일한 어구를 반복하는 경우이다.

　　나 죽으면 부조돈 오마넌은 내야돼 형, 요새 삼마넌짜리도 많던데 그래두 나한테는 형은 오마넌은 내야돼 알았지 하고 노가다 이아무개(47세)가 수화기 너머에서 홍시 냄새로 출렁거리는 봄밤이다.

　　어이, 이거 풀빵이여 풀빵 따끈할 때 먹어야 되는디, 시인 박아무개(47세)가 화통 삶는 소리를 지르며 점잖은 식장 복판까지 처들어와 비닐 봉다리를 쥐어주고는 우리 뽀뽀나 하자고, 뽀뽀를 한 번 하자고 꺼멓게 술에 탄 얼굴을 들이대는 봄밤이다.

　　좌간 우리는 시작과 끝을 분명히 해야여 자슥들아 하며 용봉탕 집 사장(51세)이 일단 애국가부터 불러제끼자, 하이고 우리집서 이렇게 훌륭한 노래 들어보기는 첨이네유 해싸며 푼수 주모(50세)가 빈 자리 남는 술까지 들고 와 연신 부어대는 봄밤이다.

　　　　　　　　　　　　　　　　　　　　― 김사인, 「봄밤」 부분

　　각 연의 마지막에 '봄밤이다' 라는 어구가 반복되면서 산문 형식에도 불구하고 자연스러운 가락을 느끼게 하는 작품이다. 이처럼 마지막에 반복되는 어구가 놓이면 각 연의 내용의 양과 질이 달라도 규칙적인 가락을 지닌 것처럼 느껴진다. 또한 이런 반복은 내용의 이질성을 자연스럽게 봉합하는 효과도 낸다. 즉, 이 시의 각 연은 직접적인 연계성을 지니지 않는 파편화된 에피소드들로 구성되어 있지만, 동일 어구가 반복적으로 사용되면서 그 간격과 이질성이 사라져 버려 한 편의 완결된 시가 된 것이다.

이와 달리 동일한 어휘나 어구를 다양하게 변주하여 반복함으로써 현란한 가락을 만드는 경우가 있다. 이것은 보통 실험적인 시에서 자주 사용된다. 대표적으로 이상(李箱)의 다음 시가 있다.

> 싸움하는사람은즉싸움하지아니하던사람이고 또싸움하는사람은싸움하지아니하는사람이었기도하니까 싸움하는사람이싸움하는구경을하고싶거든싸움하지아니하던사람이싸움하는것을구경하든지 싸움하지아니하는사람이싸움하는구경을하든지 싸움하지아니하던사람이나싸움하지아니하는사람이싸움하지아니하는것을구경하든지하였으면그만이다.
>
> ― 이상, 「오감도 시제3호」 전문

이 시는 내용상의 특별한 어떤 메시지를 전달하는 데 목적이 있지 않다. 오로지 '싸움하는 사람'이라는 어휘를 복잡하게 변주하여 시각적, 청각적 가락의 느낌을 주는 데 시의 초점을 맞추고 있다. 이 시의 어투를 빌리자면 이런 작품을 즐기려는 사람은 내용이 곧 가락이니 내용을 가락으로 보든지 가락을 가락으로 보든지 하면 그만이다.

다음 예는 동일한 문장을 반복하는 경우이다. 이 경우에는 '수미상관'이란 이름을 붙인다. 시의 앞부분에 사용하였던 시행을 동일한 상태로나 혹은 유사한 형태로 마지막 부분에서 반복하는 것이다.

> 엄마야 누나야 강변 살자.
> 뜰에는 반짝이는 금모래빛,
> 뒷문 밖에는 갈잎의 노래,
> 엄마야 누나야 강변 살자.

― 김소월, 「엄마야 누나야」 전문

  수미상관은 외적으로 드러나는 반복을 통하여 가락을 느끼게 해 준다. 게다가 처음과 마지막 부분에 반복되는 구절을 둠으로써 그 안에 내용을 품게 되어 작품의 완결성을 보장해 주는 효과도 낸다. 그러나 내용상으로 더 진전될 수 있는 어떤 가능성을 서둘러 봉합해 버린 듯한 아쉬움을 주기도 한다. 이 작품에서도 강변의 풍경 제시를 둘러싸고 있는 앞뒤의 반복되는 시행은 그 자체의 회화성과 따스한 정서를 잘 싸안고 있지만 단순한 그림을 넘어선 어떤 것을 기대한 사람에게는 이런 봉쇄가 불만일 것이다.

(2) 문장의 점층적 반복

  근래의 시는 문장을 그대로 사용하기보다는 변주를 통해 그 반복이 기계적으로 보이지 않게 하면서 가락을 만들어 낸다. 즉, 문장의 점층적 반복이 그것이다. 다음 시가 대표적인 예가 된다.

    기침을 하자
    젊은 시인이여 기침을 하자
    눈 위에 대고 기침을 하자
    눈더러 보라고 마음 놓고 마음 놓고
    기침을 하자

    눈은 살아 있다.
    죽음을 잊어버린 영혼(靈魂)과 육체(肉體)를 위하여
    눈은 새벽이 지나도록 살아 있다.

    기침을 하자
    젊은 시인이여 기침을 하자
    눈을 바라보며

밤새도록 고인 가슴의 가래라도
마음껏 뱉자

— 김수영, 「눈」 전문

이 시는 '기침을 하자'라는 최소한의 문장에 부가적인 요소를 하나씩 덧붙이면서 형식과 내용을 점층적으로 강화시키고 있다. 동일한 문장을 확장하면서 의미도 강조하고 가락도 만드는 방법이다. 마지막에서 이 문장을 "가래라도/마음껏 뱉자"로 변주하면서 기계적 반복의 단조로움을 피하고 있다.

2) 내면화된 반복성

현대시는 도식적 주기성, 반복적 규칙성을 거부하여 그 반복성이 내면화되었다. 외형적인 반복성을 거부할 경우, 시에서 가락은 어떤 식으로 남아있을 것인가. 여기에는 세 가지 경우가 있을 수 있다. 기표의 상징적 가치, 즉 뉘앙스에 주목하는 경우와 기표 그 자체의 음향에 주목하는 경우, 그리고 마지막으로 심상의 흐름과 충돌이 그것이다.

(1) 기표의 상징적 가치

먼저, 기표의 상징적 가치에 주목하는 경우이다. 기표의 상징적 가치란 기표의 음성적 측면으로부터 생성되는 뉘앙스나 심상 같은 상징적인 느낌을 말한다. 현대시의 가락에 대해 쓴 글에서, 조향은 이런 기표를 "상징으로서의 음"[47]이라 부른 바 있다. 그에 따르면 상징으로서의 음은 정형률처럼 어음의 외적 리듬을 중시하는 것이 아니라, 음이 상징하는 감각과 감정의 미가 "유동적인 몽롱한 분위기에 의해 상징적인 형태를 만드는 것"[48]이

---

[47]. 조향, 「CORTI씨 기관 계외」, 『국어국문학』 9, 국어국문학회, 1954. 4. 조향, 『조향전집 2』, 열음사, 1994, 252쪽.
[48]. 조향, 위의 책, 252쪽.

다. 발레리에서 비롯하여 브레몽, 랭보 등을 거쳐 형성된 순수시론과 그 이전의 상징주의가 이런 경향의 기원이 된다. 규칙적이며 외적 형식을 강요하는 외형률에서의 음은 이제 내부적, 질적인 면의 뉘앙스로 전환하게 된 것이다.

자유시가 말하는 내면율 혹은 내재율의 출발도 이런 음의 존재에 있다.[49] 외형률을 파기한 보들레르와 상징시파들이 찾아낸 새로운 대안으로서의 이 "음질적 내용률"[50]은 시를 이해와 해석의 대상이 아니라 미해(味解)하고 느끼는 대상으로 만들었다. 상징주의에서 언어를 "개념적으로 이지적으로 쓰지 않고 암시적으로 음악적으로" 사용한 것도 이와 관련된다. 베를렌의 시 「시론」이 이런 지향을 잘 설명해 준다.

> 음악, 음악 모든 것 제껴두고 먼저 음악이어라.
> 그러기 위해선 나누기 어려운 것을 고르리라.
> 무척 아슴푸레한, 꺼질락말락한 것을.
> 진정 거기엔 손으로 헤아릴 수도 놓을 수도 없는 것이 있어라. (…)
>
> 좋은 말을 고르려면 무심히 하라.
> 말을 차라리 업신여기어라. (…)
> 우리는 색채를 구하지 않는다. 뉘앙스를 구하노라.
> 뉘앙스, 참으로 그 밖엔 아무것도 없어라.[51]

1920년대 상징주의에서도 자주 인용된 바 있는 이 시는 프랑스 상징주의의 시론과 신조를 단적으로 표현한 작품이다. 이 시에서 중시되는 것은 음악적 분위기일 뿐이다. '말을 업신여기라'는 표현은 기의를 무시하라는

---

49. 내재율에 대한 명칭은 황석우에 따르면 내용률, 내재율, 내면율, 내율(內律), 심률(心律) 등으로 불린다. 황석우, 「조선시단의 발족점과 자유시」, 『매일신보』, 1919. 11. 10.
50. 조향, 앞의 책, 257쪽.
51. Paul-Marie Verlaine, "Art Poetique"; 조향, 위의 책, 253쪽.

의미이다. 기의에 대한 이런 거부는 '언어의 순수화' 전략과 맞물려 있다. 상징주의자들이 추구한 언어의 순수화는 결국 순수 언어의 좌표를 음악적 영역에다 설정했으며, 이에 따라 가락에서 빚어지는 몽롱하고 유동적인 분위기가 시의 전부가 되었던 것이다. 기존의 관념들에 의해 혼탁해진 언어를 순수하게 만들기 위해서 "말의 뜻," 즉 의미의 세계를 추방시킨 결과 상징으로서의 음이 주요한 시적 요소로 등장하게 된 것이다.

한국에는 음악성에 초점을 맞춘 모범적인 상징주의 시가 거의 없다. 오히려 김영랑 같은 경우가 이런 경향을 가장 성공적으로 보여 준 시인이라 할 수 있다.

> 내 가슴 속에 가늘한 내음
> 애끈히 떠도는 내음
> 저녁 해 고요히 지는 제
> 머ㄴ 산허리에 슬리는 보랏빛
>
> 오! 그 수심 뜬 보랏빛
> 내가 잃은 마음의 그림자
> 한 이틀 정열에 뚝뚝 떨어진 모란의
> 깃든 향취가 이 가슴 놓고 갔을 줄이야.
>
> 얼결에 여읜 봄 흐르는 마음
> 헛되이 찾으려 허덕이는 날
> 뻘 위에 철-석 갯물이 놓이듯
> 얼컥 니-는 훗근한 내음
>
> 아! 훗근한 내음 내키다 마-는
> 서어한 가슴에 그늘이 도-나니
> 수심 뜨고 애끈하고 고요하기

산허리에 슬리는 저녁 보랏빛

— 김영랑, 「가늘한 내음」 전문

이 시가 전달하고자 하는 구체적인 메시지는 뚜렷하게 잡히지 않는다. 정확하게 지시할 수 없는 미묘한 마음의 상태를 노래하고 있는 작품이라고 그저 짐작할 뿐이다. 마음의 구체적 상태는 드러나지 않고 '가늘한 내음,' '산허리에 슬리는 보랏빛' 등의 어휘가 풍기는 몽롱하고 애상적인 뉘앙스만 가득하다. 베를렌느의 "뉘앙스, 참으로 그 밖엔 아무것도 없"는 경지가 잘 나타난 경우라 할 수 있다.[52]

(2) 기표 그 자체의 음향

다음으로, 기표 그 자체의 음향에 주목하는 경우이다. 이것은 기표의 음상(音相)이나 음색 같은 것에서 가락의 요소를 발견하는 것이다. 음상이나 음색은 시의 내용과도 밀접하게 연관되어 시의 분위기와 가락을 미묘하게 조정하는 청각 형태이다. 조향은 이런 시적 청각 형태를 "음향의 포에지"라 불렀다. 이 말은 "음향이 주는 이미지의 문제," 즉 "음원(音源)에서 발음된 음현상(音現象)이 피발음자(듣는 사람)에게 어떤 수동적 청각영상을 주느냐?에 관한 문제"[53]와 연관된다. 이때의 음향(파열음, 마찰음)은 우리의 뇌리에 즉각적으로 형성하는 현대적인 청각 영상을 말하는 것이다.

조향에 따르면, 청각 형태로 볼 때 시의 가락은 규칙적인 진동에서 일어나는 "악음(樂音)"으로 구성된 것과 "불규칙적인 진동에서 일어나는 음파"인 "조음(噪音)"으로 구성된 것으로 나누어진다. 전자는 고전시의 외형률과 상징주의 시의 내면율을 포함하고, 후자는 모더니즘시의 실험적 음향을 포함한다. 모더니즘에 있어서 음향에 불과한 소음이 기존의 규칙적인

---

[52] 그러나 조향은 '상징으로서의 음'을 강조한 상징주의를 "시의 영토를 음악에다 넘겨 준 별스레 명예롭지도 못한 계보"라고 비판하며, "이런 방법론을 아직도 금과옥조처럼 생각하고 있다는 것은 현대시인으로서의 명예가 될 수는 없다"고 평가한다. 조향, 위의 책, 254쪽.
[53] 조향, 위의 책, 255쪽.

리듬을 거부하며 새로운 시적 청각 형태의 대안으로 등장한 것이다.
　이런 탈리듬적인 경향이 현대시의 주조가 되어 왔다. 음향 중심적인 시의 전범은 스티븐 스펜더의 「급행열차(Express)」가 잘 보여 준다.

> After the first powerful plain manifesto
> The black statement of pistons, without more fuss
> But gliding like a queen, she leaves the station.

　위의 시는 스티븐 스펜더의 「Express」라는 시의 첫 석 줄이다. 김○○ 씨의 말을 빌릴 필요도 없이, 널려 있는 파열음 P, K, Q, T, 마찰음 F, S 등에서 울려오는 음향은 마악 정거장을 떠나기 시작한 "급행열차"의 역동적인 검은 모습 혹은 "검은 진술(The black statement)"의 이메지를 효과시키는 데에 적절하다.[54]

　위의 인용문처럼 현대의 시는 음향이 내용과 조화를 이루면서 가락을 만들어 낸다. 스펜더의 시에서처럼 파열음, 마찰음이 정거장을 출발하는 급행열차의 역동적인 심상과 자연스럽게 연계될 때 바람직한 운율이 탄생하는 것이다. 이것이 바로 조향이 생각하는 "시대가 요구하는 새로운 운"[55] 이다.

(3) 심상의 흐름과 충돌
　마지막으로, 심상의 흐름과 충돌 역시 가락을 형성한다. 이것은 현대시에 나타나는 내면화된 가락의 대표적인 예가 된다.

> 감자 껍질을 벗겨봐 특히 자주감자 껍질을 벗겨봐 감자의 살이 금방
> 보랏빛으로 멍드는 걸 보신 적 있지 속살에 공기가 닿으면 무슨 화학변

---
54. 조향, 위의 책, 274쪽. 복자 처리된 부분은 모더니스트 김기림일 것이다.
55. 조향, 「실험이 없는 세대」, 위의 책, 45쪽.

화가 아니라 공기의 속살이 보랏빛이라는 걸 금방 알게 되실 거야 감자가 온몸으로 가르쳐 주지 공기는 늘 온몸이 멍들어 있다는 걸 알게 되지 제일 되게 타박상을 받는 타박상의 일등(一等), 공기의 젖가슴이 가장 심해 그 타박의 소리를 어느 한밤 화성 근처 보통리 저수지에서 들은 적 있어 밤 이슥토록 떼로 내려앉았다가 무엇의 습격을 받았는지 일시에 하늘로 치솟아 오르던, 세상을 들어 올리던 청둥오리 떼의 공기, 일만 평으로 멍드는 소리를 들은 적 있어 폭탄 터졌어 그밤 그순간 내 사랑도 일만 평으로 멍들었어 그 소리의 힘으로 나 여기까지 왔지 알고 보면 파탄이 힘이야 멍을 힘이라고 말할 수밖에 없어 나를 감자 껍질로 한번 벗겨봐 힘에 부치시걸랑 나의 멍을 덜어가셔 보탬이 될 거야 이젠 겁나지 않아 끝내 너를 살해할 수 없도록 나를 접은 공기, 공기는 내 사랑!

― 정진규, 「공기는 내 사랑」 전문

이 산문시는 언어적으로 다소 반복적인 요소를 보여 주긴 하지만 그 반복이 두드러지진 않는다. 그럼에도 유장한 시적 가락이 잘 느껴진다. 그것은 '감자 껍질-멍-공기' 등으로 발전해 나가는 심상의 흐름이 시의 내용과 맞물리면서 미묘한 가락을 형성했기 때문이다. 감자 껍질에서 시작된 자줏빛 심상은 멍의 심상으로, 그것은 다시 공기의 속살, 청둥오리 떼의 공기로 연쇄적으로 진행되면서 심상의 흐름과 연쇄가 훌륭한 가락을 만들어 낸 것이다. 시적 통찰과 잘 어울린 심상의 가락이라 할 수 있다.

이와 달리 모더니즘 계열의 실험적인 작품은 심상의 흐름을 의도적으로 끊으면서 새로운 가락을 만들어 내기도 한다. 심상과 심상의 전위차(電位差)[56]를 충분하게 고려하여, 낯선 심상들을 의도적으로 충돌시킬 때 앞

---

56. "한 줄기의 특수한 광채가 발휘되는 곳은 어떤 점에 있어서는 우연적인 두 단어가 접근되는 점에서이며 우리는 이 〈이미지의 광채〉에 대하여 지극히 민감하다. 이미지의 가치는 이렇게 해서 얻어진 불꽃의 아름다움에 의하여 좌우되는 것이며, 따라서 그것은 두 개의 전도체 사이에서 발생되는 전위차의 작용이라고도 할 수 있다." André Breton, 「제1차 선언」, Tristan Tzara 외, 송재영 옮김, 『다다/쉬르레알리슴 선언』, 문학과지성사, 1987, 144쪽.

에서 본 서정적인 가락과 전혀 다른 차원의 가락이 형성되는 것이다. 다음 시가 대표적이다.

낡은 아코오뎡은 대화를 관뒀습니다

— 여보세요?

폰폰따리아
마주르카
디이젤-엔진에 피는 들국화

— 왜 그러십니까?

모래밭에서
수화기
여인의 허벅지
낙지 까아만 그림자

— 조향, 「바다의 층계」 부분

이 작품은 의미상 연계를 전혀 지니지 않는 심상들을 의도적으로 충돌시키면서 새로운 가락을 형성하고 있다. 의미에 대한 부담을 덜어 내면서 오히려 전면적으로 심상의 흐름에 온몸을 맡긴 형태라 할 수 있다.

반복성을 떠났으면서도 내적으로 더욱 증폭되는 현대시의 가락은 현대 시인들의 꿈이었다. 보들레르가 산문시집 서문에서 다음과 같이 고백하지 않았던가.

우리들 중 누가 한창 야심만만한 시절, 이같은 꿈을 꾸어보지 않은 자가 있겠습니까? 리듬과 각운이 없으면서도 충분히 음악적이며, 영혼의 서정적 움직임과 상념의 물결침과 의식의 경련에 걸맞을 만큼 충분히 유연하면서 동시에 거칠은 어떤 시적 산문의 기적의 꿈을 말이요.[57]

외형적으로 나타나는 정형적 요소로서의 가락이나 운이 없지만, 영혼과 꿈과 의식의 출렁거림과 어울리는 가락을 보들레르는 '시적 산문,' 즉 '산문시'의 기적이라 부른다. 물질적, 음성적 울림이 아니라 영혼이나 의식의 울림이라는 이 내적인 울림, 이것이 바로 현대시가 꿈꾸는 새로운 가락이다. 현대시는 그 기적을 향해 지금도 전진해 가고 있다.

5. 시형, 가락의 시각화

근대시는 청각적인 노래를 시각적인 시로 재편하면서 가락을 띄어쓰기, 행갈이 등으로 대체하였다. 행갈이는 음성적 휴지의 시각화로 고안된 것이다. 이는 띄어쓰기의 도입이라는 역사적 순간에 빚지고 있다.[58] 띄어쓰기는 말하기의 무의식적 흐름에 가한 의식적 분절이다. 말하기의 연속성은 띄어쓰기가 나타나기 전까지 자연스러운 현상이고 분절의 대상으로 의심된 적이 없다. 마치 물소리나 바람소리처럼 자를 수 없는 소리의 덩이였다. 띄어쓰기는 이 흐름을 분절함으로써 의미도 분절해 낸다. 음성 단위의 분절은 의미를 드러낸다. 형식이 내용을 압도하는 것이다. 청각의 정형성이 약화되는 것도 이 때문이다. 의미와 호흡 단위의 연계도 여기서 드러난다.

고전소설의 띄어쓰기 결여는 구술의 기록이기 때문이다. 거기에 구두점이 있다 해도 이는 호흡의 그림자에 불과하다. 초기의 띄어쓰기는 비록 인

---

57. Charles-Pierre Baudelaire, 윤영애 옮김, 「아르젠느 우세에게(서문)」, 『파리의 우울』, 민음사, 1979, 19쪽.
58. 개화기 시가에서 띄어쓰기가 처음 나타나는 것은 1902년 11월, 『제국신문』의 「시사단설」이다. 김영철, 앞의 책, 80쪽.

쇄 매체로 나타난다 하더라도 인쇄 시대의 재현이라 할 수 없다. 의미의 덩어리가 세분화되지 않고 호흡에 종속되어 있다. 여전히 음성구술 시대에 속한다. 인쇄 매체의 독자성이 아직 발견되지 않은 것이다. 근대시는 인쇄 매체의 시각화 이후의 일이다. 상징주의나 모더니즘도 그 이후의 일이다.

개화기 시(특히 가사)는 기계적 띄어쓰기를 채용하고 있다. 벽돌을 쌓아 놓는 것처럼 정형적이다. 가끔씩 '황제'를 강조하는 강조어의 어두 배치는 절대군주제의 시각화이다. 벽돌형의 최고 형태가 가사이다. 개화기에 가사가 절대적인 지위를 지닌 것도 청각에 대한 향수가 시각과 만난 탓이다. 가사는 호흡의 우세를 보여 준다. 의미는 호흡에 종속된다. 끊어 읽기와 의미상의 나눔이 일치하지 않음은 호흡의 절대적인 지위를 보여 준다. 벽돌의 붕괴는 서서히 이루어진다. 행의 길이가 동일하지 않게 되면서 변형이 생긴다.

띄어쓰기가 시적 차원에 적극적으로 도입되면서 행갈이가 나타나며 근대적 시형이 출현한다. 띄어쓰기는 행갈이의 선구적 형태인 것이다. 행갈이는 근대시에서 서서히 소멸해 가는 가락의 존재 양상을 보여 준다.

행갈이는 산문을 시로 전환하는 중요한 수단이다. 행갈이는 산문적 진술을 시적 발화로 변화시키며 독자로 하여금 시에 반응할 준비를 하게 만드는 시의 일차적 표지이다.

> 나는
> 오늘도 버스를 타고 먼지의 도시로 간다
> 나는 오늘도
> 버스를 타고 먼지의 도시로 간다
> 나는 오늘도 버스를
> 타고 먼지의 도시로 간다
> 나는 오늘도 버스를 타고
> 먼지의 도시로 간다
> 나는 오늘도 버스를 타고 먼지의

> 도시로 간다
> 나는 오늘도 버스를 타고 먼지의 도시로
> 간다
> 나는 오늘도 버스를 타고 먼지의 도시로 간다
>
> — 이가림, 「오랑캐꽃 7 — 물거품의 나날」 전문[59]

이 작품은 "나는 오늘도 버스를 타고 먼지의 도시로 간다"는 진술을 행갈이를 달리하면서 반복한다. 단 하나의 문장이 다른 행갈이 형태로 7번이나 등장하는 것이다. 산문에서는 이것이 동일한 문장일 수 있지만, 시에서는 행갈이를 달리 할 때마다 전혀 다른 문장이 된다.

(가) 나는
　　오늘도 버스를 타고 먼지의 도시로 간다

(나) 나는 오늘도
　　버스를 타고 먼지의 도시로 간다

(가)와 (나)는 동일한 문장이지만, 다른 행갈이로 배치되면서 이 두 문장은 전혀 다른 문장이 된다. 그 차이를 두 가지로 정리할 수 있다. 먼저 강조점의 차이다. (가)는 '오늘'을 앞세우면서 시간적 요소에 주목하게 만들고, (나)는 '버스'를 앞으로 내어 교통수단에 주목하게 한다. 그 다음은 정서의 차이다. (가)는 길이의 불균형으로 뭔가 불편한 정서를 담아내고, 먼지의 도시로 가는 그 길이 지루하고 힘겨움을 암시한다. (나)는 상대적으로 안정된 형태를 보여 주며, 정서에 있어서도 적당히 편안한 느낌을 준다. 이처럼 시에서 행갈이는 여러 측면에서 의미의 변화를 가져온다.

그리고 행갈이는 문장의 흐름에 대한 상투적인 기대를 의도적으로 거역

---

59. 오성호, 『서정시의 이론』, 실천문학사, 2006, 159쪽에서 재인용.

함으로써 인식의 충격을 겨냥하기도 한다.

> 펄럭하고 문이 열렸다.
> 하루 종일 나의 등 뒤에서
> 펄럭펄럭 문이 열리는 것은
> 불안한 일이었다.
> 라는 것은
> 찢어진 봉창문 같은 나의 생활이
> 펄럭거리기 때문이다.
> 펄럭하고 문이 열렸다.
> 또한 꽝하고 닫겼다.
> 라는 것은
> 자식들이 어리기 때문이다.
>
> ─ 박목월, 「문」 부분

처음 두 문장까지 읽으면, 읽기의 습관상 독서가 일차적으로 완료된다. 시행의 배치나 문장부호로 볼 때 이 부분은 두 문장으로 완결된 문장이기 때문이다. 특히 첫 문장("펄럭하고 문이 열렸다.")이 짧게 완료되어 두 번째 문장도 역시 의심 없이 종료된 것으로 보인다. 그러나 바로 그 다음에 "라는 것은"이라는 표현이 한 행으로 들어서면서 지금까지 읽으며 형성되었던 의미나 기대 같은 것이 여지없이 무너져 내린다. 그래서 "봉창문 같은 나의 생활"의 불안정성이 더욱 강조된다. 이런 기법은 인식상의 충격을 의도적으로 노리고 있으며, 또한 성공적이라 할 수 있다.

의미상 적절하게 분절되지 않은 지점에서 부자연스럽게 행해지는 행갈이는 행걸침, 즉 앙장브망(enjambement)이라 부른다. 행걸침은 현대 자유시의 특징이다.

> 내가 살아온 것은 거의

> 기적적이었다
> 오랫동안 나는 곰팡이 피어
> 나는 어둡고 축축한 세계에서
> 아무도 들여다보지 않는 질서
>
> 속에서, 텅 빈 희망 속에서
> 어찌 스스로의 일생을 예언할 수 있겠는가
>
> — 기형도, 「오래된 서적」 부분

이 시 1연의 3-4행("피어/나는")과 1, 2연의 연결 부분("질서//속에서")에서 행걸침이 나타나고 있다. 일상적인 용법에서는 기대할 수 없는 충격적인 행갈이다. 황석우는 이런 행걸침을 자유시의 저항 정신과 연계시킨다.

> 자유시의 발상지는 더 말할 것도 없이 피(彼) 불란서입니다. 자유시 이전의 재(在)한 서시(西詩)는 음수(音數), 체재 등에 관한 복잡한, 괴난(怪難)한 법칙에 지배되었었습니다. 피 알렉산드리안조의 12철음의 법칙과 같음은 그 현저한 예입니다. 이것은 '일행(一行) 일단락제'라고도 할 법칙이었습니다. 이 법칙에서는 일행에 포(包)할 의미는 차행(次行)에 급(及)치 않음을 그 원칙으로 하였습니다. 곧 그 행행(行行)이 각각 '의미독립'을 보(保)치 않으면 아니 되었습니다. 이런 부자유의 고전적 외적 제율(制律)이 시인의 자유, 분방(奔放)의 정상(情想)을 구속 압박하여 왔습니다. 근경 우리의 흔히 듣는 '앙장브망'이란 어(語)는 이 시대의 토산어품(土産語品)입니다. 곧 피 법칙에 반(反)한 시는 '앙장브망'이라고 호(呼)하였기 때문입니다. 이 전제시형에 반항하여 입(立)한 자가 곧 자유시입니다.[60]

이 글을 통해 행걸침은 프랑스 알렉상드리앙조의 '1행 1단락제'를 위반

---

60. 황석우, 「조선시단의 발족점과 자유시」, 『매일신보』, 1919. 11. 30. 표기는 현대 맞춤법에 맞추었음.

한 행갈이임을 알 수 있다. 또한 의도적인 행걸침은 자유시를 위한 투쟁으로 인식될 수 있음도 짐작할 수 있다. 변격적인 시행으로서의 행걸침은 이와 같은 문학사상을 깔고 있는 것이다.

특수한 행갈이로서의 행걸침의 의미는 이보다 더 나아간다. 행걸침은 의미와 호흡의 불균형을 의도적으로 구현한 경우에 속한다. 행걸침은 호흡 단위가 인위적인 활자 배치에 의하여 소멸해 가고 있음을 보여 준다. 그래서 행걸침이 청각 위주의 정형성에 대한 부정으로 읽히는 것은 당연하다. 이런 청각과의 거리두기는 모더니즘 문학, 특히 아방가르드 문학에 이르러서는 절정에 달한다.

행갈이는 다양한 시적 형태를 창출한다는 점에서도 새로운 의미를 지닌다. 각 시행에서 발생하는 행갈이의 변화가 최종적으로 도달하는 곳이 바로 시형이기 때문이다. 행갈이 방식에 따라 시형도 변화한다. 현대시에 있어서 행갈이에 대한 관심이 현대시의 가락에 대한 의식을 보여 준 것이라 한다면, 행갈이에 기인하는 시형 자체도 가락의 한 형식이라 할 수 있다. 가락과 관련해서 시형을 다루는 까닭이 여기에 있다.

시를 위한 토론

1. 다음 중에서 리듬감이 더 강하게 느껴지는 작품을 고르고, 그 이유를 설명해 보자.

    (가) 해야 솟아라. 해야 솟아라. 말갛게 씻은 얼굴 고운 해야 솟아라. 산 넘어 산 넘어서 어둠을 살라 먹고, 산 넘어서 밤새도록 어둠을 살라 먹고, 이글이글 앳된 얼굴 고운 해야 솟아라.

    　달밤이 싫여, 달밤이 싫여, 눈물 같은 골짜기에 달밤이 싫여, 아무도 없는 뜰에 달밤이 나는 싫여……,

    ─ 박두진, 「해」 부분

    (나) 달 호텔에서 지구를 보면 우편엽서 한 장 같다. 나뭇잎 한 장 같다. 훅 불면 날아가버릴 것 같은, 연약하기 짝이 없는 저 별이 아직은 은하계의 오아시스인 모양이다. 지구 여관에 깃들여 잠을 청하는 사람들이 만원이다. 방이 없어 떠나는 새 · 나무 · 파도 · 두꺼비 · 호랑이 · 표범 · 돌고래 · 청개구리 · 콩새 · 사탕단풍나무 · 바람꽃 · 무지개 · 우렁이 · 가재 · 반딧불이…… 많기도 하다. 달 호텔 테라스에서 턱을 괴고 쳐다본 지구는 쓸 수 있는 말만 적을 수 있는 엽서 한 잎 같다.

    ─ 박용하, 「지구」 전문

2. 다음 시에서 압운(두운, 요운, 각운, 유운)을 있는 대로 찾아보자.

    　강물은 맑고 평탄한데

강으로 오는 님의노래
　　　東에 해나고 西에는비
　　　비오다 말고 해가나네.

　　　十里長林은 곳곳이풀
　　　근처몇집은 집집이술
　　　오다가다도 들려주소
　　　앉아보아도 좋은그늘.

　　　　　　　　　　— 김소월, 「대수풀 노래」 부분

3. 다음을 참고로 하여, 우리 시에 압운이 발달하지 않은 이유를 몇 가지로 나누어 설명해 보자.

　　　압운이 철저히 지켜졌던 한시를 노상 가까이했으면서도 우리 시가의 압운이 기능을 발휘하지 못한 까닭은 무엇인가? 그 원인으로서 언어 체계상의 이유, 시가 형태상의 이유, 시가 음영 방법상의 이유 — 이렇게 세 가지 측면의 고찰이 가능하다.

　　　　　　　　　　— 김대행, 「압운론」

4. 다음은 어느 논문에서 제시된 자료이다. 이 자료를 통해 우리 율격에 대한 어떤 주장이 비판될 수 있는지 생각해 보자.

음절수\어휘	가 행	거 행
1 음절	6%	4.6%
2 음절	37%	44.4%
3 음절	43%	43%
4 음절 이상	14%	8%

『우리말사전』의 '가'와 '거'행의 순우리말 음절수

위의 표에서 2음절과 3음절이 압도적으로 많이 나타나 있거니와 이 2음절이나 3음절로 된 어휘는 응당 체언에는 조사가 붙고, 용언에는 활용형이 붙어서 실제로 운용되는 음조에는 3음절, 4음절의 음수가 압도적으로 많을 것은 당연한 귀결이겠고, 따라서 시가에서도 3음절 또는 4음절의 음절 수가 그 음 단위를 지배할 것도 당연한 귀결이라 아니할 수 없겠다. (…) 이 무영의 소설 「제1과 제1장」의 첫머리의 산문을 조사하여 보았다. 이 문장 중에 나타나 있는 어휘의 음절수의 경향을 백분율로 따져보면 3음절로 된 어휘가 42%, 4음절로 된 어휘가 33%, 둘을 합하면 실로 75%라는 지배적인 경향성을 보여주고 있다.

— 정병욱, 「고시가 운율론 서설」

5. 어느 언어학자가 아무런 의미가 없는 두 개의 단어 [taketa]와 [naluma]를 다음의 두 그림과 각각 짝지어 보라고 한 결과, 대부분의 사람들이 [taketa]와 B를, [naluma]와 A를 짝짓게 된다고 한다(Norman C. Stageberg & Wallace L. Anderson). 이 연구 결과가 가락과 관련하여 어떤 시사점을 줄 것인지 시 작품을 예로 들어 설명해 보자.

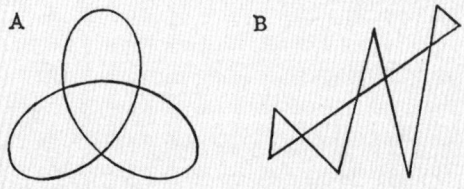

6. 김춘수는 "행의 기능을 잘 이해하고 만들어진" 시의 모범으로 다음 시를 제시하며, 이 시 1연의 "눈이/오는데"와 5연의 "눈이 오는데"의 행갈이 효과의 차이를 설명한다. 그 차이가 어떤 것일지 생각해 보자.

눈이
오는데
옛날의 나즉한 종이 우는데

아아//여기는/명동
성니코라이 사원 가까이

하얀/돌층계에 앉아서
추억의 조용한 그네 위에 앉아서

눈이 오는데
눈 속에
돌층계가 잠드는데

— 박목월, 「폐원」 부분

7. 다음은 행갈이를 지닌 자유시를 산문처럼 적은 것이다. 이 시에 가장 어울리게 행갈이를 하여 적절한 시형이 되도록 만들어 보자.

배고픈 소가 쓰윽 혓바닥을 휘어 서걱서걱 옥수수 대궁을 씹어 먹을 듯

— 함민복, 「초승달」 전문

제8장 • 화자와 어조

1. '화자'의 여러 명칭

화자와 어조는 밀접한 관계를 지니므로 함께 다룰 필요가 있다. 시에서 어조(語調, tone)란 "소재나 청자, 혹은 때에 따라서는 자기 자신에 대한 화자의 태도"[1]를 가리킨다. 여기에서 태도(attitude)란 정확하게 말해서 언어로 표현된, 어떤 대상에 대한 미묘하고도 복합적인 정서적 반응을 가리킨다. 이 태도가 기본적으로 시적 화자의 것이라는 점에서 화자를 배제하고서 어조를 말할 수는 없다.

먼저, 화자의 문제부터 다루어 보자. 시적 화자는 "시 속에서 말하는 이"이며, 더 구체적으로 말하자면 "시적 의도를 효과적으로 실현하기 위해 시 속에서 발화하는, 주로 '나'로 나타나는 시적 주체"이다. 채트먼의 다음 소통 모델에서 보듯이,[2] 화자는 시와 관련된 여러 주체 중의 하나이다.

---

[1]. Cleanth Brooks & R. P. Warren, *Understanding Poetry*, New York: Holt, Rinehart and Winston, 1976, 112쪽.
[2]. S. Chatman, 한용환 옮김, 『이야기와 담론』, 고려원, 1990, 179쪽. 용어 통일을 위해 번역상의 용어를 다소 수정한다. 원 번역은 다음과 같다. "real author(실제 작가) → implied author(내포작가) → narrator(화자) → narratee(수화자) → implied reader(내포 독자) → real reader(실제 독자)"

실제 시인 → 내포 시인 → (화자) → (청자) → 내포 독자 → 실제 독자

　도표에서 네모는 텍스트를 의미하고 각각의 구성 요소들은 작품의 소통에 필요한 주체들이다. '실제 시인'과 '실제 독자'는 텍스트 밖에서 텍스트를 생산, 소비하는 주체들이다. '내포 시인'은 독자가 시 텍스트를 읽으면서 상상 혹은 유추를 통해 형성하는 가상적 생산 주체이며, '내포 독자'는 시 텍스트를 통해 구성되는 이상적인 수용 주체를 가리킨다. 그리고 '화자'는 텍스트에서 발화하는 주체이며, '청자'는 그 발화를 수신하는 주체이다. 화자, 청자가 괄호로 표시된 것은 이 주체가 텍스트에 따라 존재하지 않을 수도 있다는 의미이다. 시 텍스트를 둘러싼 이 모든 주체들을 '시적 주체'라 할 수 있다. 따라서 화자 역시 이 주체 중의 하나일 뿐이다.
　이 시적 주체들 중 화자와 내포 시인, 실제 시인의 관계에 주의해야 한다. 이 주체들이 동일시될 때 가끔 혼란이 일기도 하기 때문이다.

> 누님이 와서 이마 맡에 앉고
> 외로운 파스 하이드라지드병(甁) 속에
> 들어 있는 정서(情緖)를 보고 있다.
> 뜨락의 목련이 쪼개어지고 있다.
> 한 번의 긴 숨이 창 너머 하늘로 삭아가 버린다.
> 오늘, 슬픈 하루의 오후에도
> 늑골에서 두근거리는 신(神)이
> 어딘가의 머나먼 곳으로 간다.
> 지금은 거울에 담겨진 기도와
> 소름조차 말라버린 얼굴
> 모든 것은 이렇게 두려웁고나
> 　　　　　　　　　― 고은, 「폐결핵 1」 부분

이 시의 화자, '나'는 지금 병을 앓고 있다. 늑골의 두근거림, 기침, 파스 하이드라지드병, 홑이불의 일요일 등이 그것을 알려준다. 제목으로 보아 그 병은 폐결핵일 것이다. 누님은 이 화자의 머리맡에 앉아 걱정스러운 눈빛으로 동생을 내려다보고 있다. 이것이 독자가 읽은 시적 상황이다. 그래서 독자는 이 시를 쓴 시인이 폐결핵을 앓은 적이 있고, 시인에게는 동생을 걱정해 주는 다정한 누나가 있다고 상상한다. 이 상상 속의 시인이 바로 내포 시인이다. 어떤 평론가가 이런 누이 심상에 착안하여 고은 시의 비밀을 '누이 콤플렉스'라는 개념으로 접근하여 많은 호응을 받은 적이 있다. 그러나 이후에 고은 시인이 자신에게는 누이가 없으며, "자신의 여성 취향은 다른 시인들의 여성주의적인 시편들에서 추체험한 것"[3]이라 밝혀 평론가가 충격을 받았다고 한다. 전통적으로 (내포 시인을 경유하여) 화자와 실제 시인을 동일시했지만, 현실적으로는 이처럼 내포 시인이 실제 시인과 일치하지 않는 경우가 더 많다. 그래서 시의 주관성을 '가상적 주관성(virtual subjectivity),' '몰개성적 주관성(impersonal subjectivity)'[4]으로 보는 관점이 타당할 수 있다.

시적 주체의 하나로서 화자는 퍼소나, 시적 자아, 서정적 자아, 서정적 주인공 등 여러 명칭으로 불린다. 이들 명칭은 사용자가 저마다 자신이 강조하고자 하는 특성에 초점을 맞추어 명명한 것이므로 그 맥락과 의도를 파악하는 것이 필요하다.[5]

1) 퍼소나(탈), 화자

퍼소나(persona)와 화자(speaker) 중 전자는 1910년대 후반에 등장하여 "에즈라 파운드에 의해 유행하고, 예이츠에 의해 동력을 얻고, 엘리엇에 의

---

3. 김승희, 「파란과 신명의 축제」, 『고은 문학앨범』, 웅진출판사, 1993, 103쪽.
4. S. K. Langer, 이승훈 역, 『예술이란 무엇인가』, 고려원, 1982, 230, 233쪽.
5. 박현수, 「서정시의 화자 개념과 갈래적 특성 고찰」, 『어문론총』 85, 한국문학언어학회, 2020 참조.

해 제도화된 개념"⁶이며, 후자는 그리스 시대부터 존재해 왔지만 전자와 비슷한 시기에 언어학의 영향으로 새로운 의미를 지니며 파급된 개념이다. 이들 개념은 1940년대 신비평의 득세와 더불어 문학 용어로서 널리 사용되기 시작하였다. 퍼소나라는 말은 작품 내의 '나'가 실제 시인과 거리가 있음을 강조하기 위해, 화자라는 말은 시가 일종의 발화라는 점을 부각하기 위해 선택되었다. 현재는 이 둘을 모두 허구성을 전제한 개념으로 이해하고 있으며, 이 중 후자를 더 많이 사용하고 있다.

2) 시적(서정적) 자아(주체/주인공)

시적 자아, 시적 주체, 서정적 자아, 서정적 주체, 서정적 주인공 등은 동일 계열의 용어로, 중립적인 '시적 나(poetic I)' 혹은 '서정적 나(lyric I)'로부터 파생된 개념이다. 갈래 이름이 '시'와 '서정시'로 나뉘고, '나'의 지칭이 '주체,' '자아,' '주인공' 등으로 달라졌을 뿐이다. 원래 개념에서 강조된 '나'가 '자아' 혹은 '주체' 등으로 번역되면서 '1인칭 나'라는 성격이 희석되고 있다는 한계를 지닌다. 각각의 개념에는 미묘한 차이가 있는데, 앞부분(시적/서정적)은 시적 갈래의 성격에 주목한 것이다. 뒷부분 중의 '자아'는 중립적인 성격을, '주체'는 이념 지향적이고 독자적인 정체성을, '주인공'은 능동성, 사회성을 강조한 개념이다.

이 중 시적 화자 논의에 잘 언급되지 않는 '서정적 주인공'이라는 독특한 용어에는 설명이 필요하다. 이것은 1950년대 러시아 시론에서 제기하고 이후 북한 학계에서 공식적으로 사용하는 개념으로, 구체적 의미는 다음 인용문에 잘 정리되어 있다.

> 서정적 주인공이란 시에서 표현된 사상과 감정의 소유자를 말한다. 서정시는 반드시 서정적 주인공의 입장에서 그의 명의로 쓰이게 되며 많은 경

---

6. R. C. Elliott, *The Literary Persona*, Chicago: The Univ. of Chicago Press, 1982, 16쪽.

우에 시를 쓴 시인이 곧 서정적 주인공으로 등장한다. 그것은 대다수 경우에 서정시가 1인칭의 입장에서 쓰여지기 때문이다. (…) 반드시 서정시의 주인공은 동시대의 선진적 인간들의 특징적인 감정을 진실하게 전달해야 하는 것이다.[7]

시에서 '주인공'이라는 용어를 사용하는 까닭은 첫째, 리얼리즘론에 입각하여 바람직한 계급의 전형적 존재(전형이란 개념에는 시적 화자의 허구성이 전제되어 있다)를 대표하기 위해, 둘째, 공동체적 가치를 능동적으로 실천하는 주체를 부각하기 위해서일 것이다. 김윤식은 이런 맥락에서 이 개념을 적극적으로 사용한 바 있다.[8]

3) 시적 주체(들)

2000년대 들어 통용되는 '시적 주체(들)'는 채트먼의 소통 모델의 여러 주체를 가리킬 수 있다는 한계를 지니지만, 탈근대적인 '주체' 개념을 시학에 접목하려는 시도로서 가치가 있다. 이 개념은 기존의 화자 관련 개념들이 모두 텍스트 이전에 존재하는, 단일하고도 통일된 선험적인 주체를 상정하고 있다는 점을 비판하며, 그 대안으로 텍스트의 결과로 구성되는 이질적인 주체를 고려하도록 요구한다.

4) 시적 인격

이에 덧붙여 우리 시론에서 독창적으로 등장한 '시적 인격'이라는 용어도 소개하고자 한다. 양주동은 1925년의 평론에서, '시적 인격'이란 개념

---

7. "문학소사전," 『청년문학』 11, 1962. 51쪽; 노혜경, 「북한에서 국가와 시인의 관계 연구: '서정적 주인공'을 중심으로」, 북한대학원대학교 박사학위논문, 2013, 56쪽에서 재인용.
8. 김윤식, 「문학장르와 인류사의 이념」, 『한국근대문학사상사』, 한길사, 1984, 491-492쪽.

을 내세우며, 이를 실제 시인에 비하여 "좀더 장엄하고 좀더 숭고한 특수한 맛"[9]을 지닌 우월한 존재로 보았다. 이것은 서구보다 일찍 사용된 화자 개념이며, 허구성을 전제한다는 점에서 주목할 만하다. 이 개념은, 실제 시인과 시적 자아를 일치시켜 시인들의 대 사회적 참여를 강요한 당대 카프 문인들의 윤리적인 압박에 대한 대항 개념으로 등장한 것으로 보인다.

2. 시적 화자의 일반적 특성

1) 범맥락화된 주체(혹은 텅 빈 주체)

시에 지배적으로 나타나는 화자, '나'는 소설이나 수필 등 다른 갈래에 나타나는 1인칭 화자와는 확연히 구별되는 특성을 지닌다. 이는 크게 세 가지로 나누어 설명할 수 있다.

시적 화자의 특성으로 가장 먼저 다룰 것은 시적 화자가 '범맥락화된 주체'라는 점이다. 앞에서 설명하였듯이 범맥락화(pan-contextualization)라는 것은 시의 기본적인 특징으로, 시 속의 사건이나 화자를 구체적인 맥락으로부터 떼어내어, 즉 탈맥락화하여 어떤 경우에도 적용 가능한 보편화된 상태로 변화시키는 방식을 가리킨다. 시적 화자는 특별한 경우가 아니면 구체적인 맥락을 지니지 않는다. 다음 작품을 예로 들어 살펴보자.

> 죽는 날까지 하늘을 우러러
> 한 점 부끄럼이 없기를,
> 잎새에 이는 바람에도
> 나는 괴로워했다.

---

9. 양주동, 「예술과 인격, 특히 시적 인격에 취(就)하야」, 『동아일보』, 1925. 7. 19.

별을 노래하는 마음으로
모든 죽어가는 것을 사랑해야지.
그리고 나한테 주어진 길을
걸어가야겠다.

오늘 밤에도 별이 바람에 스치운다.

— 윤동주, 「서시」 전문

   이 작품에서 우리는 시적 화자에 대한 구체적인 정보를 하나도 얻을 수 없다. 그가 무슨 일을 하는지, 지금 어느 시대, 어느 공간에 있는지 시 자체에서는 전혀 알 길이 없다. 그가 누구인지는 모르지만 그저 도덕적 염결성을 지닌 순수한 사람이라는 점을 짐작할 수 있을 뿐이다. 이처럼 시의 화자 '나'는 특별한 경우가 아니라면 명확한 신분이나 이름과 같은 정체성을 지니고 있지 않으며, 구체적인 시공간적 배경으로부터 이탈하고 있어, 독자는 그의 정체성이나 그가 처한 상황을 특정하기 매우 어렵다. 그저 일반적인 존재, 슐라퍼의 말대로 "모든 사람이 접근할 수 있는 추상적이고 일반화된 자아"[10]로 다룰 수밖에 없는 것이다. 이처럼 특수한 맥락으로부터 이탈한 자아를 다른 말로 '텅 빈 주체'로 부를 수도 있다. 텅 빈 주체라 부른다고 해서 어떤 주체의 성격도 지니지 않는 진공 상태라는 것으로 이해해서는 안 된다. 어디에도 적용 가능하게 특화된 주체라는 특성을 강조한 말일 뿐이다.

2) 치환 가능한 주체

   또한 시적 화자는 독자 누구나 그 발화의 위치에 설 수 있는 '치환 가능한 주체'이다. 이 특성은 지금까지 그다지 주목받지 못하였지만, 오래 전

---

10. Heinz Schlaffer, 변학수 역, 『신들의 모국어』, 경북대학교출판부, 2014, 139쪽.

에 김윤식이 시의 "기본적인, 가장 위력적인 특질의 하나"[11]로 강조한 특성이기도 하다. 이것은 '범맥락화된 주체'라는 특성을 바탕으로 한다.

> 오늘은 바람이 불고
> 나의 마음은 울고 있다
> 일찍이 너와 거닐고 바라보던 그 하늘 아래 거리언마는
> 아무리 찾으려도 없는 얼굴이여
> 바람 센 오늘은 더욱 너 그리워
> 진종일 헛되이 나의 마음은
> 공중의 깃발처럼 울고만 있나니
> 오오, 너는 어드메 꽃같이 숨었느뇨
>
> — 유치환, 「그리움」 전문

이 시를 읽을 때 독자는 자신의 특수한 개성과 무관하게 순식간에 시 속의 '나'가 된다. 심지어 사랑하는 대상 '너'가 있건 말건, 독자의 신원이나 형편 등이 천차만별이라고 할지라도, 그 결과는 다르지 않다. 독자가 누구이든지 이 시를 수용하게 되면 시 속에 마련된 상황을 승인하고, 또 거기에 주어진 역할이 있다면 기꺼이 그 역할을 떠맡는 주체가 되는 것이다. 이런 기묘한 상황은 다른 경우와 비교해 보면 더 분명해진다. 가령 이것이 편지라면 편지의 수신자는 자연스럽게 '나'가 아니라 '너'의 자리에 서게 될 것이다. 그런데 이것을 시로 인식하는 순간, 이 '나'의 자리는 독자가 차지하게 된다. 이런 작품을 연애편지에 자주 인용하는 것도 그 '나'를 인용자로 손쉽게 치환하여 시 속의 세련된 메시지를 상대방에게 효과적으로 전달할 수 있기 때문일 것이다. 그래서 "시에서의 자아는 그 시 저자의 사유물이 아니라 그 시 독자들과의 공유물"[12]이라는 단언도 가능한 것이다.

---

11. "서정시의 기본적인, 가장 위력 있는 특질의 하나는, 기실 서정시의 주인공으로서의 시인 자신인 '나'를 독자는 '자기'라고 느끼는 점에 있다." 김윤식, 앞의 글, 491쪽.
12. Heinz Schlaffer, 앞의 책, 140쪽.

이런 주체가 가장 잘 활용되는 예는 공적으로 낭독되는 문서, 즉 기도문이나 선서문과 같은 형식, 즉 "나-형식"[13]의 문서라 할 수 있다. 여기에서는 〈국기에 대한 맹세〉를 예로 들어 보자.

> 나는 자랑스런 태극기 앞에 조국과 민족의 무궁한 영광을 위하여 몸과 마음을 바쳐 충성을 다할 것을 굳게 다짐합니다.

이 글은 1968년 충청남도 교육청 장학계장이라는 특정 공무원이 작성하였다고 한다. 그런데 이 맹세문을 낭독하는 사람은 이때의 '나'에서 그 특정 공무원을 배제하고 자신을 거기에 기입한다. 그 이유는 구체적인 맥락이 모두 삭제되어 어디에도 활용 가능한 주체인 '나'를 사용하고 있기 때문이다. 바로 이런 특성 때문에 오장환이 자신의 시에 존재하는 "'내'가 '우리'로 바뀌는 사다리"[14]를 이야기할 수 있었던 것이다. 시는 이런 형식이 가장 집약적으로 구현된 갈래라 할 수 있다.

3) 고양된 주체

지금까지 다룬 특성이 수평적 차원이라면, 지금부터 다룰 '고양된 주체'라는 특성은 수직적 차원의 것이라 할 수 있다. 이에 대해서는 양주동의 "좀더 장엄하고 좀더 숭고한 특수한" 시적 인격에서 암시된 바 있다. 앞서 인용한 윤동주의 「서시」를 예로 들어 이 문제를 다루어 보자. 「서시」의 화자는 평생 절대적인 선을 행하며 살기를 바라는 엄격한 윤리적인 자아이다. 그는 윤리의 선험적인 기준이 되는 하늘을 제시하여 일상의 모든 상황 속에서 윤리적 성찰을 하고, 인간뿐 아니라 생명을 지닌 모든 것들에 대한

---

13. Heinz Schlaffer, 위의 책, 140쪽.
14. 오장환은 시집 『나 사는 곳』의 발문에서 "'내'가 '우리'로 바뀌는 사다리를 독자들이 이 시집에서 찾는다면 필자는 망외의 행운이겠다"고 소회를 밝히고 있다. 오장환, 『나 사는 곳』, 헌문사, 1947, 94쪽.

박애를 실천하고자 노력한다. 윤동주 평전을 쓴 작가는 이 시의 화자를 시인과 동일시하여 다음과 같이 쓰고 있다.

> 사람의 생이 갖는 무게, 그 생이 내포한 진실의 무게가 이처럼 청결하고 깊이 있게 드러난 예는 아주 희귀하다. 이 시에 이르러서 우리는 "참으로 우리에게 한 시인이 있다!"고 외칠 수 있게 되었다.[15]

그러나 이런 화자를 '경험적 자아'로서의 시인과 동일시하는 것은 비약이 아닐 수 없다. "잎새에 이는 바람"과 같은 지극히 일상적이고 사소한 동기에 자극 받아 언제나 윤리적 성찰을 수행하는 화자를 우리는 현실적인 인물로 인정하기 어렵다. 이런 정신적 경지는 절대적인 윤리적 삶을 지향하는 성직자로서도 도달하기 어려운 높은 차원의 것임을 누구도 부인하기 어렵기 때문이다. 만일 이 시의 화자를 시인과 직접적으로 동일시한다면 우리는 일본 유학이라는 개인적 사유 때문에 '히라누마 도오쥬우(平沼東柱)'[16]로 창씨개명한 그의 행위에 많은 변명을 준비해야 할 것이다. 그래서 이 시의 시적 화자는 실제 시인이라기보다는 "'되고 싶어하는 자아' 또는 '있어야 하는 자아'"[17]로 보는 것이 타당하다. 양주동의 말대로 "좀더 장엄하고 좀더 숭고한 특수한" 자아인 것이다. 바로 이런 고양성 때문에 실제 시인과 시적 화자의 관계가 "썩어 없어질 육체"와 "불멸의 영혼"[18]의 관계에 비유되기도 하는 것이다. 이런 고양된 주체가 근래의 시에서는 비천한 주체로 전락하는 경우가 많다. 그러나 그 경우에도 그 비천함을 폭로하는 주체로서 화자는 여전히 고양된 지위에 있다고 볼 수 있다.

---

15. 송우혜, 『윤동주 평전』, 서정시학, 2017, 299쪽.
16. 연세대 학적부에 따르면 윤동주는 1942년 1월 29일에 이 이름으로 창씨개명한 것으로 나타난다. 송우혜, 위의 책, 307쪽 참조.
17. 김준오는 시적 퍼소나의 기능 중 하나로 "자기가정(自己假定)으로서의 비자기(非自己)"를 들고 있다. 김준오, 「탈(Persona)의 시론 서설」, 『한국문학논총』 1, 한국문학회, 1978, 228쪽.
18. Heinz Schlaffer, 앞의 책, 145쪽.

3. 화자의 유형과 모호성

1) 화자의 유형

시적 화자를 그 성격에 따라 몇 가지 유형으로 분류할 수 있다. 물론 이 것은 분류 이상의 특별한 의미를 지니지 않는다. 여기에서는 가장 단순한 T. S. 엘리엇의 논의를 따르기로 한다. 엘리엇에 따르면 시에는 세 가지 목소리가 있다고 한다. 제1의 목소리는 시인 자신이 자신에게 말하는 경우로서, 서정시에 흔히 나타나는 것처럼 독백적인 어조가 강한 목소리이다. 제2의 목소리는 시인이 청중에게 말하는 경우로서, 교훈 전달이나 풍자 등 목적성이 강한 어조의 목소리이다. 제3의 목소리는 제3의 화자, 즉 퍼소나(persona)를 통해 발화하는 방식으로, 화자의 설정에 따라 다양한 어조가 가능한 목소리이다. 엘리엇이 말한 이 목소리는 곧 화자를 함축하고 있는데, 제1의 목소리는 1인칭 화자의 독백조, 제2의 목소리는 1인칭 화자의 연설조, 제3의 목소리는 시인과 전혀 닮지 않은 특정한 등장인물에 의한 다양한 어조라 할 수 있다.[19]

이를 화자의 문제와 연결시키면 제1의 목소리는 자신에게 혼잣말을 하는 독백적 화자, 제2의 목소리는 타자의 존재를 인식하고 있는 대타적 화자, 제3의 목소리는 등장인물, 즉 퍼소나를 통해서 그에 걸맞은 행동과 대사를 하는 극적 화자에 해당한다. 구체적인 작품을 통하여 이 문제를 다루어 보자.

---

[19] T. S. Eliot, 이창배 옮김, 「시의 세 가지 목소리」, 『T. S. 엘리엇 문학비평』, 동국대학교 출판부, 1999. 그가 말하는 제3의 목소리는 주로 극시에 해당하는 개념이다. 그는 "모든 시에서 하나 이상의 목소리가 들린다"(130쪽)고 본다. 존 혼 휠록은 여기에다 제4의 목소리를 하나 더 덧붙인다. 이것은 "시인의 목소리가 아니라 무의식적인 예지의 순간에, 모든 자아를 포함하는 더 오래되고 더 현명한 어떤 자아가 시인을 통하여 말하는 음성"으로, "보다 더 비개성적인 음성"이다. J. H. Wheelock, 박병희 역주, 『시란 무엇인가』, UUP(울산대학교출판부), 2000, 35쪽.

(1) 독백적 화자

　독백적 화자는 독백이라는 개념이 암시하듯이 반드시 1인칭 화자이어야 한다. 그러나 우리말은 '나'의 생략이 많아서 독백적 화자가 등장하는 시에서는 화자가 직접 나타나지 않는 경우가 많다.

고향에 고향에 돌아와도
그리던 고향은 아니러뇨.

산꿩이 알을 품고
뻐꾸기 제철에 울건만,

마음은 제 고향 지니지 않고
머언 항구로 떠도는 구름.

오늘도 뫼끝에 홀로 오르니
흰점 꽃이 인정스레 웃고,

어린 시절에 불던 풀피리 소리 아니 나고
메마른 입술에 쓰디쓰다.

고향에 고향에 돌아와도
그리던 하늘만이 높푸르구나.

— 정지용, 「고향」 전문

　이 시의 화자는 어떤 특별한 청자를 대상으로 하지 않고 자신의 정서를 풀어 내고 있다는 점에서 독백적 화자이다. 비록 시 텍스트에 시적 화자가 구체적으로 나타나지 않지만, 이 시의 화자가 1인칭 화자라는 것은 누구도 부정할 수는 없다. 그리고 독백이라는 말에서 짐작되듯이, 이 화자의 어조는 실제 시인의 목소리와 가장 가깝다.

(2) 대타적 화자

대타적 화자는 청중을 인식하고 발화하는 화자이다. 메시지를 전달하고자 하는 욕망이 강한 시인이 주로 사용하는 화자로서, 다음과 같은 참여시에 자주 등장한다.

> 우리 모두 화살이 되어
> 온몸으로 가자.
> 허공 뚫고
> 온몸으로 가자.
> 가서는 돌아오지 말자.
> 박혀서 박힌 아픔과 함께 썩어서 돌아오지 말자.
>
> 우리 모두 숨 끊고 활시위를 떠나자.
> 몇 십 년 동안 가진 것,
> 몇 십 년 동안 누린 것,
> 몇 십 년 동안 쌓은 것,
> 행복이라던가
> 뭣이라던가
> 그런 것 다 넝마로 버리고
> 화살이 되어 온몸으로 가자.
>
> ― 고은, 「화살」 부분

이 시의 화자는 '우리'라고 부를 수 있는 가상의 청자가 자신의 뜻에 동조하기를 바라는 대타적 화자이다. 시에서 '너' 혹은 '청년'과 같은 청자를 내세워도 완전한 타자의 느낌이 들지 않는다. 시에서 청자 자체가 중요한 것이 아니라 그 청자에게로 향하고 있는 자신의 정서와 의지가 더 중요하기 때문이다. 그래서 시에서는 '우리'라는 1인칭 복수형을 자주 사용한다. '우리'라는 말은 청자와 자신이 동일한 목표를 지니고 있어 당위적인 자신의 뜻을 함께할 것이라는 확신을 담고 있다. 이런 점에서 이 시의 발언은 고백적인 느낌을 지니지만 청자를 강하게 전제한다는 점에서 대(對) 사회적 발언으로 읽힌다.

(3) 극적 화자

극적 화자는 시인과 전혀 다른, 혹은 시인의 구체성이 탈각된 제3의 인물이 나타나 발화를 이끌어 가는 화자이다. 극적 화자는 두 가지 경우가 있는데, '인물 화자'와 '투명한 화자'가 그것이다.

> 아베요 아베요
> 내 눈이 티눈인 걸
> 아베도 알지러요.
> 등잔불도 없는 제상에
> 축문 당한기요.
> 눌러 눌러
> 소금에 밥이나마 많이 묵고 가이소.
> 윤사월 보릿고개
> 아베도 알지러요.
> 간고등어 한손이믄
> 아베 소원 풀어드리련만
> 저승길 배고플라요
> 소금에 밥이나마 많이 묵고 가이소
>   *
> 여보게 만술 아비
> 니 정성이 엄청다.
> 인정보다 귀한 것 있을락꼬.

망령도 감응하여, 되돌아가는 저승길에
니 정성 느껴느껴 세상에는 굵은 밤이슬이 온다.

— 박목월, 「만술 아비의 축문」 전문

이 시는 극적 화자와 독백적 화자가 나타나는 특이한 작품이다. 극적 화자는 이 시 앞부분에서 축문을 읽는 '만술 아비'이다. 이 화자를 통하여 가난 속에서도 아버지를 생각하는 간절한 마음과 그 구체적 정황이 생생하게 살아나는 효과가 생긴다. 이에 반하여 뒷부분에는 시인과 동일시되는 독백적 화자가 등장하여 만술 아비의 정성을 평가함으로써 시적 분위기가 다소 무미건조해졌다.

극적 화자는 '퍼소나'를 내세움으로써 독백적 화자와 달리 '화자 = 시인'의 등식을 고의적으로 깨트려 시적 흥미를 유발한다. 특별한 화자에 배역을 맡겨 시공간적 배경, 분위기와 어조 등을 조율한다는 점에서, 이런 유형의 시를 '배역시'라 부르기도 한다. 이런 시의 화자는 시인과 무관한 인물을 내세운다는 점에서 '인물 화자'라 할 수 있다.

이와 달리 '투명한 화자'는 신문 기사의 화자처럼 주관적 개입을 최소화하여 대상을 객관적으로 전달하는 화자를 말한다.

    1947년 봄
    심야(深夜)
    황해도 해주(海州)의 바다
    이남(以南)과 이북(以北)의 경계선 용당포

    사공은 조심조심 노를 저어가고 있었다.
    울음을 터뜨린 한 영아(嬰兒)를 삼킨 곳.
    스무 몇 해나 지나서도 누구나 그 수심(水深)을 모른다.

— 김종삼, 「민간인」 전문

이 시의 화자는 마치 신문 기사를 쓰는 듯한 냉정한 시선으로 비극적 사건을 다루고 있다. 투명한 화자의 냉정한 시선이 그 사건의 비극성을 더욱 강조하는 효과를 만들어 낸다.

2)화자의 모호성

시에서는 대부분 1인칭 화자나 그에 가까운 성격을 지닌 불특정 화자를 통하여 독백의 양식으로 발화를 전개하기 때문에 화자의 역할이 두드러지지 않는다. 이와 달리 소설에서는 화자가 서술에 미치는 영향력이 커서, 화자와 관련된 시점의 기능과 유형이 갈래상의 중요한 요소가 된다. 문학 갈래 이론에서 화자의 유무와 그 성격이 기준이 되는 것도 갈래마다 화자의 역할이 다르기 때문이다.

시에 있어서 대부분의 화자는 1인칭 화자인 '나'이다. 그럼에도 그 화자의 성격이 모호하여, 1인칭이나 3인칭 등으로 그 성격을 특칭하기가 쉽지 않다. 이 점은 현대시 일반의 특질이긴 하지만,[20] 우리 현대시에서 이 점은 더욱 두드러진다. 그 이유는 첫째, 우리말에는 주어를 생략하는 언어 관습이 있기 때문이다. 이런 관습 때문에 1인칭 주어가 생략된 것인지, 3인칭 화자가 개입한 것인지 분명하게 판단하기 어렵다. 둘째, 소설과 달리 시에서는 '상황지시의 범맥락화' 현상 때문에 진술이 충분하게 전개되지 않기 때문이다. 시는 짧은 형식으로 순간적인 상황을 제시하기 때문에 화자의 구체적 특징을 파악하기 쉽지 않은 것이다. 다음 시를 통해 시적 화자의 모호성을 살펴보자.

    얇은 사(紗) 하이얀 고깔은

---

20. 슐라퍼는 "현대 서정시에서는 1인칭과 2인칭 대명사가 잘 쓰이지 않는다. 이것이 독자로 하여금 공간적·시간적 그리고 감정적 방향성을, 그래서 시를 상상 속에서 수용하는 것을 어렵게 한다"고 지적한다. Heinz Schlaffer, 변학수 옮김, 『신들의 모국어』, 경북대학교출판부, 2014, 147쪽.

고이 접어서 나빌레라.

파르라니 깎은 머리
박사(薄紗) 고깔에 감추오고

두 볼에 흐르는 빛이
정작으로 고와서 서러워라.

빈 대(臺)에 황촉(黃燭)불이 말없이 녹는 밤에
오동(梧桐)잎 잎새마다 달이 지는데,

소매는 길어서 하늘은 넓고
돌아설 듯 날아가며 사뿐히 접어 올린 외씨보선이여!

까만 눈동자 살포시 들어
먼 하늘 한 개 별빛에 모두오고,

복사꽃 고운 뺨에 아롱질 듯 두 방울이야
세사(世事)에 시달려도 번뇌(煩惱)는 별빛이라.

휘어져 감기우고 다시 접어 뻗는 손이
깊은 마음 속 거룩한 합장(合掌)인 양하고

이 밤사 귀또리도 지새우는 삼경(三更)인데
얇은 사(紗) 하이얀 고깔은 고이 접어서 나빌레라.

— 조지훈, 「승무」 전문

이 시에는 1인칭 화자 '나'가 직접 드러나지 않고 있다. 그래서 이 작품의 화자가 작품 속에 있는지, 아니면 작품 밖에 있는지 확정하기 쉽지 않다. 작품 안에 있다면 1인칭 화자이고, 밖에 있다면 3인칭 화자일 터인데, 작품 내적으로 확정 지을 마땅한 기준과 방법이 없는 것이다. 그래서 이 시를 다루는 사람마다 화자의 성격에 대한 판단이 제각각이다. 먼저 이 시의 화자를 1인칭 화자로 보는 관점부터 다루어 보자. 이런 관점은 이 작품 속에 1인칭 '나'가 생략되어 있다고 보는 쪽이다.

두 볼에 흐르는 빛이
정작으로 고와서 (나는) 서러워라.

생략 부분을 이렇게 복원하면 「승무」는 1인칭 화자가 등장하는 작품이 된다. 서러워하는 이나 '나비일레라'라고 추정하는 이는 시 속에 잠재적으로 존재하고 있는 '나'이다. '나'가 승무를 바라보고 그 풍경과 거기에서 느끼는 정서, 그리고 자신의 생각을 표현하고 있는 것이다. 그래서 결론적으로 이 작품의 화자와 시점은 '1인칭 관찰자 시점'[21]이 되는 것이다.

그러나 작품에 화자가 등장하지 않는다는 점을 들어, 이 시의 화자를 '3인칭 화자'로 보는 경우도 있다.

작품의 표면에 등장하지 않는 시적 화자는 어느 깊은 가을밤, 한 젊은 비구니가 달빛 내려 비치는 오동나무 아래서 자신의 세속적 번뇌를 이겨내기 위해 '승무'라는 춤을 추고 있는 모습을 관찰자로서 지켜보고 있다.[22]

화자가 작품의 표면에 등장하지 않는다거나, 승무를 관찰자로서 지켜본다는 표현은 이 작품의 화자를 '3인칭 관찰자,' 더 구체적으로는 '관객'[23]으

---

21. 권영민, 『문학(상)』 교사용 지도서, 지학사. 2004, 277쪽.
22. 양승국·양승준, 『한국현대시 500선 중』, 월인, 2004, 99쪽.
23. 최근의 수능 언어영역 문제(2010 수능 언어영역 문제 홀수형 33번)에서 이 시를 다룬 지문에 "「승무」는 무녀(巫女)를 무대공간의 중심에 배치하여 관객이 이를 바라보는 상황을 보여주고 있다"고 설명하고 있다.

로 파악함을 의미한다. 그렇다면 앞에서 예로 든 구절("두 볼에 흐르는 빛이/ 정작으로 고와서 서러워라")은 3인칭 화자의 개입이 이루어진 부분이 된다.

이와 달리 '화자'라는 용어 대신 '시인'이라는 말을 사용하는 경우도 있다.[24] 이것은 화자라는 관점을 시에 적극적으로 받아들이지 않는 경우이다.

> 여인이 계속해 보이고 있는 춤은, 시의 전후반 각 부분을 통해 슬픔/승화, 밤/새벽, 고깔(육신)/나비 등과 같이 몇 쌍의 이미지들의 대립으로 구현되고 있으며, 이 대립에서 시인의 태도는 한결같이 전자에서부터 후자로 기울어져 있는 것으로 나타나고 있다.[25]

여기에서는 화자 대신 '시인'이라는 말을 사용하여 화자의 구체적 성격에서 오는 혼란을 비켜 가고 있다. 이때 '시인'이라는 용어는 1인칭 화자를 의미할 수도 있고, 3인칭 화자를 의미할 수도 있다. 그 구별 없이도 혼란이 생기지 않는 것은 그런 화자가 모두 시인을 가리킨다고 볼 수 있기 때문이다. "화자 = 시인"의 전통을 유지하고 있는 경우라 할 수 있다. '화자'를 대신하는 '시인'이라는 용어는 함축적 시인과 실제 시인을 동일시하는 전통을 반영하고 있다.

이 중 어떤 관점이 타당할 것인가. 현재로서는 이를 결정할 마땅한 기준과 방법이 없기에, 이들 관점은 공존할 수밖에 없다.

---

[24] 이승훈처럼 "화자 혹은 시인"이라고 하여, 화자를 사용하더라도 1인칭, 3인칭을 말하지 않고, 거의 시인과 동격으로 사용하는 경우도 여기에 속한다. 이승훈, 『한국 현대시 새롭게 읽기』, 세계사, 1996, 177쪽.

[25] 서준섭, 「조지훈의 「승무」: 불교적 소재의 시적 변용과 그 의미」, 정한모·김재홍 편, 『한국대표시평설』, 문학세계사, 1983, 256쪽.

4. 어조의 유형과 변화

1) 어조의 유형

앞에서 이미 언급하였듯이, 시에서 어조란 "소재나 청자, 혹은 때에 따라서는 자기 자신에 대한 화자의 태도"[26]를 가리킨다. 화자의 태도로서 어조는 다양한 방식으로 나타날 수 있다. 심지어 동일한 말이라도 어조에 따라 다양한 의미를 지닐 수 있다. 브룩스와 워렌이 예를 들고 있듯이, "그래, 정말이야(Yes, indeed)"라는 말도 어조의 변화를 통해 열정적이거나 정중한 동의에서 거만한 거절까지 다양한 의미를 지닐 수 있다.

어조는 수많은 경우의 수를 지녀 완전한 분류가 불가능할 정도이다. 편의적으로 대상에 따라 나누는 방법이 있을 수 있다. 어조가 화자의 태도를 반영한 것이라면, 이 태도는 지향성을 지닌다. 즉, 무엇에 대한 태도인 것이다. 그 무엇, 바로 그 대상에 따라 어조의 유형도 달라질 수 있다. 그 대상은 크게 화자, 청자, 그리고 화제 속에 나오는 대상이다. 그렇다면 어조도 화자 중심적, 청자 중심적, (화제 속의) 대상 중심적 어조로 나눌 수 있다.

화자 중심적 어조는 정체성의 성격에 따라, 화자의 감정의 강도에 따라 다양한 어조를 하위 항목으로 둔다. 정체성의 성격에 따라 여성적, 남성적, 유아적, 중성적 어조 등이 있을 수 있다. 이 가운데 중성적 어조는 신문 기사처럼 주관이 철저하게 배제된 어조를 말한다. 또한 정서의 강도에 따라 격정적, 열정적, 비관적, 자학적, 단호한, 우유부단한 어조 등이 있을 수 있다.

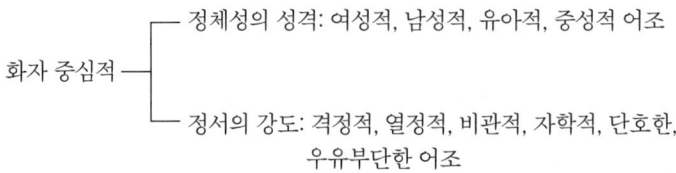

---

[26]. Cleanth Brooks & R. P. Warren, 앞의 책, 112쪽.

청자 중심적 어조는 청자의 존재 여부, 청자에 대한 영향력의 강도에 따라 다양한 어조를 하위 항목으로 둘 수 있다. 청자의 존재 여부에 따라 독백적, 대화적, 연설적 어조 등이 나뉘고, 청자에 대한 영향력의 강도에 따라 명령적, 청유적, 애원적, 탄원적, 호소적, 적극적, 소극적 어조 등으로 나뉠 수 있다.

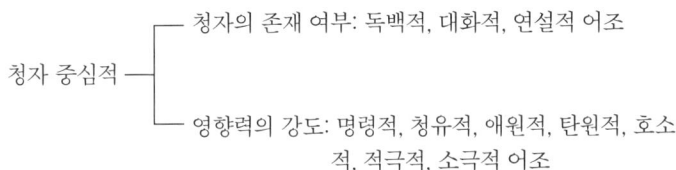

마지막으로 대상 중심적 어조는 화제 속에 나오는 대상에 대한 화자의 태도를 말하는데, 이 대상에는 객관적인 사물뿐만 아니라 세계 같은 것도 포함된다. 따라서 세계관에 따른 어조가 여기에 포함될 수 있다. 대상 중심적 어조는 긍정적 태도, 부정적 태도 그리고 중성적 태도로 나누어질 수 있다. 긍정적 태도에는 낙관적, 찬양적, 우호적 어조 등이, 부정적 태도에는 염세적, 절망적, 풍자적, 냉소적, 해학적, 비판적 어조 등이 포함된다. 그 중간에 중성적 태도로서 관조적, 유보적, 객관적 어조 등이 포함된다.

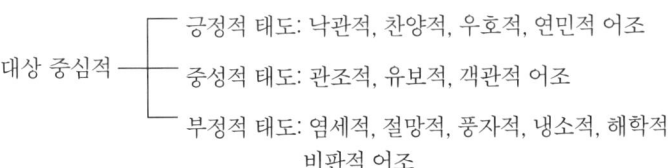

이런 어조들은 하나의 작품에 여러 형태로 드러난다. 초점을 어디에 두느냐에 따라 여러 어조들이 거론될 수 있기 때문이다. 다음 작품을 예로 들어 보자.

스물여덟 어느 날
한 자칭 맑스주의자가 새로운 조직 결성에 함께 하지 않겠냐고 찾아왔
다
얘기 말엽에 그가 물었다
그런데 송 동지는 어느 대학 출신이요? 웃으며
나는 고졸이며, 소년원 출신에
노동자 출신이라고 이야기해 주었다
순간 열정적이던 그의 두 눈동자 위로
싸늘하고 비릿한 유리막 하나가 쳐지는 것을 보았다
허둥대며 그가 말했다
조국해방전선에 함께 하게 된 것을
영광으로 생각하라고.
미안하지만 난 그 영광과 함께 하지 않았다

십수 년이 지나 요 근래
다시 또 한 부류의 사람들이 자꾸 내게
어느 조직에 가입되어 있느냐고 묻는다
나는 다시 숨김없이 대답한다
나는 저 들에 가입되어 있다고
저 바다물결에 밀리고 있으며
저 꽃잎 앞에서 날마다 흔들리고
이 푸르른 나무에 물들어 있으며
저 바람에 선동당하고 있다고

— 송경동, 「사소한 물음들에 답함」 부분

이 시의 화자는 시에 밝혀져 있듯이 고졸에, 소년원 출신에, 노동자인 실제 시인과 동일시되는 독백적 화자이다. 이 시의 주된 어조는 자신의 굳건한 입장을 조용하고 담담하게 밝히는 단호한 어조라 할 수 있다. 그런데

초점을 어디에 맞추느냐에 따라 다른 어조도 읽어 낼 수 있다. 먼저 화자 중심적으로 본다면 정체성의 면에서 남성적 어조이면서, 정서의 강도에 있어서는 단호한 어조이다. 청자 중심적으로 본다면 따로 청자를 설정하지 않았으므로 독백적 어조이면서, 영향력의 강도에 있어서는 청자에게 자신의 의지를 강요하지 않는다는 점에서 소극적 어조이다. 대상 중심적으로 본다면 화자가 그 대상(조직에 가입하라 권유하는 사람)에 대해 부정적인 태도를 보여 준다는 점에서 비판적 어조라 할 수 있다.

이처럼 하나의 시에는 초점에 따라 다양한 어조를 발견할 수 있다. 그러나 한 편의 시에서 여러 심상 중에 지배적인 심상이 있는 것처럼, 여러 어조 중에 지배적인 어조가 있을 수 있다. 위의 시에서 지배적인 어조는 비판적 어조라 할 수 있다.

2) 어조의 변화

어조는 화자의 설정에 절대적으로 의존하고 있기 때문에 화자가 바뀌면 당연히 어조도 바뀐다. 동일한 내용이라도 앞에서 분류한 세 가지 유형의 화자가 발화할 경우 어조는 완전히 달라진다. 같은 시인의 작품이라 해서 동일한 어조가 나타나는 것이 아님도 이를 통해 짐작할 수 있다. 동일한 상황에서 화자를 다르게 설정할 때 어조가 어떻게 달라지는가 하는 점은, 다음 두 편의 시를 비교해 보면 잘 알 수 있다.

거미새끼 하나 방바닥에 나린 것을 나는 아무 생각 없이 문밖으로 쓸어버린다
차디찬 밤이다

언제인가 새끼거미 쓸려나간 곳에 큰거미가 왔다
나는 가슴이 짜릿한다
나는 또 큰거미를 쓸어 문밖으로 버리며

찬 밖이라도 새끼 있는 데로 가라고 하며 서러워한다

　　이렇게 해서 아린 가슴이 싹기도 전이다
　　어데서 좁쌀알만한 알에서 가제 깨인 듯한 발이 채 서지도 못한 무척 작은 새끼거미가 이번엔 큰거미 없어진 곳으로 와서 아물거린다
　　나는 가슴이 메이는 듯하다
　　내 손에 오르기라도 하라고 나는 손을 내어미나 분명히 울고불고 할 이 작은 것은 나를 무서우이 달아나버리며 나를 서럽게 한다
　　나는 이 작은 것을 고히 보드러운 종이에 받어 또 문밖으로 버리며
　　이것의 엄마와 누나나 형이 가까이 이것의 걱정을 하며 있다가 쉬이 만나기나 했으면 좋으련만 하고 슬퍼한다

　　　　　　　　　　　　　　　　　— 백석, 「수라(修羅)」 전문

　　이 시의 화자는 독백적 화자로서, 시인과 거의 동일시될 수 있는 존재로 보인다. 화자는 방바닥에 내려온 거미 한 마리를 아무 생각 없이 밖으로 쓸어 버리고 나서, 이후 거미의 가족들을 차례로 밖으로 내보내게 된 상황을 가슴 아파한다. 자신이 거미의 가족을 이산의 상태로 만들었다는 죄책감이 제목 '수라'에 나타나 있다. '수라'는 싸움과 분열을 가져오는 신의 이름이기 때문이다. 이 시의 어조는 죄책감과 슬픔이 담긴 연민의 어조라 할 수 있다. 그런데 화자를 다른 존재로 바꿀 경우 어조는 상당히 달라진다.

　　천신만고 끝에 우리 네 식구는 문지방을 넘었다
　　아버지를 잃은 우리는 어떤 방에 들어갔다
　　아뜩했다 흐린 백열등 하나 천장 가운데 달랑 걸려 있어

　　밖에서 들어오는 바람에 간혹 줄이 흔들렸다

　　우리는 등을 쳐다보면서 삿자리를 건너가고 있었다

건너편에 뜯어진 벽지의 황토가 보였다 우리는 그리로
건너가고 윙 추억 같은 풍음이 들려왔다
귓속의 머리카락 같은 대롱에서 바람이 슬픈 소리를 냈다

모든 것은 이렇게 소리를 내며 지나갔다

인간들에게 어떤 시절이 지나가고 있는지는 모르겠지만
그 방에 늙은 학생같이 생긴 한 남자가
검은 책을 보고 있었다 우리는 그 남자의 바로
책 표지 밑을 지나가고 있었다

머리를 뒤로 넘긴 것 같은 조금 수척한 남자가 멈칫했다
앞에 가던 형아가 보였던 모양이다 남자는
형아를 쓸어서 밖으로 버리고 다시 책을 보기 시작했다
모친은 그 앞을 가로질러 나아갔다 아들이
사라진 지점에서 어미는 두리번거리고 서 있었다

그때 남자가 모친을 쓸어 받아 문을 열고 한데로 버렸다
먼지처럼 날아갔다 남자는
뒤따라가는 아우에게 얇은 종이를 갖다 대는 참이었다
마치 입에 물라는 듯이
아우는 종이 위로 올라섰다 순간 남자는
문을 열고 아우를 밖으로 내다 버렸다

나는 뒤에서 앙 하고 소리치며 울었다 그 울음이
들릴 리가 만무했지만
그때 남자가 무언가 골똘한 생각에 빠진 것 같았다

혈육들은 그 후 어떻게 됐는지 알 길이 없다
바람 소리만 그날 밤새도록 어디론가 불어 갔다 어둠 속
삿자리 밑에서 나는 그를 가만히 쳐다보았다
알 수 없는 생각이 스쳐 지나갔다 스쳐 지나가는 생각이
슬프다는 생각조차 없었다

이것이 우리 가족의 긴 미래사였다
남자는 단지 거미를 죽이지 않고 내다 버렸지만
그날 밤 나는 찢어진 벽지 속 황토 흙 속으로 들어갔다

— 고형렬, 「거미의 생에 가 보았는가」 전문

  여기에서 화자는 어린 거미로서의 '나,' 즉 극적 화자이다. 이산가족의 상황을 직접 목도한 과정을 극적 화자의 눈으로 독자에게 전해 주고 있다. 맨 먼저 형아가, 그다음에 모친이, 그리고 아우가 모두 한데로 쓸려 나가는 것을 보고 화자는 소리치며 울었다. 그리고 이 화자는 혈육들과 헤어져 다시 가족들을 만나지 못하고, 찢어진 황토 흙 속으로 들어갔다. 이때 백석 시의 독백적 화자인 '나'는 "늙은 학생같이 생긴 한 남자"로 등장한다. 거미가 화자가 되면서 이 남자는 관찰의 대상이 되었다. 이런 화자의 변화는 연민의 어조에서 인간의 무책임한 행동을 비난하는 비판적 어조로의 변화를 가져왔다. 그것은 화자가 바뀌면서 동일 상황에 대한 태도가 완전하게 달라졌기 때문이다. 이런 예를 통하여 화자와 어조의 밀접한 관계를 충분하게 이해할 수 있다.

시를 위한 토론

1. (가)에서 채트먼은 텍스트에 따라 화자가 없을 수도 있다고 하였다. (나)를 예로 들어 이에 대한 자신의 견해를 정리해 보자.

> (가) 함축적 작가와 함축적 독자는 언제나 존재한다. 화자가 있을 수도, 있지 않을 수도 있는 것과 마찬가지로 청자도 있을 수도 있지 않을 수도 있다.
>
> — 채트먼, 『이야기와 담론』

> (나) 예비군편성및훈련기피자일제자진신고기간
> 자 : 83. 4. 1. ~ 지 : 83. 5. 31.
>
> — 황지우, 「벽」 전문

2. 다음 글에서 글쓴이가 전제하고 있는 '(서정적) 주인공'과 '화자'의 차이는 무엇인지 설명해 보자.

> 이 시(김동환의 「눈이 내리느니」 — 인용자)의 주인공이 '우리'로 되었음을 우선 주목하기로 하자. 서정시에서의 주인공이라니, 한갓 화자일 뿐이 아닌가, 혹은 서정시에서 화자를 들먹이는 것조차 어불성설이라 주장하는 사람도, 그런 유파도 물론 있을 수 있으리라. (…)
> 이와 다른 자리에 서면, 서정시야말로 주인공의 설정이 요청되는 장르로 파악될 것이다. 서정시의 기본적인, 가장 위력 있는 특질의 하나는, 기실 서정시의 주인공으로서 시인 자신인 나를 독자는 '자기'라고 느끼는 점에 있다.

— 김윤식, 「문학장르와 인류사의 이념」, 『한국근대문학사상사』

3. 다음 시에서 시적 화자의 일반적 특성(범맥락화된 주체/치환 가능한 주체/고양된 주체) 중 어떤 것이 드러나는지 말해 보자.

   친구가 원수보다 더 미워지는 날이 많다.

   티끌만한 잘못이 맷방석만하게
   동산만하게 커 보이는 때가 많다.
   그래서 세상이 어지러울수록
   남에게는 엄격하고 내게는 너그러워지나 보다
   돌처럼 잘아지고 굳어지나 보다

   멀리 동해 바다를 내려다보며 생각한다.
   널따란 바다처럼 너그러워질 수는 없을까
   깊고 짙푸른 바다처럼
   감싸고 끌어안고 받아들일 수는 없을까
   스스로는 억센 파도로 다스리면서
   제 몸은 맵고 모진 매로 채찍질하면서
   — 신경림, 「동해 바다 — 후포에서」 전문

4. 다음은 우리 시조와 그것을 영역한 시이다. 이 두 작품을 비교하여 화자의 특징을 정리하고, 어조가 어떻게 달라졌는지 설명해 보자.

   (가) 흥망이 유수(有數)하니 만월대도 추초(秋草)로다.
       오백 년 왕업(王業)이 목적(牧笛)에 부쳐시니

석양에 지나는 객(客)이 눈물계워 하노라. (원천석)

(나) Rise and fall is a destiny turning;
　　　The palace site is overgrown with weeds.
　　　Only a shepherd's innocent pipe
　　　Echoes the royal works of five hundred years.
　　　stranger, keep back your tears
　　　In the setting sun. (Translated by Peter H. Lee)

5. 다음은 동일한 내용이지만 다른 화자가 등장하는 작품이다. 화자와 어조가 어떻게 달라졌는지 설명해 보자.

(가) 1947년 봄
　　심야(深夜)
　　황해도 해주(海州)의 바다
　　이남(以南)과 이북(以北)의 경계선 용당포

　　사공은 조심조심 노를 저어가고 있었다.
　　울음을 터뜨린 한 영아(嬰兒)를 삼킨 곳.
　　스무 몇 해나 지나서도 누구나 그 수심(水深)을 모른다.

　　　　　　　　　　　　　　— 김종삼, 「민간인」 전문

(나) 그러니께 시방 그 때가 1947년 봄이었지라. 밤에 칠흙만치로 컴컴항께, 암껏도 보이지 않았어라. 글씨, 황해도 해주 바다 말이지 그곳이 긍께 용당포, 쩌그 이남과 이북의 경계선이지라
　　　나는 그 띠 고냥이 맨드로 살곰살곰 놀르 젓는디 아 글씨 아새끼가 저그 애미애비 죽는 줄도 모르고 말이시 참말로 간이 쩍 달라붙응께

별수 있나 누구라도 그랬을꺼여
　　아직 대갈도 덜 여문 아그를 던져뿌렸제 그 물이 어찌나 깊든지 말여… 말하면 뭐햐 벌써 이십년 전 일잉께로 다 잊어 뿌렸지, 다 잊어 뿌렸응께 묻지 말드라고.

— 정문정(학생)

6. 다음 시에 나타나는 다양한 어조를, '화자 중심적 어조,' '청자 중심적 어조,' '대상 중심적 어조'로 나누어서 설명해 보자.

　　마른, 밥, 알을 입에 문 여자가, 204호에서, 죽은 쌀벌레처럼 웅크린 채, 발견, 되었다. 죽음의 내, 외부가 공개되었다. 쌀도, 가족도, 유서도, 없었다, 죽음의, 원, 인과 결, 과만 남았다. 수사기록에는 그녀의 몸에서, 감춰 두었던 울음이, 벌레처럼 기어 나왔다고 쓰여 있다, 형사와, 의료진과, 앰뷸런스와, 동사무소 직원이, 그녀를 죽음, 안쪽으로 밀어 넣었다, 그녀가 이승에서, 단순하게, 떨어져 나갔다, 이승의 반대편으로 앰뷸런스가, 떠나고, 형사와, 동사무소, 직원이, 가정식, 백반을, 들며, 소주를 마신다, 골목의 소음들을 한 모금에 꿀, 꺽, 삼킨다, 식당 주인이, 파, 닥, 파, 닥, 부채를, 부치고, 있다,

— 서안나, 「어떤 울음」 전문

제3부

이념과 표현

9장 서정성
10장 사회성 혹은 정치성
11장 수사학의 지형도
12장 숭고, 초월의 수사학

제9장 • 서정성

1. 서정성의 의미

　서정성은 서정시의 본질적 특성을 가리킨다. 서정시의 본질로서 서정성은 단순히 주관적 정서나 감정의 문제를 넘어서서, 그 근원에 존재하는 세계관 혹은 이념의 표현이다. 서정성을 한마디로 표현하자면 '세계와 자아의 동일성'이다.[1] 이 개념의 보편적인 성격 때문에 서정성이 무엇이냐에 대한 질문은 시란 무엇이냐 하는 질문과 동등한 것으로 취급되어 왔다. 그러나 서정성은 시의 하위 범주인 서정시의 본질로서 중요한 의미를 지니기에, 시의 일반적인 특성으로 다루는 데는 한계를 지닌다. 다만 서정시가 시 문학에서 차지하는 위치 때문에 시의 핵심 개념으로 다루지 않을 수 없다.
　서정성의 개념을 근대적인 관점에서 처음 언급한 최남선은 시조 옹호론에서 "자연(自然)하고 인사(人事)하고의 교착(交錯)과, 환경(環境)하고 감정(感情)하고의 감응(感應)이 문학(또 시)의 기반"[2]이 된다고 하였다. 물론 문학과 지역적 특수성의 연계를 강조하기 위해 사용한 것이지만, '교착과 감응'은 최남선이 파악한 서정성의 또 다른 용어라 할 수 있다. 이때 자연,

---
1. 서정성에 대한 구체적인 논의는 박현수, 「서정시 이론의 새로운 고찰: 서정성의 층위를 중심으로」, 『우리말글』 40, 우리말글학회, 2007 참조.
2. 최남선, 「조선국민문학으로의 시조」, 『조선문단』 16, 1926. 5, 5쪽.

환경은 객체의 다른 이름이고, 인사, 감정은 주체의 다른 이름이다. '교착'은 자연과 사람의 영향 관계를 나타내는 말이고, '감응'은 환경과 감정의 심리적 상호작용을 말한 것이다. 그는 이 서정성이 바로 문학과 시의 기반이라고 보았다.

서정성의 문제는 궁극적으로 주체와 객체의 관계 문제이다. 그 관계를 가장 간단하게 요약한 것이 "세계의 자아화"[3]와 "자아와 세계의 동일성"[4]일 것이다. 이 중 시론에서 가장 일반적으로 수용된 것은 김준오의 동일성 시론이다. 그는 '시 = 서정시'의 등식을 신뢰하며 서정시의 특성을 지속적으로 탐구한 바 있다. "자아와 세계의 동일성"으로 요약되는 동일성 시론은 다음 구절에 간단명료하게 정리되어 있다.

> 자아와 세계, 곧 인간과 사물 사이에는 간격이 없다. 자아와 세계는 서로 동화되어 어떤 것이 인간이고 어떤 것이 사물이라는 구별이 없이 미적 전체로 통일되어 있다. 그러므로 서정시는 극과 서사와 달리 자아와 세계 사이의 거리를 두지 않는다. '거리의 서정적 결핍(lyric lack of distance)'이 서정시의 본질이다.[5]

김준오는 서정성의 특성을 "자아와 세계의 동일성," 즉 "자아와 세계의 일체감"으로 정리하고, "거리의 서정적 결핍"으로 표현하기도 한다. 이는 자아와 세계, 즉 주체와 객체의 실존적인 구별이 무화되는 상태를 가리킨다. 주체와 객체의 완전한 동화로 존재의 개별성이 사라지고 미적 전체 속에서 새로운 차원의 혼융일체가 이루어지는 것이다.

이처럼 서정성의 핵심은 자아와 세계의 동일시이다. 제주도 서사무가 「천지왕 본풀이」에는 이 서정성의 원형이 잘 보존되어 있다.

---

3. 조동일, 『한국소설의 이론』, 지식산업사, 1977, 101쪽.
4. 김준오, 『시론』(제4판), 삼지원, 2000, 34쪽.
5. 김준오, 위의 책, 36쪽.

천지의 혼돈이 아직 완전히 바로잡힌 것은 아니었다. 하늘에는 해도 둘, 달도 둘이 떠 있으므로, 낮에는 만민 백성들이 더워 죽게 마련이고, 밤에는 추워 죽게 마련이었다. 그뿐 아니라, 이때는 모든 초목이나 새·짐승들이 말을 하고, 귀신과 인간의 구별이 없어 사람 불러 귀신이 대답하고, 귀신 불러 사람이 대답하는, 그야말로 혼잡한 판국이었다.[6]

후대적 시각에 의해 다소 부정적인 시선으로 윤색되고 있지만 이것이 가장 리얼한 서정성의 원형이라 할 수 있다. 초목과 새, 짐승, 귀신, 인간이 모두 대등한 상태에 놓여 있으며, 동일한 말로 서로가 의사소통할 수 있다. 많은 언어학자가 꿈꾸었던 인류 공용어의 차원을 넘어서는, 인간과 사물, 짐승이 공유하는 만물 공용어에 대한 이 신화는 세계와 주체의 구별 자체가 무화되는 순간을 기록하고 있다. 이는 서정성이 최고도로 발현되어 있는 세계가 아닐 수 없다. 거기에서 세계와 자아 사이의 균열은 인정되지 않는다. 이 원형적 시간은 바로 레쓰코브의 「알렉산드리아의 보석」에 나오는 "한때 지구의 품 안에 있던 돌과 천공에 떠 있던 별들이 아직도 인간의 운명에 관여하던 시대," "그것들이 인간들과 얘기하던 시대," 바로 "저 좋던 옛날"[7]이다. 이처럼 서정성의 세계는 라캉의 상상계처럼 분별지가 관여하지 않는 곳이다. 그 세계는 말 그대로 상상계 그 자체이다. 이 세계를 루카치는 이렇게 서정적으로 표현하고 있다.

> 별이 빛나는 창공을 보고, 갈 수가 있고 또 가야만 하는 길의 지도를 읽을 수 있었던 시대는 얼마나 행복했던가? 그리고 별빛이 그 길을 훤히 밝혀주던 시대는 얼마나 행복했던가? 이런 시대에 있어서 모든 것은 새로우면서 친숙하며, 또 모험으로 가득 차 있으면서도 결국은 자신의 소유로 되는 것이다. 그리고 세계는 무한히 광대하지만 마치 자기 집에 있는 것처럼 아늑한데, 왜냐하면 영혼 속에서 타오르는 불꽃은 별들이 발하고

---

6. 현용준, 『제주도 신화』, 서문당, 1976, 12쪽.
7. Walter Benjamin, 반성완 옮김, 『발터 벤야민의 문예이론』, 민음사, 1983, 180쪽.

있는 빛과 본질적으로 동일하기 때문이다.[8]

　서정성은 자아와 대상 사이의 거리가 무화되는 서정적인 순간에 발생한다. 이런 서정성의 세계는 루카치가 말하는 총체성의 세계와 맞물려 있다. "영혼 속에서 타오르는 불꽃은 별들이 발하고 있는 빛과 본질적으로 동일하다"고 믿는 이 순간, 즉 자아와 대상 사이의 총체성이 확보된 순간이 바로 서정적 순간이라 할 수 있다. 그러나 이 순간은 명백하게 존재하는 자아와 세계의 실존적인 차이를 초월한다는 점에서 현실적·과학적 순간과 구별되는 마법적인 순간이다. 그것은 마법성이 "인간과 자연의 일체감, 존재하는 모든 것들이 동일하다는 인식"[9]을 반영하고 있기 때문이다. 이런 서정성을 잘 보여 주는 전형적인 작품으로 이성선의 다음 시를 들 수 있다.

　　나뭇잎 하나가

　　아무 기척도 없이 어깨에
　　툭 내려앉는다

　　내 몸에 우주가 손을 얹었다

　　너무 가볍다

　　　　　　　　　　　　　　— 이성선, 「미시령 노을」 전문

　이 시에서 나뭇잎 하나가 어깨에 내려앉는 것이 우주가 화자의 몸에 손을 얹는 것으로 표현되고 있다. 세계와 시적 자아 사이에는 간격이나 거리가

---

8. G. Lukács, 반성완 옮김, 『소설의 이론』, 심설당, 1985, 29쪽.
9. Ernst Fischer, 김성기 옮김, 『예술이란 무엇인가』, 돌베개, 1984, 54쪽. 리처즈는 마법성을 가능하게 하는 세계관을 '마법적 세계관(magical view of the world)'이라 부르고 있다. 근대에 들어 이 세계관은 과학적 세계관으로 변화되었는데, 이 변화를 그는 '자연의 중립화'라 부른다. I. A. Richards, 이국자 옮김, 『시와 과학』, 이삭, 1983, 44-52쪽.

존재하지 않는다. 이 세계에서는 직관적 파악 이외에 어떤 논리적 접근도 불필요하다. 논리라는 것이 서정시의 세계에서만큼 구차해지는 곳도 없다. 2연과 3연 사이의 허공으로 복잡한 인과 논리가 흩어져 버리고 일순간에 나뭇잎과 우주, 그리고 우주가 손을 얹는 자아는 합일의 상태에 도달한다. 다음 시는 이런 서정성의 순간을 자연이 아니라 일상 속에서 구현해 낸다.

　　부엌의 불빛은
　　어머니 무릎처럼 따뜻하다.

　　저녁은 팥죽 한 그릇처럼
　　조용히 끓고,
　　접시에 놓인 불빛을
　　고양이는 다정히 핥는다.

　　수돗물을 틀면
　　쏴아 — 불빛이 쏟아진다.

　　부엌의 불빛 아래 엎드려
　　아이는 오늘의 숙제를 끝내고,
　　때로는 어머니의 눈물,
　　그 눈물이 등유가 되어
　　부엌의 불빛을 꺼지지 않게 한다.

　　불빛을 삼킨 개가
　　하늘을 향해 짖어대면
　　하늘엔
　　올해의 가장 아름다운 첫별이
　　태어난다.

　　　　　　　　　　— 이준관, 「부엌의 불빛」 전문

이 시에서 부엌의 불빛은 '지금 여기'의 세계를, 사물과 인간이 소통하는 "저 좋던 시대"로 만든다. 그 과정은 추호의 망설임도 없이 순식간에 일어난다. 모든 것은 불빛 속에서 생명을 나눈 존재들로 다시 태어난다. 고양이, 수돗물, 숙제하는 아이도 그 속에서 조화와 평강을 누린다. 그리고 천공에 떠 있는 "올해의 가장 아름다운 첫별"은 불빛을 삼킨 개의 짖음에 대한 응답으로 태어난다. 불빛을 통하여 지상의 부름에 천상이 응답한다. 이 세계 속에서는 어느 것도 고립되어 있지 않고 생명의 연대 속에 존재한다. 이 불빛이야말로 서정성의 본질이라 할 수 있다.

서정성은 앞에서 살펴본 바처럼 시에서 내용상으로 표현될 수 있지만, 형식적으로 시적 언어, 특히 비유에 그 분명한 흔적을 간직하고 있다. 특히 은유나 의인법, 활유법 등이 대표적인 예가 될 것이다. 은유는 '내 마음은 호수'처럼 주체로서의 인간('마음')과 대상으로서의 자연물('호수')을 동일시할 때 가능한 표현이다. 또한 "지리한 장마 끝에 서풍에 몰려가는 검은 구름의 터진 틈으로 언뜻언뜻 보이는 푸른 하늘은 누구의 얼굴입니까?" (한용운,「님의 침묵」)의 의인법도 주체로서의 인간('얼굴')과 대상으로서의 자연('푸른 하늘')의 동일시를 전제하고 있다. 또한 "(산은) 아침이면/눈을 부라리고 꽈리를 부는/짐승"(김광림,「산 4」)이란 표현의 활유법도 무기물에 불과한 대상('산')과 유기적 생명('짐승')의 동일시를 전제하지 않고는 불가능한 표현이다. 이런 예를 볼 때, 시적 비유는 시가 서정성의 세계관을 오랜 세월 동안 견지해 오고 있음을 보여 주는 증거라 할 수 있다.

2. 독백주의적 서정성

그러나 본질적인 면에서 살펴볼 때, 우리 현대 시론에 나타나는 서정성 논의는 주체와 객체가 동등한 상태의 서정성이 아니다. '세계와 자아의 동일성'은 주·객이 어느 쪽에 치우침이 없이 공존하며 상호 동화된 상태를 말하지만, 우리의 서정성 논의는 대부분 어느 한쪽으로 기울어진 동일성이다. 특히 김준오의 논의가 문제적이다.

> 자아와 세계가 구분되지 않을 만큼 동화되어 있듯이 서정시에 있어서 대상(세계)은 자립적 의의를 갖지 못하고 주관(자아)에 종속된다.[10]

김준오는 서정시의 객체가 자립적 의의를 갖지 못하고 주관에 종속된다고 하였는데, 이는 주체가 객체를 일방적으로 포괄해 버리는 상태를 의미한다. 여기에는 객체를 압도하는 주체라는 일종의 위계질서가 개입되어 있다. 이것은 자신이 강조해 온 평등한 상호 공존과 전혀 다른, 어느 한쪽이 다른 쪽을 복속시키는 종속 상태인 것이다. 그렇다면 그의 동일성은 주체가 객체를 주관적으로 포섭해 버리는 심리학적 현상에 불과하다고 평가할 수 있다. 따라서 객체는 주체의 심리적 현상 속에서 존재 가치를 상실해 버리고 마는 것이다.

김준오가 보여 준 바처럼 현재 우리의 서정성 논의는 람핑의 규정에 따른다면 '주관성 이론'의 그늘 아래 있다고 할 수 있다. '주관성 이론'이란 서정성의 특성을 "모든 객관적인 것과 현실적인 것이 주관적인 표상과 감각으로 변환되는 것을 뜻하는 내면성(Innerlichkeit)"[11]이라는 개념으로 규정하는 이론이다. 주관성 이론에서 객체는 자체의 독립적 성격을 상실하여 주체의 심리학적 과정과 인식 작용 속에 무화되어 버리는 것으로 상정된다. 주체와 객체의 모든 관계가 주체의 내면적 사건으로 처리되기 때문에, 이때 객체는 아도르노의 표현대로 "주관에 압도된 객관"[12]에 그친다.

우리의 서정성 논의도 전반적으로 주관성 이론의 틀을 벗어나지 못하고

---

10. 김준오, 앞의 책, 36쪽.
11. Dieter Lamping, 장영태 옮김, 『서정시: 이론과 역사』, 문학과지성사, 1994, 186쪽.
12. 김주연, 「아도르노의 문학이론」, T. W. Adorno, 김주연 옮김, 『아도르노의 문학이론』, 민음사, 1985, 178쪽.

있다. 대부분의 논의는 김준오처럼 서정성을 자아의 심리적 현상으로 축소시키며 객체를 주체의 종속적인 대상으로 규정한다. 이런 유의 서정성을 '독백주의적 서정성' 혹은 '나르시스적 서정성'이라 부를 수 있다. 이런 관점은 객체를 수동적인 것으로 간주하고 주체의 고립적인 활성화만을 강조한다는 점에서 문제를 지닌다. 주체는 객체의 존재 여부와 무관하게 자신의 입장에서 객체를 탈영토화하고 재영토화해 버린다. 이때 객체는 주체의 연장(延長)에 불과하다. 세계의 자아화는 주체가 주체에게 던지는 폐쇄적인 독백에 그치고 마는 것이다. 주체 중심의 단일 관점에 의해 타자로서의 객체를 억압하는 이 상황은 바흐친이 비판한 바 있는 '독백주의'의 부정적 상황과 동일하다.

　독백주의적 서정성은 에리히 프롬의 삶의 양식, 즉 소유 양식(having mode)과 존재 양식(being mode) 중 전자와 닮은 개념이다. 에리히 프롬은 두 양식을 대조하기 위해 시 두 편을 인용한다.

　　(가) 갈라진 담장 틈에 핀 한 송이 꽃.
　　　　나는 너를 틈에서 뽑아
　　　　여기, 너를, 뿌리와 모든 걸 내 손에 들고 있다.
　　　　작은 꽃송이, 그러나 내가 너를, 너의 뿌리와 모든 걸,
　　　　너의 온갖 것들을 이해할 수만 있다면
　　　　신과 인간이 무엇인지 알 수 있으련만.
　　　　　　　　　　　　　　ㅡ 테니슨, 「담장 틈에 핀 한 송이 꽃」 전문

　　(나) 가만히 보니
　　　　냉이꽃 한 송이 피어 있다
　　　　울타리 옆에!
　　　　　　　　　　　　　　ㅡ 바쇼, 「냉이꽃」 전문[13]

---

13. 이 시들은 원래 스즈키의 『선불교 강론』에 예로 실린 것을 프롬이 인용한 것이다. 번역서에서 원시와 달리 번역된 부분이 있어 수정하였으며, 하이쿠에는 원래 제목이 없으나

프롬에 의하면 (가)는 자연을 이해하기 위해 꽃을 소유하고자 하는 소유 양식을 보여 주는 예가 되고, (나)는 "단순히 꽃을 볼 뿐만 아니라 그것과 하나가"[14] 되는 상태, 즉 존재 양식을 보여 주는 예가 된다. 이때 문제가 되는 것은 (가)와 같은 양식이다. 얼핏 보면 (가)도 대상을 '너'라는 인격적 존재로 명명한다는 점에서 단순한 주체와 객체의 관계가 아니라, 일종의 서정적 상태에 놓인 관계라 할 수 있다. 그러나 본질적인 면에서 볼 때 이 시는 대상을 자아의 소유물로 여기는 사유를 반영하고 있다. 주·객이 대등한 관계가 아니라 주체에 철저하게 종속된 객체의 상태, 즉 종속적인 관계를 보여 주는 것이다. 바로 이것이 독백주의적 서정성의 극단적인 예라 할 수 있다. 또한 이런 예는 독백주의적 서정성이 서구적 인간중심주의와 밀접한 관련을 지니고 있다는 사실을 보여 주는 사례가 된다.

독백주의적 서정성의 한계가 곧 주관성 이론의 한계라 할 때, 한 가지 의문이 생긴다. 지금까지 주객의 동등함을 강조하는 동일성 이론보다 주관성 이론이 성행하게 된 이유는 무엇일까. 그것은 전자에서처럼 객체의 자율성과 능동성을 인정하는 데에 학문적 부담이 있기 때문일 것이다. 주관성 이론은 심리학이라는 학문에 기대어 공식적인 옹호가 가능하다. 즉, 주체의 심리적 효과로 설정할 경우 학적 체계 내에서 서정성 논의가 가능해진다는 것이다. 이에 비하여 전자는 학문적 범주를 벗어나는 탈논리적인 혐의가 짙기에 아무래도 학적 체계 내로 끌어오기에 부담스러울 수밖에 없다.

김준오의 한계도 여기에서 기인한다. 그는 객체와 주체의 상호작용을 완전히 부정하지도 않지만 그렇다고 완전히 승인하지도 않는다. 바로 이 지점이 근대과학의 위력에 위축된 시학의 무기력함이 드러나는 부분이다. 과학적으로 검증할 수 있거나 혹은 검증할 유사한 방식을 지니고 있는 것만이 학문의 대상이 될 수 있기에 주관성 이론이 그동안 많은 학자들의 동의를 얻고 있었다고 할 수 있다. 이런 점에서 주관성 이론은 심리학에 기대

하이쿠의 '계절어'를 제목으로 삼았다.
14. Erich Fromm, 김진홍 옮김, 『소유냐 삶이냐』, 홍성사, 1978, 36쪽.

어 서정성을 해명하려는, 근대과학의 권위에 위축된 이론이다. 그래서 모든 문제가 심리학의 후광을 업고 심리 과정의 문제로 환원되고 객체는 주관의 연장으로 변모되었던 것이다. 이처럼 주관성 이론의 한계는 19세기 과학주의의 한계와 맞물려 있다.

3. 상호주체적 서정성

'독백주의적 서정성'에 대립되는 개념으로 '상호주체적 서정성'을 설정할 수 있다. 전자는 주체와 객체의 관계가 일방향적이고도 폐쇄적인 구조를 지니는 경우를, 후자는 그 관계가 능동적이고도 대등한 의사소통적 구조를 보여 주는 경우를 가리킨다.

상호주체적 서정성을 잘 해명하고 있는 논의는 슈타이거의 이론이라 할 수 있다.[15] 김준오가 사용하고 있는 '거리의 서정적 결핍(lyric lack of distance)'이라는 개념도 슈타이거의 용어를 원용한 것이다.[16] 하이데거의 영향력 안에 놓여 있는 슈타이거는 주체와 객체의 이분법에 동의하지 않는다. 그래서 서정시에 있어서 주체·객체를 언급하거나 이 두 개념 간의 차이나 간격을 암시하는 어떤 용어도 거부한다. 피셔의 다음 구절에 대한 그의 평가를 통해 이 문제를 구체적으로 다루어 보자.

서사시에서처럼 주체가 객체에 종속되어 있는 주·객의 단순한 종합은

---

15. 슈타이거 관련 논의는 기존 번역본(Emil Steiger, 이유영 외 옮김, 『시학의 근본개념』, 삼중당, 1978)에 의미가 모호한 부분이 많으므로 영역본을 따르기로 한다. 따라서 이 장에서 슈타이거의 저서를 인용할 때 사용하는 쪽수는 전부 영역본의 해당 부분을 가리킨다. 그러나 번역의 적절성이 의심되지만 이미 널리 유포된 중심 개념들(예를 들어 회감, 정조, 상면관계 등)은 그대로 사용하기로 한다.
16. 영역본에는 "the lack of distance"라는 표현이 나온다. Emil Steiger, *Basic Concept of Poetics*, translated by Janette C. Hudson and Luanne T. Frank, Pennsylvania State University Press, 1991. 79쪽.

예술의 본질을 만족시킬 수 없다. 그래서 더 높은 단계가 요청되는데, 거기에서 세계는 본질적으로 스스로를 주체 속으로 융화시키며, 또한 세계는 주체에 의해 충만하게 된다.[17]

슈타이거는 이런 피셔의 관점에 대해서 "통찰의 불꽃"이 있다며 높이 평가한다. 여기에서 피셔는 세계가 주체 속으로 융화되고, 동시에 세계가 주체에 의해 충만하게 되는 관계를 보여 준다. 이때 주체와 객체는 어느 한 쪽이 다른 쪽에 복속되는 종속적 관계가 아니라, 서로가 서로에게 영향을 미치는 상호주체적인 관계 속에 있게 된다. 이것이 바로 상호주체적 서정성의 관계인 것이다. 상호주체적 서정성에서 주체와 객체의 구별은 무화된다. 거기에는 고정된 주체가 있을 수 없다. 고정된 주체가 없기에 당연히 그 주체가 인식해야 될 객체도 있을 수 없다. 이는 상호 융합되어 주체와 객체를 구분할 분별심 자체가 없는 상태를 의미한다.

슈타이거가 'Stimmung'을 언급하는 것도 이 때문이다. 정조(情調)로 번역되기도 한 이 말은 그 의미를 제대로 옮기기 어려운 미묘한 용어이다.[18] 객체나 주체, 혹은 외면과 내면에 동시에 사용되는 이 말은 주·객의 이분법이 무화된 상태와 절묘하게 맞아떨어진다. 이 어휘의 의미를 이해할 때, "이 상태 속에 있는 모든 것은 하나의 객체가 아니라 하나의 상태(condition)이다. 상태성은 서정시에서의 인간과 자연의 존재 양식이다"라는 말이 명쾌하게 이해된다.

슈타이거의 핵심 용어인 '회감(Erinnerung; Interiorization)'[19]도 이런 정조의 상태를 바탕으로 한 것이다. 회감은 "주체와 객체의 간격 부재"를 의미

---

17. 이것은 피셔의 『미학』에 나오는 구절이다. Emil Steiger, 위의 책, 80쪽에서 재인용.
18. 영역자는 이 말에 다음과 같은 각주를 달고 있다. "독일어 'Stimmung'은 내적 상태(기분mood)와 외적 컨디션(분위기atmosphere)을 동시에 의미한다"(81쪽). 따라서 우리말 번역 '정조'는 기분이라는, 즉 내적 심리상태만을 의미하므로 부적절한 셈이다.
19. 이 말은 주로 '회상'으로 번역되었으나 번역본(Steiger, E., 이유영 외 옮김, 『시학의 근본개념』, 삼중당, 1978)에서 '회감(回感)'으로 번역하면서 고정되었다. 카이저는 이 개념에 불필요한 시간적 의미가 들어가 있기 때문에 이 말 대신 '내면화'라는 말을 사용한다. Wolfgang Kayser, 김윤섭 옮김, 『언어예술작품론』, 대방출판사, 1982, 521쪽.

하기도 하고, 서정적 융화(Ineinander; interpenetration)를 의미하기도 한다. 이 개념은 내면이니 주체성이니 하는 용어와 무관하다. 왜냐하면 회감이란 것은 '주체 속으로 세계의 완전한 융화'를 의미하는 것이 아니라 주체와 세계, "그 둘의 부단한 융화(perpetual interpenetration of the two)"를 뜻하기 때문이다. 앞에서 검토한 상호주체적 서정성의 진면목이 명쾌하게 드러나는 부분이다. 주체와 객체가 대등한 위치에서 상호 소통의 방식을 유지하는 것이 "그 둘의 부단한 융화"가 의미하는 바이다. '주체 → 객체'의 일방통행만이 가능한 독백주의적 서정성이 아니라 양자의 쌍방향적 의사소통이 가능한 상호주체적 서정성을 요약적으로 보여 주는 대목이다. 그래서 이어지는 "시인이 자연을 회감하고 이와 마찬가지로 자연이 시인을 회감한다고 말할 수 있을 것"[20]이라는 말은 이제 사족이라 할 수 있을 것이다.

현대 철학의 관점에서 말하자면 상호주체적 서정성은 "주체-주체(S-S) 패러다임"에 입각한 동일성이라 할 수 있다.

> 상호주관성은 우리 시대의 가장 중요한 철학적 개념들 중의 하나로 간주된다. 상호주관성은 후설이 선험적 자아에 의존하고 있는 자신의 초기 현상학의 유아론적 한계를 극복하기 위해 도입하였다. (…) 상호주관성의 구조는 주체-주체(S-S)의 관계로 표시된다. 주체철학의 주체-객체(S-O) 패러다임에서 상호주관성의 S-S 관계로의 패러다임 전환은 이들에게 "질적인 도약" 혹은 과거와의 "혁명적인 단절"로 간주된다.[21]

위의 논지를 빌리자면 독백주의적 서정성론은 "주체-객체(S-O) 패러다임"에 입각한 논의이다. 주체·객체라는 대립쌍은 하나는 인식 주체로, 다른 하나는 인식 대상으로 설정되기 때문에 인식능력이나 능동성이 한쪽에만 부여되어 있다. 그렇기 때문에 인식의 방향은 주체에서 객체로 일방통

---

20. Emil Steiger, 앞의 책, 82쪽.
21. 정대성, 「하버마스 철학에서 상호주관성 개념의 의미」, 『해석학연구』 17, 한국해석학회, 2006, 192쪽.

행적으로 이루어질 수밖에 없다. 상호주체적 서정성은 주관성 이론의 유아론적 한계를 극복하기 위해 대두된 이론으로서, "주체-주체(S-S) 패러다임"에 입각한 논의라 할 수 있다. 여기의 주체·객체를 인간뿐 아니라 모든 존재에 적용되는 것이라 본다면 S-S 관계는 객체의 역할에 적극적인 의미를 부여해 준 경우가 된다. 이 관계에서 객체는 주체의 인식 대상에 그치는 것이 아니라 스스로 능동성을 지닌 주체로 승격된다. 객체에 주체와 동등한 권리가 주어지는 것이다. S-S 관계가 전제되어야만 상호주체적 서정성이 작동할 수 있다. 즉, 시인이 자연을 회감하고 이와 마찬가지로 자연이 시인을 회감하는 상황이 논리적으로 가능해지는 것이다.

서정주의 다음 시에서 상호주체적 서정성을 발견할 수 있다. 여기에 나오는 연쇄적 정체성이 바로 그런 서정성이라 할 수 있다.

> 언제든가 나는 한 송이의 모란꽃으로 피어 있었다.
> 한 예쁜 처녀가 옆에서 나와 마주 보고 살았다.
>
> 그 뒤 어느날
> 모란 꽃잎은 떨어져 누워
> 메말라서 재가 되었다가
> 곧 흙하고 한 세상이 되었다.
> 그게 이내 처녀도 죽어서
> 그 언저리의 흙 속에 묻혔다.
> 그것이 또 억수의 비가 와서
> 모란꽃이 사위어 된 흙 속의 재들을
> 강물로 쓸고 내려가던 때,
> 땅 속에 괴어있던 처녀의 피도 따라서
> 강으로 흘렀다.
>
> 그래, 그 모란꽃의 사윈 재가 강물에서

어느 물고기의 배로 들어가
그 혈육에 자리했을 때,
처녀의 피가 흘러가서 된 물살은
그 고기 가까이서 출렁이게 되고,
그 고기를, — 그 좋아서 뛰던 고기를
어느 하늘가의 물새가 와 채어 먹은 뒤엔
처녀도 이내 햇볕을 따라 하늘로 날아올라서
그 새의 날개 곁을 스쳐 다니는 구름이 되었다.

그러나 그 새는 그 뒤 또 어느날
사냥꾼이 쏜 화살에 맞아서,
구름이 아무리 하늘에 머물게 할래야
머물지 못하고 땅에 떨어지기에
어쩔 수 없이 구름은 또 소나기 마음을 내 소나기로 쏟아져서
그 죽은 샐 사 간 집 뜰에 퍼부었다.
그랬더니, 그 집 두 양주가 그 새고길 저녁상에 먹어 소화하고,
이어 한 영아를 낳아 양육하고 있기에,
뜰에 내린 소나기도
거기 묻힌 모란 씨를 물리어 움트게 하고
그 꽃대를 타고 또 올라오고 있었다.

그래, 이 마당에
현생의 모란꽃이 제일 좋게 핀 날,
처녀와 모란꽃은 또 한번 마주보고 있다만,
허나 벌써 처녀는 모란꽃 속에 있고
전날의 모란꽃이 내가 되어 보고 있는 것이다.

— 서정주, 「인연설화조」 전문

이 시에서 주체(나, 처녀)와 객체(모란꽃)는 고정불변의 존재가 아니다. 애초의 '모란'은 시들어 '재'가 되고, 강물에 쓸려 물고기의 배에 들어가 '물고기'가 되고, 그 물고기를 먹은 '물새'가 되고, 그 물새를 먹은 '부부'가 되고, 그 부부가 낳은 '영아'가 되어 마침내 시적 화자(혹은 시인)인 '나'가 되는 것이다. 마찬가지로 애초의 처녀도 수많은 변형을 거듭하여 '나'의 근처에 있다가 마지막에는 '모란'이 된다. 결국 애초에 독립적으로 존재하던 이 주체는 변형을 거듭하여 마지막에는 '나'와 '처녀'로 그 주체가 서로 바뀌게 된다.

이 시에서 주체와 객체는 무한유전(無限流轉)을 계속하는 연쇄적 작용을 통해, 각각의 독립적 자질을 상실하고 상호주체적으로 존재한다. 이런 사유에서 주체와 객체는 이미 독립적인 존재가 아니다. 언제든지 주체는 객체가 될 수 있기 때문이다. 슈타이거가 말한 바 "정체성을 유지하지 못하고 매순간 흐트러지는 '주격 나(je)'"[22]로서의 주체인 것이다. 이런 주체는 객체를 독립적인 대상으로 보는 것이 아니라 또 다른 주체로 인식한다.

물론 상호주체적 서정성에 대한 비판이 없는 것은 아니다. 이런 서정성의 바탕에 놓인 '나-너 관계(I-You relations)'를 일종의 환각으로 다루는 시각이 그것이다. 해체주의 비평가 폴 드 만의 논의가 전형적이다. 서정성을 비판적으로 평가하는 그는 서정시의 본질을 돈호법(apostrophe), 의인법(prosopopoeia), 의인화(anthropomorphism) 등에서 찾는다. 그는 이와 같은 '의사 인간화'의 수사학을 일종의 기만(conceit)으로 평가한다.[23] 이것은 서정시의 '나-너 관계'를 주체의 환각에 의해 발생하는 상상의 관계로 파악하는 관점으로, 이 속에서 '너'의 실재성은 부정된다. 그가 말하는 "현상성의 부정(the denial of phenomenality)"[24]은 곧 '너'의 부정이라 할 수 있다.

---

22. Emil Steiger, 앞의 책, 81쪽.
23. 이 "기만을 통해서 인간 의식이 자연 세계로 투사되고 전이된다." Paul de Man, "Wordsworth and the Victorians," *The Rhetoric of Romanticism*, Columbia University Press, 1984, 89쪽.
24. 폴 드 만은 "서정성은 자신의 실존을 위해 전적으로 현상성의 부정에 의존한다"고 본다. Paul de Man, "Anthropomorphism and Trope in Lyric," 위의 책, 259쪽.

이런 관점은 기만적 주체도 부정할 뿐 아니라 객체의 능동성도 부정하는 허무주의적 시각이라는 점에서 한계를 지닌다.

4. 실천적 서정성

상호주체적 서정성은 그 자체에 멈추지 않고 '실천적 서정성'이 될 때 비로소 구체적인 의미를 지니고 완성된다. 가다머가 말한 바처럼 근대성이 "신성의 상실이나 시적 경험이라는 어떤 유형의 상실, 그리고 근원적으로 본질적인 것과의 접촉을 잃어버린 세속적 역사주의에 의한 신성의 대체"[25]라면, 우리가 맞이하고 있는 이 시대는 서정성 상실의 시대라 할 수 있다. 니체가 "슬프다, 인간이 더 이상 별을 낳지 못하는 때가 오겠구나!"(『차라투스트라는 이렇게 말했다』 1부 서문)라고 탄식한 바로 그때인 것이다. 다음 시는 이 상실에 대한 시적 기록이다.

　　천오백년 내지 일천년 전에는
　　금강산에 오르는 젊은이들을 위해
　　별은, 그 발밑에 내려와서 길을 쓸고 있었다.
　　그러나 송학(宋學) 이후, 그것은 다시 올라가서
　　추켜든 손보다 더 높은 데 자리하더니,
　　개화 일본인들이 와서 이 손과 별 사이를 허무로 도벽해 놓았다.
　　그것을 나는 단신으로 측근(側近)하여
　　내 체내의 광맥을 통해, 십이지장까지 이끌어갔으나
　　거기 끊어진 곳이 있었던가.
　　오늘 새벽에도 별은 또 거기서 일탈한다. 일탈했다가는 또 내려와 관

---

[25]. Paul de Man, *The Resistance to Theory*, University of Minnesota Press, 1986, 78쪽.

류하고, 관류하다간 또 거기 가서 일탈한다.

　　장을 또 꿰매야겠다.

— 서정주, 「한국성사략(韓國星史略)」 전문

　이 시는 서정성의 본질에 대해 언급하는 메타시적 성격을 지닌다. 따라서 이 시의 제목 '한국성사략'은 '간략하게 정리한 한국의 별의 역사'이지만, 실제적으로 '간략하게 정리한 한국의 서정성의 역사'가 된다. 이 시의 처음에 묘사된 바처럼, 별이 인간의 발맡에 내려와 길을 쓸어 주고 있는 세계,[26] 주체와 대상이 동일한 차원에서 혼융일체가 되어 있는 세계가 서정성의 세계이다. 그러나 이 세계는 송학, 즉 성리학의 논리적 사유에 의하여 균열이 생기기 시작하여, 일본에 의해 수입된 근대성에 의해 회복 불가능한 상태가 되었다. 그 결과 허무만이 지배하는 세계가 된 것이다.

　근대성에 의해 부정된 서정성을 확신을 가지고 신뢰하기는 사회구조적으로 위험한 일이자 꺼림칙한 일일 수밖에 없다. 그래서 서정시인은 그런 세계관을 대놓고 떠들어댈 수 없다. 그럴 경우 우리 문학의 변방에 놓일 수밖에 없기 때문이다. 진정한 서정시인이라 부를 만한 이성선의 「미시령 노을」이 우리 시의 주류로 들어오기가 힘든 것도 이 까닭이다.

　근대의 시대정신은 서정성을 수사학에 가두었다. 자아와 세계의 행복한 만남은 이제 시론서나 서정시를 가르치는 강의실에서만 일시적으로 유효한 개념이다. 강의실 문을 나서는 순간 그것은 우리가 한때 재미삼아 공유했던 농담에 불과한 것이 된다. 시인 역시 시를 쓸 때에만 이것의 존재를 의식적으로(!) 믿거나 믿는 척한다. 그래서 시의 한 구절, 한 구절을 늘리는 일은 서정성이라는 공인된 기만의 연장에 불과하다. 이런 서정성은 일종의 환각 상태에 불과할 것이다. 그렇다면 서정성이란 향정신성 물질의 변형에 불과한 것이 아닌가. 그러나 옥타비오 파스는 이 서정성이 미혹의 차원이 아니라 본다.

---

[26] 향가에 나오는 혜성은 '길쓸별,' 즉 사람이 다니는 길을 쓸어 주는 별이라는 이름으로 읽힌다.

인간과 세계, 의식과 존재, 존재와 실존의 최종적인 동일성은 인간의 가장 오래된 믿음이며 과학과 종교, 주술과 시의 뿌리이다. 우리의 모든 활동은 오래된 오솔길, 즉 양쪽 세계를 소통시키는 잃어버린 통로를 발견하는 것이다.[27]

그렇다면 구체적으로 이 잃어버린 통로를 발견하는 길은 무엇인가. 그 길은 서정성을 수사학에서 해방시켜 일상성으로 환원시키는 일에 있다. 자아와 세계의 동일성이 회복되려면 동물과 식물 그리고 사물까지 인간과 동등한 차원이 있음을 인정해야 할 것이다. 그래서 사물과 자아 사이에 눈에 보이지 않는 차원의 연계가 이루어지고 있으며 이를 통하여 주체가 넘나들 수 있음을 믿어야 할 것이다. 벤야민이 아우라에 대한 경험을 "인간사회에서 흔히 볼 수 있는 반응형식을, 무생물 내지 자연적 대상과 인간 사이에 존재하는 관계에 옮겨놓는 데 있는 것"[28]이라 한 것은 이런 논리에 의해서이다.

실천적 서정성은 관념적인 차원의 문제가 아니다. 이것은 현실에서 작동하는 논리로 인정되어야 한다. 그것은 생활의 곳곳에 바탕 원리로 깔려 있어야 하며, 실정법의 차원에 반영되어야 한다. 천성산 터널공사 금지 가처분 신청건에서 그 방향을 짐작해 볼 수 있다. 결론적으로 이 사건은 각하 및 기각결정으로 마무리되었다. 그 이유는 이 사건의 신청인인 '꼬리치레 도룡뇽'에게 '당사자 능력'이 인정되지 않는다는 데 있다. 법원은 "도룡뇽은 천성산 일원에 서식하고 있는 도룡뇽목 도룡뇽과에 속하는 양서류로서, 이 자연물인 도룡뇽 또는 그를 포함한 자연 그 자체에 대하여는 현행법의 해석상 그 당사자 능력을 인정할 만한 근거를 찾을 수 없다"고 판단한 것이다. 이 판결은 현행법과 그 바탕에 깔린 법철학의 한계를 명백히

---

27. Octavio Paz, 김홍근·김은중 옮김, 『활과 리라』, 솔출판사, 1998, 137쪽.
28. 벤야민이 아우라(Aura)의 경험과 관련하여 "우리가 시선을 주고 있는 자나 시선을 받고 있다고 느끼는 자는 우리에게 시선을 되돌려 준다. 우리가 어떤 현상의 아우라를 경험한다는 것은 시선을 되돌려 줄 수 있는 능력을 그 현상에 부여하는 것을 뜻한다"고 말한 바 있다. Walter Benjamin, 앞의 책, 158쪽.

보여 주는 사례가 된다. 강고한 인간중심주의의 족쇄가 인간의 파멸을 재촉하는 현상이라 할 수 있다.

이제 실천적 서정성은 시대적 요청이다. 이 지구에 편재한 수많은 위기를 해결하기 위해서 인식의 전환이 요구되는데, 궁극적으로 그 전환의 내용은 실천적 서정성이기 때문이다. 이것은 관념적 선언의 문제가 아니라 실천적 생활의 문제이다. 실천적 서정성은 삶을 규정하는 모든 양식과 제도에 스며들어야 한다. 그것의 한 예가 실천적 서정성에 바탕을 둔 새로운 법철학의 성립일 것이다. 그리하여 나뭇잎 하나, 물방울 하나까지 소송 주체로 인정될 때 많은 문제들의 근원적 해결이 가능해질 것이다. 그러나 이런 기대는 전혀 불가능한 망상이 아니다. 한때 동학의 사유 속에서 이 문제를 해결할 가능성이 제시된 바 있기 때문이다.[29] 이미 사상은 마련된 것이다. 결국 실천의 문제이다.

---

[29] 동학사상을 보편화시킨 해월 최시형은 "인오동포(人吾同胞) 물오동포(物吾同胞)"라는 말로, '타자와 자아와의 동일성, 사물과 자아와의 동일성'을 주장한 바 있다. 또한 경천(敬天), 경인(敬人), 경물(敬物)을 주장하기도 하는데, 경물이 이루어질 때 "천지기화(天地氣化)의 덕에 합일될 수 있다"고 함으로써 사물 역시 인간과 동등한 지위에 놓인 것으로 평가한다. 동학은 이 근거를 '지기(至氣)'에서 찾는다. 구체적인 설명은 박현수, 『전통시학의 새로운 탄생』, 경북대학교출판부, 2013, 125-133쪽 참조.

시를 위한 토론

1. 다음 시에서 서정성, 즉 '세계와 자아의 동일성'이 어떻게 나타나고 있는지 말해 보자.

    죽은 꽃나무를 뽑아낸 일뿐인데
    그리고 꽃나무가 있던 자리를 바라본 일뿐인데
    목이 말라 사이다를 한 컵 마시고는
    다시 그 자리를 바라본 일뿐인데
    잘못 꾼 꿈이 있었나?

    인젠 꽃이름도 잘 생각나지 않는 잔상(殘像)들
    지나가는 바람이 잠시
    손금을 펴보던 모습이었을 뿐인데

    인제는 다시 안 올 길이었긴 하여도
    그런 길이었긴 하여도

    이런 날은 아픔이 낫는 것도 섭섭하겠네.
    ― 장석남, 「왼쪽 가슴 아래께에 온 통증」 전문

2. (가)의 내용을 기준으로 삼을 때, (나)와 (다)에 나타나는 주체들의 관계를 어떻게 평가할 수 있을지 생각해 보자.

    (가) 시적 작품 속의 언어는 의심의 여지나 반박의 가능성이 없이 모든 것

을 포괄하는 어떤 것으로 구체화된다. 시인은 모든 것을 주어진 언어의 눈을 통해 보고 이해하고 사고하며, 그는 표현을 위해 어떤 다른 언어의 도움도 필요로 하지 않는다. 시적 장르의 언어는 그 외부에서는 다른 아무것도 존재하지 않고 필요하지도 않은 프톨레마이오스적 일원론의 세계이다.

— 미하일 바흐친, 『장편소설과 민중언어』

(나) 사랑하는 사람이여
    당신과 난 이렇게 멀리 떨어져 있는데도
    당신은 내 아픈 눈동자 속으로 내 안에 들어와
    나는 당신이 하고 싶은 말을 하고
    당신이 먹고 싶은 것을 먹고
    당신이 가라는 곳으로 가
    당신의 모습으로 앉아 있다오
    사랑이 깊으면 아픔도 깊어
    나는 당신이 아픈 곳에 손을 대고
    당신과 함께 웃지

— 방민호, 「빙의」 전문

(다) 밤이 자기의 심정처럼
    켜고 있는 가등(街燈)
    붉고 따뜻한 가등의 정감을
    흐르게 하는 안개

    젖은 안개의 혀와
    가등의 하염없는 혀가
    서로의 가장 작은 소리까지도
    빨아들이고 있는
    눈물겨운 욕정의 친화.

— 정현종, 「교감」 전문

3. 다음 글에서 시(표현)와 대상의 관계를 어떻게 바라보고 있는지 살펴보고, 이런 관점이 지닌 의미를 서정성의 문제와 연관시켜 설명해 보자.

    그리하여, 내가 이 강둑의 한 지점에서 루아르 강에 대한 글을 쓸 때면, 나의 시선과 나의 정신을 끊임없이 그곳에 담가야 하리라. 또한 그것이 표현 위에서 마를 적마다, 다시 강물에 담가야 할 것이다.
    대상의 가장 큰 권리, 즉 모든 시에 대항할 수 있는, 절대 불가침의 권리를 인정해줄 것…. 그 어떠한 시도, 시의 대상 쪽의 최소한의 호소 내지는 대상 자신의 권리 침해에 대한 불평 없이는 이루어질 수 없기 때문에.
    언제나 대상이 훨씬 더 중요하고 흥미로우며, 더 많은 능력을 (많은 권리를) 가지고 있다. 그것은 나에 대해 그 어떠한 의무도 가지고 있지 않으며, 그것에 대해 모든 의무를 지고 있는 것은 바로 나 자신이다.

— 프랑시스 퐁쥬, 「루아르 강둑」 부분

4. 다음 시의 밑줄 친 부분은 '독백주의적 서정성'과 '상호주체적 서정성' 중 어디에 속하는 것으로 보는 것이 타당한지 말하고, 그 이유를 설명해 보자.

    꽃은 피는 대로 보고
    사랑은 주신 대로 부르다가
    세상에 가득한 물건조차
    한아름 꽉 안아보지 못해서
    전신을 다 담아도
    한 편(篇)에 2천원 아니면 3천원

가치와 값이 다르건만
더 손을 내밀지 못하는 천직(天職). (…)

신이 안 나면 보는 척도 안 하다가
쌀알만 한 빛이라도 영원처럼 품고

나무와 같이 서면 나무가 되고
돌과 같이 앉으면 돌이 되고
흐르는 냇물에 흘러서
자국은 있는데
타는 놀에 가고 없다.

— 김광섭, 「시인」 부분

5. 다음 시는 서정성의 문제가 현실과 연결되어 있다는 사실을 지적하고 있는 작품으로 볼 수 있다. 어떤 점에서 그런지 말해 보자.

할머니께서 밭에 콩을 심으실 때
한 구멍에 세 알씩 심어
날짐승 들짐승 몫도 챙기셨다고요?
그래요, 그건 이야기 시절의 이야기지요

할머니 가신 뒤에 배곯은
산꿩이 내려와 세 알 다 쪼아 먹고
멧돼지가 와서 밭을 통째 뒤집고
메뚜기가 떼로 덤비고 까치가 떼로 날고
깔따구와 여치가 떼로 습격하고

사람들이 떼를 지어 한 일과
사람들이 싹쓸이로 한 일을
저들은 거꾸로 그렇게 합니다

할머니 이야기엔 그들도 함께 둘러앉을 자리가 있었습니다
두꺼비도 까치도 온갖 미물들도 둘러앉고
산신도 용왕도 집안의 업의 눈치도 살피고
짐승들이 들을까 알곡들이 삐칠까
나무가 속상해할까 소곤소곤 입조심 하느라
이야기 속에 그들 자리가 있었습니다

할머니 가신 뒤로 세상의 이야기는
사람끼리만 사람의 말로만 떠들고 있습니다
세상은 많은 이야기들을 나날이 만들고
나날이 많은 이야기의 길을 내고 있지만
말이 모자라고 소통이 모자란다 합니다

할머니 가신 뒤에
빙 둘러 앉았던 자리 여기저기 숭숭 빠져
이야기가 빙 돌아오다 길을 잃은 것 같습니다

— 백무산, 「사람들끼리만」 전문

6. 상호주체적 서정성의 이론적 근거가 될 만한 생각이나 구체적 사례에 대해 조사하여 정리해 보자.

제10장 • 사회성 혹은 정치성

1. 시에 있어서 사회성 혹은 정치성의 가능성

유종호는 민중을 대하는 자세("사랑이냐, 혐오냐, 혹은 그 조화라고 하는 곤란한 가능성이냐")를 기준으로 세 가지 작가 유형을 제시한 바 있다.[1] 이때 민중이라는 상당히 모호한 개념이 문제가 되겠지만, 이는 특정한 사람만을 뜻하는 것이 아니라는 점에서 사회-정치적 현실로 대체해도 무방하다.

첫 번째 유형은 톨스토이형이다. 그 모델은 '민중에의 신앙과 박애의 정신'을 앞세우고, 예술의 사회적 기능과 영향력을 강조한 만년의 톨스토이다. 그는 『예술이란 무엇인가』에서 민중주의적 예술관을 앞세워 자신의 대작 『전쟁과 평화』, 『안나 카레니나』를 부정한 바 있다. 이런 유형에서도 문학의 중요성을 강조하지만, 그것은 사회적 기능 측면에서만 유효하다.

두 번째 유형은 플로베르형이다. 그는 인간과 사회에 대한 혐오를 감추지 않았는데, 그 반대급부로 예술에 대한 신앙과 미에 대한 오만한 경도를 보여 주었다. 그는 "민중은 영원한 미성년자이고 언제든지 말석을 차지할 것"이라는 말로 민중 혐오를 표현한 바 있다. 이런 민중 혐오는 미적 자율성을 옹호하는 쪽으로 기울게 된다.

---

1. 유종호, 「사랑이냐 혐오냐 — 작가·사회·현실」, 『사상계』, 1963; 유종호, 『비순수의 선언 — 유종호 전집 1』, 민음사, 1995, 410쪽.

그리고 일종의 절충형이라 할 수 있는 마지막 유형은 토마스 만형이다. 토마스 만은 '범인에 대한 사랑과 통속에의 향수'를 은밀하게 지닌 작가이다. 그는 "현대에 있어 인간의 운명은 정치적 언어 속에서 그 의미를 제시"한다고 말한 바 있으며, 또한 파시즘을 우의적으로 비판한 「마리오와 마술사」를 쓴 적도 있다. 물론 이런 절충론의 성격도 초점을 어디에 두느냐에 따라 성격이 달라지겠지만, 많은 논자들이 이런 입장을 지지하고 있다는 점에서 무시할 수 없는 입장이라 할 수 있다.

문학과 사회성(혹은 정치성)의 관계를 다룬 이 논의에서 특징적인 점은 그 예가 주로 소설 분야에서 취해지고 있다는 점이다. 그것은 시보다 소설이 이 문제를 다루는 데 편리하기 때문일 것이다. 발레리의 다음과 같은 언급이 그 근거가 될 만하다.

> 시의 세계는 본질적으로 폐쇄되어 있어 그 자체로서 완결되어 있으며 언어의 원망이나 우연의 순수한 조작임에 반하여, 소설의 세계는 가령 환상소설이라 할지라도 현실세계에 긴밀히 결부되어 있다.[2]

여기에서 말하는 현실은 유종호의 지적대로 "우리 인간들이 생활을 영위해 나가는 구체적인 장소인 역사적 사회적 일상적인 현실"[3]을 가리킨다. 발레리는 시의 세계가 본질적으로 폐쇄성과 완결성을 지니고 있어 현실세계와 결부되지 않는다고 하였다. 바로 이 점 때문에 문학의 정치성을 논하는 글들이 대부분 서사문학에 치우쳐 있는 것이다. 엔첸스베르거도 이 점을 지적하고 있다.

> 다행히도 마르크스도 루카치도 시에 대해서는 언급하지 않았다. 그로써 우리가 어떤 수고를 덜 수 있게 되었는지는 오직 추측할 수 있을 따름이다. 즉 정통 문학사회학이 줄거리를 매개로 하여 하나의 소설이나 희곡의

---

2. 유종호, 「비순수의 선언」, 위의 책, 60쪽에서 재인용.
3. 유종호, 위의 책, 60쪽.

핵심부 속으로 반쯤은 들어가 볼 수 있는 반면에 시는 처음부터 그러한 접근을 허용하지 않는다. 언어를 통한 접근 이외의 다른 접근은 불가능한 것이다. 루카치가 시를 무시하는 것도 그 때문이다.[4]

정통 문학사회학이 시를 무시한 것은 정치성과 연계된 줄거리라는 매개가 시에는 없기 때문이다. 그래서 오로지 언어 그 자체를 통해서만 시의 핵심으로 가야 하는데, 외적 차원에서 정치의 문제를 다루는 문학사회학은 이런 통로를 마련하지 못한다는 것이다.[5]

과연 시에서 정치성을 말하는 것은 어려운 것인가. "시의 정치적 측면이 시 자체 속에 내재되어 있음"[6]을 믿는 엔첸스베르거의 입장에서 볼 때, 정치성이 뚜렷하게 드러나는 애국가류의 시는 시가 아니고 정치 삐라에 불과한 것이다. 그러나 시의 정치성이 시 자체에 내재되어 있다면 우리는 정치성을 어떻게 발견해야 할까. 그가 정통 문학사회학의 한계를 보여 주는 예로 든 다음 시를 가지고 이 문제를 생각해 보자.

> 나는 길가에 앉아 있고.
> 운전기사는 바퀴를 갈아 끼우고 있다.
> 내가 떠나온 곳을 나는 좋아하지 않는다.
> 내가 가야 할 곳을 나는 좋아하지 않는다.
> 바퀴 갈아 끼우는 것을
> 왜 나는 초조하게 바라보고 있는가?
>
> ― 브레히트, 「바퀴 갈아 끼우기」 전문[7]

---

4. H. M. Enzensberger, 「시와 정치」, 정현종 외 편, 『시의 이해』, 민음사, 1983, 387쪽.
5. 오세영의 관점도 이와 유사하다. 그에 따르면 "문학의 정치적 기능 즉 이념 전달이나 선전 선동은 언어의 전달적 기능에 의해서만 가능한데 시는 이와 달리 언어의 존재론적 기능으로 존립하기 때문"에 시의 정치적 기능은 본질적으로 불가능하다고 본다. 오세영, 「한국의 근·현대시와 정치」, 『한국시학연구』 22, 한국시학회, 2008. 8, 23-24쪽.
6. H. M. Enzensberger, 앞의 글, 385쪽.
7. Bertolt Brecht, 김광규 옮김, 『살아남은 자의 슬픔』, 한마당, 1991, 140쪽.

이 시의 해설에 따르면 이 작품은 브레히트가 공산주의에 일말의 희망을 품고 동독으로 가서 쓴 것이다. 그러나 1953년에 동베를린에서 인민 봉기가 일어나 동독 정부가 억압 조치를 취하자 그는 이를 비판하기 위해 이 시를 썼다고 한다. 그렇다면 바퀴 갈아 끼우는 것은 인민 봉기를 통해 정부를 갈아치우는 행위를 의미한다.[8] 그러나 이 시의 표면에는 그 어떤 사회-정치적 단서가 없다. 바로 이 때문에 엔첸스베르거는 시와 정치의 관계를 외면적으로만 파악하는 속류 사회주의자들의 논의가 이 시 앞에서 무력할 수밖에 없다고 보았다.

작품 자체만을 볼 때, 브레히트의 작품이 사회-정치적 현실을 담고 있다고 할 수 없다. 작품의 배경과 창작 의도를 알지 못할 경우, 우리는 이 작품을 정치와 연계시킬 수 없다. 따라서 이 작품은 정치적 현실이 배제된 시, 즉 여행 중의 에피소드를 다룬 시로 읽힐 것이다. 그럴 경우 이 시는 잘된 작품이라 하기 어렵다. 이 시의 생명은 사회-정치적 현실을 시적 의장을 통해 간결하게 제시한 데 있기 때문이다. 바로 이런 점 때문에 시의 정치성이 적극적으로 개진되기 힘든 것이다.

엔첸스베르거처럼 시적 정치성을 이렇게 간접적으로 암시적으로 다루는 논의는 한계가 많다. 그렇게 되면 모든 시는 정치시가 된다. 엔첸스베르거가 "정치가 인간들이 역사 속에서 스스로 만들어 내는 사회제도에의 관여를 의미하는 것이라면, 「바퀴 갈아 끼우기」는 언급할 만한 모든 시와 마찬가지로 정치적 성격을 갖는다"[9]라고 한 것도 이 때문이다. 그러나 이럴 경우 시의 정치성은 독립적으로 다룰 문제가 전혀 아니게 된다. 모든 시 속에 이미 정치성이 내재해 있는 것이라면 정치성을 달리 말할 필요도 없을 것이다.

우리가 시와 관련해서 정치성을 말하는 것은, 시에서 그것이 저절로 내재된 어떤 것, 즉 시 자체에 육화된 것으로 보는 데 선뜻 동의할 수 없기 때문이다. 그렇다면 시의 정치성에 대한 새로운 규정이 필요하다. 이 문제

---

8. Bertolt Brecht, 위의 책, 159쪽.
9. H. M. Enzensberger, 앞의 글, 390쪽.

에 대해서는 기존의 문학·정치 담론을 점검한 후에 다시 다루기로 하자.

2. 정치주의: 정치 행위로서의 시적 행위

문학과 정치가 상관관계에 있다는 논의는 많다. 이 논의를 편의적으로 '문학·정치 담론'이라 이름 붙일 수 있다. 지금까지 이루어져 온 문학·정치 담론은 크게 두 가지 유형으로 나눌 수 있다. 하나는 문학의 본질을 확장하여 정치의 속성을 그 속에서 찾는 입장이며, 다른 하나는 정치의 본질을 확장하여 그에 따라 문학의 속성을 규정하는 입장이다. 전자를 '문학주의'라 부른다면, 후자를 '정치주의'라 부를 수 있다.

이런 관점에서 볼 때, 앞에서 살펴본 유종호의 분류도 결국 정치주의와 문학주의라는 이분법, 즉 문학의 사회적 기능을 강조하는 쪽과 문학의 자율성을 신뢰하는 쪽으로 나누는 간결한 방식으로 귀결될 것이다. 유종호가 은근하게 신뢰를 보내고 있는 절충적인 마지막 유형은 결국 문학의 사회성을 강조하는 일종의 정치주의라 할 수 있다. 문학의 사회성 혹은 정치성을 다루는 문제는 결국 이 두 가지 유형으로 압축될 수밖에 없다.

먼저 정치주의부터 살펴보자. 정치주의는 정치의 함의를 아주 근원적이고도 미시적인 차원에까지 확장시키는 방식이다. 가장 좋은 예는 공자가 될 것이다. 어떤 사람이 공자에게 왜 정치를 하지 않느냐 질문하자 공자는 다음과 같이 대답하였다.

> 서경에 효에 대해서 말하기를, '오로지 효를 실천하며, 형제간에 우애롭게 지내어 정치에 베푼다' 하였으니, 이 또한 정치를 하는 것이니, 어찌하여 벼슬해서 정치하는 것만을 정치라 부를 수 있겠는가?[10]

---

10. 『논어』, 「위정(爲政)」, "書云孝乎 '惟孝 友于兄弟, 施於有政.' 是亦爲政, 奚其爲爲政."

원래 전통적인 의미로 정치는 관직에 올라 행정적 차원에서 공동체의 문제에 자신의 의사를 반영하는 것, 즉 정사(政事)를 말한다. 그런데 공자는 정치의 의미를 변경하여 일상의 개인적 차원에 적용하고 있다. 이때 정치는 공동체적 감각, 즉 대(對) 사회적 실천이 없어도 가능한 것이 된다. 이는 정치의 의미를 가장 미소한 지점까지 내려보냄으로써 정치의 범주를 엄청나게 확장한 경우라 할 수 있다. 이런 관점은 어느 현대 평론가의 "우리의 생활과정은 곧 정치적 자리잡음과 선택 및 결단으로서의 삶"[11]이라는 주장에서도 반복된다. 이렇게 본다면 문학적 행위는 따로 말하지 않아도 정치적 행위가 되는 셈이다.

이번에는 이처럼 우회하지 않고 문학과 정치의 문제를 직시하는 프레더릭 제임슨의 정치주의를 살펴보자. 그의 정치주의의 핵심은 '정치적 무의식'이다. 그에 따르면 정치적인 국면은 텍스트의 무의식의 차원에 이미 주어져 있는 것이다. 그러나 정치적인 국면은 무의식의 전략을 통해 억압되거나 왜곡되는데, 그럼에도 그 흔적은 텍스트에서 완전하게 지워지지 않는다. 왜냐하면 "언어를 사회적으로 사용하는 모든 경우, 그 밑바닥에는 언제나 표현되지 않은 현실이 잠재하고 있"[12]기 때문이다. 그러므로 "문학비평가의 임무는 작자의 상징적 서술행위에 있어 그의 '정치적 무의식'에 의해 억압된 역사의 실제적 모순을 텍스트의 전략적 분석을 통해 '고고학적으로' 복원하는 것"[13]이 된다.

하나의 텍스트는 본질적으로 정치적 차원을 함유하고 있기 때문에 정치적인 것과 비정치적인 것의 구분은 일종의 죄악에 불과하다. 그래서 그는 "사회적이고 정치적인 문화적 텍스트와 그렇지 않은 문화적 텍스트에 대한 편리한 구분은 단순한 오류보다 더 나쁜 무엇, 즉 현대적 삶의 물신화

---

11. 김흥규, 「정치와 문학」, 『창작과 비평』 38, 1975. 겨울, 187쪽.
12. William C. Dowling, 곽원석 옮김, 『『정치적 무의식』을 위한 서설』, 월인, 2000, 154쪽.
13. 여홍상, 「제임슨의 서술이론: 『정치적 무의식』을 중심으로」, 『실천문학』 23, 실천문학사, 1991. 여름, 392쪽.

와 사유화의 징후이자 강화"[14]라고 비판하며, 바로 이런 구분이 우리 사고를 억압하고 마비시킨다고 한다. 그의 결론은 "실로 모든 것은 최종적인 분석에 있어서는 정치적"[15]이라는 것이다.

문학·정치 담론에서 제임슨이 중요한 것은 그가 사회-정치적 차원에서 작동되는 정치의 개념을 손상시키지 않고 문학 텍스트 내부에서 그것을 발견하였다는 점에 있다. 마르크시스트로서 그는 마르크시즘의 정치라는 구체적 개념을 보존하였던 것이다. 바로 이것이 앞의 공자류의 정치성과 구별되는 점이다. 공자의 정치는 추상화되고 비현실적인 것이다. 그래서 정치가 문학과 우회적으로 연계되었을 때, 우리는 이때의 정치가 우리가 말하는 그것이 맞는지 의아하게 생각하게 된다. 이 단계에서 정치적 차원이 지닌 구체성, 즉 대 사회적 감각이 사라져 버렸기 때문이다. 이에 비해 제임슨의 정치는 구체적이고 실제적이다. 계급투쟁이라는 구체적인 정치성을 그대로 간직하고 있기 때문이다. 다음의 논의도 그런 구체성을 지닌다.

> 현실을 인식하고 개괄하고 형상화하는 것이 문학이다. 그런데 이 현실이라는 것은 추상적 일반적 현실일 수는 없는 것이며 언제나 그 시대의 정치적 경제적 제 관계 속에서 빚어진 구체적 역사적 현실인 것이다. (…) 결국 역사적 사회적 제 관계의 반영으로써 이루어진 문학 작품은 그 시대의 사회 및 계급심리의 표현인 것이며 그런 점에 있어서 그것은 또한 당파성을 처음부터 내포하고 있는 것이다.[16]

여기에서 말하는 "구체적 역사적 현실"이 우리가 말한 바로 그 정치적 현실이라 할 수 있다. 문학작품의 정치성은 이처럼 구체적인 것으로 이해할 필요가 있다. 문학작품으로서 시 역시 이런 정치성을 지닌 것으로서 의

---

14. Fredric Jameson, *The political unconscious*, Ithaca, NY: Cornell UP, 1981, 20쪽.
15. Fredric Jameson, 위의 책, 20쪽.
16. 김명수, 「예술성의 문제와 문학대중화」, 『신천지』, 1949. 2, 171-172쪽.

미를 지니게 된다. 구체적인 사회-정치적 현실을 염두에 둘 때, 시를 쓰거나 읽는 행위는 그 자체로 정치 행위가 된다.

3. 문학주의: 미적 자율성의 정치적 기능

문학주의는 개념의 포획 방식에 있어서 정치주의와 유사하다. 문학주의 역시 철저하게 문학 담론 내에서 문학의 모든 가능성을 타진하며, 필요하다면 문학의 요소에 새로운 항목을 설정해 기입하고자 한다. 당연히 정치의 국면도 문학의 자질 속에서 찾아낸다. 이때 정치는 문학 외부의 타자로 존재하지 않고 문학 내부에 근원적으로 존재하는 것으로 취급된다. 더 정확하게 말하자면 문학의 기본적 자질이 된다. 이런 입장을 보여 주는 전형적인 논자가 최근 우리 담론에 전방위적 영향력을 끼친 랑시에르다.

랑시에르가 규정하는 미학의 본질은 감성 혹은 감각적인 것의 분배이다. 그는 이것을 '감성의 분할'이라 부르고, 다음과 같이 설명한다.

> 어떤 공통적인 것의 존재 그리고 그 안에 각각의 몫들과 자리들을 규정하는 경계설정들을 동시에 보여 주는 이 감각적 확실성의 체계를 나는 감성의 분할이라고 부른다. 감성의 분할은 따라서 분할된 공통적인 것과 배타적 몫들을 동시에 결정짓는다. 몫들과 자리들의 이러한 분배는 어떤 공통적인 것이 참여에 소용되는 방식 자체 그리고 개인들이 이 분할에 참여하는 방식 자체를 결정하는, 공간들, 시간들 그리고 활동 형태들의 어떤 분할에 의거한다.[17]

랑시에르가 말하는 '공통적인 것'은 공동체적 감각과 관련되어 있다. 이

---

17. Jacques Rancière, 오윤성 옮김, 『감성의 분할』, 도서출판 비, 2008, 13-14쪽.

것은 그가 개인적인 영역을 벗어나서 더 포괄적인 지대를 겨냥하고 미학 혹은 문학의 가능성을 검토하고 있음을 알려 준다. 이 '공통적인 것'은 당연히 정치의 핵심이다. 그래서 이런 규정 자체는 미학이 본질적으로 정치와 상동 관계에 있다는 결론과 맞닿아 있다. 공통적인 것의 존재와 그 내부의 경계설정을 보여 주는 '감각적 확실성의 체계'란 무엇인가. 그에게 있어서 공통적인 것이 존재한다는 사실과 그 속에 존재하는 경계설정의 문제는 정치와 관련된 현실적이고도 수행적인 차원의 문제가 아니다. 다음 인용에서 그의 의도가 좀 더 명시적으로 드러난다.

> 중요한 것은, 미학/정치의 관계의 문제가 제기되는 것은 바로 공동체의 공통적인 것에 대한 감각적 경계설정의 수준, 그 가시성과 그 편제의 형태들의 수준, 바로 이 수준에서라는 것이다. 사회 해석의 낭만주의적 문학 형태들로부터, 꿈에 대한 상징주의 시학 또는 예술의 다다이즘적 또는 구성주의적 제거를 거쳐, 퍼포먼스와 설치의 현대적 방식들에 이르기까지, 우리가 예술가들의 정치적 개입들을 생각할 수 있는 것은 바로 여기서부터다.[18]

예술가들의 정치적 개입이 가능한 것이 "공동체의 공통적인 것에 대한 감각적 경계설정의 수준, 그 가시성과 그 편제의 형태들의 수준"이라면 정치의 실정적인 차원은 왜소하기 그지없게 된다. 이는 문학의 가능성을 높이기 위해 정치의 구체적인 차원을 무력화하거나 중화시키는 전략이라 할 수 있다.

랑시에르가 '정치'라는 개념을 재조정하는 것도 이 때문이다. 즉, 기존의 정치 개념에 비추어 볼 때, 그의 정치 개념에 대한 우리의 의구심이 해소될 가능성이 희박하기 때문이다. 그래서 랑시에르는 정치의 개념을 '치안'과 '정치적인 것'으로 구분한다. 우리가 일반적으로 말하는 정치, 즉 "당들 간

---

[18]. Jacques Rancière, 위의 책, 22-23쪽.

의 권력투쟁과 이 권력의 행사"[19]를 그는 '치안'이라 부른다. 그는 보다 바람직한 차원, 따라서 현실적으로 존재하지 않는 이상적 상태의 정치를 '정치적인 것'이라 명명한다. '정치적인 것'은 감성 분할의 범주와 실천 과정에서 생기는 "불화 논리를 치안 논리에 대립시키는 해방이라는 무질서적 과정"[20]이다. 즉, 공통적인 것을 작동시키는 규정들에 의해 배제된 것, 즉 보이지 않는 것을 보이게 하는 활동을 의미한다. 그에 따르면 문학이 본질적으로 관여해야 할 차원의 정치는 바로 '치안'이 아니라 '정치적인 것'이다.

문학과 정치라는 이항 대립에 놓인 명백하고 구체적인 의미의 정치를 이런 식으로 의미 변경해 버릴 때, 문학이 지닌 현실적이고 실천적인 가치는 상당히 내재화된다. 이 내재화는 사실상 정치의 소멸이다. 그래서 랑시에르의 논의는 오히려 미학의 가능성을 탈정치화하는 혐의가 짙다. 엘리엇이 '시의 사회적 기능'이 전 민족의 언어와 감수성에 영향을 끼치는 것이라 한 말과 그리 다를 바 없는 것이다.[21] 김환태의 다음 언급은 이런 내재화의 다른 판본이라 할 수 있다.

> 정치나 사회나 사상이 한 문예작품에 담길 때에는 그는 벌써 제 스스로의 법칙을 포기하고, 문학 그것의 법칙 앞에 굴복하고 있는 것이다. (…) 따라서 각 문화 영역은 모두 상호관련하고 있으면서도 또한 독립한 일면을 가지는 것이며, 일반적으로 볼 때에는 다 동등한 가치를 가지는 것이다. 그것들은 언제나 딴 영역을 자기 속에 소화하고 포용하여 그 우위를 주장하고 있는 것이다.[22]

이 글은 정치와 문학의 상호 관련성을 언급하고 있지만, 결국 문학의 자율성을 더 높이 사고 있다. 문학작품이 정치를 "자기 속에 소화하고 포용

---

19. Jacques Rancière, 양창렬 옮김, 『정치적인 것의 가장 자리에서』, 길, 2008, 15쪽.
20. Jacques Rancière, 『감성의 분할』, 126쪽. 용어 해설 항목에서 가져온 것임.
21. T. S. Eliot, 「시의 사회적 기능」, 정현종 외 편, 『시의 이해』, 민음사, 1983 참조.
22. 김환태, 「비평문학의 확립을 위하여」, 『김환태 전집』, 현대문학사, 1972, 55쪽.

하여 그 우위를 주장하고 있는 것"이므로 문학작품에서 정치는 내면화되어 소멸한 것이다. 랑시에르가 정치의 의미를 변경하는 것과 그다지 다르지 않다. 이는 또한 "모든 문학적 활동은 사회적 활동"[23]이라는 매개 없는 단언에서도 반복된다.

이런 자족적 문학주의의 관점에 설 때, 문학은 내면화된 상태로 정치성을 지닌 것이 된다. 그래서 정치의 구체성은 사라지고 만다. 앞에서 다룬 엔첸스베르거의 한계도 여기에 있음을 이미 지적한 바 있다. 이와 같은 자족적 문학주의에 바탕을 둘 때, "시의 정치성은 추구의 대상이 아니라 시로 있음으로써 사후적 확인을 요구하는 또 하나의 가능한 해석"이라거나 "시여, 해석은 자율의 뒤에 있으니, 너는, 충분히, 전적으로 자율이어도 좋다, 아니 자율이어야 한다! 이 선언은 결코 정치를 등지지 않는다"[24]는 안이하고도 간편한 주장이 나올 수 있다. 이런 주장은 모두 문학과 정치의 관계를 너무 손쉽게 문학의 영역 속에 해소시켜 버린다는 점에서 문제를 지닌다. 결과적으로 정치주의와 비슷한 자리에 도달한 것처럼 보이지만, 정치의 성격이 전혀 다르다는 점에서 완전히 다른 자리라 할 수 있다.

4. 시적 정치성의 세 가지 조건

그렇다면 시에 있어서 정치성은 어떤 성격 혹은 조건을 지니는 것이 바람직할까. 바우라가 정치시를 다음과 같이 정의한 것이 우리 논의에 도움이 된다.

> 정치시의 본질은 다수의 인간과 관계가 있고, 즉각적이고 개인적인 체험

---

[23]. 김현, 「문학과 사회」, 『예술과 사회』, 민음사, 1979, 19쪽.
[24]. 강계숙, 「'시의 정치성'을 말할 때 물어야 할 것들」, 『문학과 사회』, 2009. 가을, 388-389쪽.

으로서가 아니라 주로 풍문에 의해 알려지고 간략하면서도 종종 추상적
인 형식으로 표현된 일들로서 파악되는 그러한 사건을 다루는 데 있다.
(…) 정치적 시인은 상상적인 과거를 구축하는 것이 아니라 거대한 현재
를 붙들고 이것을 해석하려 든다.[25]

 이 정의에는 시의 정치성의 중요한 두 가지 요건이 나타나 있다. 하나는
정치성의 대상이 '다수의 인간과 관계가 있는 현실적인 사건'이라는 점이
다. 이 사건이 구체적 역사적 사실이 아니라 추상적이라는 말에는 설명이
필요하다. 고대 그리스 시인들은 정치시를 쓸 때 "견해와 흥미를 같이 하
는 대중을 위해 쓰여진다는 시인의 확신"을 가지고 있었다. 그것은 그들
이 "모든 시련과 모든 논의, 모든 고난을 함께 나누는 작은 도시국가에 속
했기 때문이다." 그런데 광대한 국가의 일원으로서의 현대의 시인은 자신
의 국가를 추상적으로 파악할 수밖에 없다. 당연히 사건도 자신이 직접
보고 겪은 것이기보다는 남에게서 들은 것이거나 매스컴을 통해 얻은 것
이다. 그래서 사건을 추상적이라고 본 것이다. 그러나 앞에서 다룬 정치적
인 것의 성격이 모두 이렇다는 점을 감안하면 우리는 이것을 "구체적 역
사적 현실"로서의 사회-정치적 현실이라 할 수 있다. 여기에서 시의 정치
성은 공동체적 감각을 지닌 구체적 역사적 현실을 다루어야 한다는 점을
알 수 있다.
 다른 하나는 정치성의 내용은 현재에 대한 해석이라는 것이다. 시의 정
치성은 현재의 문제에 집요하게 시선을 고정시키고 거기에 자신의 해석을
기입할 때 성립한다. 따라서 과거의 문제를 상상적으로 다루는 것은 정치
성의 본질과 거리가 있다고 할 수 있다. 물론 그것도 깊이 따지면 현실의
정치적 감각에서 비롯된 것일 수 있지만, 그것은 정치성의 바람직한 형식
은 아니다. 시의 정치성은 철저하게 현실의 문제에 대한 해석이어야 한다.
그리고 이 해석은 표현으로 나타나기도 하고, 소재 선택 자체에 포함되기

---

[25] C. M. Bowra, 김남일 옮김, 『시와 정치』, 전예원, 1983, 15-16쪽.

도 한다.

그리고 여기에 정치성의 세 번째 조건을 덧붙일 필요가 있다. 그것은 정치성의 표현 방식, 즉 정치적 의도의 명시성을 말한다. 사실상 이것이 가장 중요한 조건이라 할 수 있다. 이를 바탕으로 다른 조건들이 손쉽게 성립되기 때문이다. 시의 정치성은 정치적 의도가 명시적으로 드러날 때 인정될 수 있다. 이 명시성은 내용상, 발표 상황상의 명시성을 모두 포괄한다. 앞에서 다룬 브레히트의 시는 그 당시의 모든 사람들에게 정치적 의도를 명시적으로 보여 주었다는 점에서 아무 유보 없이 정치시라 할 수 있다. 시 자체에 구체적인 표현이 없지만 발표 상황(인민 봉기 직후)이나 사회비판적인 시를 발표해 온 바 있는 개인적 이력이 정치적 의도의 명시성을 확보해 준다. 정치가 시적 형식 속에 내재해 있다는 관점에 설 경우 이런 외적 요소들이 너무 쉽게 무시되어 버린다. 그래서 시와 정치의 관계가 모호하게 되는 것이다.

지금까지 자세하게 다룬 시의 정치성의 조건을 간단하게 정리하면 다음과 같다.

    첫째, 정치성의 대상으로 '다수의 인간과 관계가 있는 현실적인 사건'을 다루어야 한다.
    둘째, 정치성의 내용은 현재에 대한 해석이어야 한다.
    셋째, 정치성의 표현 방식에 있어서 정치적 의도를 명시적으로 드러내어야 한다.

정치성의 이런 성격은 바우라가 그의 책에 인용·분석하고 있는 심훈의 다음 시에 잘 드러난다.

    그날이 오면, 그 날이 오면은
    삼각산이 일어나 더덩실 춤이라도 추고
    한강물이 뒤집혀 용솟음칠 그 날이

이 목숨이 끊기기 전에 와 주기만 할양이면
나는 밤하늘에 날으는 까마귀와 같이
종로의 인경을 머리로 들이받아 울리오리다.
두개골은 깨어져 산산조각이 나도
기뻐서 죽사오매 오히려 무슨 한이 남으오리까

그 날이 와서 오오 그 날이 와서
육조(六曹) 앞 넓은 길을 울며 뛰며 뒹굴어도
그래도 넘치는 기쁨에 가슴이 미어질 듯하거든
드는 칼로 이 몸의 가죽이라도 벗겨서
커다란 북을 만들어 둘처메고는
여러분의 행렬에 앞장을 서오리다.
우렁찬 그 소리를 한 번이라도 듣기만 하면
그 자리에 꺼꾸러져도 눈을 감겠소이다.

— 심훈, 「그날이 오면」 전문

먼저 첫 번째 조건, 즉 정치성의 대상으로 이 작품은 '다수의 인간과 관계가 있는 현실적인 사건'으로서, "장래에 다가올 대규모의, 그러나 아직 명확하지 않은 해방,"[26] 즉 한국의 해방을 다루고 있다. 단 이 시는 '해방'이라는 말을 사용하지 않고 대신 '그날'이라는 말을 쓰고 있지만, 내용상 그 사건을 충분하게 짐작할 수 있도록 표현하였다.

두 번째 조건, 정치성의 내용이 현재에 대한 해석이어야 한다는 점도 충족시킨다. 현재 식민지적 구속이 소멸되어야 할 악이라는 해석이 그것이다. 이는 해방이 되면 자신을 희생해서라도 그 기쁨을 표현하겠다는 고조된 감정과 "유머러스한 과장"[27]에서 반복적으로 드러난다.

마지막 조건, 정치성의 표현 방식이 명시적이어야 한다는 점 역시 잘 충

---

26. C. M. Bowra, 위의 책, 155쪽.
27. C. M. Bowra, 위의 책, 156쪽.

족된다. 시의 의도를 작품에 명시적으로 드러내고 있으며,[28] 발표 상황 역시 이를 보증한다. 심훈이 1932년경에 묶은 시집 준비용 원고 속에, 인쇄 매체에 발표된 이 작품이 포함되어 있다. 구체적인 사항은 확인되지 않지만, 이 작품은 1932년 이전에 어떤 지면에 발표된 것은 확실하다. 당시에 이 작품이 발표되는 순간, 이 시의 '그날'이 전혀 암시적이거나 상징적이지 않고 명시적이었음을, 즉 거의 직설적인 수준에서 수용되었을 것임은 의심의 여지가 없다.

이 기준으로 시의 정치성을 마무리짓기 전에 "반정치의 정치"[29]를 수행하는 '부정적인 정치의식의 반영시'라는 개념을 검토하여야 한다. 오세영은 이 개념을 다음과 같이 설명하고 있다.

> 그 자체로서는 어디에도 정치의식이 반영되어 있지 않지만 그리하여 정치나 사회로부터 초월해 있는 것처럼 보이지만 이 정치의식의 배제가 역설적으로 정치를 전제하고 있다고 생각되는 시들을 가리키는 용어이다. 말하자면 비정치가 정치의식이 되는 시의 경우라 할 수 있다.[30]

즉, 시인이 의도적으로 정치의식을 배제한 작품도 역시 정치의 영역에 속한다는 것, 다시 말하면 "정치의 영향, 정치에의 구속 아래서만 그 해석이 가능하다"[31]는 것이다. 그에 따르면 문단 비평에서 현실도피의 시라고 부르는 대부분의 작품, 즉 서정주, 박목월, 김춘수의 작품이 여기에 속한다. 박목월의 「청노루」를 예로 들어 구체적으로 살펴보자.

　　머언 산 청운사(靑雲寺)

---

[28]. 바우라는 이를 다음과 같이 표현한다. "그가 예견하는 것은 한국의 해방이며 국토와 주민 모두가 쇠사슬에서 풀려나는 일이다. 그는 이것을 계급과 배경의 여하에 불구하고 모든 동포가 이해할 수 있는 이미지로 형성한다." C. M. Bowra, 위의 책, 156쪽.
[29]. 오세영, 앞의 글, 19쪽.
[30]. 오세영, 위의 글, 18쪽.
[31]. 오세영, 위의 글, 18쪽.

낡은 기와집,

산은 자하산(紫霞山)
봄눈 녹으면,

느름나무
속ㅅ잎 피어 가는 열 두 구비를

청노루
맑은 눈에

도는
구름.

— 박목월, 「청노루」 전문

 소위 순수시의 전형이라 할 이 작품에는 당대 사회나 정치에 대한 어떤 암시도, 또 그렇게 해석할 근거도 없다. 오세영은 그럼에도 시작에 있어서 시인의 의식이 정치를 전제하고 있음을 박목월의 산문을 통해 보여 준다. 그것은 『보랏빛 소묘』라는 자작시 해설서에 나오는 창작 의도를 밝힌 글이다. 거기에서 박목월은 "한국의 천지에는 어디에나 일본 치하의 불안하고 바라진 땅"이어서, "나 혼자의 깊숙한 산과 냇물과 호수와 봉우리와 절이 있는 '마음의 자연,' 지도를 간직했던 것"[32]이라 했다. 즉, "감당할 수 없는 당대의 가혹한 현실을 그가 참여나 저항 대신 '반정치의 정치'라는 역설을 통해 모면코자 했다"[33]는 것이다.
 그러나 이런 "반정치의 정치"를 수행하고 있는 시는 엄밀하게 말해서 정치성을 지니고 있다고 보기 힘들다. 이 작품은 먼저, 정치성의 대상으로서

---

32. 오세영, 위의 글, 19쪽.
33. 오세영, 위의 글, 19쪽.

'다수의 인간과 관계가 있는 현실적인 사건'을 다루지 않고 있다. 산수화와 같은 비현실적이고 환상적인 자연이 그 대상일 뿐이다. 이 대상의 보이지 않는 이면, 혹은 대칭축의 반대편을 이 시에서 읽는 것은 과도한 혹은 과장된 독서일 뿐이다.

둘째, 정치성의 내용으로서 현재에 대한 해석 역시 불투명하다. 이미 현실은 대칭축의 보이지 않는 반대편에 존재하기 때문에 그에 대한 해석은 이 작품에 존재하지 않는다. 이 작품에 나타난 것은 평화로움, 환상성이다. 이 장면의 대칭면으로서 "불안하고 바라진" 현실을 염두에 두고 이 작품에서 현재에 대한 해석을 읽어 내는 것은 정치성의 내재화에 대한 부자연스러운 독법일 뿐이다.

셋째, 정치성의 표현 방식에 있어서 정치적 의도를 명시적으로 드러내지 못하고 있다. 오로지 명시적으로 드러나는 것은 자작시 해설에 밝힌 의도뿐이다. 그러나 그런 의도로 이 작품의 정치성이 확보될 수는 없다. 작품 발표 훨씬 이후에 발표된 의도의 진실성 여부도 확인할 수 없거니와, 이런 의도 표명이 대부분 소급적 의미 부여에 불과한 경우가 많았기 때문이다.

최소한의 정치적 의미를 부여하자면, 이 작품이 억압적인 사회-정치적 현실 속에 고통 받는 사람들에게 다소 감성적 위안을 주었다는 사실일 것이다. 그것이 지닌 의미를 결코 과소평가할 수 없다. 그러나 그것을 이 작품의 정치성이라 불러서는 안 된다. 사회·정치의 구체적인 국면에서 작용하는 정치성만이 진정한 정치성이기 때문이다.

우리가 정치성을 다룰 때 주의해야 할 점이 있다. 정치성은 시가 지향하는 여러 가치 혹은 특성 중의 하나일 뿐이다. 이것이 가치 판단의 기준이 될 수는 없다. 정치성이 드러났다고 해서 더 좋은 작품일 수도 없을 뿐만 아니라, 정치성이 드러나지 않았다고 해서 나쁜 작품일 수도 없다. 「청노루」는 정치성을 드러내지 않지만 좋은 작품임에는 틀림없다. 시가 지향하는 미학성의 가치를 획득하고 있기 때문이다.

5. 시적 정치성의 예, 정지용의 「도굴」

  시의 정치성은 앞에서 자세하게 설명한 세 가지 조건을 충족시킬 때 비로소 확보될 수 있다. 그러나 우리가 면밀하게 고찰하지 못할 경우, 혹은 세 번째 조건을 파악할 수 없는 시공간적 거리가 독자 앞에 가로놓여 있을 때, 실제 정치성을 지닌 작품을 인식하지 못할 수도 있다. 그 좋은 예가 정지용의 「도굴」이다.[34]

    백일치성끝에 산삼은 이내 나서지 않었다 자작나무 화투ㅅ불에 확근 비추우자 도라지 더덕 취쌌 틈에서 산삼순은 몸짓을 흔들었다 심캐기늙은이는 엽초(葉草) 순쓰래기 피여 물은채 돌을 벼고 그날밤에사 산삼이 담속 불거진 가슴팍이에 앙징스럽게 후췌(后娶)감어리처럼 당홍치마를 두르고 안기는 꿈을 꾸고 났다 모태ㅅ불 이운듯 다시 살어난다 경관의 한쪽 찌그린 눈과 빠안한 먼 불 사이에 총견냥이 조옥 섰다 별도 없이 검은 밤에 화약불이 당홍 물감처럼 곻았다 다람쥐가 도로로 말려 달어났다.

— 정지용, 「도굴」 전문[35]

  이 작품은 정지용이 스스로 중요한 작품으로 인정하였음에도 불구하고 시집 『백록담』(1941)에서 누락된 작품이다. 그는 『문장』의 「신작 정지용시집」이라는 소시집 특집에 다른 9편의 작품과 함께 이것을 실었는데, 그 표제로 「도굴」이라는 제목을 내세웠다. 이렇게 애착을 보여 주었음에도 불구하고 시집에 싣지 않은 이유가 무엇일까. 바로 이 의문에 대한 대답이 작품 해석과 연계되어 있다.
  지금까지는 이 작품의 누락 원인을 현실에 대한 비판을 담은 작품이라

---

34. 이 작품에 대한 자세한 해석에 대해서는 박현수, 「미학주의의 현실적 응전력 — 정지용의 「도굴」론」(『어문학』 100, 한국어문학회, 2008. 6) 참조.
35. 정지용, 「도굴」, 『문장』 3권 1호, 1941. 1.

는 점에서 찾았으나, 구체적인 근거를 밝히지는 못했다. 또한 제목과 내용이 어긋난다는 점을 들어(즉, 도굴로 총살당하는 경우가 없으므로) 이 작품을 몽상을 다룬 작품으로 해석한 후, 작품의 완성도가 낮아서 스스로 시집에서 누락시켰다고 보기도 한다.

  이런 논란을 끝내기 위해서 우리는 이 작품의 배경(창작 의도가 아니라!)을 알 필요가 있다. 이 작품은 정지용이 금강산을 여행한 후에 금강산에서 얻어들은 이야기를 소재로 취한 작품으로 보인다. 구체적인 배경은 일단 '도굴'이라는 말을 실마리로 삼아 유추할 수 있다. 우리가 아는 도굴은 보통 무덤을 파서 문화재를 훔치는 것이다. 그러나 1930년대에는 광물을 몰래 캐내는 것도 도굴이라고 했다. 지금 사전에도 두 가지 뜻이 모두 들어 있다. 금강산과 도굴이 연결되는 사건은 당대에 유명한 '금강산 중석 도굴 사건'이다. 당시 신문 기사를 바탕으로 이 사건의 개요를 정리하면 다음과 같다.

  만주사변 이후 일제가 전쟁에 몰입하면서 전쟁 무기 제조에 필요한 중석과 같은 특수 광물의 수요가 급증했다. 이에 따라 특수 광물의 시세가 폭등하자 이런 광물이 많이 매장되어 있는 금강산으로 도굴꾼들이 몰리게 되었다. 금강산 도굴은 주로 중석 도굴이었는데, 도굴범들은 천불동(千佛洞)을 중심으로 활약하였다. 도굴범들의 무차별적인 도굴로 경관이 훼손되고 도굴범들의 실화로 금강산에 크고 작은 화재가 발생하여 수목의 피해가 잇따르게 되었다.

  『동아일보』와 같은 국내 언론의 보호 대책 요구가 거세지고 언론의 대대적인 보도로 민심이 동요하기 시작하자, 일제는 여론에 떠밀려 사건을 빨리 마무리 짓기 위해 대규모의 경찰력을 투입하였다. 1938년 9월부터 본격적으로 도굴범 소탕 작전을 시작한 일제는 1939년 말까지 16개월 동안 5천 명의 경찰관과 2천 명의 경방단(警防團)을 투입하였다.[36]

  정지용의 「도굴」은 이런 금강산 도굴 사건을 배경으로 한 작품이다. 중석 도굴꾼을 검거하기 위해 파견된 수많은 일제 경찰들은 실적을 올리고

---

36. 『동아일보』, 1940. 2. 12.

사건을 빨리 마무리 짓기 위해 무리한 검거 활동을 했을 가능성이 높다. 그들은 험한 산중에서 열악한 여건 속에 잠복근무를 했기 때문에 도굴꾼을 잡기 위해 총격을 가하는 일도 불사하였다. 그런 중에 「도굴」에 등장하는 사건이 발생한 것이다. 즉, 심마니 노인이 불을 밝히고 자는 중에, 일제 경찰은 그 노인을 중석 도굴범으로 오인하여 총을 쏘아 사살한 것이다.

심마니 노인이 피워 놓은 불이 도굴꾼의 불로 의심받을 만하다는 것은 당시 기사에서 확인된다. 도굴 단속이 심해지자 중석 도굴이 주로 밤에 이루어졌는데, 이때 "관솔이나 등으로 불 삼아 캐는 것이 통례가 되었"[37]던 것이다. 이 상황에서 노인의 화톳불은 도굴범의 관솔불로 오인되기 쉬웠다. 경관들의

금강산에 파견된 동아일보 특별탐사대의 심층취재 기사(『동아일보』, 1938. 7. 19). "땅"은 경찰을 가리키는 도굴꾼의 은어.

눈에 금강산 산중에 멀리 보이는 불빛은 도굴 범행 현장의 표지에 불과했다. 험한 산중이라 가까이 접근해서 도굴범을 체포하기가 쉽지 않으므로 총을 쏘아 위협하거나 사살하는 경우를 쉽게 예상할 수 있다. 1934년 관련 기사에는 다음과 같은 내용이 있다.

> 지난간 30일 고성경찰서에서는 사복 경관대 5, 6인이 동관의 장전경찰관 주재소의 응원을 얻어 신북면 선불동 중석 도굴현장을 사면으로 포위하여 시위방총을 하며 습격하여 도굴자 10여인을 체포하여 방금 장전 경찰관 주재소 도변(渡邊) 경부보(警部補)가 엄중한 취조를 하고 있는 중인데 불원간 송국할 터이라 한다.[38]

37. 『동아일보』, 1938. 7. 21.
38. 『동아일보』, 1934. 11. 3.

이 기사에는 도굴범 체포 방식이 어느 정도 암시되어 있다. 그 방식은 도굴범을 체포하기 위해 사면으로 포위하고 "시위방총을 하며 습격하"는 것이다. "시위방총"한다는 것은 범인을 겁주기 위해 시위용으로 총을 쏜다는 의미이다. 시위용으로 쏘는 총은 상황이 긴박할 때 사살용으로 사용될 수 있다. 심마니 노인의 사망은 이런 상황에서 발생한 것으로 보인다.

그러나 「도굴」의 소재가 된 이 사건이 신문에 보도되었을 가능성은 극히 낮다. 신문에 보도하려 하였다가 기사가 압수되어 삭제된 경우도 있을 수 있다.[39] 그래서 이 사건은 신문 기사를 통해 알기보다는 금강산 기행 중에 현지 사람들로부터 전해 들었을 가능성이 높다. 어떤 경우든 정지용의 「도굴」이 금강산 중석 도굴 사건과 연계되어 있음은 분명하다.

심마니 노인은 당시의 정황을 대수롭지 않게 생각하고 생업이었던 심마니 일을 나선 가난한 사람이었을 것이다. 노인은 조급해진 일제 경찰의 희생양에 불과했다. 그러나 시에서 노인의 죽음은 직접적으로 드러나지 않는다. 노인의 죽음은 "별도 없이 검은 밤에 화약불이 당홍 물감처럼 곻았다"는 비유적 표현으로 처리되었기 때문이다. 정지용은 이 시에서 문제적인 사건을 미학화하여 직접적인 노출을 제어하고 있다. 이 때문에 "곻았다"는 표현은 반어적 효과를 지닌다고 할 수 있다. 바로 이런 시적 특성 때문에 시의 정치성을 다루는 것은 미묘하고도 난해한 작업에 속한다.

지금까지의 설명을 바탕으로 하여, 정지용의 「도굴」이 지닌 정치성을 검토해 보자. 결론적으로 말해, 이 작품은 시의 정치성이 지녀야 할 세 가지 조건을 잘 갖추고 있다. 첫째, 정치성의 대상으로 '다수의 인간과 관계가 있는 현실적인 사건'으로서, '금강산 중석 도굴범 소탕 작전에서 생긴 일제 경찰의 식민지 민간인 오인 사살'이라는 사건을 다루고 있다. 이것은 일제의 총격에 의한 식민지 민간인 사망이라는 민감한 사회-정치적 사건이다.

둘째, '현재에 대한 해석'이라는 정치성의 내용 역시 충족된다. 식민지 상

---

[39]. 실제로 일제 경찰에 의해 작성된 『조선출판경찰월보』 1938년 9월분에는 "금강산 중석 도굴사건 관련 기사"를 검열하여 경고 조치한 기사가 있다.

황에서 일제 경찰의 오인 사격으로 민간인이 숨진 사건을 다룬 것 자체가 현실에 대한 비판적 해석을 담고 있는 것이다. 시인은 그것을 아주 미학적으로, 그리고 객관적 시선으로 담담하게 제시하여 일제의 검열을 어느 정도 피해 갔다. 또한 이런 시선 때문에 그 사건의 비극성이 더 강조되었다.

셋째, '정치적 의도의 명시성'이라는 정치성의 표현 방식 역시 잘 충족되고 있다. 「도굴」이 발표된 1941년 1월은 금강산 도굴 사건이 완료되어 가던 시점으로, 많은 사람들은 몇 년에 걸친 보도를 통해 이 사건을 분명하게 인식하고 있었다. 정지용이 이 작품을 발표했을 때 독자들은 이 작품의 구체적인 내용은 몰라도 대충 어떤 사건을 말하는지는 짐작했을 가능성이 높다. 「도굴」이 구체적인 내용을 미학적 장치로 은폐하고 있긴 하지만 그 대상만큼은 그다지 모호하지 않았다는 뜻이다. 시 속에 등장하는 '경관,' '화약불,' 죽음을 암시하는 표현 등이 비록 미학적으로 처리되었지만, 구체적 배경을 알 때 이런 은폐는 금방 인지되기 때문이다.

이처럼 「도굴」은 일제 경찰의 식민지 민간인 오인 사격이라는 비극적 사건을 다루면서 일제의 식민지 정책을 우회적으로 비판한 시로서, 정치성을 잘 갖추고 있는 작품이라 할 수 있다. 따라서 당시의 민감한 사건을 다루고 있는 이 작품이 일제의 검열이 한층 심해진 1941년에 발행된 『백록담』에서 누락된 것은 오히려 자연스러운 일이라 할 수 있다.

정치성을 지닌 이 작품이 그동안 제대로 평가되지 못한 것은 정치적 의도의 명시성을 보여 주는 발표 상황으로부터 우리가 너무 떨어져 시의 현실 맥락을 제대로 인식하지 못했기 때문이다. 또한 미학성으로 그 정치성을 교묘하게 감싸고 있기 때문이기도 하다. 그럼에도 이 작품은 정치성의 조건을 훌륭하게 충족시키고 있다. 이 점에서 박목월의 「청노루」와 완전히 다른 지점에 놓인 작품이라 할 수 있다.

시를 위한 토론

1. 다음 글에서 말하는 '태도의 엄청난 차이'가 무엇인지 밝히고, 이 차이가 소설과 시 갈래의 정치성과 어떤 관계를 지니는지 설명해 보자.

   우리는 산문소설가 플로베르와 시인 말라르메를 한편 생각해 봅시다. 모파상이 문하생으로 수업을 시작했을 당시, 플로베르가 준 첫 숙제는 자기 집 앞에 있는 병영 정문 앞에 의자를 갖다 놓고 앉아서 진종일 출입하는 병사들을 관찰하고 묘사하라는 것이었습니다. 그러나 말라르메는 문이 닫힌 밀폐된 서재 안에서 사전을 뒤적이면서 수만 개의 어휘를 한 자 한 자 두고두고 음미했다고 하지 않습니까. 그 태도의 엄청난 차이를 생각해 보십시오. 모파상에게 중요한 것은 표현 도구로서의 언어보다도 먼저 병사의 동태와 자기의 관찰이었습니다. 그러나 말라르메에게는 우선 언어였습니다.

   — 유종호, 「비순수의 선언」

2. 다음 글을 읽고, 여기에 나타난 주장이 정치주의와 문학주의 중 어디에 속하는지 말하고, 그 이유를 설명해 보자.

   (가) 시(詩)란 자(者)는 국민언어의 정화(精華)라. 고로 강무(强武)흔 국민은 기(其) 시부터 강무호며 문약(文弱)흔 국민은 기 시(詩)부터 문약호나니 일국(一國)의 성쇠치란(盛衰治亂)은 대저 기 국(國) 시(詩)예셔 가험(可驗)할지오. 우(又) 기 국(國)의 문약을 회(回)호야 강무에 입(入)코즈 흘진대 불가불 기 문약흔 국시부터 개량흘지라.

   — 신채호, 「천희당시화」

(나) 지금까지 나는 다만 시의 영향이 미칠 수 있다고 생각되는 궁극점을 시사하였을 뿐이다. 그런데 그것은 긴 과정을 거쳐서 시의 영향이 언어의 감수성과, 그리고 한 사회의 모든 구성원의 생활, 그 지역사회의 모든 구성원, 그 민족 전체에 대해서 (그들이 시를 읽고 즐기거나 않거나, 그들의 위대한 시인의 이름조차 알고 있거나 않거나 상관없이) 변동을 일으키고 있는 것이라는 말로써 가장 잘 표현할 수 있는 것이다. (…) 그런데 이것이 바로 내가 가장 광범한 의미에서 시의 사회적 기능이라고 생각하는 것이다. 즉 그것은 시가 얼마나 우수하고 강력한가에 따라서 그만큼 전민족의 언어와 감수성에 영향을 끼치게 되는 것이다.

— 엘리엇, 「시의 사회적 기능」, 『시의 이해』

3. 다음 글에서 말하는 문학과 정치의 관계가 어떤 것인지 평가해 보자.

정치라는 힘이 참 큰 것을 안다. 그것이 젊은 우리 제너레이션 살에 스며서 절절하거니와 그렇다고 펜과 원고지를 내던지면 제물에 정치가가 되는 줄 알았다가는 잘못이 있다.

문학이 남아 일생의 업으로 삼기에 좀 흡족하지 못하다고 보는 눈을 아주 책망할 수 있거나 말거나 펜과 원고지를 버리고 일로 정치로 달리는 문학자는 우습다. 정치인들 이따위 헐렝이를 환영할 까닭이 있을 리 만무다.

문학자가 정치에 참견한다거나 정치를 선행시키는 문학운동들이 범한 오류의 이론이 뭐 적확히 지적되었다고 할 수는 아직 없겠지. 그러나 정치가 목적으로 삼아지는 문학을 문학의 제일의(第一義)로 여기는 관습이 제법 안 유행하게 되어가는 감이 있는 것을 부정하기 어려우리라.

— 이상, 「문학과 정치」

4. 다음 글에 나타난 시가 정치와 만나는 방식이 어떤 것인지 정리하고, 그에 대하여 평가를 해 보자.

　우리는 건전한 상식을 가진 시민으로서 촛불집회에 나간다. 정치적 신념으로서 진보적 정당을 지지하고 보수여당을 비판할 수 있다. 하지만 그것으로 아직 '정치적인 시'를 쓸 수 없다. 시 외부에 완성되어 있는(이미 알려져 있는) 정치적 메시지의 반복이나 그 감성적 보완에 그친다면 말이다. (…) 랑씨에르의 문장을 바꾸어 말하자면, 어떤 방식으로든 정치에는 제 미학이 있고, 시에는 자신만의 정치가 있다. 당연하게도 이 말은 시가 현실정치적인 주제를 다룰 수 없다거나 문학과 정치가 혼용될 수 없다는 뜻이 아니다. 시는 정치의식의 표층적인 발화를 넘어서서 시로써 갈 수 있는 심층의 '정치'에 닿아야 한다.

— 이장욱, 「시, 정치 그리고 성애학」

5. 다음은 자신의 시(「산양」)를 현실도피적이라고 평가하는 데 대하여 반박한 글이다. 시를 찾아 읽고, 이 글의 타당성에 대하여 평가해 보자.

　또 산으로 간다, 산을 읊는다 하면 깊이 생각해 보지도 않고 대뜸 현실도피로 몰아치는 그 비평 태도다. 내가 보기에 이런 안이한 태도는 현대문학의 비평 초기 단계에서 우리 것을 매도하기 위한 손쉬운 그러나 아주 어리석은 무기로 잘못 쓰이던, 선입관이다. (…)
　이 시(「산양」)는 '산양, 노루, 사슴, 별같이 사는 사람'을 '맹수, 노루 사슴으로 식사하는 사람, 땅냄새 맡는 투기꾼, 굴뚝총신(공장굴뚝)으로 연기 뿜어대는 환경오염분자들'과 대립시켜, 참 삶이 무엇인가를, 이런 시대에 고결한 삶이 얼마나 소중한가, 정신적 높이가 얼마나 필요한가를 간접적으로 일깨워 보고자 한 작품이다.

— 이성선, 「선입관으로부터의 해방」

6. 시의 정치성의 조건을 고려하여, 다음 시의 정치성을 평가해 보자.

 공중에 떠다니는
 저기 저 새요
 네 몸에는 털 있고 깃이 있지.

 밭에는 밭곡식
 논에는 물벼
 눌하게 익어서 수그러졌네!

 초산(楚山)지나 적유령(狄踰嶺)
 넘어선다.
 짐 실은 저 나귀는 너 왜 넘니?
 ― 김소월, 「옷과 밥과 자유」 전문(『동아일보』, 1925. 1)

7. 다음의 (가)와 (나)는 박남수의 「마을」을 상반되는 입장에서 평가한 글이다. 시의 정치성을 고려할 때 이 중 어떤 입장이 설득력이 있는지 말하고, 그 이유를 설명해 보자.

 외로운 마을이
 나긋나긋 오수(午睡)에 조을고

 넓은 하늘에
 솔개미 바람개비처럼 도는 날……

 뜰 안 암탉이
 제 그림자 쫓고

눈알 또락또락 겁을 삼킨다.

— 박남수, 「마을」 전문(『문장』, 1939. 10)

(가) 이 시는 시골 마을의 평화롭고 조용한 한낮의 정경을 환유적으로 묘사한 한 폭의 서경화다. 하늘에서 바람개비처럼 빙빙 도는 '솔개미'나, 뜰 안에서 제 그림자를 쫓으며 또락또락 겁을 삼키듯 눈알을 굴리고 있는 '암탉'의 이미지는 너무도 자연 그대로의 향토적 정경을 평면적으로 보여주고 있어서, 현실의 살육이나 공포감에 대한 상징성은 거의 없는 편이다.

— 문덕수, 「박남수론」

(나) 이 시에 노래된 전원은 외견상 매우 한가로운 전원 풍경인 것 같다. 졸음에 겨운 마을이나 하늘에 뜬 솔개미(솔개), 거의 정지된 시간의 한가로움을 느끼게 한다. 그러나, 이 시의 마지막 연은 전반부의 정적인 느낌을 일순에 뒤바꿔 놓는다. 즉 뜰 안의 암탉이 제 그림자를 하늘에 뜬 솔개미의 그림자로 알고 '눈알 또락또락 겁을 삼키'는 것이다. 암탉으로선 절대절명의 위기인 것이다. 이 작품은 1930년대 말의 불안한 시대상황을 표현한 것으로 보인다. 박남수 자신도 자기 시가 사회적 관심의 소산임을 밝힌 바 있다.

— 이건청, 「박남수 시의 전원 성격」

제11장 • 수사학의 지형도

1. 수사학의 다양한 분류

우리 시대의 수사학은 비유법 혹은 표현 기법과 동일시된다. "근래의 이론에서는 비유법과 수사학을 거의 구분하지 않"[1]는다는 언급은 이를 지적한 말이다. 그러나 원래 서양에서 말하는 수사학은 '말을 잘하는 기술,' 즉 웅변술을 뜻하였는데, 이것은 크게 다섯 영역으로 구성되어 있었다. 논거발견술(inventio), 논거배열술(dispositio), 표현술(elocutio), 기억술(memoria), 연기술(actio)이 그것이다.

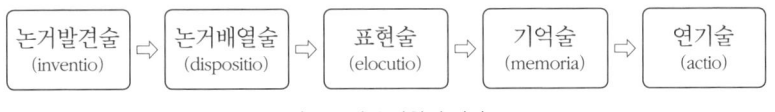

서구 고전 수사학의 영역

논거발견술은 자신의 주장을 효과적으로 뒷받침해 줄 논거들을 수집하는 기술을 말하고, 논거배열술은 수집한 논거들을 적합한 순서에 따라 구성하는 기술을 말한다. 표현술은 논거들을 바탕으로 자신의 주장을 효과

---

1. Jonathan Culler, 「수사학, 시학, 시」, 박인기 편역, 『현대시론의 전개』, 지식산업사, 2001, 390쪽.

적으로 언어화하는 기술, 즉 논거와 논증으로 이루어진 뼈대에 살을 붙여 풍부하게 형상화하는 기술을 말한다. 기억술은 청중에게 발표하기 위해 자신의 주장을 요령 있게 암기하는 기술이며, 연기술은 자신의 주장을 효과적으로 전달하기 위한 행동 요령이다.[2]

이 중 시와 직접적인 관련을 지닌 것은 표현술이다. 표현술에는 문체(style)와 문채(figure), 전의(trope) 등 문학과 관련된 표현법이 모두 포함된다. 문체(style)는 '말투'라는 의미로서, 생각을 표현하는 방식이다. 문체는 단순한 문체, 중간적 문체, 고상한 문체로 나누어진다.

말무늬, 혹은 무늬로 번역되기도 하는 문채(figure)는 운동선수나 무용수의 정해진 몸동작이라는 말에서 왔는데,[3] 문체의 표현수단으로서 언어의 구성 형태를 의미한다. 이것이 오늘날 우리가 말하는 수사법이다. 무늬(문채)는 크게 언어무늬(언어문채), 사유무늬(사유문채)로 나뉘는데, 언어무늬는 표현상의 특징에만 초점을 맞춘 무늬이며, 사유무늬는 표현된 것과 의도(사유)된 것의 차이에 초점을 맞춘 문채이다. 사유무늬는 반어(irony)나 우의(allegory)와 같이 표현과 의도라는 두 가지 차원을 지니고 있는 문채를 말한다.

언어무늬는 다시, 형태무늬, 구문무늬, 의미무늬로 나뉜다. 형태무늬는 유사음반복(유음중첩, paronomasia)처럼 언어의 형태 변화를 통해 일정한 음운들을 의도적으로 반복하는 문채이며, 구문무늬는 생략법, 도치법처럼 문장 상의 변화에서 생기는 문채이며, 의미무늬는 '전의(trope)'라고도 부르는 문채로서, 은유, 직유 등과 같이 일반적으로 하나의 단어를 그것이 원래 갖고 있지 않은 의미로 사용하는 표현 방식이다. 지금까지의 논의를 정리하면 다음과 같다.

---

[2] Olivier Reboul, 박인철 옮김, 『수사학』, 한길사, 1999, 제2장; 박성창, 『수사학』, 문학과지성사, 2000, 제2장 4절 참조.
[3] 라틴어로 figura는 그리스어의 schema를 옮긴 것으로, 체육 언어에서 차용된 것이다. Olivier Reboul, 위의 책, 51쪽. 양태종은 문채를 말무늬, 무늬로 옮기고, 문채의 종류를 늘림무늬, 줄임무늬, 옮김무늬, 갈음무늬 등으로 표현한다. 양태종, 『수사학 이야기』, 동아대학교출판부, 1999.

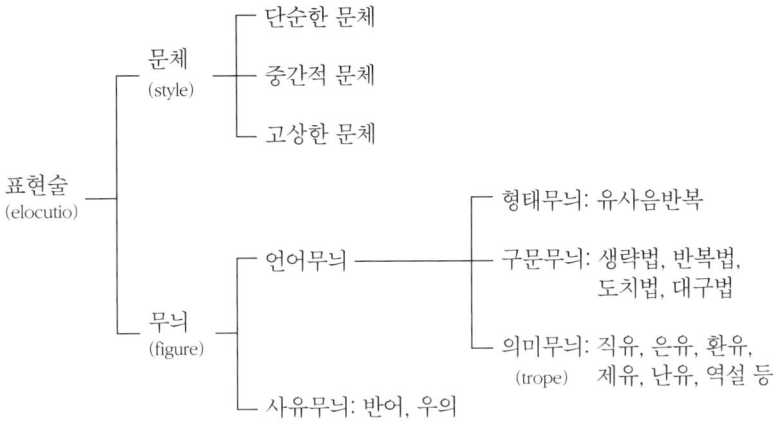

그동안 수많은 무늬(문채)를 합리적으로 분류하려는 다양한 시도가 있어 왔다.[4] 앞에서 살펴본 것은 퀸틸리안의 분류법에 바탕을 둔 것이다. 이와 더불어 두 개 정도의 분류법에 주목할 만하다. 하나는 뮤 그룹의 분류법이다. 뮤 그룹에 따르면, 무늬는 표현면에서 ① 어형변환, ② 구성변환, 내용면에서 ③ 어의변환, ④ 논리변환으로 크게 4분된다. ①은 형태론적, ②는 통사론적(열거, 병렬, 대칭, 생략법 등), ③은 의미론적(직유, 은유, 환유, 제유 등), ④는 논리학적 측면(과장, 반복, 대조, 반어, 역설법 등)에서 접근한 것이다.[5]

또 다른 하나는 김기종의 것으로서, 그도 수사법을 네 가지 범주로 분류

---

4. 그동안의 시도를 박항식은 다음과 같이 요약하고 있다. "사조(무늬 — 인용자)의 분류는 십인십색이다. 우선 퀸틸리안은 사상(思想) 상의 사조(Figures of thought; 설의법, 영탄법, 활유법, 돈호법, 직유법), 언어상의 사조(Verbal figures; 점층법, 생략법, 대우법 등) 2종으로 분류했었고, 그 외의 학자들은 문자상·어원상·조직상(syntax)·수사상(rhetoric)의 4종과, 유사·연상·대조의 3방면과, 지력적·정서적·의지적의 3종과, 환상(imagery)·배열·모순의 3종과, 비유법·화성법(化成法)·포치법(布置法)·표출법의 4종과, 결체(結體)·농화(朧化)·증의(增義)·존여(存餘)·융회(融會)·기경(奇警)·순감(順感)·변성(變性)의 8방면에서 모든 사조를 여러 가지 방향에서 해석하려고 하였다. 본저는 이것을 비유, 조화(造化), 생략, 중의(重義), 인용, 반복, 대조, 정화(情化), 환형(換形), 반전, 통서적(統敍的) 수식의 12수식으로 분류하였다." 박항식, 『수사학』, 현대문학사, 1976, 24-25쪽.
5. Jacques Dubois 외, 용경식 옮김, 『일반수사학』, 한길사, 1989 참조.

한다.⁶ ① 말소리수법, ② 어휘적 수법, ③ 토수법, ④ 문장론적 수법이 그 것이다. 말소리수법은 형태무늬에 해당하고, 어휘적 수법, 문장론적 수법은 각각 의미무늬, 구문무늬에 해당한다. 이 중 토수법은 '조선어 토'의 특성을 이용하여 만든 명칭으로 주목할 만하다. 이것은 "조선어 토의 작용을 이용하여 만든 수법"으로 "주로 음악적인 운율을 조성하며 내용을 감격적으로 전달"⁷하는 수사법이다.

2. 교육 현장에서 사용되는 3분법

본격적인 수사학 서적에는 보이지 않는 3분법의 무늬 분류법이 우리 교육 현장에서는 일반화되어 있다.⁸ 그것은 비유법, 강조법, 변화법 세 부류로 많은 수사법을 나누는 방식이다.

현재 교육 현장에서 유통되고 있는 3분법이 한국에 처음 보인 것은 『현대문장신강』⁹이다. 그러나 박목월의 『문장강화』¹⁰라는 책에 의해서 3분법이 본격적으로 파급되었는데, 이후 작문 교과서나 대학 교재에 반영된 것은 모두 이 책의 영향이라 할 수 있다. 이 책에는 문장의 기교를 강조, 비유, 변화로 나누고, "'강조'는 문장의 뜻을 강하게 높이는 것이며, '비유'는

---

6. 김기종, 『조선어수사학』, 료녕인민출판사, 1983.
7. 김기종, 위의 책, 309쪽. '토'는 한문을 읽을 때 한문의 구절 끝에 붙여 읽는 우리말 부분이다. 여기에는 조사나 각종 어미 등이 포함된다. 김기종은 '격토, 도움토, 복수토, 종결토, 접속토, 규정토' 등을 말하고 있다. 김기종, 위의 책, 311쪽. 토수법에는 토반복법, 무접속토법, 토생략법이 포함된다.
8. 3분법에 대한 구체적인 논의는 박현수, 「문장론 관련 수사학 3분법의 수용과 그 한계」, 『한국현대문학연구』 34, 한국현대문학회, 2011. 8 참조.
9. 박태윤, 『현대문장신강』, 교문사, 1948.
10. 박목월·윤백, 『문장강화』, 계몽사, 4286(1953). 이후 이 책은 『신판 문장강화』로 제목을 바꾸어 박목월 단독 저서로 나온다. 문장 표현 기법 부분은 차이가 없다. 그리고 이후 수정판 『문장의 기술』(현암사, 1970)로 이어진다. 박목월의 책은 판을 거듭할 정도로 인기가 있었다.

한 가지를 다른 것에 견주는 것이며, '변화'는 문장에 변화를 주는 것"[11]으로 설명하고 있다. 그리고 구체적인 예로 강조 7개, 비유 8개, 변화 6개 등, 총 21종의 표현 기법을 들고 있다.

   강조: 과장, 반복, 영탄, 미화, 열거, 점층, 대조.
   비유: 직유, 은유, 대유, 풍유, 의인, 사성(寫聲), 시자(示姿), 중의.
   변화: 설의, 도치, 경구(警句), 아이러니, 인용, 생략.

여기의 '사성,' '시자'는 요즘에 통용되는 '의성,' '의태'를 의미한다. '경구'가 하나의 표현 기법으로 들어간 것은 특이한 경우로서, 요즘에는 이것을 수사법으로 다루지 않는다.

그런데 이런 3분법은 서양에서는 찾아볼 수 없는 것으로, 일본에서 들어온 것이다. 바로 하토리 요시카(服部嘉香)의 『현대작문신강(現代作文新講)』[12]이 그 원류다. 하토리는 이 분류가 자신의 생각에서 나온 것임을 밝히고, "가장 단순하며, 온당한 것"[13]임을 강조하고 있다. 분류 방식이나 예로 들고 있는 수사법의 명칭을 볼 때, 박목월의 3분법은 일본의 『현대작문신강』에서 온 것이 확실하다. 이것이 교육 현장에 널리 사용되고 있는 이유는 그 분류의 단순함과 분명함 때문일 것이다. 어차피 모든 분류에 다소의 결함이 있다면 가장 단순하면서도 그다지 모호함이 적은 분류가 가장 좋은 것이라 할 수 있다.

이 3분법의 가장 큰 문제는 강조법의 명칭이 모호하다는 것이다. 하토리는 강조법을 "서술에 강함을 주고, 표현을 눈에 띄게 하는 기교"[14]로서, 문자상, 어구상, 전체적인 표현 방법에 사용되는 표현 방식으로 설명한다. 그러나 서술에 강함을 주고, 표현을 눈에 띄게 하는 기교는 비유법이나 변화

---

11. 박목월·윤백, 위의 책, 109쪽.
12. 服部嘉香, 『現代作文新講』, 早稻田大學出版社, 1933.
13. 服部嘉香, 위의 책, 230쪽.
14. 服部嘉香, 위의 책, 266쪽.

상위 범주	하위 범주
비유법: 표현 대상을 생생하게 표현하기 위해 다른 대상에 빗대어 표현하는 방법	직유법: '-처럼,' '-같은'으로 유사성 지시 은유법: 'A = B' 형식으로 동일성 표현 상징법: 보조관념에 여러 개의 원관념 존재 의인법: 사물, 동물을 사람처럼 표현 활유법: 사물을 동물처럼 표현 풍유법: 우화법. 우의법. 비유로 윤리적 의미 전달 대유법(제유, 환유): 연관성 있는 대상으로 표현 중의법: 하나의 말에 여러 의미 표현 의성법: 소리를 흉내 의태법: 모양을 흉내
강조법: 표현을 더욱 인상 깊게 하기 위해 내용을 두드러지게 표현하는 방법	과장법: 실제보다 크거나 작게 표현 영탄법: 감탄사나 감탄형 어미로 감정 표현 반복법: 유사한 표현을 반복적으로 사용 점층법: 의미를 점차 강하게 하는 표현 점강법: 의미를 점차 약하게 하는 표현 연쇄법: 동일한 말로 두 문장을 연결 미화법: 긍정적으로 표현 열거법: 유사한 말을 늘어놓는 표현 억양법: 반대되는 말을 사용하여 한쪽 의미 강조 대조법: 반대되는 말을 배치하여 차이점 강조
변화법: 글이 단조롭게 되는 것을 피하기 위해 사용하는 방법	도치법: 문장 성분의 위치 바꿈 설의법: 쉬운 사실을 의문문으로 표현 문답법: 스스로 묻고 대답하는 표현 대구법: 형식이 유사한 구절을 병행 인용법: 설득에 도움이 되는 말을 옮김 반어법: 표현과 의미가 반대되는 표현 역설법: 모순되는 두 말을 한 문맥 안에서 사용 생략법: 불필요한 내용을 줄임 돈호법: 어떤 대상을 부름 현재법: 과거나 미래 상황을 현재 시점으로 표현

현재 교육 현장에서 사용되고 있는 3분법. 『한국의 언어와 문학』(경북대출판부, 2009)

법에도 적용될 수 있다. 비유법이나 변화법도 서술을 강조하고 표현에 주목하게 만들기 때문이다. 학생들이 학습 시에 헷갈리는 것도 이런 용어 때문이다. 또한 구문무늬에 속하는 수사법들을 강조법과 변화법으로 나눌 때 그 타당성이 문제가 될 수 있다. 가령 구문무늬에 속하는 생략법, 도치법, 대구법(대조법), 반복법 등을 두고, 앞의 세 개는 변화법에, 마지막 한 개는 강조법에 넣는다. 구문무늬를 이렇게 이분하는 것이 타당한지 생각해 볼 필요가 있다.

3. 은유와 환유 — 차원의 감각

수사학 중에는 대조되는 성격을 지녀 늘 두 개념을 한 벌의 짝패로 엮어서 설명하는 개념들이 있다. 그런 것들은 수사학 중에서도 빈도나 중요성에 있어서 주목할 만한 위치에 놓인 것들이 대부분이다. 여기에서는 그중에서 은유-환유, 상징-우의, 반어-역설을 짝패의 수사학으로 다루고자 한다.

가장 먼저 놓이는 것이 은유(metaphor)와 환유(metonymy)의 짝패이다. 이 한 쌍의 수사학이 중요한 것은 수사학의 범위가 점점 줄어들어[15] 지금은 모든 수사법들을 은유적 수사학과 환유적 수사학으로 분류할 정도가 되었기 때문이다. 이런 축소화에 결정적인 역할을 한 사람이 바로 야콥슨이다. 야콥슨은 실어증 환자를 관찰하면서 그 증상을 크게 두 가지 유형으로 나누었다. 하나는 '유사성 장애'(유사한 어휘를 선택하고 대체하는 능력의 상실), 다른 하나는 '인접성 장애'(어휘들을 통사적으로 결합하는 능력의 상실)이다. 야콥슨은 유사성을 은유로, 인접성을 환유의 속성으로 규정하고 이런 이항 대립을 확대 적용한다. 즉, 문학 장르(시/소설), 예술 유파(낭만주

---

15. 지금 통용되는 것은 주로 케네스 버크의 4분법(반어, 환유, 은유, 제유), 야콥슨의 2분법(은유, 환유)이라 할 수 있다. Kenneth Burke, 「네 가지 비유법」, Gérard Genette 외, 석경징 외 옮김, 『현대 서술 이론의 흐름』, 솔, 1997 참조.

의/사실주의), 회화(초현실주의/입체파) 등이 그 예이다.[16]

은유와 환유는 어휘와 어휘의 대체라는 점에서 공통점을 지니지만, 비유기표(a tropical signifier)와 비유기의(a tropical signified)[17]가 귀속되는 차원의 성격에 있어서 차이가 난다. 은유에서 비유기표와 비유기의는 각각 어떤 범주 감각으로도 연계시키기 힘든 이질적인 차원에 속하며, 그것은 주로 현실과 현실 너머 차원의 겹침이라는 점에서 다차원적 수사학이라 할 수 있다. 반면에 환유는 철저하게 현실이라는 단일 차원에서만 작동된다는 점에서 일차원적 수사학이라 부를 만하다.

	비유기표	비유기의
은유: 내 마음은 호수	호수	마음
환유: 청와대의 반응	청와대	한국 정부

1) 초월의 수사학, 은유

은유(metaphor)는 비유의 하위 개념이면서 동시에 모든 비유의 대표 자격을 지닌 무늬로서, 수사학을 넘어서서 "사고의 무소부재한 원리"[18]로까지 인식될 정도로 중요한 비유이다. 잘 알다시피 은유는 유사성을 바탕으로 해서 하나의 대상, 즉 비유기의를 다른 대상, 즉 비유기표로 대체하는 의미무늬다. '내 마음은 호수'라는 표현에서처럼, '평소에는 잔잔하고 맑지만 외부의 자극에 따라 사납고 탁해질 수도 있다'는 유사성에 의거하여

---

16. Roman Jakobson, 「언어의 두 양상과 실어증의 두 유형」, 신문수 편역, 『문학 속의 언어학』, 문학과지성사, 1989 참조.
17. 비유기표와 비유기의는 기존의 보조관념과 원관념에 해당하는 용어이다. 이를 부르는 적절한 명칭이 없어 학자마다 달리 부르고 있다. 본의(tenor)와 매체(vehicle)(I. A. 리처즈); 일차적 주제와 이차적 주제(막스 블랙); 시작어휘(Initial word)와 결과어휘(Resultion word)(뮤 그룹) 등이 있다. 비유기표와 비유기의는 '비유로 나타난 것'과 '비유가 가리키는 것'의 의역이다. '돛'으로 '배'를 나타낼 경우 '돛'은 비유기표, '배'는 비유기의가 된다.
18. 정원용, 『은유와 환유』, 신지서원, 1996, 11쪽.

비유기표와 비유기의를 연결시키는 것이 전형적인 예가 된다. 이때 비유기표와 비유기의는 이질적 범주에 속하지만 유사성을 통하여 두 가지 차원을 통합함으로써 다층성을 그 속에 지니게 된다.

은유에 내재하는 유사성은 아무나 발견할 수 없는 것으로 여겨져 왔다. 그래서 아리스토텔레스는 『시학』에서 은유에 능한 것을 '천재의 표징'으로 극찬하고 있는 것이다.

> 앞서 말한 여러 가지 시어체와 복합어와 방언을 적절하게 사용하는 것도 중요한 일이긴 하지만 그보다 훨씬 중요한 것은 은유에 능한 것이다. 이것만은 남에게서 배울 수 없는 것이며 천재의 표징이다. 왜냐하면 은유에 능하다는 것은 서로 다른 사물들의 유사성을 재빨리 간파할 수 있다는 것을 뜻하기 때문이다.[19]

아리스토텔레스는 사물들의 유사성을 순간적으로 파악하는 천재적 직관이 은유에 필수적임을 강조하고 있다. 여기에서 말하는 유사성은 비유기표와 비유기의의 표면적인 차이 이면에 존재하는 심층적 동질성으로서, 천부적 재능을 타고난 천재 이외에는 발견할 수 없는 특수한 성질이다. 이런 유사성은 현실적으로 전혀 이질적인 두 차원의 세계를 연계시킨다는 점에서 '내적 연관성' 혹은 '필연성'이라 부를 수 있다. 이런 특성 때문에 은유는 초월의 수사학으로 지칭된다. 다음 작품에서 은유의 초월적 성격이 잘 나타난다.

> 내 마음속 우리 님의 고운 눈썹을
> 즈믄 밤의 꿈으로 맑게 씻어서
> 하늘에다 옮기어 심어 놨더니
> 동지섣달 나르는 매서운 새가

---

[19]. Aristoteles, 천병희 옮김, 『시학』, 문예출판사, 2002, 134쪽.

그걸 알고 시늉하며 비끼어 가네

— 서정주, 「동천(冬天)」 전문

위의 시는 은유를 가장 잘 활용한 시로 평가된다. 이 시에서 '눈썹'의 비유기의는 초승달이다. 눈썹과 초승달은 그 형태에 있어서 유사성을 지니는데, 이를 통하여 이질적 차원에 속하는 비유기표와 비유기의는 연속성을 획득하여 합일의 상태에 도달한다. 현실적 제약을 넘어서서 지상적 차원의 비유기표가 천상적 차원의 비유기의와의 동일성을 획득하는 것이다. 이런 은유의 작용은 시 전체의 의미와 긴밀하게 연계되어 있다. 이 시에서 지상(눈썹)과 천상(초승달)은 화자의 이식 행위(옮겨 심음)[20]를 통해 순식간에 은유적 총체화의 세계에 도달한다. 이식 행위를 통해 단절된 두 세계의 거리는 '어두운 밤을 비추는 일순의 번개'처럼 순간적으로 극복되어 두 세계는 즉시성(卽時性)의 소통 상태, 즉 은유적 초월의 상태가 되는 것이다. '동지섣달 매서운 새'가 비끼어 가는 것은 바로 이러한 은유적 초월의 장엄함에 경의를 나타낸 행위라 할 수 있다. 따라서 이 시는 초월의 수사학으로서의 은유에 바치는 찬가가 되는 것이다.

휠라이트는 은유를 치환은유(epiphor), 병치은유(diaphor)로 나누기도 한다. 치환은유는 전통적인 의미의 은유로, 하나의 대상을 다른 대상으로 대체하는 은유이며, 병치은유는 "병치와 합성에 의한 새로운 의미"[21]를 창조하는 은유를 말한다. 더 정확하게 말하자면, 후자는 '절대은유(absolute metaphor)'[22]라 부르는 것이 더 적절할 것이다. 김종삼의 다음 시가 병치은유의 전형적인 예라 할 수 있다.

---

20. 'metaphor'는 'meta(over)' + 'phor(move)'의 조합이다. 은유의 '(다른 곳으로) 옮겨 놓음'이 「동천」에서 '(다른 곳으로) 옮겨 심음'으로 나타난 것은 우연의 일치이지만, 은유의 본질상 있을 법한 일이라 할 수 있다.
21. Philip Wheelwright, 김태옥 옮김, 『은유와 실재』, 1982, 69쪽.
22. 이것은 하나의 비유에 어떤 경험적 연관의 결핍을, 또 한편으로는 발화의 논리적 연관성의 결핍을 드러내는 은유를 말한다. D. Lamping, 장영태 역, 『서정시: 이론과 역사』, 문학과지성사, 1994, 277쪽.

나의 본적은 늦가을 햇볕 쪼이는 마른 잎이다. 밟으면 깨어지는 소리가
난다.
  나의 본적은 거대한 계곡이다.
  나무 잎새다.
  나의 본적은 푸른 눈을 가진 한 여인의 영원히 맑은 거울이다.
  나의 본적은 차원을 넘어다니지 못하는 독수리다.
  나의 본적은
  몇 사람밖에 안 되는 고장
  겨울이 온 교회당 한 모퉁이다.
  나의 본적은 인류의 짚신이고 맨발이다.

— 김종삼, 「나의 본적」 전문

 위의 작품에서 비유기의인 '나의 본적'은 '마른 잎,' '계곡,' '잎새,' '거울,' '독수리,' '고장,' '교회당 모퉁이,' '짚신,' '맨발' 등의 비유기표와 병치되어 있다. 즉, 비유기표와 비유기의의 연결에서 유사성을 쉽게 파악할 수 없는 이질적 요소들의 충격적인 조합이라는 것이다. 이것이 병치은유의 특징이다. 그런데 이 시에서는 이런 병치가 작품 전체에 걸쳐 이루어지고 있다. 비유기표의 배치 자체도 병치의 방식을 따른다는 것이다. 예를 들어 화자의 정신적 깊이를 나타내는 '거대한 계곡'과 화자의 한계를 나타내는 '차원을 넘어다니지 못하는 독수리'의 맞세움, 존재의 불안정성과 고립성을 의미하는 '마른 잎새'와 존재의 연대성을 암시하는 '인류의 짚신,' '맨발'의 대치가 그것이다. 이런 병치는 치환은유가 가져다주는 서정적 안정감 대신, 심상의 충돌에 의한 인식론적 당혹감을 준다. 그러나 동시에 이런 당혹감은 여러 의미 층의 현격한 거리를 순간적으로 뛰어넘는다는 점에서 새로운 차원의 쾌감을 준다. 병치은유의 이런 '뛰어넘음'도 초월 감각의 일면임은 물론이다.

2) 현실원리의 수사학, 환유

환유(metonymy)는 하나의 대상을 그 대상과 연계된, 즉 인접되어 있는 다른 대상으로 표현하는 방법이다. 환유는 우리 삶이 펼쳐지는 현실적 차원 내에서 비유기표와 비유기의의 관계를 설정한다. 빨간 모자를 쓴 사람을 '빨간 모자'로 부르거나 한국 정부를 '청와대'로 부르는 경우, 탄생과 죽음을 각각 '요람'과 '무덤'으로 표현하는 경우처럼, 비유의 기표와 기의는 현실이라는 일차원 내에서 관계를 맺는다. 그래서 환유를 현실원리의 수사학이라 부르는 것이다. 일상적인 인접성 덕분에 비유기표와 비유기의의 관계는 낯선 범주의 연계로 인식되지 않는다.

따라서 환유는 범주의 새로운 관계 맺기를 지향하지 않고, 이미 존재하는 관계를 활용하는 수사학이라 할 수 있다. 이런 특성 때문에 환유가 은유에 비하여 창조적이지 않다고 과소평가를 받아 왔던 것도 사실이다. 흔히 언급되는 환유의 예를 들면 다음과 같다.

> 나는 한 잔(⇒술)을 마셨다. (포함하는 것과 포함되는 것의 관계)
> 요람(⇒탄생)에서 무덤(⇒죽음)까지. (원인과 결과의 관계)
> 나는 셰익스피어(⇒셰익스피어의 작품)를 읽었다. (생산물과 생산자의 관계)
> 나는 부르고뉴(⇒부르고뉴산 포도주)를 마셨다. (공간과 생산물의 관계)
> 워싱턴(⇒미국 정부)의 반응은 싸늘하였다. (장소와 거주자 성격의 관계)

이외에도 건물과 거주자의 관계(백악관과 미국 대통령), 소유물과 소유자의 관계(왕관과 왕), 재료와 완성물의 관계(가죽과 구두) 등 이루 말할 수 없이 많은 관계를 설정할 수 있다. 왜냐하면 현실에 존재하는 관계의 다양성만큼 환유적 관계의 다양성도 얼마든지 설정할 수 있기 때문이다. 이런 관계를 총칭하는 데 '인접성'이란 말보다 더 설득력 있는 어휘를 찾을 수 없을 것이다.[23]

근래에 들어 환유가 중요하게 취급되는 것은 환유의 우연성 때문이다.

은유가 근원적으로 주어진 유사성을 바탕으로 하고 있기 때문에, 은유에서 비유기의와 비유기표의 관계는 필연적이다. 그에 반하여 환유에서 그 관계는 현실적으로 형성된 우연에 크게 빚지고 있다.

> 고개 떨구고 가다가 다보탑을 주웠다
> 국보 20호를 줍는 횡재를 했다
> 석존(釋尊)이 영취산에서 법화경을 설할 때
> 땅속에서 솟아나 찬탄했다는 다보탑을
>
> — 유안진, 「다보탑을 줍다」 부분

이 시에서 비유기표 '다보탑'의 비유기의는 '10원짜리 동전'이다. 10원짜리 동전 대신에 다보탑이 선택된 것은 현재 통용되고 있는 한국의 10원짜리 동전에 다보탑 그림이 새겨져 있다는 사실 때문이다. 만일 현재 유통되는 동전에 다보탑이 아니라 석가탑이 그려져 있었다면 이 시의 표현은 '석가탑을 주웠다'로 바뀔 것이다. 이처럼 환유는 현실원리에 입각해 있기 때문에 비유기표와 비유기의의 관계는 내적 필연성이 아니라 외적 우연성에 의해 결정된다. 철저하게 경험의 세계에 의존하기 때문에 경험의 우연성, 일시성으로부터 자유로울 수 없다. 환유의 우연성을 강조하여 기의의 불확정성, 즉 기표의 미끄러짐을 강조한 사람은 라캉이다. 그는 『에크리』에서 환유 공식을 다음과 같이 제시한다.

$$f(S....S') \cong S(-)s^{24}$$

---

23. 퐁테니는 인접성 대신에 '상관 혹은 조응의 관계(relation of correlation or correspondence)'를 제시하였으나 그다지 설득력이 있어 보이진 않는다. 오세영, 『문학과 그 이해』, 국학자료원, 2003, 520쪽 참조.
24. S는 기표, s는 기의를 가리키고, (S....S')는 같은 층위에서의 두 기표들 — 즉, 환유 — 간의 관계를, f( )S는 관계의 기능을, 말줄임표(....)는 기표의 결핍을 가리키는 생략을 뜻한다. ≅는 양쪽 수식의 일치(congruence)를, 그리고 (-)는 기표 기의 간의 의미의 불가능성을 말한다.

환유 공식은 기표들(S와 S' 사이의 무한한 기표들)이 기의(s)에 가닿지 못하고 영원히 미끄러져 가는 상황을 나타낸다. 말줄임표('…')는 기의에 도달하지 못하는 기표의 무한한 미끄러짐을 표현한 것이다. 환유에서는 기표와 기표의 대체, 즉 단어와 단어(word-to-word)[25]의 대체가 끝없이 이루어지는데, 이것은 욕망의 과정과 유사하다. 라캉이 환유를 욕망이라 부른 것은 바로 이런 의미에서이다. 이것을 서정주의 다음 시를 통해 설명할 수 있다.

나보고 명절날 신으라고 아버지가 사다 주신 내 신발을 나는 먼 바다로 흘러내리는 개울물에서 장난하고 놀다가 그만 떠내려 보내 버리고 말았습니다. 아마 이 신발은 벌써 변산 콧등 밑의 개 안을 벗어나서 이 세상의 온갖 바닷가를 내 대신 굽이치며 돌아다니고 있을 것입니다.

아버지는 이어서 그것 대신의 신발을 또 한 켤레 사다가 신겨 주시긴 했습니다만, 그러나 이것은 어디까지나 대용품일 뿐, 그 대용품을 신고 명절을 맞이해야 했었습니다.

그래, 내가 스스로 내 신발을 사 신게 된 뒤에도 예순이 다 된 지금까지 나는 아직 대용품으로 신발을 사 신는 습관을 고치지 못한 고대로 있습니다.

— 서정주, 「신발」 전문

라캉에 있어서 환유의 기의는 욕망의 진정한 대상이다. 이 시에서 그것은 '잃어버린 신발'이다. 그러나 이에 대한 욕망은 현실적으로 이루어질 수 없다. 어릴 적에 잃어버린 신발을 다시 찾을 수 없기 때문이다. 설령 그 신발을 다시 찾는다고 해도 어릴 적에 형성한 그 욕망을 충족시킬 수는 없을 것이다. 그래서 그 신발이 아닌 다른 모든 신발은 영원히 '대용품'에 불과하게 된다. '진정한' 신발에 대한 갈망으로 대용품 신발들을 계속 사는

---

25. Jacques Lacan, trans. by Alan Sheridan, *Écrits: A Selection*, Norton, 1977, 156쪽.

행위가 기표의 미끄러짐이다. 이것을 라캉의 공식에 대입하면 다음과 같이 된다.

$$f(새\ 신발....새\ 신발') \cong 새\ 신발(-)잃어버린\ 신발$$

유안진의 시를 가지고 말하자면 다보탑의 진짜 기의는 "석존(釋尊)이 영취산에서 법화경을 설할 때/땅속에서 솟아나 찬탄했다는 다보탑"이다. 전설 속의 다보탑을 화자가 가질 수 없다는 점에서, 이것은 도달할 수 없는 기의일 뿐이다. 화자의 진짜 욕망의 대상은 불국정토와 같은 유토피아를 의미하는 다보탑임에 틀림없다. 그러나 화자가 주운 것은 "쓸모 있는 듯 별 쓸모없는 10원짜리"일 뿐이다. 이것은 대용품일 뿐인 기표이다. 시인은 진정한 다보탑에 도달하기 위해 다른 대용품을 무수하게 추구할 것이다. 그때마다 기표들은 미끄러져 갈 것이고 그 욕망은 계속 데리다적 의미에서 '차연(差延, différance)'될 것이다.

이처럼 환유의 우연성, 그로부터 파생되는 기의의 불확정성과 기표의 미끄러짐은 언어 표현상으로 심상의 충돌, 의미 단절과 통사적 해체 등으로 나타난다. 다음과 같은 시가 하나의 예라 할 수 있다.

키큰해바라기
네잎토끼풀없고
코피
바람바다반딧불

毛髮또毛髮바람
가느다란갈라짐

— 김춘수, 「처용단장 제2부 들리는 소리—7」 부분

이 시는 불완전한 구문, 급격히 끊어지는 리듬, 논리적 유추를 거부하는 생략과 비약, 뜻 모를 여백들을 지니고 있다. 주어와 목적어 등이 생략되고 단어들만 나열되는 이런 작품에서 환유는 비유기표와 비유기의의 구분조차 불가능할 정도로 혼란한 상태로 나타난다. 인용한 부분에서 "코피/바람, 바다, 반딧불" 등의 어휘가 등가로 놓여 있으나 그 내적 연관성, 즉 흔히 은유에서 기대되는 유사성, 필연성은 찾을 수 없다. 특히 '바람, 바다, 반딧불'은 음성상의 유사성만을 지니고 의미상 유사성은 전혀 지니고 있지 않다. 유사성이 내적 필연성을 전제한다고 볼 때 여기에서 유사성은 철저하게 파괴되어 있으며, 어휘의 등가는 우연적, 강제적 배열을 따르고 있을 뿐이다. 이 점에서 이 작품의 서술 방식은 환유적이라 할 수 있다. 근래에 이런 수사학이 우리 문학의 대세가 되어 가는 현상은 흔히 탈근대의 징후로 읽힌다. 이것은 환유의 세계관과 현대의 시대정신이 서로 긴밀한 연관성을 지님을 보여 주는 징표라 할 수 있을 것이다.

이처럼 현대의 환유가 새로운 의미 부여를 통해 이전과 전혀 다른 위상을 지닌 수사학이 되었으며, 이런 수사학이 현실의 새로운 요구를 어느 정도 해결해 주고 있다는 사실을 확인할 수 있다. 슐라이퍼가 환유를 두고 "초월적 의미와 아무런 상관이 없이 사건들이 일어나는 그런 세계를 명료화"[26]한다고 하며 현대문학의 핵심을 환유로 보거나, 이합 핫산이 '탈창조, 해체, 표층, 차연, 흔적' 등과 더불어 '환유'를 같은 항목으로 처리한 것도 환유의 이런 위상 변화와 관련되어 있다.[27] 상상력의 결핍으로 평가받던 환유는 이제 시대정신을 집약적으로 표현하는 탈근대의 수사학으로 신분 상승을 이룩한 것이다.

---

26. Ronald Schleifer, *Rhetoric and Death — The Language of Modernism and Postmodernism Discourse Theory*, Illinois University Press, 1990, 9쪽. 슐라이퍼가 환유를 정의하는 어휘는 우연성(5쪽), 언어의 물질성(6쪽), 부정적인 물질성(7쪽), 의미의 공백(8쪽), 표면의 수사학적 놀이(69쪽) 등이다.
27. Ihab Hassan, "Postface 1982: Toward a Concept of Postmodernism"; 김욱동 편, 『포스트모더니즘의 이해』, 문학과지성사, 1990, 69-70쪽.

4. 상징과 우의 — 기의의 성격

상징(symbol)과 우의(allegory)도 시론에서 자주 등장하는 짝패의 수사학이다. 그러나 상징이 신비함을 지니고 있는 데 반하여 우의가 교훈적이고 현실적이기 때문에, 상징과 무한함을 선호하는 낭만주의 시대 이후에 우의는 멸시를 받아 왔다.

상징과 우의는 추상적인 관념을 구체적인 형상을 통하여 전달한다는 점에서, 또한 비유기표만 제시되고 비유기의는 생략되어 있다는 점에서 유사하다. 그러나 비유기의의 성격이 다르다는 점에서 대조적이다. 상징에서 비유기표가 가리키는 의미, 즉 비유기의는 하나의 단일한 의미로 환원되지 않고 계속 열려 있다. 반면에 우의에서 비유기의는 단일한 의미로 드러난다. 즉, 상징은 '열린 기의,' 우의는 '닫힌 기의'라는 점에서 차이가 난다.

1) 열린 기의의 수사학, 상징

(1) 상징의 의미

상징(symbol)은 유사성을 바탕으로 하고 있다는 점에서 은유의 이형태라 할 수 있다.[28] 상징을 뜻하는 그리스어 'symbolon'(두 개로 쪼개어진 것을 하나로 맞추다), 히브리어 'mashal,' 독일어 'sinnbild'는 모두 어원적으로 두 개의 반쪽, 즉 기호와 의미의 결합을 의미한다고 한다.[29] 독일어 표기에서 'bild'는 구체적이고도 실재화된 기호적 부분, 즉 상(像)으로 제시되는 쪽이며, 'sinn'은 상징되는 의미적 부분이다. 이 두 가지의 결합에서 상징이 성립한다. 그래서 상징은 "가시적인 것이 연상 작용에 의하여 형이상학

---

28. 그러나 비유기표만 제시되고 비유기의는 생략된다는 점에서 환유와 닮은 점도 있다. 올리비에 르불은 인접성에 주목하여 상징의 발생에 환유가 중요한 역할을 한다고 본다. Olivier Reboul, 앞의 책, 65-66쪽.
29. Gilbert Durand, 진형준 옮김, 『상징적 상상력』, 문학과지성사, 1983, 18쪽. 주 13 참조.

적인 것을 의미하는 일종의 표현 방식"[30]이라 정의된다. 즉, 상징은 구체적인 대상을 통하여 추상적이고 관념적인 어떤 것을 지시하는 것이라는 말이다. 가장 쉬운 예가 '평화'라는 비유기의를 대신하여 '비둘기'라는 비유기표를 사용하는 경우이다.

비유기표와 비유기의가 동시에 나타나는 은유와 달리, 상징에서는 비유기의가 나타나지 않는다. 이 때문에 은유에서 비유기의가 한정적인데 반하여, 상징에서 비유기의는 다양하게 열려 있다고 할 수 있다. 즉, 비유기표와 비유기의의 관계가 은유에서는 '1:1'의 관계에 있다면, 상징은 '1:다(多)'의 관계에 있다는 것이다.

(2) 상징의 유형

휠라이트는 상징의 창조성에 초점을 맞추어 상징을 협의 상징(steno-symbols)과 긴장 상징(tensive symbols)으로 나누고 있다. 전자는 지시가 명확한 상투적인 의미 작용, 후자는 의미가 규정적이지 않은 생동적인 의미 작용을 가리킨다. 그는 문학적 가치를 지닌 긴장 상징을 암시력과 환기력의 범위에 따라 다섯 개의 유형으로 나눈다.

① 한 특정 시에서 주도적 이미지 기능을 완수한다. ② 한 특정 시인에 의해서 의미심장한 개인 상징으로 반복 사용되고 개발된다. ③ 여러 시인에게 통용됨으로써, 그리하여 새로운 시적 문맥에서 새로운 생명력으로 섞이고 자극되어 문학적 활력(전승적 활력)을 개발한다. ④ 한 특정 문화권 전체나 한 특정 종교인 전체에 의미가 통용될 수 있다. ⑤ 끝으로 문화적 차용이나 역사의 영향 밖에서 인류 전체 혹은 그 대부분에게 거의 동일한 의미를 지니는 경향이 있다는 점에서 원형성을 가질 때다.[31]

①은 '개별 작품의 상징'으로, 문학적 혹은 문화적 계보와는 아무 상관

---

30. Northrop Frye, 김용직 편, 『상징』, 문학과지성사, 1988, 11쪽.
31. Philip Wheelwright, 앞의 책, 100쪽.

없이 개별 시 안에서만 작동하는 상징이다. ②는 '개인적 상징'으로, "한 시인의 상상적 삶과 그의 실제 생활에 대하여 지속적인 활기를 불어넣고 타당성을 가질 뿐 아니라 시 작품 속에서 다양한 형태를 취하며 수시로 반복해 나타나는 상징"[32]을 말한다. ③은 '전승적 활력(ancestral vitality) 상징'으로 "한 시인이 어떤 고전 문헌에서 찾아내어 개인적으로 창작활동에 차용하는 상징"[33]을 말한다. ④는 '문화권적 상징,' ⑤는 '원형 상징'을 가리킨다.

다소 번잡해 보이는 이런 분류를 크게 세 가지로 압축할 수 있다. ①과 ②를 묶어 '개인적 상징'으로, ③과 ④를 묶어 '관습적 상징(혹은 대중적 상징)'으로, 그리고 ⑤를 '원형적 상징(혹은 자연적 상징)'으로 재조정하는 유형이 그것이다. 개인적 상징이 환기력의 범위가 가장 좁고, 관습적 상징이 중간쯤이고, 원형적 상징이 그 범위가 가장 넓다.

먼저 개인적 상징(individual symbol)은 환기력의 범위가 가장 좁아서 해석에 대한 합의가 쉽지 않은 상징이다.

> 순이야. 영이야. 또 돌아간 남아.
>
> 굳이 잠긴 잿빛의 문을 열고 나와서
> 하늘ㅅ가에 머무른 꽃봉오리ㄹ 보아라.
>
> 한없는 누에실의 올과 날로 짜 늘인
> 채일을 두른 듯, 아늑한 하늘ㅅ가에
> 뺨 부비며 열려 있는 꽃봉오리ㄹ 보아라.
>
> 순이야. 영이야. 또 돌아간 남아.
>
> — 서정주, 「밀어」 부분

---

[32]. Philip Wheelwright, 위의 책, 104쪽.
[33]. Philip Wheelwright, 위의 책, 107쪽.

상징의 문제에 초점을 맞출 때, 이 시에서 '꽃봉오리'의 의미가 문제적이다. 일반적으로 이 꽃봉오리는 "사람으로 치면 내일의 성숙함을 감추고 있는 소녀들"[34]처럼 서정적 차원의 '무한한 가능성'으로 보는 것이 자연스럽다. 그러나 김춘수는 이 시를 "해방민족의 환희와 희망"을 표현한 작품으로 해석하여, "꽃봉오리는 장차 꽃잎을 벌릴 가능성을 충분히 지니고 있다는 점에서 희망을 표상"[35]하고 있다고 본다. 즉, 이것은 꽃봉오리를 사회사적 의미를 담은 '해방 민족의 희망'으로 본다는 뜻이다. 하나의 어휘('꽃봉오리')가 여러 가지로 해석되고 있다는 점에서 이 표현은 상징이 틀림없다. 그러나 이 상징이 전혀 다른 차원에서 상반되게 해석된다는 사실은 이 상징의 범위가 개인적인 차원에 국한되어 어느 정도의 해석적 합의를 끌어내지 못함을 의미한다.

관습적 상징(conventional symbol)은 개인적 상징과 달리 관습적으로 어느 정도 정해진 해석적 합의를 지니고 있다. 다음 시에 나오는 '매화'가 그런 경우이다.

> 지금 눈 나리고
> 매화향기 홀로 아득하니
> 내 여기 가난한 노래의 씨를 뿌려라
>
> 다시 천고의 뒤에
> 백마 타고 오는 초인이 있어
> 이 광야에서 목 놓아 부르게 하리라
>
> ─ 이육사, 「광야」 부분

여기서 '매화'는 매화나무 그 자체라기보다는 그것의 관념적 의미를 지

---

[34]. 김흥규, 『한국 현대시를 찾아서』, 푸른나무, 2007, 253쪽.
[35]. 김춘수, 『시론 ― 시의 이해』, 송원문화사, 1971; 『김춘수전집 2 시론』, 문장사, 1982, 250쪽.

닌 상징적 기호로 사용되고 있다. 이때 매화라는 비유기표는 비가시적이고도 관념적인 '지조,' 혹은 "지절(志節)"[36]이라는 비유기의를 가리킨다고 할 수 있다. 이런 해석이 가능한 것은 동북아에서 매화가 지조의 상징으로 통용되어 왔기 때문이다. 애초에 중국 송대의 성리학자들 사이에서 이런 상징이 통용되다가 범위가 점점 확장되어 아시아 전체로 퍼져 나간 것이다. 이런 문화적 관례 때문에 이런 상징을 관습적 상징이라 부른다. 그러나 이것은 다른 문화권에서 소통되지 않을 수도 있다는 점에서 한계를 지닌다.

마지막으로 원형적 상징(archetypical symbol)은 환기력의 범위가 가장 넓어서, 이 세상의 대부분의 사람들이 그 의미에 비슷하게 도달하게 되는 상징을 말한다.

> 해야 솟아라. 해야 솟아라. 말갛게 씻은 얼굴 고운 해야 솟아라. 산 너머 산 너머서 어둠을 살라 먹고, 산 너머서 밤새도록 어둠을 살라 먹고, 이글이글 애띤 얼굴 고운 해야 솟아라.
>
> ─ 박두진, 「해」 부분

이 시에서 '해'와 '어둠'은 자연현상 그 자체라 할 수 없다. 시적 맥락을 고려할 때 이 '해'와 '어둠'은, 한겨울 산중에 고립되어 밤새 추위에 떠는 사람이 생각하는 그런 것이 아니기 때문이다. 이때의 해와 어둠은 각각 '희망'과 '고난'이라는 관념적인 의미를 가리키는 상징적 어휘라 할 수 있다. 그런데 해를 희망으로, 어둠을 고난으로 표현하고 해석하는 것은 우리나라 사람들만의 일이 아니다. 문화적 교섭이 전혀 없는 시대에 쓰인 세계 여러 나라의 노래와 시들에서도 이런 표현이 보편적으로 나타나고 있기 때문이다. 아마도 이것은 인간뿐만 아니라 동물이나 식물의 세계에서도 마찬가지일 것이다. 이런 보편성을 지닌 상징을 원형적 상징이라고 한다.

---

36. 김학동, 「육사 이원록 연구」, 『진단학보』 40, 진단학회, 1975. 10, 135쪽.

2) 닫힌 기의의 수사학, 우의

알레고리(allegory), 즉 우의는 표현과 의미의 불일치를 바탕으로 하는 수사학이다. 표면적으로 하나의 완결된 담론이 독립적으로 존재하지만, 전달하고자 하는 주제는 그 이면에 따로 숨어 있는 표현을 말한다. 이 점에서 우의는 반어와 유사한 면을 지니고 있으며, 은유나 상징과 다르다.[37] 다음 작품을 예로 들어 우의의 특징을 정리해 보자.

> 아이들이 큰소리로 책을 읽는다
> 나는 물끄러미 그 소리를 듣고 있다
> 한 아이가 소리내어 읽으면
> 딴 아이도 따라서 책을 읽는다
> "아니다 아니다!" 하고 읽으니
> "아니다 아니다!" 따라서 읽는다
> "그렇다 그렇다!" 하고 읽으니
> "그렇다 그렇다!" 따라서 읽는다
> 외우기도 좋아라 하급반 교과서
> 활자도 커다랗고 읽기에도 좋아라
> 목소리 하나도 흐트러지지 않고
> 한 아이가 읽는 대로 따라 읽는다
>
> 이 봄날 쓸쓸한 우리들의 책읽기여
> 우리나라 아이들의 목청들이여
>
> — 김명수, 「하급반 교과서」 전문

첫째, 상징은 단어 차원에서 이루어지는 데 반하여, 우의는 문장이나 그

---

[37] 은유와 우의, 반어의 차이는 Olivier Reboul, 앞의 책, 82-85쪽 참조.

이상의 차원에서 이루어진다. 또한 그 담론은 하나의 완결된 체계를 이룬다. 「하급반 교과서」는 하급반 교실의 풍경을 그리면서 우리 사회의 전체주의적 상황을 비판하는 우의적인 작품이다. 이 시는 '교과서,' '아이들' 등의 어휘의 차원에서 비유를 만들지 못한다. 그러나 그것들이 전체를 구성하여 하나의 상황 혹은 이야기를 형성할 때, 그리고 그 이야기가 표면적으로 하나의 독립되고 완결된 상태로 존재할 때 비로소 우의의 효과를 낸다.

둘째, 상징은 기표와 기의의 통합체로서 그 의미에 있어서 단일한 기의의 측면만을 지니지만, 우의는 글자 그대로의 표면적 의미와 시인의 의도가 담겨 있는 이면적인 의미 두 가지를 지닌다. 「하급반 교과서」에서 하급반 아이들이 다른 아이의 책 읽기를 따라 읽는 장면은 그 자체로 완결되어 하나의 독립된 표면적 의미를 형성하고 있다. 그러나 동시에 이 장면은 한 지도자의 방침을 맹목적으로 추종하는 전체주의 사회의 풍경이라는 이면적 의미도 전달하고 있다. 그래서 표면상의 각각의 요소는 이면적 의미의 요소에 기계적으로 대응되는 구조를 지닌다. 이런 양상은 다음과 같이 표로 정리할 수 있다.

비유기표	비유기의
교실	사회
하급반	미성숙
교과서	지도방침
한 아이	지도자
아이들	민중
따라 읽기	맹목적 추종

이렇게 비유기표와 비유기의가 기계적 도식으로 정리될 수 있는 것이 우의의 특징이다. 이런 식으로 해석이 일단 인정되면 다른 방식으로 이해될 가능성이 없다는 점에서 상징의 열린 기의에 비하여 우의의 기의는 닫힌

기의라 할 수 있다.

셋째, 상징과 달리, 우의는 어떤 진리를 나타낸다. 상징은 참과 거짓과 무관하게 사용되지만, 우의는 참과 거짓을 분별할 기준을 지니고 있다. 즉, 상징에서 '평화'를 '비둘기'로 나타낼 경우 참과 거짓에 대한 윤리의식이 개입하지 않는다. 반면에 우의에는 진리에 대한 작가의 판단이 전제되어 있다. 앞에서 살펴보았듯이, 「하급반 교과서」에는 전체주의적 사회에 대한 비판이라는 작가의 판단이 깔려 있다. 시인의 진리에 대한 판단, 즉 옳고 그름에 대한 윤리의식이 담겨 있다는 것이다. 그래서 우의는 현실 비판 의식과 밀접한 관련을 지닌다.

현대에 우의에 주목하는 학자가 꽤 있는데, 벤야민과 폴 드 만이 대표적이다. 벤야민은 우의에 보이는 "형상적인 존재와 의미작용 사이에 가로놓여 있는 심연,"[38] 즉 비유기표와 비유기의 사이의 간극과 균열을 강조하여 그로부터 비극적 세계관을 이끌어 내었다. 즉, 그는 구원의 가능성이 부재하는 세계의 수사학으로 우의에 주목한 것이다. 폴 드 만도 그 균열에 주목하였을 뿐만 아니라 우의가 관습적 기호 체계(전통적 토포스)로부터 발생한다는 사실을 지적하고, 이를 '시간성'이라는 개념으로 풀어내었다.[39] 그는 이를 통하여 은유, 상징과 같은 초월의 수사학이 지닌 기만성을 폭로하고 있다.

5. 반어와 역설 — 모순성의 층위

반어(irony)와 역설(paradox)도 자주 등장하는 짝패 수사학이다. 특히 문학작품의 형식적 측면에 주목한 영미 신비평의 영향으로 이 무늬들이 주

---

[38]. Walter Benjamin, 조만영 옮김, 『독일 비애극의 원천』, 새물결, 2008, 216쪽.
[39]. 폴 드 만은 환유, 반어와 함께 우의를 '시간성의 수사학'이라 규정한다. Paul de Man, "The Rhetoric of Temporality," *Blindness & Insight*, Methuen, 1983, 203쪽.

목 받게 되었다. 그러나 신비평에서 이 둘의 구별을 모호하게 함으로써 혼란도 함께 파급되었다.⁴⁰

반어와 역설이 같은 짝패로 묶이는 것은 이 두 수사학이 모두 상반된 것을 동시에 품은 모순성을 핵심적 특성으로 삼고 있기 때문이다. 반어는 표현과 상반되는 내용, 표면적 화자(일상적 자아)와 상반되는 이면적 화자(반성적 자아)라는 모순성을 지니고 있으며, 역설은 표현 자체에 상반된 두 요소의 공존이라는 모순성을 지니고 있다. 그러나 전자는 비유기표와 비유기의의 관계에서 발생하고, 후자는 비유기표에서 발생한다는 점에서 차이가 난다.⁴¹

1) 표면과 이면의 모순, 반어

아이러니(irony), 즉 반어는 전통적으로 '이것을 말하면서 저것을 의미하는 것,' '칭찬을 통한 비난 또는 비난을 통한 칭찬'을 의미하였다. 아이러니라는 말은 그리스어 'eironeia'⁴²에서 파생된 개념으로서, 고대 그리스 희극의 인물을 가리키는 에이론(eiron)과 관련되어 있다. 그리스 희곡에는 겸손한 약자로서 총명한 주인공 에이론과 허세를 부리는 강자로서 어리석기 그지없는 알라존(alazon)이 등장하여 논쟁을 한다. 겉으로 보기에 어리석고 무능하게 보이는 약자인 에이론이 똑똑한 척 하지만 사실은 어리석은 강자인 알라존을 꺾으면서 관객에게 즐거움을 준다. 겉으로는 무지하게

---

40. 그 혼란은 신비평가들, 특히 클리언즈 브룩스나 그 선구자 리처즈가 반어와 역설이 지닌 이중의 차이를 변별하지 않고 막연하게 동일시하였다는 데 있다. 오세영, 『문학과 그 이해』, 국학자료원, 2003, 565쪽 참조. 한편 역설을 반어의 하위 개념으로 다루는 경우도 있다. 권혁웅, 『시론』, 문학동네, 2010, 201쪽 참조.
41. 한편 미적 범주를 따져서 반어가 골계미에, 역설이 숭고미에 속한다는 점을 차이로 들기도 한다. 남정희, 「역설(paradox)과 반어(irony)」, 『반교어문연구』 11, 반교어문학회, 2000 참조.
42. 이것은 "시치미떼기 수법"이란 말로 번역되기도 하는데, 『국가』에서는 논박하는 이가 '소크라테스적 아이러니'를 폄하하는 데 사용하고 있다. Platon, 박종현 역주, 『플라톤의 국가(政體) — 개정증보판』, 서광사, 2011, 79쪽.

보이지만 내면적으로 총명한 에이론의 이중적 성격이 반어의 본질이다. 즉, 반어는 에이론 자체의 문제이지 알라존과 에이론의 관계 문제가 아니다.[43] 폴 드 만은 이런 반어의 특질을 '이중화(duplication)'라 부른다.

> 희극 즉 웃기는 능력은 웃는 사람 속에 있는 것이지 결코 웃음의 대상에 있는 것은 아니다. 자신이 철학자가 아닌 한, 즉 습관적으로 스스로를 신속하게 둘로 나누고, 자신이 처한 상황을 무관심한 구경꾼처럼 바라볼 수 있는 능력을 획득한 사람이 아닌 한, 자신의 넘어짐에 대해 웃을 수 있는 사람은 결코 없다.[44]

폴 드 만은 보들레르의 이런 언급으로부터 반어의 본질을 끌어내는데, 그것은 철학자처럼 일상적 자아의 활동과 반성적 활동을 분리시키는 '이중화' 개념이다. 이는 표면적 화자로서의 일상적 자아와 이면적 화자로서의 반성적 자아가 반어 안에서 공존함을 가리킨다. 이처럼 반어의 자아는 통일적이고 단일한 자아가 아니라, 이중적 자아 혹은 다중적 자아인 것이다.

그러나 반어의 모순성은 진리 의식이 개입된 위계 의식을 지닌 것으로서, 어느 한 측면이 다른 한 측면에 종속된다. 예를 들어 반어에서는 표면적 자아(혹은 표면적 의미)와 이면적 자아(혹은 이면적 의미)가 조화를 이루는 것이 아니라, 진리 의식이 개입하여 전자를 후자에 종속시키는 것이다. 바르트가 반어가 다원성을 파괴한다고 한 것도 이 때문이다.

> 아이러니는 일종의 표지판처럼 작용해서 인용된 담론에서 기대할 수 있는 다원성을 파괴한다. 다원적 텍스트는 그 테스트 안에서 참과 거짓 사이의 상반성이 뒤집어질 때에, 인용된 내용이 (자신 있게 인용된 것이 아닌

---

43. 김준오는 반어에는 알라존의 시점과 에이런의 시점이 나온다고 하지만, 사실 반어는 에이런이라는 동일인물의 이중적인 시점의 문제이다. 김준오,『시론』(제4판), 삼지원, 2000, 307-308쪽.
44. Charles-Pierre Baudelaire,「웃음의 본질에 대하여」; Paul de Man, 앞의 책, 212쪽.

경우라도) 명시적인 권위를 부여받지 못할 때에, 또 원문에 대한 모든 존경심이 경멸될 때에만…, 비로소 그 기본적인 이중적 기능을 수행할 수 있는 것이다.[45]

반어가 다원성을 파괴하는 것은 반어의 이원성이 결과적으로 일원성으로 귀결된다는 의미이다. 따라서 반어의 두 요소가 서로 조화를 이룬다는 신비평의 반어론을 경계해야 한다. 어쨌든 모순성을 파악하는 것이 반어 이해의 핵심적인 작업에 속한다는 점은 분명하다.

> 한 줄의 시는커녕
> 단 한 권의 소설도 읽은 바 없이
> 그는 한 평생을 행복하게 살며
> 많은 돈을 벌었고
> 높은 자리에 올라
> 이처럼 훌륭한 비석을 남겼다
> 그리고 어느 유명한 문인이
> 그를 기리는 묘비명을 여기에 썼다
> 비록 이 세상이 잿더미가 된다 해도
> 불의 뜨거움 굳굳이 견디며
> 이 묘비는 살아남아
> 귀중한 사료(史料)가 될 것이니
> 역사는 도대체 무엇을 기록하며
> 시인은 어디에 무덤을 남길 것이냐
>
> ─ 김광규, 「묘비명」 전문

이 작품의 12행까지 시적 화자는 어리석은 인물의 시점에서 묘비명의 주

---

[45]. R. Barthe, *S/Z*; Antony Easthope, 박인기 옮김, 『시와 담론』, 지식산업사, 1994, 156-157쪽. 여기에서 '인용된 담론'은 표면적인 담론을 가리킨다.

인공을 칭찬하고 있다. 그러나 이런 시점의 이면에는 그것을 비판하는 총명한 인물의 시점이 들어 있다. 그것은 마지막 2행에 구체적으로 나타난다. 앞의 자아가 '일상적 자아'라면, 뒤의 자아는 '반성적 자아'이다. 이런 자아의 이중화에서 반어가 성립한다.

그러나 반성적 자아가 굳이 표면에 드러날 필요는 없다. 이 시의 마지막 2행에서 반성적 자아를 드러낸 것은 반어나 우의처럼 비유기표만으로 존재하는 수사법에서 독자들이 그 이면적 주제를 놓칠까 하는 염려 때문이다. 반어나 우의는 비유기표가 그 자체로 완결되어 있기 때문에 시인의 의도가 제대로 전달되기 어려울 때가 있다. 사실 이 작품도 마지막 2행을 삭제할 경우 반어적인지 아닌지 판단하는 데 어려움이 있을 것이다. 이 때문에 의도를 명확하게 하기 위한 상황을 제시하거나, 이처럼 언어적 표지를 사용한다.

반어는 흔히 언어적 반어, 구조적 반어, 극적 반어, 낭만적 반어로 나뉜다.[46] 언어적 반어(verbal irony)는 단일한 말에서 표현과 내용의 상반성을 나타내는 것이다. 앞의 시에서 '훌륭한 비석'이 그 예가 된다. 표면적 의미는 긍정적이지만, 이면적 의미는 '가식적이고 허영적인 비석'이라는 부정적 평가를 담고 있다.

신비평 그룹에서 사용하는 구조적 반어(irony as poetic structure)는 리처즈가 말하였듯이 대립하는 두 충동이 조화를 이루는 상태를 말한다. 그가 모든 훌륭한 시는 구조적으로 반어를 지닌다고 할 때, 그 시는 모순되는 두 요소가 조화와 평형의 상태에 놓여 있는 작품이 된다. 같은 내용을 브룩스가 역설이라고 부르면서 반어와 역설이 혼동되게 되었다. 이것은 엄밀하게 말하자면 반어라 할 수 없다.

극적 반어(dramatic irony)는 희곡에 나타나는 반어로서 비극적 반어와 희극적 반어로 나뉜다. 비극적 반어는 주인공이 추구하는 것과 정반대로 전개되는 사건이나 상황 혹은 플롯을 가리킨다. 「오이디푸스 왕」에서 오이디푸스가 세속적 영광을 추구하였지만 결과적으로 가장 비참하고 불행

---

46. 반어의 구분과 그 의미는 오세영의 논의를 참조하였다. 오세영, 앞의 책, 560-563쪽.

한 인간으로 전락한 것이 그 예이다. 희극적 반어는 반어의 어원에서 보았듯이 현명한 약자가 우둔한 강자를 압도하는 상황을 가리킨다. 극적 반어를 상황적 반어라 부르기도 한다.

낭만적 반어(romantic irony)는 독일 낭만주의의 세계관에서 비롯된 것으로, 세계를 무한성과 유한성, 내용과 형식, 객관성과 주관성 등 모순된 요소의 복합체로 보는 관점에서 나온 것이다. 무한성과 유한성의 대립일 때는 유한한 존재인 인간이 무한을 꿈꾸는 것, 내용과 형식의 문제일 때는 작가가 의도적으로 작품에 개입하여 작품의 객관성에 대한 환상을 깨트리는 행위가 된다. 이것도 엄밀하게 따지자면 반어라 할 수 없다.

2) 모순의 표면적 공존, 역설

역설(paradox)은 어원적으로 'para(넘어선)'와 'doxa(의견)'의 결합으로, 상식적인 수준을 넘어선 차원의 의미를 가리키는 표현 방식이다. 즉, 표면적인 모순 너머 존재하는 심층의 진리를 나타내는 표현법인 것이다. 역설이 성립하기 위해서는 명시적이건 암시적이건 표면적인 모순이 반드시 나타나야 한다.

역설은 표면적으로 존재하는 모순을 종합하고 포괄하여 그 이상의 초월적 의미에 도달한다. 모순되는 두 요소는 어느 것도 배제되지 않고 동등하게 존재하며 그 이상의 단계에서 통합된다. 이에 반하여 반어는 표면적 의미와 이면적 의미의 모순 중 어느 하나에 절대적인 권위를 부여한다는 점에서 차이가 난다. 반어가 배제의 수사학이라면 역설은 포용의 수사학이라 할 수 있다. 바로 이 점 때문에 역설은 종교적 관점에 자주 사용되었다.

휠라이트에 따르면 역설에는 표층적 역설과 심층적 역설이 있다. 심층적 역설은 다시 존재론적 역설과 시적 역설로 나누어진다. 이것을 도표로 나타내면 다음과 같다.[47]

---

47. Philip Wheelwright, *The Burning Fountain*, Indiana University Press, 1968, 96-100쪽; 오세영, 앞의 책, 543쪽. 모든 역설에는 명시적이건 비명시적이건 표현상의 모순이

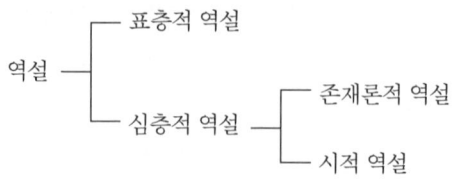

먼저 표층적 역설(surface paradox)은 표면적으로 하나의 표현에 모순된 두 요소가 함께 존재하는 역설이다. 이것을 모순형용(oxymoron)이라 부르기도 한다.

    소리 없는 아우성 (유치환, 「깃발」)
    찬란한 슬픔의 봄 (김영랑, 「모란이 피기까지는」)
    외롭고 황홀한 심사 (정지용, 「유리창」)
    괴로웠던 사나이, 행복한 예수 그리스도 (윤동주, 「십자가」)

이런 예들은 표현상의 차원에서 그 모순이 직접적으로 감지되는 역설이다. 소리 없음과 소리 있음(아우성), 찬란함(기쁨)과 슬픔, 외로움과 황홀함, 괴로움과 행복함 등은 현실적 논리에서는 동시에 존재할 수 없는 어휘들이다. 이렇게 표현함으로써 그 모순을 넘어선 대상의 본질적인 모습을 보여 준다.

심층적 역설(depth paradox)은 표현상의 차원에서 모순이 즉각적으로 드러나지 않고 내면화된 역설이다. 그 표현이 모순인지 아닌지 알기 위해 일상적 논리(doxa)와 비교하여야 한다. 일상적이고 과학적인 논리와 어긋나는 모순이 인식될 때 비로소 역설이 발견된다. 가령 T. S. 엘리엇의 시 「사중주」에 나오는 "시간은 오로지 시간에 의해서만 정복된다."는 표현이 여기에 속한다. 이런 심층적 역설은 다시 존재론적 역설과 시적 역설로 나뉜다.

드러난다는 점에서 이런 구분도 정확하다고 할 수 없다. 휠라이트는 비명시적인 경우를 심층적 역설로 이해한 것으로 보인다.

먼저 존재론적 역설(ontological paradox)은 삶의 초월적 진리를 내포한 역설로서, 종교적 역설이라 부르기도 한다. 오세영의 다음 작품이 이런 역설의 좋은 예가 된다.

> 흙이 되기 위하여
> 흙으로 빚어진 그릇
> 언제인가 접시는
> 깨진다.
>
> 생애의 영광을 잔치하는
> 순간에
> 바싹 깨지는 그릇
> 인간은 한 번
> 죽는다.
>
> 물로 반죽하고 불에 그슬려서
> 비로소 살아 있는 흙
> 누구나 인간은 한 번쯤 물에 젖고
> 불에 탄다.
>
> — 오세영, 「모순의 흙」 부분

이 시에서 "흙이 되기 위하여/흙으로 빚어진 그릇"이나 "물로 반죽하고 불에 그슬려서/비로소 살아 있는 흙" 등의 표현에 역설이 사용되고 있다. 그러나 모순이 즉각적으로 인식되지 않는다. 모순되는 표현이 서로 맞대어 존재하지 않기 때문이다. 이것이 역설임을 알기 위해서는 여기서 말하는 바가 일상적인 논리(doxa)에 어긋나는지 비교하는 작업이 필요하다. 일상적 논리로 따질 때 그릇은 깨어져 흙으로 돌아가기 위해 빚어진 것이 아니며, 반죽과 그슬림은 자연의 흙을 살리는 행위가 아니다. 그렇지만 이런 표현을 넘어선 곳에 진리가 존재한다. 그릇이 깨어져 흙으로 돌아가는 것을 완성(혹은 완결)으로 본다면, 흙으로 돌아가기 위해 그릇이 빚어졌다는 말도 타당하기 때문이다. 마찬가지로 자연의 흙이 고통의 과정을 거쳐 하나의 형상(즉, 그릇의)을 지닐 때 살아 있다고 할 수도 있는 것이다. 이것이 인생에 대한 통찰을 표현한 존재론적 역설이다.

시적 역설(poetic paradox)은 시의 전체 구조에서 발생하는 역설이다. 즉, 시 전체에 주도적으로 나타나는 표면적 의미와 이를 부정하는 다른 의미가 암시적으로 나타나, 표현상 모순을 지니는 경우를 가리킨다. 휠라이트는 "시에 가장 특징적인 역설 형태는 직접적인 진술 ― 특히 시편의 의도된 의미의 일부 ― 이 심상에 잠재된 암시들을 희화화하거나 유희적으로 반대의 것으로 만들 때 발생한다"[48]고 한다. 그는 존 던의 시 「황홀」을 예로 들고 있다. 사랑에 있어서 정신적인 결합을 중시하면서 육체적인 결합을 은근하게 강조하는 이 시는 "겉으로 드러난 정숙한 공언에 대한 음흉하고 교묘하게 음란한 승인"을 보여 준다. 이것은 시적 화자의 직접적인 언술과 반대되는 내용이 형상화되어 있는 경우를 말한다. 따라서 시에 표현된 표면적 의미와 모순되는 내용이 표현상에 나타난다는 점에서 역설임에 틀림없으며, 이런 면에서 반어와 혼동될 이유가 없다.[49]

휠라이트가 말하는 시적 역설은 자신의 의도에 완전하게 복속되지 않는 시, 그리하여 타자의 목소리가 살아 있는 시를 말한다. 이른바 바흐친의 다성성이 드러나는 시이다. 자신의 의도에 완전하게 굴복되지 않은 타자가 자신의 목소리를 드러내는, 완결되지 않은 시가 그것이다. 하나의 질서로 완결되어 있지 않아 두 가지 상반되는 목소리가 시 속에 공존한다. 그러나 시의 독백주의적 속성상 이런 예는 흔하지 않다.[50]

---

48. Philip Wheelwright, 위의 책, 99쪽.
49. 김준오는 시적 역설을 "진술과 이것이 가리키는 상황 사이에 명백한 모순이 나타나는 경우"로 설명하며, 이런 점에서 역설과 반어가 혼동된다고 한다(김준오, 앞의 책, 321쪽). 이것은 시적 역설을 표면적 의미와 이면적 의미의 대조로 오해한 것이다.
50. 김준오는 김소월의 「먼 후일」을, 오세영은 김소월의 「진달래꽃」을 시적 역설의 예로 들지만, 진술된 의도와 모순되는 내용이 등장하는 경우가 아니라서 역설로 보기 힘들다.

아이는 하루 종일 색칠 공부 책을 칠한다.
나비도 있고 꽃도 있고 구름도 있고
강물도 있다.
  아이는 금 밖으로 자신의 색칠이 나갈까봐 두려워한다

누가 그 두려움을 가르쳤을까?
금 밖으로 나가선 안 된다는 것을
그는 어떻게 알았을까?
  나비도 꽃도 구름도 강물도
  모두 색칠하는 선에 갇혀 있다

엄마, 엄마, 크레파스가 금 밖으로
나가면 안 되지? 그렇지?
아이의 상냥한 눈동자엔 겁이 흐른다.
  온순하고 우아한 나의 아이는
  책머리의 지시대로 종일 금 안에서만 칠한다.

내가 엄마가 아니라면
나, 이렇게, 말해버리겠어.
  금을 뭉개버려라. 랄라. 선 밖으로 북북 칠해라.
  나비도 강물도 구름도 꽃도 모두 폭발하는 것이다. 살아있는 것이다.
랄라
  선 밖으로 꿈틀꿈틀 뭉게뭉게 꽃 피어나는 것이다.
  위반하는 것이다. 범하는 것이다. 랄라

나 그토록 제도를 증오했건만
엄마는 제도다.

나를 묶었던 그것으로 너를 묶다니!
내가 그 여자이고 총독부다.
　엄마를 죽여라! 랄라.

— 김승희, 「제도」 전문

　이 시는 색칠 공부 책을 칠하는 아이를 매개로 하여 인간을 억압하는 제도의 문제를 다루고 있다. 색칠 공부 책의 금을 통해 제도에 훈육되는 아이를 보며 시적 화자는 제도를 부정하고 엄마를 부정하라고 말한다. 그러나 이렇게 강하게 말하는 표면적 화자와 어긋나는 화자가 시 속에 공존하고 있다. 즉, "내가 엄마가 아니라면" 하고 가정법으로 말하는 화자가 그것이다. 이 화자는 억압적 제도를 긍정할 수밖에 없음을 인정하는 화자이다. "엄마를 죽여라!" 하고 말하는 화자는 '엄마의 말을 들어라!' 하고 말하는 화자를 압도하지 못한다. 이 두 화자와 그들의 발화가 시 속에서 시적 긴장을 형성하고 있는 것이다. 시인이 지향하는 존재는 제도를 증오하고 위반과 자유를 추구하는 그런 사람이지만, 그는 스스로 제도 속에 갇혀 있는 존재와 아슬아슬하게 맞물려 있다. 하나의 완결된 폐쇄적 구조 속에 억압되지 않은 타자의 목소리가 여기에서 흘러나온다. 제도를 파괴하라는 공식적, 이상적 언명 속에 가려진 소극적, 현실적 언명이 역설의 관계를 형성하고 있다. 후자가 억압되지 않았기 때문에 이 시의 언명은 공허하지 않고 울림이 있는 것이다. 시적 역설을 찾아볼 수 있는 희귀한 예가 아닐 수 없다.

시를 위한 토론

1. 다음 수사법을 교육 현장에서 사용되는 3분법(비유법, 강조법, 변화법)으로 나누고, 경계가 확실하지 않은 수사법은 어떤 것이 있는지 말해 보자.

중의법: 하나의 말에 여러 의미 표현 도치법: 문장 성분의 위치 바꿈 의성법: 소리를 흉내 점층법: 의미를 점차 강하게 하는 표현 대구법: 형식이 유사한 구절을 병행 역설법: 모순되는 두 말을 동시에 사용 반복법: 유사한 표현을 반복적으로 사용 열거법: 유사한 말을 늘어놓는 표현	비유법 강조법 변화법

2. 다음은 〈일 포스티노〉라는 영화에 나오는 네루다와 마리오의 대화다. 마지막에 나오는 마리오의 질문에 네루다를 대신하여 적절한 대답을 해 보자.

   마리오: 마치 배가 단어들로 이리저리 튕겨지는 느낌이었어요.
   네루다: 배가 단어들로 튕겨진다고? 방금 자네가 한 말이 뭔지 아나, 마리오?
   마리오: 아뇨, 뭐라고 했는데요?
   네루다: 그게 은유야.
   마리오: 아니에요.
   네루다: 그렇다니까.
   마리오: 하지만 일부러 한 게 아니니까, 진짜는 아니죠.
   네루다: 그건 상관없어. 느낌이란 순간적으로 생기는 것이니까.
   마리오: 무슨 뜻이죠? 제가 세상을 설명할 수도 있단 말씀이신가요?
   　　　　바다와 하늘과 비와 구름과….

네루다: 기타 등등이라고 하면 돼.
마리오: 기타 등등이 있는 이 세상이 다른 것의 은유란 말인가요?
네루다: ······.

3. 은유와 환유 중에서 다음 시의 중심적 수사학은 무엇인지 근거를 들어 설명해 보자.

(가) 살만 띠룩띠룩 찌다. 중산 계급으로 만들다. 즉, 속악화하다. 중산계급과 결혼하다. 아이 몰라 몰라, 악마! 내 몸을 망쳐 놓다니! 돈을 얼른 지갑에 넣다, 모욕을 당하다, 뺨을 사정없이 얻어맞다. 꽉 막힘, 교통의 혼잡, 봉쇄. 두 탈영병들을 막다른 골목으로 몰아넣다. 금속판을 두들겨 움푹 들어가게 하는 기계,

— 황지우, 「상징도 찾기」 부분

(나) 하늘에 사는
착한 아이는
금으로 구운
굴렁쇠
굴려 굴려
세계 끝으로 가네

끝으로 갔다가
생각난 듯
어김없이 다시
돌아오네
하늘은
온통
황금의
굴렁쇠

구르는 소리.

— 김선영, 「달의 아이는 굴렁쇠 가지고 가네」 전문

4. 다음 중 연회법사의 인품이 표현된 상징을 찾아 그 의미를 설명하고, 그것이 상징의 종류(개인적, 관습적, 원형 상징) 중 어디에 속하는지 말해 보자.

고승 연회(緣會)는 일찍이 영취산에 은거하여 매양 연경(蓮經)을 읽으며 보현관행을 닦고 있었다. 뜰에 있는 연못에는 항상 연꽃 두어 송이가 피어 사철을 두고 시들지 않았다
당시 국왕이었던 원성왕은 그 상서롭고 신기함을 듣고서 연회법사를 불러 국사로 받들려고 했다. 연회는 그 소식을 듣고는 암자를 버리고 은둔의 길을 떠났다.
서령의 바위를 넘어가노라니 한 늙은이가 밭을 갈고 있다가 연회법사에게 어디를 가느냐고 물어왔다.
"나라에서 소문을 함부로 듣고서 나를 벼슬로 얽매려 들기에 그것을 피해 가는 길이오."
그 늙은이는 듣고 나서 말했다.
"이 땅에선 법사가 지닌 가치를 팔 만도 한데 무얼 그리 수고스럽게끔 멀리 가서 팔려고 하오? 법사야말로 매명(賣名)을 진정으로 싫어하는 게 아니군."
연회는 그 늙은이가 자기를 모욕하는 것이라 하여 늙은이의 말을 좇지 않고 가던 길을 계속해서 갔다.

— 「연회도명(緣會逃名), 문수점(文殊岾)」, 『삼국유사』

5. 다음 시의 '벼'는 상징과 우의 중 어디에 속하는지 말하고 그 의미에 대하여 정리해 보자.

벼는 서로 어우러져
기대고 산다.
햇살 따가와질수록
깊이 익어 스스로를 아끼고
이웃들에게 저를 맡긴다.

서로가 서로의 몸을 묶어
더 튼튼해진 백성들을 보아라
죄도 없이 죄지어서 더욱 불타는
마음들을 보아라 벼가 춤출 때
벼는 소리없이 떠나간다.

벼는 가을 하늘에도
서러운 눈 씻어 맑게 다스릴 줄 알고
바람 한 점에도
제 몸의 노여움을 덮는다.
저의 가슴도 더운 줄을 안다.

벼가 떠나가며 바치는
이 넓디 넓은 사랑
쓰러지고 쓰러지고 다시 일어서서 드리는
이 피 묻은 그리움,
이 넉넉한 힘…….

— 이성부, 「벼」 전문

6. 다음 작품은 논자에 따라 역설로 읽기도 하고, 반어로 읽기도 한다. 어느 의견이 더 적절한지 말해 보자.

먼 훗날 당신이 찾으시면
그때에 내 말이 "잊었노라"

당신이 속으로 나무라면
"무척 그리다가 잊었노라"

그래도 당신이 나무라면
"믿기지 않아서 잊었노라"

오늘도 어제도 아니 잊고
먼 훗날 그때에 "잊었노라"

— 김소월, 「먼 후일」 전문

7. 황진이의 작품을 반어로 읽는 다음 논의의 적절성에 대하여 자신의 생각을 말해 보자.

청산리 벽계수(碧溪水)야 수이 감을 자랑 마라
일도창해(一到蒼海)하면 돌아오기 어려우니
명월(明月)이 만공산(滿空山)하니 쉬어간들 어떠리

  이 작품을 표면에 나타나는 뜻으로 읽는다면 일종의 자연송, 또는 음풍영월이 될 수 있을 것이다. (…) 그러나 각도를 바꾸어 여기 나오는 단어의 속뜻을 감안한 가운데 이 작품을 읽으면 그 문맥이 전혀 달라진다. 여기서 벽계수는 한 사람의 특정인물인 종실(宗室) 벽계수를 가리킬 수 있다. 뿐만 아니라 명월도 자연이 아니라 바로 황진이 자신이다. (…) 이때 황진이가 쓴 아이러니는 독자에게 전달된다.

— 김용직, 『현대시원론』

제12장 • 숭고, 초월의 수사학

1. 숭고, 초월 감각의 호명

숭고는 원래 라틴어 'hypsous,' 즉 '높은, 고귀한, 고양된'에서 파생된 단어로, 이것이 비평과 미학 용어로 사용된 것은 롱기누스로 전해지는 수사학자에 의해서이다. 그의 숭고론을 종합하여 보면, 숭고는 "사상의 웅장함이라는 내용이 표현의 탁월함이라는 형식을 통해 나타나, 초월적인 세계 속으로 독자를 몰입하게 하는 황홀의 효과를 주는 미적 범주"[1]로 정리할 수 있다. 숭고는 인간적인 범위를 넘어서 있는 초월적 영역을 겨냥하고 있다. 따라서 그런 영역을 추구하며 자신의 영혼을 고양시키는 것이 인간의 의무가 된다. 롱기누스는 이를 "인간이 자신의 소멸하는 부분들을 찬미하고 불멸의 증대를 소홀히 여긴다면(그 얼마나 애석한 일인가)"[2]이라는 말로 표현하고 있다.

숭고의 가장 중요한 특성은 초월 감각이다. 이 초월 감각이 왜 지금 여기에 호명되어야 하는가. 그것은 현대 문화의 피상성, 현대문학의 왜소화

---

1. 박현수, 『전통시학의 새로운 탄생』, 경북대학교출판부, 2013, 324쪽. 숭고의 개념 및 의의에 대해서는 제5장 2, 3절 참조. 숭고의 판단에 대한 필자의 생각이 여러 번 변화하였는데, 이 책이 그 최종판이라 할 수 있다.
2. Michel Deguy, 「고양의 언술」, Jean-Luc Nancy 외, 김예령 옮김, 『숭고에 대하여 — 경계의 미학, 미학의 경계』, 문학과지성사, 2005, 17쪽에서 재인용.

현상 때문이다. 1990년대 사회주의의 몰락과 더불어 우리 문학에서 거대 담론의 붕괴는 가속화되었다. 그것은 필연적으로 미시 담론의 유행을 촉발시킨다. 2000년 이후 유행처럼 번지고 있는 생활사, 문화사적 접근도 겉모습은 속류 마르크시즘처럼 보이지만, 자세히 보면 거대한 해석틀이 부재하는 미시 담론일 뿐이다. '맹목적인 실증주의'라 부를 수 있다.

미시 담론의 미세한 시선은 거대 담론의 위압감을 벗어난 초기에 상당한 대안으로 환영 받았다. 절대적 이념으로 전제해 버렸던 모든 규범들이 미시사적 차원에서 재검토되었다. 그러나 그런 검토가 기존의 거대 담론의 규정으로부터 완전한 반전을 이룩한 경우는 드물었다. 미세한 조정에 그칠 뿐이었다. 그리고 미시적 시선의 횡행으로 우리의 잠재적 가능성에 대한 통찰도 사라졌다. 사라진 것 중의 하나가 바로 초월 감각이다. 초월은 인간의 고양과 관련되어 있다. 초월은 인간을 평면적인 구속으로부터 벗어나게 하여 입체적 차원으로 고양시킨다.

김동리의 해방기 초월주의가 우리 문단의 중요한 조류로 나타난 것도 이와 관련된다.[3] 김동리가 문제 삼은 것은 과학적 실증주의에 의해 "천상보다는 지상, 입체보다는 평면, 무한보다 유한을 본질로 삼게 된"[4] 근대적 삶의 양식이다. 이 국면의 타개를 위해 절실하게 필요한 것이 바로 '구경적 생의 형식'으로서의 문학인 것이다. 이 개념은 인간의 구경적(본질적) 삶이란 신의 차원과 맞닿은 것으로서, 진정한 문학은 이 문제를 다루어야 한다는 생각을 표현한 것이다. 그래서 그는 과학적 세계관에 의해 사라져 버린 '신명의 세계'의 회복을 문학이 추구해야 할 절체절명의 임무로 제시한다. 과학적 실증주의가 가져온 '평면의 정신'의 극복으로서 "신과 신을 통해서만 있을 수 있는 입체와 무궁"[5]의 세계의 회복이 문학의 궁극적인 목표라는 것이다. 이것은 본질적으로 휴머니즘, 순수성, 민족과 무관한

---

3. 이 시기 초월주의에 대해서는 박현수, 「한국 전후 서정시의 성격과 층위 연구」, 『개신어문학』 25, 개신어문학회, 2007 참조.
4. 김동리, 「자연주의의 구경 — 김동인론」(1948. 6), 『문학과 인간』(김동리전집 7 평론), 민음사, 1997, 13쪽.
5. 김동리, 위의 책, 21쪽.

개념이다. 김동리는 근대 과학주의에 의해 폄하되고 소멸된 초월적 세계의 가치를 인정하고 이를 다시 복권시키는 데에 관심이 있었을 뿐이다.

  2000년 이후 우리의 문학 상황도 전후 초월주의의 등장 배경과 유사하다. 구체적인 사회-정치적 상황은 다르지만, 감각과 사유의 평면화가 극도로 진행되었다는 점에서는 공통된다. 이때 숭고, 즉 초월 감각은 평면화된 문학을 돌파하는 데 중요한 역할을 할 수 있다. 숭고를 통해 우리는 미시적인 세계에 갇혀 끝없이 사소해져 가는 우리 문학을 구제할 수 있을 것이다. 다음과 같은 근래의 시에서 초월 감각의 일단을 엿볼 수 있다.

    파헤쳐 보면 슬픔이 근원이다
    주어진 자유는 오직 부유(浮遊)
    지상으로도 대기권 너머로도 이탈하지 못하는 궤도를 질주하다
    끝없는 변신으로 지친 몸에 달콤한 휴식의 기억은 없다
    석양의 붉은 해안을 거닐 때면 저주의 혈통에 대해 생각해 본다
    언제 가라앉지 않는 생을 달라고 구걸한 적 있던가
    산마루에 핀 꽃향기와
    계곡을 가로지르는 산새의 지저귐으로 때로 물들지만
    비릿한 물내음 뒤틀린 천둥소리의 본성은 바뀌지 않는다
    다만 묵묵히 나아갈 뿐이다
    한 떼의 무리가 텅 빈 초원을 찾아 떠나간 뒤
    홀로 남겨진 자들은 뿔뿔이 흩어져
    혹은 태양에 맞서다 죽어가고 혹은
    잊어버린 지상에서의 한 때를 더듬다 희미한 미소를 지으며 사라져간다
    현생은 차라리 구천이라 하고
    너무 무거워도 너무 가벼워도 살지 못하는 중천이라 여기고
    부박한 영혼의 뿌리엔 오늘도 별빛이 잠든다
    이번 여행은 오래 전 예언된 것이다

사지(死地)를 찾아간 코끼리처럼
서녘으로 떠난 무리가 어디 깃들었는지는 아무도 모른다
성소는 길 끝에 놓여 있다

— 윤의섭, 「구름의 율법」 전문

이 시는 구름을 초월 감각으로 다루고 있다. 구름은 고통스런 현실에 발 딛고 초월의 공간을 지향하는 인간의 비유이다. 중간자적 존재로서의 인간, 어디에도 속하지 못하고 부유할 수밖에 없는 유한한 존재의 고통이 이 시에 잘 그려져 있다. 그러나 그 삶의 방향은 '성소'로 향해 있다. 삶의 지향은 언제나 성소, 즉 초월적 공간으로 향해 있기에 그의 삶은 부박하지만 허무하지는 않다. 그러나 성소가 단순히 목적으로만 그려지지 않는다는 점에서 이 시는 빛난다. 즉, 부박한 유랑이 끝나는 곳, 바로 그곳이 비로소 성소로 화하는 것이라 보고 있다. 성소는 고정적인 목적이 아니라, 결과에 따른 생성이 되는 것이다.

2000년 이후 〈반지의 제왕〉, 〈해리 포터와 마법사의 돌〉과 같이 판타지 서사들을 영화화한 작품들이 세계적으로 사랑을 받은 것은 미시담론과 물질주의가 장악하고 있는 현실에 대한 불만의 표현이자, 심층에 존재하는 거대담론 혹은 초월담론에 대한 갈망의 표현이라 할 수 있다. 이런 서사에 몰입하는 것은 유행에 휩쓸리는 대중심리 때문이 아니라, 고양과 초월에 대한 갈망이 인간의 본질 중의 하나이기 때문일 것이다.

2. 숭고의 사적 전개, 초월성에서 질료성으로

숭고(the sublime)는 그리스 수사학에서부터 낭만주의를 거쳐 현대 포스트모더니즘에 이르기까지 많은 사람들에 의해 논의된 미학적 범주이다. 현대에 들어 숭고가 다시 논의된 것은 무엇보다도 리오타르의 영향이 크다. 리오타르가 포스트모더니즘 미학을 해명하기 위한 핵심 개념으로 숭고를 사용함으로써 그 가치가 새롭게 조명되었고, 또한 그런 논의의 타당성을 두고 많은 논의가 전개되었던 것이다.

숭고가 문학이나 미학의 견지에서 다루어진 것은 롱기누스(Longinus)라는 이름으로 알려진 수사학자의 저작, 『숭고론(peri hypsous; 드높은 것에 대하여)』[6]에서부터이다. 롱기누스는 그의 저서에서 숭고를 구체적으로 정의하고 있지 않다. 그리고 그는 자신의 논의 속에서 숭고를 표현하는 데 'hypsous' 하나만을 사용하지도 않는다.[7] 그가 개념 정의를 직접적으로 하지 않은 이유는 숭고의 개념 정의보다는 독자를 그런 숭고한 경지로 고양시키는 방식에 더 많은 관심을 가지고 있었기 때문이다. 그래서 고양과 초월의 문제가 롱기누스 숭고론의 핵심이라 할 수 있다.

롱기누스의 숭고론은 그 당시와 그 후의 문학론에서 크게 다루어지지 않았다. 그 글은 르네상스 시기인 1554년에 로베르텔리(Robertelli)에 의해 최초로 출판되었으며, 그 다음에 1572년에 라틴어로, 1652년에 영어(John Hall 번역)로 번역되었다. 그러나 이것은 17세기까지 별다른 영향을 끼치지 못했다. 1672년 부알로의 번역이 있은 후 비로소 영국에서 그 영향이 크게 나타나는데, 이때 영국에서는 신고전주의가 약화되고 주관성이 점차 중요시되고 있었다. 이때 낭만주의의 홍기와 미학의 확립에 있어서, 문학에서뿐 아니라 예술 일반에서도, 숭고는 비로소 하나의 핵심 개념으로 자리 잡게 되었다.[8] 이것이 18세기 미학의 성립으로 연결된다. 18세기 미학은 고전주의적 미학으로부터 근대 미학으로, 즉 객관주의 미학으로부터 주관적

---

6. 『숭고론』은 저자가 Postumius Terentianus라는 젊은이에게 보내는 편지 형식의 글이다. 모두 44장의 글로 구성되어 있으며, 아쉽게도 모두 여섯 곳에 걸쳐 결락된 부분이 있다. 또한 이 장에서는 『숭고론』의 저자가 롱기누스가 아니지만 '위(僞)롱기누스' 등의 명칭도 부자연스러워 편의상 롱기누스로 부름을 밝혀 둔다.
7. 동의어로 가장 많이 사용되는 것은 '위대한(great)'이라는 단어이다.
8. Alex Preminger(ed.), *The New Princeton Encyclopedia of Poetry and Poetics*, Princeton University Press, 1993, 1231쪽. 이 숭고는 낭만주의의 홍기와 발전을 가져다준 근본적인 개념이라는 점에서 낭만주의 논의에 있어서 중심적인 개념으로 재정립될 필요가 있다.

미학인 취미론(theory of taste)으로 전환을 하게 되었다. 그래서 고전주의 미학의 유일한 미적 범주였던 '미(the beauty)' 이외에 '숭고(the sublime)' 나 '픽처레스크(the picturesque)' 등의 새로운 범주가 도입되었다.[9]

18세기 미학의 성립에 가장 큰 기여를 한 논문 『숭고와 미의 기원에 관한 철학적 연구』(1757)에서, E. 버크는 숭고와 미를 대립적인 개념으로 파악하고 새로운 차원에서 해명하였다. 버크는 숭고를 인간의 마음이 느낄 수 있는 가장 강렬한 감정이라 하며, 숭고를 만드는 요인으로 고통과 위협, 공포와 유사한 방식으로 작용하는 모든 것을 들었다.[10] 그리고 그 숭고가 생기기 위해서는 그런 위험을 직접적으로 당하지 않는 거리, 즉 모의적 위험 밖에 있어야 함을 강조한다.[11] 이런 관점에서 버크는 미를 사교성과 연결시키고, 숭고는 자기 보존 본능과 관련시킨다. 또한 "우리 연구의 주요한 목표는 마음을 고양시키는 것"[12]이라는 언급은 버크가 롱기누스의 문제의식을 계승하였음을 보여 준다.

칸트는 『판단력 비판』에서 숭고에 대한 철학적 분석을 함으로써 단순히 양식상의 개념에 불과했던 숭고를 미학적 논의의 중심으로 끌어들였다. 칸트의 숭고는 우리가 상상력의 한계를 넘어 버리는 대상을 마주했을 때, 지각 작용에 의해 상상력의 한계를 돌파하는 데서 오는 쾌감이다. 이 쾌감은 대상에 원인이 있는 것이 아니라 그 대상을 지각하는 인간이 스스로의 이성 능력과 직면하는 데서 오는 복잡하고 주관적인 쾌락이다.

칸트는 버크의 논의를 이어받아 숭고와 미를 대립시킨다. 칸트에 따르면, 미는 한정적인 대상의 형식에, 숭고는 한계가 없는 형식(몰형식)에 관계하며, 미는 오성(지성)과 성질의 표상에, 숭고는 이성과 분량의 표시에 관계한다. 칸트는 또한 숭고를 두 가지로 구분하여 다른 것과 비교할 수 없

---

9. Jerome Stolnitz, *Aesthetic and Philosophy of Art Criticism*; 오병남 옮김, 『미학과 비평철학』, 이론과실천사, 1991, 244쪽.
10. Edmund Burke, *A Philosophical Inquiry into the Origin of our Ideas of the Sublime and Beautiful*, Oxford University Press, 1990, 36쪽.
11. Edmund Burke, 위의 책, 34쪽.
12. Edmund Burke, 위의 책, 48쪽.

을 만큼 무조건적으로 큰 것을 '수학적 숭고'라 하고, 비교 불가능한 무한한 힘을 '역학적 숭고'라 하였다.[13] 그러나 이런 칸트의 숭고론은 너무 주관적이라는 점, 대상에 있어서 지나치게 무한성으로 돌려 희롱한다는 점에서 비판을 받는다.[14]

칸트 이후의 숭고론은 소강상태에 놓였다가 미학사의 미적 범주를 다루는 분야 외에서는 현대에 이르기까지 별 주목을 받지 못하였다. 이처럼 잊힌 개념이 되어 왔던 숭고가 숭고의 복권 혹은 숭고의 르네상스를 맞이한 것은 포스트모더니즘의 대표자 리오타르가 이를 아방가르드 운동과 관련시켜 논한 이후이다.

리오타르는 재현의 제약 속에 놓여 있던 전통적 회화의 틀을 완전히 벗어난 현대 미술은 현재의 사건성을 재현 불가능한 것으로 인식한다고 주장한다.[15] 이 재현 불가능성이 리오타르에 있어서 숭고의 핵심이 된다. 무한성으로서의 숭고의 대상은 어떤 것으로도 재현할 수가 없는데, 이 재현 불가능성이 가져다주는 긴장과 그로부터 발생하는 쾌감이 바로 숭고의 감정이다. 현대 예술은 대상을 모방하는 것이 아니라, 재현 불가능한 것이 존재한다는 사실을 표현하는 데 목적이 있다는 것이다. 그래서 리오타르는 칸트의 몰형식을 질료의 몰형식으로 대체하였다. 숭고는 몰형식과 관계되는데, 형식이 없다면 남는 것은 질료뿐이기 때문이다. 이것은 질료와 형식의 일치를 믿는 아리스토텔레스 이후의 형이상학적 장치, 합목적성 원리에 대한 거부가 된다.[16] 이처럼 질료성만 강조될 때, 거대한 화폭에 노란, 파란 단색만이 있는 버네트 뉴만의 그림이나, 백지 한 가운데 '건초, 호수'

---

13. I. Kant, 이석윤 옮김, 『판단력비판』, 박영사, 1974, 112-151쪽. 칸트의 숭고론에 관한 것은, 김광명, 「칸트미학에 있어 '숭고'의 문제」, 『미학』, 한국미학회, 1992. 12; 최재희, 『칸트의 생애와 철학』, 명문당, 1990; 김상봉, 『나르시스의 꿈』, 한길사, 2002 참조. 칸트의 숭고론에 대해서는 숭고 개념을 다루는 장에서 논의하므로 여기서는 전체적인 윤곽만 제시한다.
14. N. Hartmann, 전원배 옮김, 『미학』, 을유문화사, 1969, 385쪽.
15. Jean François Lyotard, 유정완 외 옮김, 『포스트모던의 조건』, 민음사, 1992, 223쪽.
16. J. F. Lyotard, "After the Sublime, the State of Aesthetics," *The Inhuman: Reflections on Time*, trans. G. Bennington and R. Bowlby, Polity Press, 1991, 138-139쪽.

라는 두 단어만 쓰인 얀들의 시에서처럼, 모든 예술에서 의미론적 구성이 불가능하게 된다.[17] 이제 숭고론에서 '저편의 다른 세계 혹은 다른 어떤 시간'과 연계된 초월성은 사라지고, 질료성, 재현 불가능성이 그 자리를 대신하게 된다. 그러나 이것은 숭고에서 가장 중요한 고양 의식, 즉 초월의식의 가치를 제거하는 방식이라 할 수 있다. 리오타르가 잃어버린 절대자로 향하는 향수적 숭고보다는 실험의 무한성으로 향해 있는 혁신적 숭고를 더 중요시한다는 평가를 받는 것도 이 때문이다.[18]

참고로 동양에서도 앞에서 설명한 숭고와 관련된 논의가 오랜 전통을 가지고 있다는 점을 밝혀 둔다. 특히 유협의 『문심조룡』에서 다루고 있는 여덟 가지 풍격 중의 하나인 '장려(壯麗)'가 이에 해당한다고 할 수 있다.[19] 이것이 사공도(司空圖)의 「이십사품(二十四品)」에 이르면 '웅혼(雄渾)'과 '호방(豪放)'으로 나타나는데, 사공도는 특히 전자를 최상의 풍격으로 평가한다.[20] 이것이 청대 왕국유(王國維)에 이르면 '굉장(宏壯)' 혹은 '장미(壯美)'로 나타나는데, 현대 중국 미학자는 이것을 숭고로 번역한다.[21] 이 풍격론은 한국 한시의 비평에도 적용되었는데, 그중 숭고와 유사한 것은 남용익(南龍翼, 1628-1692)의 『호곡시화』에 나오는 '웅장'이다. 현대문학에서도 숭고가 다루어지긴 했으나 구체적 논의를 결하고 있거나 일반적 차원을 벗어난 정의를 하고 있어 생략한다.[22]

---

17. 최문규, 「포스트모더니즘과 장엄함의 미학 — 칸트와 리오타르를 중심으로」, 『문학과 사회』, 1992. 가을, 105쪽.
18. Paul Crowther, *Critical Aesthetics and Postmodern*; 김석수, 「칸트의 반성적 판단력과 현대 철학」, 『칸트연구』 3, 한국칸트학회, 1997, 379쪽.
19. 『문심조룡』「체성편(體性篇)」에서 '장려'는 '高論宏裁, 卓爍異彩者也'로 설명된다.
20. 「이십사품」은 시로 각각의 풍격을 설명하였는데, '웅혼'의 설명 중에 "형상 밖에 뛰어넘어 그 묘리를 얻는다"는 표현은 숭고의 비결정성 혹은 재현 불가능성과 연결시킬 수 있을 것으로 보인다.
21. 聶振斌, 『中國近代美學思想史』, 中國社會科學出版社, 1991, 82쪽.
22. 조동일, 「미적 범주」, 『한국사상대계 1』, 성균관대 대동문화연구원, 1973; 조동일, 『문학연구방법』, 지식산업사, 1980; 신동욱, 「숭고미와 골계미」, 『한국현대문학론』, 박영사, 1972 등 참조.

3. 숭고한 문학: 숭고한 정신과 숭고한 표현

문학에 필요한 숭고 개념은 롱기누스에서 잘 나타난다. 그러나 그는 숭고의 개념을 직접적으로 말하지 않았으므로, 그것을 파악하기 위해서는 그가 숭고의 예로 사용하는 시 구절과 그에 관한 자신의 언급에서 찾아야 한다. 또한 저자가 너무나 당연한 것으로 여겨 개념 설명이라는 과정을 뛰어넘어 간접적으로 설명한 구절을 분석함으로써 숭고의 의미를 재구성할 수 있다.

롱기누스는 몇 부분에서 숭고와 관련된 언급을 하고 있다. 우리는 그 구절을 분석함으로써 간접적으로 숭고의 개념에 대한 그의 생각을 어느 정도 정리해 볼 수 있다.[23]

(가) 숭고는 표현의 고귀함과 탁월함으로 구성되어 있다. 위대한 작가들이 명성을 얻는 것은 오직 이것으로 인해서이다. 청중에게 고양된 언어가 주는 효과는 설득이 아니라 황홀이다. (1장)

(나) 나는 이제 숭고의 다섯 가지 원천에 대해 언급하고자 한다. 이는 모두 언어 구사력이라는 것에 의존하고 있는데, 언어 구사력이라는 근본적 자질 없이는 그 어떤 숭고도 가능하지 않을 것이다. 그 다섯 가지는 다음과 같다. 첫째이면서 가장 중요한 원천은 ① 사상의 웅장함이다. (…) (나머지는) ② 강렬하고도 고양된 정서, (…) ③ 어떤 비유의 적절한 구성, (…) ④ 고상한 표현, (…) ⑤ 구조의 탁월함과 고양됨이다. (8장)

(다) 예술에서 우리는 정확성을 칭찬하지만 문학에서는 웅장함을 칭찬한

---

[23] 『숭고론』의 원문을 인용할 때는 장 수만 밝히기로 한다. 번역에는 다음 영역서를 참조하였다. G. M. A. Grube, *On Great Writing*, The liberal arts press, 1957; W. Hamilton Fyfe, *Longinus, on the Sublime*, Havard University Press, 1965.

다. (…) 조각에서 우리는 인간성에 밀접한 유사성을 기대하지만, 문학에서 우리는 인간성을 초월하는 그 무엇인가를 기대한다. (36장)

먼저 (가)에서 숭고의 언어적 특성과 효과가, (나)에서는 숭고의 원천이, (다)에서는 숭고의 초월성이 나타난다. 특히 (나)에서 ①과 ②는 작자의 내면, 즉 정신적 태도라는 내용과 관련된 것이라면, ③, ④, ⑤는 언어의 표현, 즉 형식과 관련된 것이다. 이로부터 우리는 사상의 웅장함과 강렬하고도 고양된 정서라는 전자의 내용이 후자의 언어적 형식을 통해 드러날 때 비로소 숭고가 이루어질 수 있다는 점을 알 수 있다. 이는 숭고가 작자의 정신적 고귀함의 문제에 국한되는 것이 아님을 말하는 것이다. 문학을 작자의 문제로 귀속시키는 단순성의 위험을 롱기누스는 이미 인지하고 있었던 것으로 보인다.

앞서의 롱기누스의 논의를 종합하여 보면 그가 말하는 문학에서의 숭고는 '사상의 웅장함이라는 내용이 표현의 탁월함이라는 형식을 통해 나타나, 초월적인 세계 속으로 독자를 몰입하게 하는 황홀의 효과를 주는 미적 범주'라 할 수 있다.

롱기누스가 숭고에 관한 논의를 하는 중에 인용한 다음 예를 통해 그 문제를 구체적으로 다루어 보자.[24]

(가) 망대 위에 앉아 있는 사람이 포도주빛 바다를 건너다 볼 때
　　아득히 바라보이는 그 무한한 넓이만큼을 한 걸음으로 하여
　　천둥 같이 울음 우는 신성한 군마(軍馬)들은 단숨에 멀리 건너뛰었다.[25]

---

24. 『숭고론』의 저자는 인용문의 원전을 찾아 대조한 것이 아니라 고대의 많은 저자들이 하듯 기억으로부터 그것을 끄집어내기 때문에, 몇 부분의 구절이 뒤섞이거나 『성서 창세기』의 인용처럼 구체적으로 없는 부분이 들어가며 변형되기도 한다. 여기에서는 될 수 있는 한 작품 원전에서 관련 부분을 인용한다.
25. 『일리아드』, 5권; 770-2행. 몬로, 알렌 원전교정, 천병희 옮김, 『호메로스의 일리아스』, 종로서적, 1997, 104쪽. 앞의 권과 행 표시는 이 책의 것이다.

(나) 포세이돈이 지나가자, 그의 불멸의 발아래서
　　 높은 산들도 떨고 숲도 떨었다.
　　 그리하여 샘물이 많은 이데 산의 발과 머리가 모두 흔들렸고
　　 트로이 인들의 도시와 아카이아 인들의 함대도 흔들렸다.
　　 그가 파도 위를 달리니, 큰 물고기들이 주인을 몰라보지 않고
　　 모든 처소로부터 나와 그의 발아래서 뛰어올랐고
　　 기쁨에 넘쳐 바다도 갈라섰다. 말들은 날듯이 달려가니[26]

(다) "그리고 신이 말씀하셨다." 무엇을? "빛이 있으라 하니 빛이 있었고,
　　 땅이 있으라 하니 땅이 있었다."[27]

(라) 아버지 제우스여! 아카이아 인들의 아들들을 어둠에서 구해 주소서.
　　 그리고 하늘을 밝게 하시고 눈으로 볼 수 있도록 해주소서.
　　 우리가 죽는 것이 그대의 기쁨일진대 제발 밝은 데서 죽이소서![28]

위의 인용문은 모두 『숭고론』 9장에 나오는 예들이다. (가), (나), (라)는 『일리아드』에 나오는 구절이고, (다)는 『성서』의 「창세기」에 나오는 구절이다. (가)는 여신 헤라가 채찍질을 하자 여신의 군마들이 별이 총총한 하늘과 광대한 대지 사이로 날아가는 장면을 묘사한 부분이다. 이에 대해 롱기누스는 "그(호메로스)는 우주적 차원을 단위로 하여 군마들의 도약을 측정한다. 이 웅장한 표현은 신성한 군마들이 연속적으로 그 같은 도약

---

26. 이 구절은 『일리아드』의 여러 부분에서 가져온 구절이다. 2, 3행(『일리아드』, 20권: 58-60행)은 『호메로스의 일리아스』, 370쪽을 참조한 것이다. 전체적으로는 김상봉, 앞의 책, 85쪽을 참조하여 수정하였다.
27. 관련 내용의 원래 구절은 "하나님이 가라사대 빛이 있으라 하시매 빛이 있었고(창세기 1:3) … 하나님이 가라사대 천하의 물이 한 곳으로 모이고 뭍이 드러나라 하시매 그대로 되니라(창세기 1:9)"이다.
28. 『일리아드』, 17권: 645-7행. 『호메로스의 일리아스』, 334쪽.

을 두 번 시도한다면, 그 말들이 다음 발을 디딜 장소가 없지 않겠는가 하는 감탄을 자아내도록 만든다"[29]고 평가하고 있다. 그는 인간의 측정 수단으로는 감히 생각할 수조차 없는 우주적 차원을 단위로 하였다는 점에서 숭고를 읽어 내고 있다. 이를 통해 숭고는 인간의 이지적 계산이나 상상을 초월한 무한한 세계를 인간에게 각인시키는 데서 발생한다는 것을 알 수 있다. 그리고 이처럼 인간의 한계를 초월한 세계로 인간의 사유를 향하게 하는 것이 바로 고양(elevation)의 의미가 된다.

(나)는 롱기누스가 신들의 전투에서 신성성을 가장 잘 보여 주는 부분으로 평가하는 대목이다. 그는 이 구절을 "신적인 것을 흠 없이 참으로 크고 순수하게 묘사하고 있다"[30]고 평가한다. 그가 주목하는 것은 신의 위대한 크기와 모양이 아니라, 신적인 평화에 모든 것이 자연스럽게 참여하고 있는 장엄한 풍경이다. 이 속에 신의 진정한 모습이 잘 묘사되어 있다고 본 것이다.

(다)는 태초에 창조주가 단 한마디의 말로 무에서 유를 창조하고, 빛과 땅을 창조하는 절대적인 명령을 내리는 장면이다.[31] 태초라는 아득한 시간을 배경으로 허공에서 어둠을 향해 명령을 내리는 절대자의 모습은 인간의 상상을 초월하는 위압감을 지니며, 이를 상상으로 대면하는 순간 우리는 숭고를 느끼게 된다.

그러나 숭고는 초월적인 신과 관련될 때만 성립되는 것일까. 그렇다면 초월적 세계와 무관한 인간의 행위는 숭고에서 배제되는 것인가. 롱기누스는 다행스럽게도 그렇지 않다고 하며, (라)의 예를 하나 더 덧붙인다. 인용한 부분은 갑자기 어둠이 몰려오자 제우스가 트로이인들을 돕고 있다

---

[29] G. M. A. Grube, 앞의 책, 13쪽.
[30] 김상봉, 앞의 책, 85쪽.
[31] 브래들리는 다음과 같이 해설한다. "태초의 그리고 즉각적인 빛의 출현이라는 생각은… 숭고하다. 그리고 그 기본적인 호소는 감각으로 향해진다. 더 나아가 이 초월적인 영광스런 출현이 단순한 언어, 하나의 호흡에 기인한다는 것 자체가… 절대적으로 측정불가능한 힘에 대한 인상을 엄청나게 강렬하게 만든다." A. C. Bradly, *Oxford Lecture on Poetry*, London, Macmillan, 1959, 57쪽.

고 판단한 아이아스의 부르짖음이다. 절대적인 신이 상대편을 돕고 있으니 승리가 불가능하다고 판단한 아이아스가 제우스에게 떳떳한 죽음을 달라고 하늘을 향해 부르짖는 말이다. 이것이 왜 숭고한가. 롱기누스는 다음과 같이 설명한다.

> 위의 표현은 아이아스의 순수한 감정이다. 그는 목숨을 구걸하는 것이 아니다. 그런 구걸은 영웅에게는 너무나 천박한 것이다. 그러나 아무 것도 할 수 없는 어둠 속에서 그는, 그의 용맹을 고상한 목적에 사용할 수 없게 되었다. 그는, 이러한 상황에서 싸움을 계속할 수 없게 된 사실에 속을 태우며, 밝은 대낮이 빨리 다시 돌아오기를 기도하였다. 비록 제우스가 그와 싸움을 벌이는 일이 있더라도, 그는 적어도 그의 용기에 걸맞은 죽음을 택하리라고 생각하였다.[32]

  인간의 유한성을 인식하면서도 그것을 뛰어넘으려는 시도, 즉 죽음이라는 절대적인 한계 앞에서 전혀 주눅 들지 않는 용기가 바로 숭고한 것이다. 이 순간 인간은 유한성을 넘어선 초월적 세계에 들어선다. 이런 용기를 정정당당하게 보여 줄 수 있는 이라면 누구나 영웅이다. 단순히 신과 대적하겠다는 무모한 행위라면 숭고할 수 없다. 숭고는 신과의 대적이라는 외면이 아니라 영웅의 내면에 있는 것이다. 호메로스는 그것을 적절하게 표현하고 있다.
  이런 예를 통해 확인할 수 있는 것은, 초월성이 그 자체로 나타나는 것이 아니라 언제나 탁월한 미적 표현을 바탕으로 하여 나타난다는 점이다. 예로 든 『일리아드』나 「창세기」의 구절은 독자를 압도할 수 있는 최상의 표현을 선택하고 있다. 이런 표현이 없었다면 숭고라는 감정도 불가능하였을 것이다. 부알로가 언급하였듯이, 가령 창세기의 "빛이 있으라, 하시매 빛이 있었다"라는 구절이 "자연의 절대적인 통치자께서 단 한마디로 빛을

---

32. 롱기누스, 김명복 옮김, 『롱기누스의 숭고미 이론』, 연세대학교출판부, 2002, 39쪽.

창조하셨다"는 말로 표현되었다면, 숭고의 스타일을 취하긴 해도 진정한 숭고를 성립시키지는 못했을 것이다.[33] 그것은 그 구절들의 전체 효과로 볼 때, 「창세기」 같은 절대적인 권능에 대한 위압감의 표현을 효과적으로 제시하지 못했기 때문이다. 이처럼 숭고는 단순히 인간 이상의 세계를 표현하는 데에서 생기는 것이 아니라 미적 효과를 거두는 형식의 측면이 동반될 때 가능한 것이다.[34]

4. 숭고의 특질: 이중성과 주관성

다른 미적 범주와는 달리 숭고는 매우 독특한 내용을 지니고 있다. 그런 독특성은 롱기누스에서부터 리오타르에 이르기까지 공통적으로 나타나는 자질이다. 그런 독특성은 크게 두 가지로 나눌 수 있는데, 이중성과 주관성이 바로 그것이다. 철학적으로 가장 정치하게 분석한 칸트의 논의를 중심으로 정리해 보자.

1) 이중성

칸트에 따르면 미에 있어서 상상력은 지성(오성)과 관련되지만, 숭고에 있어서 상상력은 이성과 관련된다. 상상력-지성(미), 상상력-이성(숭고)의 이런 관계는 미와 숭고의 특성을 드러내는 공식이다. 특히 후자에서 상상력이 이성과 관계될 때 매우 역설적인 심리 과정이 나타난다. 불쾌라는 부정적 상태와 쾌라는 긍정적 상태가 그것이다. 미가 단순한 쾌라는 사실과

---

33. Boileau, "Preface by the translator of on the sublime" Lieder P. R. and R. Withington (ed), *The Art of Literary Criticism*, Appleton Century Croft INC, 1941, 227쪽.
34. 그러나 이런 표현이 과장과 다르다는 점을 롱기누스는 강조한다. (가)의 장면을 우의적으로 이해하지 않는다면 불경스럽고 상식적인 취향을 넘어서는 것이 된다고 지적하고 있다. 그리고 과장의 문제는 『숭고론』 3장에서 자세히 다루고 있다.

대비해 볼 때, 숭고가 이중적인 복합적 감정을 함의하고 있다는 사실은 가장 두드러진 특징이 된다.

숭고의 이중성은 부정성과 긍정성으로 이루어지는데, 숭고가 부정적 측면을 갖는 것은 미가 대상의 형식에서 야기되는 것과 달리 숭고는 형식을 결여한 대상, 즉 몰형식적 대상(formless object)에서 초래되기 때문이다. 몰형식성은 인간의 파악 범위 내에 들어오지 않기 때문에 불쾌감을 야기하는데, 이것은 상상력의 한계 의식을 말하는 것이다. 그것은 모든 감각적 기준들이 대상을 파악하는 데 부적절하다는 내적 자각으로, 상상력이 감성적 제약 속에 갇혀 있어 이성의 요구에 부응하지 못했음을 의미한다. 이 상상력의 한계가 무한한 이성 능력을 환기하면서 불쾌는 쾌로 바뀐다.

상상력의 한계가 이성 이념을 환기하는 것은, 상상력에는 무한히 전진하려는 노력이 있고, 이성에는 절대적 총체성에 대한 요구가 있기 때문이다.[35] 즉, 상상력이 어떤 대상에 대한 명확한 파악에 실패하면, 총체성을 기반으로 하는 이성의 개입이 요구된다. 상상력은 감성에 속하기 때문에 상상력의 한계는 바로 감성의 한계에 해당한다. 이 상상력, 즉 감성의 한계가 이성의 무한한 능력의 표상이 되면서 지금까지의 불쾌는 이성적 존재로서의 힘과 능력에 대한 긍지와 자부로 변하게 되는데, 이것이 바로 숭고의 긍정성을 구성하게 된다.

불쾌에서 쾌로 바뀌는 숭고의 메카니즘은 수학적 숭고를 통해 구체적으로 설명할 수 있다. 칸트는 어떤 양을 직관적으로 받아들여서 그 평가를 위한 척도나 단위로 사용할 수 있도록 하는 데에는 이 상상력의 두 가지 작용, 즉 포착(apprehensio)과 총괄(comprehensio aesthetica)이 필요하다고 하였다.[36] 포착은 시간적 연속에 따라 부분 부분을 파악해 나가는 진행 과정인데 반해, 총괄은 서로 다른 시간에 포착되는 부분들을 하나의 전체로 파악하고 판단하는 것이다. 포착은 무한히 진행될 수 있지만, 총괄은 그 포착이 전진하면 할수록 더욱더 곤란해져서, 곧 그 최대한도에, 즉 크기 평

---

35. I. Kant, 이석윤 옮김, 『판단력비판』, 박영사, 1974, 115쪽.
36. I. Kant, 위의 책, 117쪽.

가의 미감적으로 가장 큰 기본적 척도에 도달한다. 포착이 전진하다 보면 총괄에는 상상력이 그 이상 넘을 수 없는 최대의 것에 도달하기 때문이다. 이때 상상력이 총괄할 수 없는 무한한 크기는 하나의 초감성적 기체(基體)를 환기시킨다. 다시 말해, 상상력의 부적절성, 즉 절대적 척도인 무한 자체에 도달하고자 하는 상상력의 좌절에서 초감성적 영역의 존재를 인식하게 되며, 그 순간 숭고가 발생한다. 이것이 불쾌를 쾌로 변환시키는 숭고의 메커니즘이다.

> 千年古都, 면목 없다
> 염치없다
> 평생 죄인처럼 고개 떨구고 사느니
> 아예 머리통을 깨부숴버린
> 머리 없는 돌부처 몸뚱이 위에
> 기름기 잘잘 흐르는 낯짝을 올려놓고
> 그윽한 표정 짓는
> 어떤 인간에게
> 이 가짜야 손 들엇, 했더니
>
> 경주 남산
> 등성이 너머에서 누가
> 일어서고 있다 산보다 큰 어떤 덩치가
> 손 들고 천천히
> 뭉그적뭉그적 일어서고 있다
>
> — 이덕규, 「손 들엇」 전문

이 시는 경주 남산에서 머리 없는 돌부처를 두고 장난을 치다가 그 너머 어떤 것을 보는 장면을 재미있게 그린 작품이다. 이 작품을 통해 상상력과 이성의 관계를 설명할 수 있다. 상상력의 한계, 즉 부적합성은 이성 이념을 불러일으키며, 우리 내부에 있는 초감성적 능력을 환기시킨다. 이 작품에서 상상력의 한계는 '가짜'라는 말로 표현된다. 부처와 그것이 지닌 표현 불가능한 신성함이 '진짜'일 것이다. 그 진짜를 재현해 내지 못하는 상상력의 한계를 여기에서 볼 수 있다. 그때 그 '진짜'는 산 뒤에서 '산보다 큰 어떤 덩치'로 나타난다. 상상력의 한계가 불러내는 초감성적 바탕이 아마도 이처럼 환기될 것이다. 그것의 구체적인 모습은 여기에 그려지지 않는다. 그것은 재현 불가능한 우리 내부의 이념이기 때문이다.

위에서 본 것처럼 숭고의 이중성은 '상상력의 한계 의식-불쾌'의 축과 '이성의 환기-쾌'의 축으로 구성되기 때문에, "숭고의 감정은 대상의 판정과 결부된 심의의 동요를 그 특성으로 한다."[37] 이런 이중성 속에서의 '동요'가 어느 한편으로 극단적으로 치우칠 때 숭고의 감정은 부정적인 결과를 초래한다. 상상력의 실패로 인한 한계 경험(불쾌)의 축에 설 때 우리는 비판 의식을 가질 수 있으며, 이 한계 의식 자체는 새로운 의식의 탐색으로 갈 수 있다. 그러나 그것이 극단화될 때 불쾌, 공포의 감정에 주저앉아 자아의 파멸을 맞게 된다. 이것은 숭고의 효과인 고양(高揚)과 거리가 먼 것이다. 반면에 초감성적인 존재의 환기로 인한 쾌의 축에 설 때 우리는 우리 자신의 한계를 넘어선 진정한 고양된 의식을 느끼게 된다. 그러나 그 의식이 극단화될 경우 공포와 불안의 반대급부로 얻어진 황홀이 과대망상으로 나아가게 되고 그것이 결국 인간성을 배제하는 전체주의로 귀결하게 된다. 우리는 이러한 대표적인 예를 하이데거의 나치와 관련된 전력에서 찾을 수 있다. 그것은 "배타적인 숭고의 시학이 너무 쉽게 비이성적이고 파시스트적인 정치학으로 변질될 수 있음"[38]을 보여 주는 예가 된다. 지금까지의 이중성에 대한 논의를 다음과 같은 도표로 정리할 수 있다.[39]

---

37. I. Kant, 위의 책, 112쪽.
38. Gary Shapiro, "From the Sublime to the Political: Some Historical Notes," *New Literary History*, 1985. Winter, 216쪽.
39. 표 내용 중 3번 항은 독일 미학자 프리스가 편한 『숭고 — 한계경험과 과대망상의 거리』에서 가져왔으며, 4번 항은 하르트만의 논의에서 가져온 것이다. hrsg. von Christine Pries, *Das Erhabene; Zwischen Grenzfahrung und Grobenwahn*, Acta Humaniora,

	부정성	긍정성
1	상상력의 한계	초감성적 존재 인식
2	불쾌(불안·공포) 비판 의식	쾌(황홀) 고양(高揚) 의식
3	한계 상황 → 자아 파멸	과대 망상 → 전체주의
4	부적합성 비합목적적	적합성 합목적적

2) 주관성

칸트에 따르면, 미는 일목요연성, 완결성, 균비성(均比性) 등이 척도 역할을 하지만, 숭고한 것은 일체의 척도를 넘어선다.[40] 이것은 우리가 어떤 대상에서 숭고를 느낄 경우, 그것에 적합한 척도를 외부가 아니라 우리 내부에서 찾아야 함을 의미한다. 절대적으로 큰 것은 자신 이외의 그 무엇과도 비교할 수 없는 하나의 크기이다. 그러므로 숭고는 자연의 사물들에서 찾을 수 있는 것이 아니라, 오직 우리의 이념에서만 찾을 수 있다고 하는 결론이 이에서 나온다.[41]

숭고론에 나타나는 이와 같은 주관성의 강조와 이의 연장선상에 있는 칸트의 천재론이 낭만주의의 본질적인 요소에 많은 영향을 준 것은 주지의 사실이다. 낭만주의의 한 특성이 주관의 우월성에 있다는 점이나, 낭만주의가 천재성을 확대하여 초개인적인 힘을 강조하는 방향으로 나아갔다는 사실 등이 그 증거이다.[42]

그런데 칸트에 있어서 숭고의 문제는 도덕의 문제로 귀결된다. 숭고의 원천은 감각 세계나 자연에 있는 것이 아니라 인간성에 의해 공유되는 이

Wheinheim 1989; Hartmann, 앞의 책, 385쪽 참조.
40. F. Kaulbach, 백종현 옮김, 『칸트 비판철학의 형성과정과 체계』, 서광사, 1992, 246쪽.
41. I, Kant, 앞의 책, 115쪽.
42. 오세영, 「낭만주의란 무엇인가」, 『문학연구방법론』, 시와시학사, 1993, 187-194쪽.

념들 안에, 즉 인간의 이성에 있기에, 숭고는 늘 도덕적 원천으로 우리를 돌아가게 한다. 따라서 숭고라는 미적 범주는 결국 윤리학에 종속되고, 윤리학을 지지하는 도구적 위치로 떨어질 위험성에 쉽게 노출된다. 그러나 본질적으로 "숭고는 미학과 윤리학의 혼합"[43]이기에, 숭고에 접근할 때 어느 한쪽으로 치우치지 않는 균형 감각이 필요하다.

5. 현대시와 숭고: 백석과 이육사의 경우

현대시에서 숭고를 가장 잘 보여 주는 작품은 이육사의 「광야」와 백석의 「북방에서」이다. 먼저 「광야」를 살펴보자.[44]

까마득한 날에
하늘이 처음 열리고
어데 닭 우는 소리 들렸으랴

모든 산맥들이
바다를 연모해 휘달릴 때도
차마 이곳을 범하든 못하였으리라

끊임없는 광음을
부지런한 계절이 피어선 지고
큰 강물이 비로소 길을 열었다

---

43. Judith Huggins Balfe, "Sociology and the Sublime," *New Literary History*, 1985, Winter, 238쪽.
44. 현대시와 숭고의 문제는 박현수, 「일제강점기 시의 숭고 고찰」, 『현대시와 전통주의의 수사학』, 서울대학교출판부, 2004 참조.

지금 눈 내리고
매화향기 홀로 아득하니
내 여기 가난한 노래의 씨를 뿌려라

다시 천고의 뒤에
백마 타고 오는 초인이 있어
이 광야에서 목 놓아 부르게 하리라

— 이육사, 「광야」 전문

  이 시에서 우리가 숭고를 느낀다면 그것은 이 시에 등장하는 시공의 스케일 때문이다. 시간적으로 이 시는 태초를 의미하는 '까마득한 날'에서부터 아득한 미래를 의미하는 '천고의 뒤'를 그 범위로 정하고 있다. 까마득한 날은 천지가 창조되는 태초의 시간이다. 인간의 시간 의식으로 유추해 나갈 때 그 알 수 없는 근원으로 상정되는 시간이 바로 태초이다. 그러니까 인간에게 있어서 태초는 실재의 시간이 아니라 아득한 한계 끝에 있는 단지 유추로 상정되는 시간일 뿐이다.

  이제 수학적 숭고의 관점에서 '까마득한 날'의 시간 문제를 다루어 보자. 우리의 상상력은 지금 이 시간을 기준으로 하여 일 년씩 혹은 십 년씩 소급해 간다. 즉, 시간을 역으로 포착해 나가는 것이다. 그러나 이런 포착은 그 시간이 천 년, 만 년에서 몇 백만 년, 몇 억 년을 더할수록 그 한계에 도달하게 되고 갈수록 총괄은 어려워진다. 우리는 그런 총괄을 이루게 할 절대적인 척도, 즉 '총괄된 무한성'을 필요로 하게 되는데, 우리의 이성은 그 속에서 무한 자체의 사유 속에 놓이게 된다. 무한한 것을 하나의 전체로서 사유할 수 있다는 것만으로도 감각의 모든 척도를 초월하는 마음의 능력이 있음을 알 수 있게 되고, 우리는 그 속에서 숭고를 느낀다.[45] 우리

---

45. 실제로 칸트는 이처럼 수를 누적해 나가는 방식을 예로 사용하고 있다. I. Kant, 앞의 책, 119-120쪽.

가 이 시의 '까마득한 날'의 의미를 사유할 때 인간의 사유가 도달할 수 없는 무한을 상정하게 되는 것은 분명하다. 그리고 이 시의 마지막 연의 '천고의 뒤' 역시 이런 점에서 동일한 효과를 준다. 이 시의 숭고는 바로 이런 '총괄된 무한'을 상기시키는 총괄의 한계와 그로 인한 초감성적 존재의 인식에서 생기는 것이라 할 수 있다. 수학적으로 거슬러 올라가면서(까마득한 날) 혹은 미래로 나아가면서(천고의 뒤) 우리가 느끼게 되는 '우리 감성을 넘어선 어떤 것'을 이 시는 생각하게 한다. 이 시의 숭고를 유발하는 가장 기본적인 요소는 바로 여기에 있는 것이다.

또 이 시의 공간은 '광야'이다. 이 시에서 이 광야가 어떤 크기를 지녔는지는 알 수 없다. 그러나 이곳이 "모든 산맥들이 바다를 연모해 휘달릴 때도 (…) 참아" 범할 수 없었던 공간임은 분명하다. 산맥이 형성되고 있는 아득한 지질시대에 놓인 공간은 앞에서 다룬 무한의 시간과 연관되어 있으며 그 자체로 시간의 무한성으로 인해 숭고의 효과를 지닌다. 그런데 광야가 더 의미 있는 것은 시인이 그 광야에 산맥조차 범할 수 없는 신성함을 부여하고 있기 때문이다. 의인화된 산맥들이 거대한 파충류처럼 불가항력의 힘으로 휘달릴 때, 그 힘을 무기력하게 만들고 굴복시킬 수 있는 위력을 이 광야는 가지고 있는 것이다. 롱기누스가 인용한 『일리아드』의 한 구절(포세이돈이 땅을 찢어 지하 세계를 드러내는 행위)에서 인간의 상상을 초월한 막강한 힘의 묘사로부터 숭고가 생기는 것과 비교할 때, 그런 막강한 힘을 제어하고 감복케 하는 정도의 신성함을 지닌 것으로 광야를 묘사한 것은 『일리아드』보다 더 차원 높은 표현이라 할 수 있다. 그것은 광야의 신성성이 불가항력의 힘을 지닌 산맥들을 무력하게 하는 '내면화된 힘'을 뜻하기 때문이다.

숭고가 잘 드러나는 또 다른 시는 백석의 「북방에서」이다. 이 작품은 「광야」와 여러 면에서 유사성을 지니고 있다.

    아득한 옛날에 나는 떠났다
    부여를 숙신을 발해를 여진을 요를 금을,

흥안령을 음산을 아무우르를 숭가리를.
　　범과 사슴과 너구리를 배반하고
　　송어와 메기와 개구리를 속이고 나는 떠났다.

　　나는 그때
　　자작나무와 익갈나무의 슬퍼하던 것을 기억한다
　　갈대와 장풍의 붙드던 말도 잊지 않았다
　　오로촌이 멧돌을 잡어 나를 잔치해 보내든 것도
　　쏠론이 십리길을 따라 나와 울던 것도 잊지 않았다

　　나는 그때
　　아모 이기지 못할 슬픔도 시름도 없이
　　다만 게을리 먼 앞대로 떠나 나왔다
　　그리하여 따사한 해ㅅ귀에서 하이얀 옷을 입고 매끄러운 밥을 먹고 단샘을 마시고 낮잠을 잤다
　　밤에는 먼 개소리에 놀라나고
　　아침에는 지나가는 사람마다에게 절을 하면서도
　　나는 나의 부끄러움을 알지 못했다

　　그동안 돌비는 깨어지고 많은 은금보화는 땅에 묻히고 가마귀도 긴 족보를 이루었는데
　　이리하야 또 한 아득한 새 옛날이 비롯하는 때
　　이제는 참으로 이기지 못할 슬픔과 시름에 쫓겨
　　나는 나의 옛 한울로 땅으로 — 나의 태반으로 돌아왔으나

　　이미 해는 늙고 달은 파리하고 바람은 미치고 보래구름만 혼자 넋 없이 떠도는데

> 아 나의 조상은 형제는 일가친척은 정다운 이웃은 그리운 것은 사랑하
> 는 것은 우러르는 것은 나의 자랑은 나의 힘은 없다 바람과 물과 세월과
> 같이 지나가고 없다
>
> — 백석, 「북방에서」 전문

이 시도 「광야」처럼 태초는 아니지만 그와 유사한 '아득한 옛날'에서부터 시작한다. 여기에서 시적 화자는 그런 태곳적 시간을 떠나왔다. 그 시간은 부여와 숙신, 발해, 여진, 요, 금이라는 역사상의 국가나 민족명과 동일시된다. 이들 국가는 그러나 동일 시간대가 아니다. 그 시간은 기원전에서부터 12세기에 이르는, 수많은 국가가 소멸하고 탄생을 거듭했던 시간이며, 많은 종족이 새로 역사에 등장하고 사라진 시간이다. 이처럼 폭이 큰 시간을 시적 화자는 여섯 개의 고유명사로 한데 묶어 버렸다. 이 순간적인 역사의 응축에서 우리는 일종의 일상적인 한계를 넘어서는 시간을 경험하게 된다.

그리고 그 고유명사가 보여 주는 것은 아득한 시간(즉, 시간적 크기)뿐 아니라, 그런 시기로 표상되는, 문명에 물들지 않은 원시성과 건강성이다. 그 원시성은 2연의 내용으로 구체화되어 더욱 실감을 불러일으킨다. 이로 인해 이 시적 화자는 태초의 원시성에 순간적으로 놓이게 되고, 우리는 미처 예기하지 못했던 그런 돌발적인 상황에 같이 참여하면서 인식 차원의 단절을 경험하게 된다. "인간의 이성적 판단을 일시 중지시키고 자아의 일시적 죽음에 이르게 하는 황홀경"[46]이 숭고의 경험이라 할 때, 바로 이 시는 그런 숭고를 발생시킨다고 할 수 있다.

그런데 그 시간의 흐름은 국가와 종족의 명칭이 뒤섞여 있어 일관성을 갖지 못하고 있다. 그렇다면 이것에 일관성을 부여하는 것은 무엇인가. 그것은 시간이 아니라 공간에서 찾을 수 있다. 그 공간은 바로 '옛 한울

---

46. 박우수, 「문학과 영속성 — 롱기누스와 하이데거의 경우」, 『수사적 인간』, 도서출판 민, 1995, 251쪽. 여기서의 이성적 판단은 칸트적 의미에서의 이성의 이념이 아니다. 합리적 판단 정도로 이해해야 될 것이다.

과 땅'으로 명명되고 있는 곳이다. 그곳에서 떠나오기 전에 화자는 범·사슴·메기·개구리 등의 짐승, 그리고 자작나무와 익갈나무, 갈대와 장풍 등의 자연물과 의사소통을 하며 일체가 되어 있다. 짐승들을 배반하거나 속이는 것은 짐승의 세계와 인간의 세계가 동일 차원에 놓여 있음을 뜻한다. 그것은 갈대와 장풍 같은 자연물과 감정을 교환하고 대화를 하는 점에서도 동일하다. 이곳은 자연과 그 속에 놓인 모든 생물체가 조화를 이루고 있는 공간이다. 그러나 이것을 의인화나 과장의 단순한 수법으로 치부하기에는 석연치 않은 점이 많다. 이런 표현들이 결국 귀결하게 되는 것은 그 공간의 신성성이기 때문이다. 그곳은 인간과 만물이 자유로이 상호 소통하는 곳이며 일체의 차별이 소멸된 이상향이다. "신화가 직간접적으로 인간을 고양시킨다"[47]는 엘리아데의 논의를 빌리지 않더라도, 이런 세계를 보여 주고 있는 백석의 「북방에서」라는 시는 여러 가지 면에서 육사의 「광야」처럼 인간을 숭고로 이끌어 간다.

「광야」와 「북방에서」는 태초의 신성한 시간성과 공간성을 환기하는 민족의 태반을 시의 주요 모티프로 삼아 형상화하며 숭고를 생성시킨다. 그것을 간략하게 정리하면 다음과 같다. 먼저 상상력의 한계 저편에 있는 초월적 세계와 등가를 이루는 태초의 시간성과 공간성에 독자는 감성적 포괄의 좌절을 느끼고 어떤 한계 의식에 도달하게 된다. 이것은 숭고의 이중성 중에 불쾌를 형성하는 부분이다. 그러나 이로부터 우리는 우리의 감성적 한계를 넘어서 있는 어떤 무한을 깨닫고 그 한계를 벗어난 어떤 고양된 정신 상태에 도달하게 되는데, 이것이 쾌를 구성하는 요소로 독자를 황홀감으로 이끄는 효과를 낸다.

그러나 이 시들이 민족주의의 극단적 형태인 국수주의와 전체주의에 함몰될 위험과 거리를 두며 탁월한 시적 성취를 이룩하였다는 점에서 주목할 만하다. 이 시들은 어떻게 우익적 정치성, 즉 전체주의로 나아갈 수 있는 숭고의 한 극단적인 형태를 피할 수 있었던가, 즉 이 시들이 민족의 성

---

[47]. M. Eliade, 이은봉 옮김, 『신화와 현실』, 성균관대 출판부, 1985, 174쪽.

스러운 태반을 시적 출발로 삼아 전체주의로 나아갈 수 있는 위험한 통로를 어떻게 벗어날 수 있었던가 하는 점이 해명되어야 한다.

먼저 형상화의 문제로 제어된다. 숭고는 정신의 문제만이 아니라 표현의 문제를 동반하여야 한다. 이들의 시에 드러나는 숭고는 모두 '지금 여기'의 문제 인식을 기반으로 하지만, 그 자체가 상징을 통해 표출되고 있다. 신성성이 부여되고 있는 광야라든가 옛 하늘과 땅은 그런 문제 인식을 직접적으로 다루면서 생길 수 있는 문학적 효과 상실의 위험을 제거하는 데 기여한다. 이를 통해 대상에 대한 미적 거리를 조율할 수 있는 것이다.

다음으로 그것은 문학 의식의 제어 기제에 의해 이루어진다. 먼저 「광야」에서는 그 형식적 정제의 밑바탕에 깔려 있는 유교 미학, 구체적으로는 주리론적 시각에서 그 근거를 찾을 수 있다.[48] 유교 미학의 절제 정신은 시인과 그 변형인 시적 화자가 자아를 망각하고 하나의 초월 세계로 무비판적으로 도피하는 것을 막아 준다. 또한 유교 미학의 중용 정신 또한 숭고의 미학과 윤리학 사이에서 어느 한쪽으로 치우치지 않고 미적 균형을 찾는데 중요한 역할을 하는 것으로 보인다. 그리고 「북방에서」는 '대안적 허무 의식'이라 부르는 것에서 그런 요소를 발견할 수 있다. 이 시는 '지금 여기'의 부정적 상황을 환기시키며 '옛 한울로 땅으로 ― 나의 태반'으로 돌아가지만 거기에서 허무함만 느낀다. 그러나 그런 허무는 감상적 차원의 탄식이나 절망의 결과가 아니라, 또는 문학적 형식으로 커버되는 '철저한 절망'으로서의 "허무의 늪"[49]이 아니라, "철석(鐵石)의 냉담에 필적하는 불발한 정신을 가지고 대상과 마주"[50]서는 그 태도에 기인하는 대안적 허무였던 것이다. 여기에서 생기는 비판적 거리가 바로 전체주의로 매몰될 위험성을 지닌 숭고라는 미적 범주를 균형 있고 가치 있게 만들고 있는 것이다.

---

48. 이육사 시의 주리론적 특성에 대해서는 박현수, 「이육사의 시학과 주리론의 미학체계」, 『현대시와 전통주의의 수사학』, 서울대학교출판부, 2004 참조.
49. 김윤식, 「백석론 ― 허무의 늪 건너기」, 고형진 편, 『백석』, 새미, 1996, 217-218쪽. 김윤식은 그 형식으로 풍물 묘사의 정확성과 그 풍물에 이야기를 걸게끔 하는 이야기체를 들었다.
50. 김기림, 「'사슴'을 안고」, 『조선일보』, 1936. 1. 29.

시를 위한 토론

1. 다음 글에서 김동리가 말하는 '평면의 정신'이 무엇인지 설명하고, 이로부터 치명적인 영향을 받은 작가와 작품 경향에 대해 생각해 보자.

   신과 또 신의 거주인 하늘의 무궁성을 인류에게서 추방하고 난 과학적 실증적 결론에서 형성된 자연주의 정신, (…) 하늘과 입체와 무궁성이 배제된 지극히 제한된 지상에서 이제는 아주 더 갈 데가 없이 된 이 평면의 정신은 가는 곳마다 많은 정신병과 발광과 난음(亂淫)을 전개하며 1918년경에는 조선으로 흘러들기 시작하였다. 그리하여 그것이 어떠한 기질의 작가에게는 두 번 다시 헤어날 수 없을 만큼 치명적인 마약이 될 수도 있었다.
   ― 김동리, 『문학과 인간』

2. 롱기누스는 다음 부분을 숭고의 예로 들면서, 이것이 가장 적절한 예는 아니라는 단서를 달고 있다. 어떤 점에서 이런 평가를 내렸는지 그 이유를 짐작해 보자.

   그리고 하계(下界)의 왕 하데스는 아래쪽에서 겁에 질려
   고함을 지르며 왕좌에서 뛰어올랐으니
   대지를 흔드는 포세이돈이 그의 위에서 땅을 찢어
   신들조차 싫어하는 무시무시하고 삭막한 그의 거처가
   인간들과 신들 앞에 드러나지 않을까 두려웠기 때문이다
   ― 호메로스, 『일리아드』

3. 다음 시조가 숭고한 작품의 적절한 예가 될 수 있는지 판단하고, 그 이유를 말해 보자.

> 대붕(大鵬)을 손으로 잡아 번갯불에 구워먹고
> 곤륜산 옆에 끼고 북해(北海)를 건너뛰니
> 태산이 발끝에 차이어 왜각대각 하더라.
> ― 지은이 모름, 『청구영언』

4. 칸트가 제시하는 다음 예들을 생각하며 아래 물음에 답하여 보자.

> 대담하게 솟아 올라있는 위협적인 절벽,
> 번개와 우레를 몰고 오는 하늘 높이 피어있는 먹구름,
> 엄청난 파괴력을 지닌 화산,
> 폐허를 남기고 지나가는 태풍,
> 파도가 치솟는 끝없는 대양, 힘차게 쏟아져 내리는 폭포
> ― 칸트, 『판단력 비판』

① 위에 제시된 풍경을 바라볼 때 우리 마음속에 일어나는 감정 상태의 변화를 몇 단계로 나누어 보자.

② 길가에 핀 아름다운 들꽃을 볼 때 느끼는 감정 상태를 생각해 보고, 칸트가 제시한 예들에서 느끼는 감정 상태와 어떤 점에서 차이가 나는지 설명해 보자.

5. 칸트는 숭고의 대상을 우리의 인식능력에 관계된 것과 자기 보존의 욕구와 연관된 것으로 구분하고, 전자는 크기의 '수학적 숭고,' 후자는 그

것이 파괴적으로 작용할 때에 두려운 것으로 보이는 힘의 '역학적 숭고'라 부른다. 다음 예를 수학적 숭고와 역학적 숭고로 분류해 보자.

① 발아래 끝없이 펼쳐진 구름바다
② 은빛 만년설을 머리에 이고 치솟은 거대한 봉우리
③ 폭풍이 몰아쳐 울부짖는 바다
④ 한 눈에 잘 보이지 않는 피라미드
⑤ 별들이 무한하게 펼쳐져 있는 밤하늘

6. 다음 글에서 칸트는 전쟁도 숭고할 수 있다고 하였다. 그 이유가 무엇인지 정리하고, 이에 대한 자신의 생각을 말해 보자.

심지어 전쟁조차, 만일 그것이 질서 있게 그리고 시민의 권리를 신성시하면서 수행된다면, 그 자체로 어떤 숭고한 것을 가진다. 그리고 동시에 그와 같은 전쟁을 수행하는 국민이 보다 많은 위험에 처했었고 그런 위험을 용감하게 견디어낼 수 있었다면, 그럴수록 전쟁은 그 국민의 신념을 그만큼 더 숭고하게 만든다.

— 칸트, 『판단력비판』

7. 다음은 최재서가 친일 파시즘 문학으로 기울게 되는 계기를 서술한 글이다. 그가 느낀 감정이 숭고인지 아닌지 판단해 보자.

역 구내는 벌써 출정군인(일본 군인 — 인용자) 전송인으로 초만원이어서 택시는 근방에도 못 간다. (…) 그러나 나는 그곳에 벌어진 창가와 만세와 격려와 절규의 흥분이 소용돌이치는 광경에 완전히 나 자신을 잃고 말았다. 무엇인지 모를 커다란 힘에 압도되어 실로 위협을 느끼면서 겨우 찻간

에 올라앉았다. (…) 그날 밤 나는 차안에서 낭격(浪激)처럼 밀려오는 국민
적 정열에 좀처럼 눈을 붙일 수가 없었다. (…) 만세를 부르는 정경은 참으
로 눈물겨웠다. 이리하여 나는 전쟁 속의 한 사람이 되었다.

— 최재서, 「사변 당초와 나」

8. 다음 글에서 사회심리학자 라이히는 파시즘 시대에 일반적인 대중과 달
리 당시의 노동자들이 파시즘적 황홀에 빠지지 않은 이유를 설명하고
있다. 그 이유를 정리하고 이에 대한 자신의 생각을 말해 보자.

   동일시하려는 욕구는 같지만 대상은 다른 것이다. 즉 그 대상은 지도자
가 아니라 동료 노동자이며, 환상이 아니라 자신의 일이며, 가족이 아니라
지구상의 노동하는 사람들인 것이다. 여기에서 국제적인 전문가 의식은 신
비주의 및 민족주의와 대립한다. 그러나 이것이 노동자들이 자존심을 포기
한다는 의미는 분명 아니다. 위기가 닥칠 때 '공동체에 대한 봉사,' '개인의
이익에 앞서는 일반의 이익'에 열광하는 것은 반동적인 인간들이다. 노동
자의 자존심은 오직 전문가 의식에서 나온다.

— 라이히, 『파시즘의 대중심리』

찾아보기

1. 인명, 사항

가락 29, 118, 138, 201-3
가상적 연행성 30-1, 115
가상적 주관성 105, 247
각운 119, 204-8, 210, 212, 234
감각 162-7
감각부호화 165
감각의 현현 171-2
감각적 심상 166-7
감상적 시인 103
강약률 213-8
강위 135-6
강조법 332-4
개방언어 142
개인적 상징 347-8
객관론 52
객관적 상관물 187
거대 담론 370-2
고양된 주체 253-4
고저율 213, 216
공감각적 심상 167, 194-5
공자 44, 60-1, 305-7
관념시 91-2, 95-6
관습적 상징 347-9
교훈설 60-3
구문무늬 330-332, 335
구상력 162, 164
구조론 52-3
구조적 반어 356

극시 86-7
극적 반어 356-7
극적 화자 255, 258-9, 270
근대시 31-4, 81-4
기억술 329-30
기의 89-96, 149, 152-5, 229, 341-3
기의론 54-5
기질지성 103
기표 82-3, 89-96, 121, 149, 152-4, 190-1, 228-31
긴장 상징 346
긴장 해소설 28
긴장언어 142
김광균 193-5
김구용 120
김기림 50, 101-2, 140-1, 154, 193, 195, 232
김기종 331-2
김기진 118-9
김대행 203, 211, 216-8, 222
김동리 370-1
김동환 33
김병화 66-7
김선학 131
김소월 56, 79, 81, 112-5, 205, 224
김수업 22, 26
김수영 59, 189, 228
김억 19, 22, 33, 47, 57, 77, 131, 205-6,

209
김윤식 180, 185, 249, 252, 393
김준오 78, 101-4, 168, 186, 254, 278, 283-6, 354, 360,
김춘수 17, 93, 169-70, 192, 315, 343, 348
김혜순 199
김환태 310
깊이없음의 수사학 195

남용익 376
낭만적 반어 356-7
낭송률 219, 221-3
내면율 229, 231
내재율 104, 229
내적 구조 141-3, 147
내포 독자 246
내포 시인 246-7
노래 22-35, 80, 82, 104, 118, 210-2, 219-22
노랫가락 24-5
노랫말 24-7, 30-1, 34, 221-3
노릇 22, 24-7
노릇바치 24
논거발견술 229
논거배열술 229
논리적 자아 103
놀 22-6
놀림 24-6
놀애 22-3, 25, 32-3
놀음 22, 24
놀음놀이 24

단형성 106, 108
당의정설 61
대상 중심적 어조 264-5
대타적 화자 255, 257
데리다 343
독백적 화자 255-6, 259, 267-8, 270

독백주의 284
독백주의적 서정성 282-5, 288
돈호법 291, 331, 334
동일성 시론 278
동일화의 원리 102-4
동학 295
동화 103, 278
두운 204-6, 210-1, 220
드 만, 폴 94, 174, 180-5, 291, 352, 354

라캉 279, 341-2
람핑 51, 65, 106-8, 144, 148, 202, 222, 283
랑시에르 308-11
랭보 20, 84, 183, 229
러시아 형식주의 83-4, 131, 150
레쓰코브 279
로베르텔리 373
로츠 212-3, 216
롱기누스 369, 373-4, 377-82, 389
루카치 279-80, 302-3
리듬 18, 29, 34, 45, 47, 80, 104, 106, 118-21, 142, 201-2, 222, 228, 234
리릭 15, 118
리오타르 372-3, 375-6, 382
리처즈, I. A. 29, 49, 166, 168, 280, 336, 353, 356
리쾨르 148

마디 율격 219
마디율 219, 223-4
만, 토마스 302
말라르메 323
매킨지 36
메쇼닉 201-202
모더니즘 231, 233, 236, 240
모라 218, 224
모방론 52-3, 57

모방자 19, 86
몰개성적 주관성 105, 247
무늬(말무늬) 330-2
문덕수 327
문채 330-1
문체 130, 330-1
문학주의 305, 308-11
물질시 91-3, 95-6
뮤 그룹 331, 336
미시 담론 370, 372
민중시 34, 63, 77, 95, 102, 120
밀, J. S. 29, 81

바르트 354
바우라 311-5
바흐친 284, 360
박목월 201, 315-6, 332-3
박상배 65, 67
박용철 56-7, 149, 157, 159
반어 321, 330-1, 352-7
반영론 52-3, 57-60, 63
반정치의 정치 315-6
반질료성 163-4, 171-5, 187, 194
발라드 댄스 26
발레리 229, 302
배역시 76, 259
백석 116, 180, 183-5, 268, 270, 389-93
버크, E. 374
버크, 케네스 335
범맥락화 106, 109-15, 250, 260
범맥락화된 주체 114, 250, 252
베르그송 163, 183
벤야민 279, 294, 352
변화법 332-5
병치은유 338-9
보들레르 183, 229, 234-5, 354
복합음절 율격 212-6, 218
본연지성 103

봉산탈춤 211
부알로 373, 381
부호화 165
브레몽 229
브로사 64-6
브룩스 143-4, 264, 353, 356
비유기의 174-6, 336
비유기표 174-6, 336
비유법 329, 332-5
비유적 심상 166, 169, 192

사공도 376
사설시조 32
사유무늬 330-1
산문시 47, 77, 87-8, 107-8, 153, 203, 234-5
상상력 164, 180, 183, 344, 374, 382-5, 388, 392
상징 161, 345-52, 393
상징주의 46-7, 88, 229-31, 236, 309
상호주체적 서정성 286-91
상호 침투 17, 103, 176-7
상황지시 106, 109-15, 145, 260
생성 중인 기의 154-5, 176
서사시 26, 77, 86-7, 109, 286
서술적 심상 169-70, 192
서정성 103, 105, 277-82
서정시 20, 30, 34, 51, 76, 81, 86-7, 94-6, 101-6, 111, 118, 120, 248-9, 255, 277-81, 283, 286-7, 291
서정적 자아 102-4, 247-8
서정적 주체 248
서정적 주인공 247-9
성기옥 216
성정론 55, 62
세계의 자아화 103-4, 278, 284
셸리 56
소박한 시인 103

소쉬르 91-2
소유 양식 284-5
송욱 120, 205
수사학 29, 80, 82, 138, 147, 181, 195, 291, 294, 329-57, 372
수학적 숭고 375, 383, 388
순수음절 율격 212-3
숭고 353, 369, 372-93
쉬클로프스키 83
실러 103
슈타이거 103, 286-7, 291
슐라이퍼 195, 344
슐라퍼 111-2, 114, 251, 260
스카르메타 197
시가 19, 27, 33-4, 45, 63, 78, 104, 210, 213-8, 223, 242
시각부호화 165
시간성 80-1, 88, 180, 352
시드니 61
시어주의 130
시적 역설 357-60
시적 인격 249-50, 253
시적 자아 247-8, 250, 280
시적 조사법 130
시적 주체 245-6
시적 주체(들) 249
시행 발화 106
신비평 48-9, 143, 248, 252, 355-6
신체시 32, 77
실용론 52, 60
실용적 자아 103
실재 부재의 표지 180, 185, 190
실천적 서정성 292-5
실험시 93, 95-6, 102, 105, 108, 120
심상 91, 93-5, 116, 119, 138, 141, 161-95, 228, 232-4, 239, 243, 360
심상시 91, 93-4
심층적 역설 357-8

아도르노 283
아리스토텔레스 19, 44-6, 53, 57, 60-1, 86, 92, 337, 375
알라존 353-4
압운 47, 88, 118, 138, 203-12, 222, 242
앙장브망 238-9
양주동 15, 43, 142, 249, 253-4, 256
어조 245, 255, 259, 264-70
언문풍월 77, 208, 210
언어무늬 330-1
언어 요소들의 평등주의 152-4
에이론 353-4
에이브럼즈 46, 52-3, 61
엘리엇 49-50, 187, 247, 255, 310, 324, 358
역사적 자아 103
역설 143-4, 316, 331, 334, 352-3, 356-62
역학적 숭고 375, 395
연계심상 168-9
연기술 329-30
엿듣는 독백 29, 81
영어(靈語) 130-1
엔첸스베르거 302-4, 311
오세영 32, 102, 104, 133, 175, 213, 219, 303, 315-6, 356, 359, 386
외적 형식 118, 137-41, 147, 150, 224, 229
요운 205-6
우연성 75, 341, 343
우의(알레고리) 93, 174, 330-1, 345, 350-2, 356
우의시 91, 93-4, 96
운율 17-8, 21, 44-8, 53-4, 80, 88, 104, 118-20, 137, 202-3, 206-8, 224-5, 232, 332
운율화 106, 202, 222
워즈워스 56, 130, 136-7, 183
원시종합예술 24-6

원형적 상징 347, 349
유기론 90-1
유동성 163, 171, 174-9, 194
유리론 90-1
유사성 57, 175, 176-7, 335-9, 341, 344-5
유운 206, 209
유종호 299, 302, 305, 323
유협 17, 62, 376
윤곤강 37
율격 47, 88, 118, 138, 202-3, 211-24
율동화 106, 202, 222
은유 133, 141, 161, 164, 175-6, 282, 330, 333, 335-41, 344-6, 350, 352
음보율 216-9, 223
음수율 212-4, 216, 218, 223
음악적 무의식 118-21
의미무늬 330-2, 336
의미부호화 165
의미잉여 115-8, 147-55
이건청 327
이규보 55, 130
이글턴 131, 141, 158
이기론 89-91, 95
이덕무 42
이미지 53, 70, 161-95, 202, 231, 263, 346
이미지즘 102, 192-5, 200
이미지즘시 94-5, 194
이상 68, 81, 82-3, 102, 108, 120, 172, 185, 226, 324
이성선 280, 293, 325
이승하 67
이은상 33
이이 62-3, 90
이장욱 325
이중성 353, 382-5, 392
이중화 352, 356
이황 62, 90, 92, 99, 139-40, 210-1
인물 화자 258-9

인식 162, 283, 288
인식론 161-2, 339
일리아드 378-9, 381, 389, 394

자기목적적인 언어 149-51
자유시 32, 37, 47, 77, 87-8, 108, 118, 203, 222-3, 229, 238-40
자유율 219, 222-3
자유심상 168-9
자율적 세계의 구성 190-1
잡가 25, 32
장경렬 19
장단율 213-6
재현 171, 178, 180, 375, 385
재현 불가능(성) 375-6, 385
전위차 233
전의 330
전통시 79-85, 95, 219
전후 초월주의 371
절대은유 338
절충론 90
절충시 91, 94-5
정병욱 134, 215, 243
정약용 58-9, 135
정지용 50, 65, 120, 170, 256, 318-22, 358
정치주의 305-7, 311
정한모 52, 130, 137, 157, 161, 164
정형시 32, 46, 87-8, 119, 203, 208, 214, 222
제임슨 306-7
제작자 19
조동일 103, 216, 223, 278, 376
조지훈 36, 71, 160, 214, 261
조향 18, 78, 93, 102, 120, 228, 231-2, 234
존재론적 역설 357-60
존재 양식 284-5, 287
존재의 언어 132-3
좌표계 52

주관성 87, 104-5, 118, 247, 285, 386-7
주관성 이론 283-6, 288
주광잠 204, 393
주기론 90
주르댕 138
주리론 90
주요한 32-3, 38, 221
주체-객체 패러다임 288
주체-주체 패러다임 288
주희 42
지각 83-4, 150, 161-2, 174, 178, 180, 183, 190, 195, 374
지각의 순간성 83
지각적 심상 166-7
직유 141, 161, 175-7, 330-1, 333-4
진동성 174

차연 343-4
참여시 95-6, 105-6, 257
채트먼 245, 249, 271
천기론 54-5
천지왕 본풀이 278
청각부호화 165
청자 245-6, 256-8, 264-5, 267
청자 중심적 어조 264-5, 267
초월 감각 339, 369-72
초월주의 370-1
초현실주의 19-20, 77, 336
총체적 현존 174-80
최남선 22-3, 25-6, 29, 37, 88, 277
최재서 129, 140, 297
추상적 상태의 감각화 187-9
치환 가능한 주체 251-3
치환은유 338-9

카이저 103, 287
카타르시스 61
칸트 162, 374-5, 382-3, 385-6, 388, 395-6
컬러 110, 144-7
켄달 84
쾌락설 60-1, 63
퀸틸리안 331

탈근대시 84-6
탈맥락화 110, 250
텅 빈 주체 250-251
테이트 49, 143
텐션 143
톨스토이 301
투명한 화자 258-60
투사 103-4, 291

파스 35, 178, 186, 202, 293
파울러 202
파시즘적 황홀 397
페소나 24, 247-8, 254-5, 259
포, E. A. 46
포스트모더니즘 372-3, 375
포에지 19-20, 23, 37, 231
포에틱 딕션 129-30
포에틱 랭귀지 129-30
포지올리 84
퐁쥬 298
표상 94, 163, 171, 173-4, 178, 182, 283, 348, 374, 383
표층적 역설 357-8
표현론 52-7, 61
표현술 329-31
풀이 28-9
프롬 284-5
플라톤 19, 46, 53, 57
플로베르 301, 323
피셔 286-7
필연성 75, 159, 337, 341, 344

하이데거 48, 132-3, 285-6
하토리 요시카 333
한용운 32, 282
해체주의 180-1, 291
행갈이 105-7, 116, 122, 148, 153-4, 235-40
행걸침 238-40
허균 55
허드 57-8
허신 16, 89
헤겔 87, 104
현량 177-8
현현 31, 56, 145-6, 171, 173, 178-9, 181
협의 상징 346
형이상학 48, 89, 345, 375
형이상학시 95

형태무늬 330-2
형태의 사상성 195
호라티우스 61
호머(호메로스) 45, 86, 379, 381, 394
화자(시적) 30, 45, 96, 103-5, 109-11, 113-4, 186, 196, 245-70
화자 중심적 어조 264
환유 327, 331, 334-6, 339-44
환유 공식 341
황석우 130-2, 229, 239
황지우 59-60, 271, 364
회감 103, 286-9
횔덜린 48, 132, 180-1, 185
후설 148, 288
휠라이트 142, 338, 346, 357, 360

2. 시 작품

강신애, 바다 118-9
강위, 금회창수집 135-6
고은, 폐결핵1 246
고은, 화살 257
고형렬, 거미의 생에 가 보았는가 268-70
곰링어, 침묵 100
그레이, 이튼 중학교의 원경에 대한 노래 156
기형도, 오래된 서적 238-9
김광규, 묘비명 355
김광균, 뎃상 99
김광균, 성호 부근 194
김광석, 잊어야 한다는 마음으로 30
김광섭, 시인 298-9
김기림, 길 126
김기택, 종유석 198
김명수, 하급반 교과서 350
김병화, 서 있는 자와 누워 있는 자 66
김사인, 봄밤 225
김석송, 무산자의 절규 92
김선영, 달의 아이는 굴렁쇠 가지고 가네 364
김성용, 의자 179
김소월, 길 79-80
김소월, 꿈길 207
김소월, 꿈하늘 217
김소월, 대수풀 노래 241-2
김소월, 먼 후일 367
김소월, 못 잊어 99
김소월, 산 209
김소월, 엄마야 누나야 226
김소월, 옛님을 따라가다가 꿈 깨어 탄식함이라 112-3

김소월, 옷과 밥과 자유 326
김소월, 초혼 113
김소월, 천리만리 204
김수영, 누이의 방 158-9
김수영, 눈 227-8
김수영, 어느날 고궁을 나오면서 196
김수영, 푸른 하늘을 189
김승희, 제도 361-2
김억, 봄은 간다 206
김영랑, 가늘한 내음 230-1
김종길, 여울 167-8
김종삼, 나의 본적 338
김종삼, 민간인 259, 273
김종한, 고원의 시 94
김지하, 속3 69
김춘수, 처용단장 제2부 들리는 소리-7 343
김현승, 파도 122-3

나필균, 대조선 자주독립 애국하는 노래 221
네루다, 한 여자의 육체 175
노발리스, 밤의 찬가 107

랭보, 나의 방랑생활(환상) 20-1
릴케, 두이노의 비가—제5비가 200

문인수, 대숲 197-8

바쇼, 냉이꽃 284
박남수, 마을 326
박남수, 새3 163-4
박두진, 해 241, 349

박목월, 만술 아비의 축문 258-9
박목월, 문 238
박목월, 청노루 315-6
박목월, 폐원 244
박용하, 지구 241
박현수, 시총 70
박형준, 저곳 187-8
방민호, 빙의 297
백무산, 사람들끼리만 299-300
백석, 북방에서 387, 389-91, 392, 393
백석, 수라 267-8
백석, 적경 116
백석, 흰 바람벽이 있어 183-5
베를렌, 시론 229
변영로, 논개 170
브라우닝, 피파의 노래 196-7
브레히트, 바퀴 갈아 끼우기 303
브로샤, 체를 위한 비가 64

서안나, 어떤 울음 274
서정주, 당음 119-20
서정주, 동천 337-8
서정주, 밀어 347
서정주, 봄 151
서정주, 상리과원 124-5
서정주, 시론 72
서정주, 신발 342
서정주, 인연설화조 289-90
서정주, 한국성사략 292-3
송경동, 사소한 물음들에 답함 266
송수권, 퉁 71-2
송욱, 쥬리에트에게 204
송욱, 하여지향 일 120
송찬호, 늙은 산벚나무 177
송찬호, 동백이 활짝 172
신경림, 겨울바다2—다시 격포에서 100
신경림, 동해바다—후포에서 272
신흠, 노래 삼긴 사람 28

심훈, 그날이 오면 313-4

오세영, 돈황에서 124
오세영, 모순의 홁 359
오세영, 여름산 175
원천석, 흥망이 유수하니 272
유안진, 다보탑을 줍다 341
유치환, 깃발 182
유치환, 그리움 252
윤동주, 또다른 고향 133-4
윤동주, 서시 250-1
윤석중, 달 173
윤의섭, 구름의 율법 371-2
이가림, 오랑캐꽃7—물거품의 나날 236-7
이덕규, 손 들엇 384
이덕무, 시에 대하여 41-2
이상, 가정 172
이상, 오감도 시제3호 226
이상, 오감도 시제4호 109
이상, 오감도 시제5호 81-2
이성부, 벼 366
이성선, 미시령 노을 280
이육사, 광야 348, 387-8
이육사, 말 93
이제니, 페루 190-1
이준관, 부엌의 불빛 281
이황, 반타석 99
이황, 임대수의 방문을 기뻐하며 시를 논함 139
임화, 담-1927 165

장석남, 새떼들에게로의 망명 172
장석남, 왼쪽 가슴 아래께에 온 통증 296
전봉건, 피아노 199-200
정약용, 노인의 즐거운 일 하나 58
정지상, 송인 207
정지용, 고향 256
정지용, 도굴 318

정지용, 지도 170
정진규, 공기는 내 사랑 232-3
정현종, 교감 297
정희성, 유신헌법 100
조오현, 아득한 성자 95
조지훈, 승무 260-1
조지훈, 흙을 만지며 160
조향, H씨의 주문 93
조향, 바다의 층계 234
존슨, 나의 첫딸에 대하여 145
지은이 모름, 누에 208
지음이 모름, 대붕을 손으로 잡아 395
지은이 모름, 벽상에 칼이 울고 214
지은이 모름, 부채 208

처용, 처용가 220
최남선, 구작삼편 98

켄달, 프레임 워크 84

테니슨, 담장 틈에 핀 한 송이 꽃 284

파운드, 파피루스 146
퐁쥬, 루아르 강둑 298

한용운, 나의 노래 32
함민복, 초승달 244
호머(호메로스), 일리아드 378-379, 394
훌러, 시문학의 원천에 대하여 72
황금찬, 고속버스 안의 나비 122
황지우, 도대체 시란 무엇인가 59
황지우, 벽1 271
황지우, 상징도 찾기 364
황진이, 청산리 벽계수야 367
횔덜린, 빵과 포도주 180

지은이 모름, 벌단伐檀) 219
Frost, Stopping by Woods on a Snowy
　　Evening 207
Spender, Express 232
Shelley, The Cloud 205